韶文化研究丛书编委会

岭南文化书系

韶文化研究丛书

韶关工矿发展简史

苗 仪 莫昌龙 编著

暨南大学出版社
JINAN UNIVERSITY PRESS

中国·广州

图书在版编目（CIP）数据

韶关工矿发展简史/苗仪，莫昌龙编著．—广州：暨南大学出版社，2020.12
（岭南文化书系．韶文化研究丛书）
ISBN 978 - 7 - 5668 - 2976 - 4

Ⅰ．①韶…　Ⅱ．①苗…②莫…　Ⅲ．①工业史—韶关　Ⅳ．①F429.653

中国版本图书馆 CIP 数据核字（2020）第 178829 号

韶关工矿发展简史
SHAOGUAN GONGKUANG FAZHAN JIANSHI
编著者：苗　仪　莫昌龙

出 版 人：张晋升
项目统筹：苏彩桃
责任编辑：黄　斯
责任校对：张学颖　冯月盈　孙劭贤
责任印制：周一丹　郑玉婷

出版发行：暨南大学出版社（510630）
电　　话：总编室（8620）85221601
　　　　　营销部（8620）85225284　85228291　85228292　85226712
传　　真：（8620）85221583（办公室）　85223774（营销部）
网　　址：http://www.jnupress.com
排　　版：广州市天河星辰文化发展部照排中心
印　　刷：韶关市新华宏达印务有限公司
开　　本：787mm×1092mm　1/16
印　　张：22
字　　数：360 千
版　　次：2020 年 12 月第 1 版
印　　次：2020 年 12 月第 1 次
定　　价：69.00 元

总　序

一

韶关历史悠久，文化底蕴深厚，源远流长，为岭南开发较早的地区之一。宋代乐史撰《太平寰宇记》所引《郡国志》言："韶州科斗劳水间有韶石，两石相对，大小略均，有似双阙……昔舜帝游此石，奏韶乐，因以名之。"其实，"韶"字来源于"舜帝南巡奏韶乐"的千古美妙传说早在隋唐时期就已流传。隋开皇九年（589 年），韶州以"韶"为州名，千百年来始终未改。此后，在中华大地上以"韶"命名的古城韶州成为岭南著名州府。迄今为止，韶关是唯一以"韶"命名的历史文化名城。

马坝人的发现证明了早在十多万年前，人类的祖先就在韶关这块古老的土地上繁衍生息。石峡文化遗址的发掘又告诉人们，在四五千年前，这片区域已经与长江流域在经济文化方面有了密切的联系，及至秦破百越、纳岭南，韶州成为岭南最早归属中央政权管辖和开发的地区之一。汉晋以降，珠玑先民持续南迁至珠江三角洲，衍成广府民系和广府文化。可以说，韶文化是岭南文化早期的一个主要源头。唐代著名文学家皇甫湜在为韶州作《韶阳楼记》时写道："岭南属州以百数，韶州为大。"韶关作为广东北大门及粤北历史文化中心，自古就发挥了传输中原文化、弘扬岭南文化的先进作用。

韶关自古为岭南重镇，又是人杰地灵之都、山川灵秀之域。唐初，禅宗南派创始人六祖惠能在韶州弘法近四十年，述成了第一部中国化的佛家经典《六祖坛经》，形成了著名的禅宗文化。南北朝时期以勇猛刚烈著称的风烈将军侯安都，唐开元盛世名相、以风度名扬天下的张九龄，学深刚毅、文采拔萃、以风采而著名的北宋政治家余靖，明代抗倭名将陈璘，清代著名思想家廖燕等，都是受韶文化滋养的土生土长的韶州人杰。唐代大文豪韩愈，北宋文学家苏东坡，南宋诗人杨万里、著名理学家朱熹、名臣文天祥，明代才子解缙、著名学者丘濬、理学家陈白沙、科学家徐光启、军事家袁崇焕，清代著名诗人王士禛、朱彝尊，以及民国时期革命先行者孙中山，中华人民共和国创建者毛泽东、朱德、陈毅等一大批名人都在韶关留下了千古流芳的诗文和历史足迹。在中华世纪坛上铭刻的一百多位对中国历史文化产生深刻影响的人中有两位外国人，其中有一位是被誉为"中西文化交流第一人"的意大利传教士利玛窦，他也曾经于明代在韶关活动六年，对西学东渐和东学西传作出了不可磨灭的贡献。

从古代相传"舜帝南巡奏韶乐"到岭南名州、历史文化名城，韶关经过代代相传，已经形成了岭南文化中不可或缺的重要组成部分——韶文化。因此，我们说，韶文化是指分布在粤北地区的、受历代行政区划和自然环境影响孕育滋生的一种有着较为突出特征的史志阶段的区域文化。简言之，韶关本土的历史文化就是韶文化。韶文化的核心是以"韶"为主的包容、和谐、善美的传统精神，其文化结构的主要元素是舜帝韶乐文化、客家文化、南禅宗佛教文化、历史名人文化、瑶族文化、矿冶文化、山区生态文化、红色革命文化等，在文化形态上既表现了与岭南文化的同一性，又表现出自然与人文各方面的多元性和独特性。正是由于以上在地域特征、自然生态、族源构成等方面显示出的诸多特殊性，以"韶"为主题的韶文化才得以确立，并在数千年的历史中不断融合发展。

二

韶文化是岭南文化中一个主要的文化类型。这个文化类型的特色在以石峡文化为代表的萌芽阶段已初现端倪，在秦代南越国及两汉以后步入发展阶段，曲江（又称曲红，因曲红岗得名）、始兴郡皆为当时岭南最重要的中心城市之一，特别是此地最富特色的以丹霞红岩为主的自然生态风光逐渐被人们发现，而且由于舜帝南巡，在岭南地区奏韶乐的历史传说，原名"曲红岗"的丹霞地貌被赋予"至美""至善"的韶乐精神，并命名为"韶石"："隋平陈，为韶州，以韶石为名。"（唐初梁载言《十道志》）至此，以"韶"为核心的优美的自然环境和善美和合的韶乐人文精神在粤北地区被有机地结合起来，韶

乐、韶石、韶州成为这一地区最响亮的文化符号。基于地方行政区划和自然环境特殊性而形成的区域文化——韶文化，在保留了岭南文化一般特征的同时，逐渐在粤北展现出自己独特的文化结构、文化形态特征，主要表现在：

——舜帝韶乐文化。它不仅是韶关得名之源，而且有历史上一大批古建筑作为载体，以及隋唐以来历代史志和名人歌赋作为文献记录。韶乐的和谐善美精神在韶关地区的传播至少有千余年，是韶文化的精神内核，是统领其他文化要素的主导部分，也是区别于其他区域文化的重要地方特色。之所以把粤北地区的文化称为"韶文化"，其主要原因正在于此。

——汉族移民文化、粤北客家文化、瑶族文化、疍民文化构成了韶文化的民族民系主体。特别是持续南迁的珠玑巷移民构成了日后广府民系的主体，对岭南和东南亚的开发影响深远。

——发源于韶关的南禅宗佛教文化及其他宗教文化构成了韶文化精神层面的重要补充。南禅宗文化使佛教比较彻底地中国化，影响超出岭南，波及全国甚至全世界。

——历史上，粤北古道交通文化和名人文化突出。粤北是中原文化和岭南文化之间的主要通道、海上丝绸之路的陆上重要节点，而惠能、张九龄、余靖等都是岭南人杰，影响广泛。

——历史悠久的矿冶文化。韶关采矿历史久远、规模巨大，是世界上最早运用"淋铜法（湿法炼铜）"来大规模生产胆铜的地方。矿冶业延续至今，是韶关的重要经济命脉，也是韶关突出的城市文化特色和韶文化的突出特征。

——山区生态文化。此地域居民秉承"天地同和"精神，在历史长河中与自然和谐相处，生态环境基本保持良好，是韶文化特色的显现，也是今后韶关发展的最重要的资源之一。

——以毛泽东、朱德、陈毅等人及抗战时期的广东省委在韶关的革命活动为代表的红色革命文化。此外，孙中山以韶关为根据地二次誓师北伐，抗战初期广东省省会北迁韶关等也都是宝贵的历史财富。

上述文化结构、文化特征是韶文化的主要内涵，也是我们开展韶文化研究的主要方向。

三

重视韶文化的研究、传承与弘扬，对岭南文化的传播与发展具有非常重要的意义。深入细致地挖掘和研究韶文化，可以有力地推动粤北历史文化研究的发展，推动地方人文历史与环境的良性互动，丰富人民群众的精神文化生活，深化岭南文化的固有内涵，促进岭南文化繁荣发展，为广东建设文化强省、韶关建设区域文化中心提供理论依据和文化支撑。有鉴于此，韶关市和韶关学院于 2009 年 11 月正式联合成立了韶文化研究院，现已拥有专职、兼职研究人员 40 多人，特聘文化顾问 10 人。研究院成立以来，在韶关学院和韶关市委宣传部、韶关市社会科学界联合会的领导与支持下，积极开展地方文化历史研究与传播工作，先后获准设立广东省张九龄研究中心、广东省韶文化研究基地。2012 年 7 月，经广东省委宣传部和广东省社会科学院发文，研究院升格为广东地方特色文化（韶文化）研究基地，成为全省首批九大特色文化研究基地之一。

本丛书即是该基地的初期研究成果。丛书的规模暂不限定，计划先用三年时间陆续推出几批著作。目前选题以历史文化为主，专注于与韶关有关的人、事和物，今后将逐渐扩大研究范围。

感谢韶关学院的党政领导和韶关市委宣传部、韶关市社会科学界联合会对本丛书立项、研究撰写和出版发行的支持与资助。特别感谢本丛书的各位作者，正是由于他们的辛勤劳动和无私奉献，本丛书得以付梓面世。暨南大学出版社对本丛书的出版发行给予了帮助，在此一并感谢。

是为序。

韶关市韶文化研究院
韶关学院韶文化研究院
广东地方特色文化（韶文化）研究基地
2015 年 10 月

前　言

在中国近现代工业化的历史进程中，韶关不仅是广东近代民族工业的发祥地，同时也是广东现代工业的起源地之一。在 19 世纪中期，伴随国外资本以及国内官僚资本和民族资本所创办的近代工业兴起，历史悠久且发达的广东传统手工业，开始步入新的工业文明时代。

凭借着广东南北地缘"通衢"的优势、丰富的矿产与自然资源，以及立足于传统农业发展起来的发达手工业优势，到 20 世纪初，韶关传统手工业伴随广东近代工业的发展，亦逐步迈向了近代工业发展时代。动力生产的变革，促进了韶关电力工业兴起与矿产开采业兴盛。此后，包括农产品、农副产品加工业，冶金、矿产加工业，以及建筑、建材产业等传统手工业，向近代工业转变，近代民族资本工业亦由此兴起。

在抗战时期，由韶关传统手工业发展起来的近代工业，代表了广东近代工业的发展，在全国占据了重要地位。民族资本机械（飞机制造）工业、煤炭及矿产开采业、水电工业，以及由"工合"组织发展起来的樟脑、机器、油墨、纺织、化工、建材等工业，在改变区域人们生活方式、启迪民智，实现社会文化风俗转变的同时，亦奠定了韶关在广东现代工业建设中的构架。

1949 年 10 月，伴随中华人民共和国的成立，华南地区新生的人民政权在经历三年经济恢复期，以及"一五"计划，资本主义工商业社会主义改造后，开始步入社会主义全面建设的新时期。按照国家提出的建设社会主义工业化的宏伟目标，脱胎于传统手工业的韶关近代工业迈开了现代工业化建设发展的步伐。

从 20 世纪 50 年代中后期到 70 年代中期，韶关的工业化建设先后经历了"南华重工业基地"和"小三线"工业建设两个历史时期。这 20 年的工业化建设发展，让韶关这座传统农业城镇转变为新兴的工业化城市，以机械、化工、纺织、医药、电力、煤炭、建材、电子、冶金，以及有色金属，构成了韶关十大工业行业门类。

韶关工业发展始于第一次鸦片战争，经历了清末洋务运动手工业革命和近代民族工业与机器工业的兴起，它不仅见证了广东近现代工业发展历程，同时也是中国工业化由传统手工业迈向机器工业时代的历史缩影。在中华人民共和国成立后的三十年工业化发展中，韶关实现了由传统型农业城镇转变为新兴的工业化城市，再次见证了中国工业化发展追赶世界工业革命潮流的步伐。

进入20世纪80年代，韶关工业经历了从传统计划经济向社会主义市场经济体制的转型发展。这一时期，韶关工业门类在改革、调整中不断焕发出新的生机，依靠工业行业体制改革与技术革新，包括机械、电子、纺织、医药、化工、建材及有色金属等行业出现了许多名优产品，一度享誉省内外，乃至国内外。直至中国社会主义工业化建设迈向新世纪，按照党的十六大报告提出的"走新型工业化道路"，韶关工业迈向了新发展。

立足于韶关地方工业发展史研究，本书按照韶关工业文明发展的历史脉络，通过相关史料的搜集、整理，编著形成《韶关工矿发展简史》。祈望本书能够为读者全面了解韶关工业化历史进程，以及为韶关地方工业化发展史研究，提供帮助和参考。

作　者
2020 年 9 月

目　录

岭南文化书系

韶关工矿发展简史

第一章　古代韶州工矿业缘起

古邑韶州，地处五岭以南，粤境北端。其自古就以"唇齿湘赣，交广咽喉"，而有南北通衢之地利，得天独厚的自然、人文资源，为韶州手工业与工业的兴起，提供了良好的发展条件。

第一节　韶州古代手工业兴起

一、先秦手工业概况

韶州工业，始于古代手工业。据近现代考古，早在新石器时代的晚期，在包括曲江马坝泥岭、乌石，以及始兴城南镇、翁源下角垄、仁化覆船岭等石峡文化遗址中，发掘了大量石器农具、陶器制品，这充分说明了，在稻作文明的发展过程中，韶州古人为提升农业生产效率，在大量使用先进的石器农具的同时，运用陶制技艺，生产制作陶器等劳动和生活用具。

（一）石器手工业

以石器运用为标志的农耕文明，展现了古韶州石器手工业的繁荣。

根据近现代韶州石峡文化遗址考古挖掘，韶州石器手工业生产主要包括农业工具、手工工具、狩猎工具与武器，以及其他打琢石器工具。

1. 农业工具

农业工具主要指用于农业生产、加工的石器工具。从曲江等地出土的石器农业工具，主要包括石镬、石斧、石铲、磨盘、磨研器等。

石镬：一种石制农业工具。工具制作不精，仅两刃磨光较好。其特点是窄长身，正面较平或中间微凹，背部中间隆起，两头减薄，侧视如弓背，故又称"弓背锛"。由于器身窄长厚重，适于开垦、挖掘黏性大的山地红壤土，它是石峡文化最富特色的一种农具。此类工具在韶州仁化、始兴等小盆地多有挖掘发现。

石斧：形制两面对称刃，主要用作砍伐工具。

石铲：用作翻土、铲土农具，工具上均有穿孔，用作安装手柄。（图1-1）

磨盘：一种用作谷物加工的工具。工具材料多为云母石英砂岩。形制为圆角长方形或椭圆形，磨面中间缓缓下凹。（图1-2）

磨研器：多采用云母石英粗砂岩制作，也有砂岩。形制可分为长条圆形或扁圆饼形两种。（图1-2）

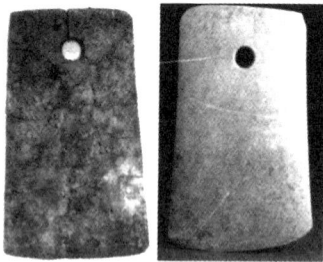

图1-1 石峡遗址出土的农业工具——石铲（M44）

图1-2 石峡遗址出土的农业工具——石磨盘和磨研器

2. 手工工具

手工工具主要指用于石器、林木等加工的工具，可兼作农具之用，分长身锛、梯形锛、有肩锛、有段锛、有肩有段锛等，在韶州多长身锛和有肩锛。

长身锛：一种身长大于刃宽一倍以上的锛，主要用于木材砍伐。

梯形锛：亦称"短身锛"，其平面略呈梯形，身长不超过刃宽一倍。此类锛在韶州发掘数量最多。材料多以粉砂岩、细砂岩和板岩为主，也有用页岩和河砾石。器身一般未经切削，首部也不齐整。形体一般较小，长不过10厘米，短的仅2~3厘米，磨制多不够精致。大致可分为两型，每型均有相对的大、中、小差别。

有肩锛：此类工具石料以砂岩和板岩为主，制作不精细，石料不

经过切割，肩角多为钝角。有学者认为韶州地区有肩锛来自西樵山石器制作场。

有段锛：在韶州出土数量少，典型的更少。典型者，指背部阶段明显的。然石峡文化墓葬典型有段锛，既有长身的，又有梯形的，切割磨制工艺亦精。这究竟是随葬品和遗址的差别，还是年代早晚的差别，值得研究。

3. 狩猎工具与武器

此类石器，多用于狩猎，以石镞为主。

石镞：又称矢、箭头。多捆绑安装在长杆前端，用以射杀猎物。在石峡文化第三期遗址，出土数量多，形式也多。采用石料几乎都是深灰色或黑褐色的千枚岩。若从器身的剖面分，可分扁菱形、覆瓦形和多边形三大类，以扁菱形为主。根据型号大小和器身、铤部特征可细分为若干种。

4. 其他打琢石器工具

此类石器工具，主要用于石器工具加工，可分为砍砸器、石锤、砺石等。

（二）制陶手工业

与石器手工业发展相觑，制陶手工业在新石器时代的晚期，同样是韶州手工业的重要组成部分。英德青塘、牛栏洞，始兴玲珑岩，南雄梅岭中站等遗址出土陶片，反映了韶州在新石器时期的制陶手工业。

据1973年对新石器时代晚期石峡文化墓葬遗址发掘考古，鲶鱼转文化遗存可能是一个"部落居住地"和墓葬区。在始兴县城南镇中镇村，此地除了出土了砾石砍斫器、盘状器、磨制的长身和梯形锛、柳叶形镞等石器外，还出土了釜形鼎、盘形鼎残件及方柱形、楔形和瓦足状鼎足；泥质陶有瓦状足三足盘，大镂孔圈足盘、豆等；印纹有曲尺纹、叶脉纹、重圈纹及篮纹等陶器。

在翁源县坝仔镇下角垄遗址发现了瓦状足盘形鼎、高圈足盘、豆等器皿，尤其与曲江乌石镇床板样墓葬发现的随葬品陶器具有相似的特点。其中，最重要的是发现了一件与此前在曲江发掘的大小相当的礼器大石琮，不同之处是此器有多组纹饰，有一对圆圈表示简化兽面纹的双眼。其他的随葬品陶器、装饰品，与石峡文化夹砂陶器墓葬遗址发掘的陶器（图1-3）相同。

图 1 - 3　始兴县城南镇新村出土新石器时期石峡遗址陶器制品

在新石器时代的末期，韶州制陶业持续发展，制陶技术更为进步。据在南雄水口村采集的新石器末期的陶器，其夹砂陶炊具仍以釜为主，另还有圈足罐、豆或器盖、带流小罐和相当数量的器座；陶制纹饰趋多样化，有绳纹、篮纹、叶脉纹、曲尺纹、重圈纹等。泥质陶以敞口宽沿、口沿面多有轮制施纹的折肩凹底缶、罐为主，小口折肩圈足壶、大口高颈折肩樽、带流曲把矮圈足壶等，都是末期新出现的器物。印纹亦有各种规整的曲尺纹、篮纹、叶脉纹等，新出现的有大重圈纹、圈点纹、长方格纹、复线长方格纹、双线方格加凸点纹、云雷纹、席纹等，数量达 20 多种。一件陶器上大多有两种以上的组合纹。盘豆类也是常见的盛食具，盘的特点为敞口或敛口，豆的特点是高足细把弦纹。从轮制更普遍、印纹多样精致到陶质更为坚硬，总之，新石器末期韶州的制陶业显然比早期更进步。在曲江石峡、走马岗，以及始兴澄陂村、连南县城猫公山等均发现有窑址，是古粤韶州制陶业更为进步的例证。

除石器、陶器手工业，骨器、玉器、角制品等加工业，亦是新石器时代流行的手工业之一。到新石器晚期，包括骨、玉、角器等制品被赋予了卜卦宗教礼器及艺术装饰的意义，此类制品加工业在夏商周时期，逐步走上了繁荣发展的道路。

（三）铜、铁冶制业

从两周至春秋、战国时期，青铜、铁制器融入韶州石器、陶器手工业。据 1973 年至 1985 年四次对曲江狮子岩狮头山与狮尾山之间石峡地带遗址的发掘，在第四期文化层出土了大量的陶器、瓷器，以及石器、青铜器，其中陶瓷器有瓮、罐、釜、盘、豆、盂、器盖及钵等；石器有锛、镞、镯等；青铜器有匕首、钺、矛、镞、刮刀、锥等。

据 1961 年对始兴白石坪遗址（位于始兴太平镇多俸堂村西侧）

的发掘，清理陶窑一座，出土大量陶片，可辨器种有釜、瓮、罐、瓿、盂、盒、碗、杯、鼎等。另出土石器有斧、锛、凿、矛、砺石等；铁器有斧、锸。据1985年对始兴旱头岭墓（位于始兴沈所镇旱头岭东坡）的发掘，出土随葬品有陶器莆、瓿、盒、鼎，以及铜器斧、长剑、镞和陶器杯等。器物均为岭南战国时期所常见。

1987年发掘乐昌对面山墓群（位于乐昌城西南1公里处的河南乡大拱坪村后），对23座周代墓葬进行清理，出土陶器有瓮、缶，又有铸饰勾连雷纹的铜戈。（图1－4）又清理属于战国时期的墓葬17座，出土随葬品：铜器有鼎、匕首、矛、斧、削；铁器有锸、斧；陶器有瓿、

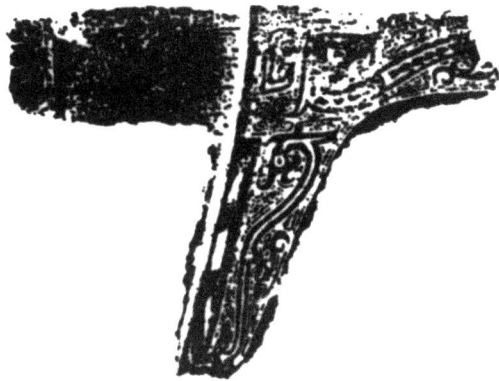

图1－4　乐昌出土青铜兵器铜戈

鼎、罐、小盒、碗、杯等。铜器鼎、矛、斧均是战国时期所流行的型式，饰重方格交叉纹陶罐是战国时期的典型器物。

青铜器主要运用于炊器、乐器与武器等。从上述乐昌对面山墓群出土的铜器鼎，有两种形状，多为三足器形，鼎上边有耳郭，便于端拿。又在韶州曲江、佛冈出土有青铜铙，用作乐器。青铜器用作武器最多，包括斧、矛、长剑、镞、匕首、削等。

与青铜业发展同期，铁器在韶州出土器物中，虽不多见，但于岭南尚算多样。在乐昌对面山墓群中，出土的铁器类工具有斧、锸等；在始兴白石坪遗址，出土的锄、锸等，俱可证战国时期韶州就已有铜、铁冶金工业，并被广泛运用在冷兵器等方面。

二、秦汉手工业发展

公元前221年，秦始皇在统一中原六国建立起秦王朝后，于公元前214年，对地处南越的五岭以南地区，开始统一之战，最终平定了岭南，并建立起了南海、桂林、象郡。

为经略五岭，秦王嬴政以驻军五岭，新辟五岭驿道，并两度向岭

南大规模迁徙移民，据《资治通鉴卷第七·秦纪一》载：始皇三十三年，秦王"发诸尝逋亡人、赘婿、贾人为兵，略取南越陆梁地，置桂林、南海、象郡，以谪徙民五十万人戍五岭，与越杂处……"① 始皇三十七年（前210年），秦始皇再"以为士卒衣补"，应龙川令赵佗上书"求女夫家者三万人""可其万五千人""女无夫家者"迁徙岭南。② 由此始，中原文明伴随先进生产技术与工具传入岭南。岭南手工业逐步走向兴盛。

公元前209年，秦末农民起义引发中原战火，秦王朝走向了灭亡，任嚣、赵佗割据岭南，建立起"南越国"。为改变越人风俗，赵佗以"和辑百越"推进民族融合，以诗书化国俗，推行中原文化。在赵佗的治理下，南越国农耕经济逐步走向鼎盛发展时期。

（一）汉越交流，铁制农具使用，促进冶铁业的兴起

自汉高祖建立西汉，伴随铁制农具的广泛使用，高祖刘邦在全国各地开始推进"铁官"制度，专事管理铸造铁器业。至汉文帝实行"徙民边实"与推行"重农抑商"政策。西汉元鼎六年（前111年），汉武帝统一岭南后，割五岭以南始兴郡，并入桂阳郡，将"铁官"制度推向南越。据《汉书·地理志》载：时"桂阳郡有铁官"。铁官主铸造铁器，不出铁的地方置小铁官，铸旧铁。在治国理政方面，汉武帝提出了"农商并重"的治国理念，其大臣理财专家桑弘羊指出："富国何必用本农，足民何必井田也"，主张"农商并举"。在桑弘羊的倡议下，汉武、汉昭两朝帝王积极推行"官营"工商，实行盐铁专卖。到西汉末，伴随中原文明的"南进"与南迁人口的不断增加，岭南的工商业在"邦俗从化"中逐步兴起。

东汉政权建立后，地处"蛮荒"的五岭，"邦俗从化"延续西汉前朝治理，重贤能良吏之治。东汉建武二年（26年），汉光武帝以"襄城令"卫飒"政有名迹"，迁桂阳（郡）太守。据《史记·循吏列传》载卫飒守桂阳事迹：先是含洭、浈阳、曲江三县，越之故地，武帝平之，内属桂阳。民居深山，滨溪谷，习其风土，不出田租。去郡远者，或且千里。吏事往来，辄发民乘船，名曰"传役"。每一吏

---

① 参见《资治通鉴卷第七·秦纪一·秦始皇帝三十三年》。
② 参见《史记·南越列传》。

出，徭及数家，百姓苦之。飒乃凿山通道五百余里，列亭传，置邮驿。于是役省劳息，奸吏杜绝。流民稍还，渐成聚邑，使输租赋，同之平民。又耒阳县出铁石，佗郡民庶常依因聚会，私为冶铸，遂招来亡命，多致奸盗。飒乃上起铁官，罢斥私铸，岁所增入五百余万。韶州冶铁业自此逐步走向兴盛。

（二）移风易俗，教民植桑织屦，促进纺织、造纸业的兴盛

东汉建武二十五年（49 年），又有茨充，"代卫飒任桂阳太守"。《史记·循吏列传》载：茨充，字子河，南阳宛人。少聪慧，举孝廉，赴京师。建武二十五年，代卫飒任桂阳太守，临桂治事，时郡民不识桑麻织屦，人行无鞋，苦之寒冻；茨充教民种植桑柘、麻纻之属，劝令养蚕织屦，民得其利，有鞋穿，有布被，行不裸趾，眠有布铺。此后，江南楚尾颇知蚕桑、丝织之用……至建武三十一年（55 年）茨充离任，韶州手工业织造业由此兴起。

东汉时期，伴随中原文明南传五岭，桂阳郡太守卫飒"修庠序之教，设婚姻之礼"，到茨充"代卫飒为桂阳守……教民种植桑柘、麻纻之属，劝令养蚕织屦，民得其利"，又有桂阳郡盛行造纸技艺，韶郡坊间有"造纸"传统。

东汉章帝建初八年（83 年），大司农郑弘奏事请开"零陵、桂阳峤道。于是夷通，至今遂成常路……""此路一开，中原之声近矣，然后五岭以南人才出矣，财货通矣，遐陬之民俗变矣……"东汉和帝，许荆为桂阳太守，"为设丧祭婚姻制度，使知礼禁……"桂阳人蔡伦"乃造意用树肤、麻头及蔽布、渔网以为纸"，献给皇帝，受到嘉奖，"自是莫不从用焉，故天下咸称'蔡侯纸'"。韶州土法造纸业由此走向兴盛。

（三）制陶业与陶瓷手工业的兴盛

两汉时期，韶州制陶业承继先秦陶器手工业，开始有了较大的发展。据1982年冬在南雄乌迳新田两座汉墓考古发现，曾出土青铜镜、陶瓷器等墓葬文物。在出土的 26 件陶瓷器中，有 24 件陶器和 2 件青瓷碗。陶器以陶屋、陶作坊、陶井等模型为主，器型完整无损，尤其陶作坊内主人舂米、喂猪等形象栩栩如生。青瓷碗 2 件，外施青釉，虽经两千年土掩，仍晶莹透亮，青翠可爱。

出土陶瓷文物，证实了汉代时期，始兴郡所属南雄制陶业已由原

始的陶器业进步到釉陶业，并逐渐演变成具有真正意义上的制瓷手工业。陶瓷成为当时南越人的日常生活用品。传至魏晋时期，品种繁多的陶瓷渗入人们日常生活各个方面。

三、魏晋手工业兴盛

秦汉以来南越之风日见开化，曾被孟子诋为"南蛮鴃舌之人"的楚越人，在经历"邦俗从化"的中原文明浸化后，日渐移风易俗。汉越间的民族融合，不仅缓解了南越与中原民族的隔阂，同时也带动了岭南地区的社会发展与进步。五岭以北地区在经历三国纷争后，步入一统时期，为避曹魏政权严酷的压迫和沉重的徭役赋税，以及强制性的军事移民，"四方贤士大夫避地江南者甚众"①，又"江淮间十余万众，皆惊走吴"②，避地原吴越属地。

从西晋元康元年（291年），中原西晋王朝爆发争夺皇位的"八王之乱"，到永嘉元年（307年）的晋室南渡，再到建兴五年（317年）西晋政权的灭亡，连连战火引发中原移民南迁高潮，一浪高过一浪。以致到东晋时期，形成了六朝以来最大的移民潮。自永嘉之乱，到刘宋立国的百余年间，南迁的移民达百万之众。这些移民，不仅加速了岭南地区的民族融合进程，亦对岭南乃至整个南方地区的经济、文化发展，产生了直接的推动作用。

（一）农耕文明兴盛与铁器农具兴起

秦汉中原农业文明南传，以及铁器、牛耕等先进农业技术的应用，有力地推动了岭南农业的发展。铁器农具及牛耕技术的运用，成为提升农业生产力水平、获取生活资料的重要财富。汉代贾谊撰《盐铁论·农耕篇》谓："铁器者，农夫之生死也。"然而，"当时的岭南还没有自己的冶铁业"③。

西晋时期，伴随南迁移民进入岭南，以及铁器农具在南越地区的广泛使用，冶铸业亦在岭南地区兴起，并得到较快的发展。《晋书·

---

① 参见《三国志·华歆传》。
② 参见《三国志·吴书》
③ 中国社会科学院考古研究所编著：《新中国的考古发现和研究》，方志出版社2007年版，第436页。

庚翼传》载，广州刺史邓岳利用流民"大开鼓铸"，东晋时，在岭南地区不仅出现大规模的官办冶铁业，在部分古越族聚居地，亦有掌握冶铁铸造技术的越族人，私开铸铁作坊，"诸夷因此知造兵器"①。《隋书·地理志》载：世居五岭山区偏僻落后之地的少数民族，在梁陈时已"婚嫁用铁钴锛为聘财"。

两晋时期，牛耕技术得到进一步的发展，西晋咸宁元年（275年）杜预上疏力主在南方推广牛耕，武帝就此下诏②，官设牧场。至南朝宋、齐、梁、陈，官府均大力推广牛耕。史载梁武帝朝，改革祭祀制度，以面食果蔬代替牺牲，明令私宰耕牛要依法严惩。时任南海太守的王僧孺在本郡移风易俗，禁杀耕牛。③

南朝宋文帝时，重课税、农桑。元嘉初年，有东莞人徐豁，任始兴（郡）内史，为大力发展地方农桑，上书文帝，表陈请三事，一曰郡大田，武吏宜减米课；二曰郡倾银民，宜兴农桑；三曰中宿（英德）俚民计丁课银，宜计丁课米。史载其表请"太祖嘉之"，成为地方一代名宦。

（二）手工业在韶州的发展

两晋中原汉族的南徙，不仅为岭南的开发带来了充裕的劳动力，由迁徙移民带来的生产技术，亦使岭南经济得到了较快的开发与发展。尤其在东晋、刘宋等时期，采取了一些有利于发展生产的措施，使南迁的移民与地方土著及山越、蛮、俚、獠等五岭少数民族一起，利用得天独厚的自然资源，发展地方社会经济与文化。在农业生产提高的同时，矿冶、陶瓷以及织造、制茶等手工业，亦在五岭南北悄然兴起。

两晋时期的韶州矿冶、陶瓷业，承袭两汉时期南传的冶炼技术，开始开采利用地方煤、铁等矿藏资源，发展冶银、铁制农具手工业。据王韶之撰《始兴记》载：元嘉元年（424年）夏，"冷君西北有小首山"。"霖雨山崩，自颠及麓。崩处有光耀，有若星辰焉。居人聚观，皆是银砾。铸得银也。"冷君山，王象之《舆地纪胜》载：在乐昌县东北四十五里。又《水经注·溱水》载：泷水又南合冷水。冷水东出冷君山。韶州有色金属冶炼业，由此开启。据《宋书·良吏传》

---

① 参见《晋书·庚亮传：附弟翼传》。
② 参见《晋书·食货志》。
③ 参见《梁书·王僧孺传》。

载，徐豁任始兴太守，于"元嘉三年遣大使巡行四方，访得郡有银民三百余户，千有余口"。

地方丰富的瓷土资源，亦推动了制陶、制瓷业的发展。包括始兴、曲江以及新丰等地方，陶瓷业成为民间手工业的重要组成部分。此际的韶州陶器业，经过两汉时期由陶到瓷的转变，技术有了较大的提高。陶瓷亦成为百姓的日常生活用品。20世纪80年代在韶关西河西晋墓考古挖掘中出土了陶犁田耙田模型。模型平面为长方形，中间纵贯一田埂，分成两块水田；各田间分别有一牛一人，牛行在前，牛颈部套有绳索，人跟在牛后；人畜造型生动，神态自如。（图1-5）

图1-5　韶关西河西晋墓出土陶犁田耙田模型

1963年，在韶州连县附城一座永嘉六年墓中发现一件水田耕作模型。所作的田为长方形，四周有埂，中间贯一田塍将田分为两丘，一丘上有人（俑）使牛犁田，另一丘有人（俑）反向使牛耙田。田面刻画水波纹，表明田里灌满了水，田埂四角分置漏斗形排水管。在韶关晋太康七年墓中，发掘一件水田耕作模型，田也是分为两丘，田角也有漏斗形排水管，也是犁田和耙田。不同的是，这个模型中只有一个田角置排水管，圆口朝外，还有一人依扶着，显示正向田里放水；使牛耙田的二人为同一方向。

另在韶关西河西晋墓中出土了陶卧房与陶作坊等陶制品。陶卧房（面宽17.5厘米、进深10.5厘米、通高11.2厘米）的后壁和左壁墙

根各处一榻，在后壁榻上坐着一人，头梳双圆环髻，双手置于胸前，应为主人的形象，左壁榻上一人和立于右壁者均为侍从。这是一幅主人在闲坐休息的图景。陶作坊（面宽14厘米、进深9.5厘米、通高14厘米）里左侧二人正在舂米，右侧一人手捧簸箕作簸谷米状，房子型制与卧房基本相同。（图1-6、1-7）

图1-6 韶关西河西晋墓出土的陶卧房模型

春米的俑像是西晋墓葬中常见的陶塑品，在广东连县附城龙口西晋墓中也曾出土过一件，这些作品在一定程度上是粤北农业生产取得发展的形象资料。同时，也反映了当时曲江烧陶艺已相当普及。

两晋时期的韶州民间织造业，主要包括纺织、造纸等手工

图1-7 韶关西河西晋墓出土的陶作坊模型

业。时地方织造业多以地产植物麻、木、草、竹等为原材料，尤其以盛产的竹子为主。据历代《韶州府志》记载，韶州产竹，有毛竹、黄竹、紫竹、花头竹、斑竹、丹竹、木竹、麻竹等十数种①。伴随竹制工艺的不断进步，采用"嫩竹"造纸、制布等技术，亦在民间得到了广泛的流传。时在韶郡，纺织手工业生产的布类，包括麻经布、蕉布、葛布、竹布等；在土法造纸手工业方面，以竹制纸生产为主，兼利用"树肤、麻头及蔽布、渔网以为纸"。据晋代文献《广志》（270年）记载："广人……嫩竹可造纸。"然而，由于竹纸"以竹为纸，如作密书，无人敢拆发之，盖随手便裂，不复粘也"。

伴随着手工业的兴起，以及劳动产品的不断增多，五岭用于军事用途的古驿道、栈道及水路，成为南北商贸的通衢。在通道的南北陆路，大小的集市贸易、墟市由此开始出现，并逐步成为岭南"海上丝

① 参见清同治《韶州府志·舆地略二·物产·竹属》。

绸之路"的内陆商贸小镇。这些商贸小镇，对五岭乃至岭南地区的社会商品经济发展，起到了积极的推动作用。其为唐宋韶州成为南北贸易著名的商埠城镇，奠定了基础。

第二节　唐宋韶州手工业的兴盛

唐宋时期是韶州工矿业走向繁荣兴盛的第一个高潮期，尤其于广州（番禺）海上丝绸之路商贸往来的"日以通商"，以及地临五岭通衢的开凿，商业贸易的繁荣，不断促进韶州包括冶铸业、造船业、陶瓷业，以及造纸业、纺织业的快速发展。

唐开元四年（716年），名相张九龄开凿大庾岭新路，使"人苦峻极……以载则不容轨，以运则负之以背"。大庾岭道，成为岭南"齿革羽毛之殷，鱼盐蜃蛤之利，上足以备府库之用，下足以赡江淮之求"的通途。自此，韶州手工业逐步达至鼎盛。

一、韶州冶铸矿业

初唐，内地早已推行统一的货币制度，使用铜钱，兼用布帛谷粟，岭南因有海外贸易通商缘故，依然维持两晋以来使用金银兼杂铜铸钱习俗，这使得岭南的民间冶铸金、银、铜矿业极其盛行。据《新唐书·地理志》（卷四十三）载，在全国土贡金、银的州有73州和68州，其中在岭南分别就占有39州和47州，各占全国的53.42%和69.12%。此际的金银产区多分布于西江，但在北江的韶州、英州、雄州及连州等，亦有产金、银矿区，尤其是在曲江。唐开成至会昌年间，有中晚唐诗人许浑过境韶境英德浈阳，题诗"洞丁多斫石，蛮女半淘金"描述浈阳产金。史亦载，浈阳浛洭旧有金池"彼中居人，忽有养鹅鸭，常于屎中见铄金片。遂多养，收屎淘之，日得一两或半两，因而致富矣"。另，据清屈大均撰《广东新语》（卷十五）载考："唐建中（780—783年）初，赵赞判度支采连州白铜，铸大钱一以当十。"

至唐元和年间，国内禁采银矿，宪宗下诏："天下有银之山必有铜矿，铜者可资以鼓铸，银者无益于人；权其轻重，使务专一。其天

下自五岭以北见采银坑，并宜禁断。"又诏"五岭以北，采银一两者，流它州，官吏论罪"。内地禁采银，然而，唯有五岭以南不禁，以至五岭以北大量矿业人口南迁，进入岭南从事采矿、冶铸业。其带来的采矿、冶铸技术，推动了岭南矿冶业的繁荣，韶州金、银、铜采矿冶铸业逐步走向兴盛。

北宋时期，韶州岑水铜场有"谓：场水能浸生铁，（变）成铜"，其天兴铜场就以"岁用（采）铜百万斤，可得盛币三百万，分其一以上供，余复市铜，几得二百万"。于是，宋朝廷在韶州置永通钱监，作为政府铸币钱监之一。据宋王象之《舆地纪胜》等史料记载，钱监始置于宋庆历年间（1041—1048 年），时"叶公清臣、宋公祁经度山泽，置监，分遣金工，以采之……"庆历八年（1048 年），"九月，三司言，本（韶）州天兴场铜大发，岁采二十五万斤，请置监铸钱，诏为永通监"。据《韶州府志》等史料记载，"宋永通监，在武水西古城中……"此为韶州置朝廷钱监铸铜钱开端。

新置永通监后，共置"岑水、天兴、中（巾）子"三银场。时"天兴场铜大发，岁采二十五万斤"，年产"钱额四万七千一十七贯"。又"韶州岑水场铜发"，天兴铜场"日课千缗""年课三十多万贯"。到至和二年（1055 年），宋朝廷"以韶州岑水场铜发""掘地二十余丈即见铜""令漕司益铸钱……"由此，"永通监原额"上升到"八十二万贯"。据《宋史·食货志》记载：熙宁初，"韶州钱监，岁课以八分铸小平钱，二分铸当十钱"。熙宁年间，韶州永通监铸钱达到其鼎盛时期，年铸钱总量达一百三十多万贯。

与岑水铜场同期存在的还有中子铜（银）场。据史料记载，中子铜（银）场始置于宋熙宁十年（1077 年），其位于岑水铜场附近，是韶州永通监三大铜场之一。元丰初，岑水场与中子场年产铜 1 280 多万斤，占全国产铜总量的88%。

至宋元丰年间，韶州永通监铸钱，因铜资源的开采难度越来越大，开始走向衰落。据宋孔平仲撰《谈苑》中《铸钱行》记："韶州岑水场，往岁铜发，掘地二十余丈即见铜。今铜益少，掘地益深，至七八十丈。"苏轼被贬岭南过月华寺，以"坑流窟发钱涌地，暮施百镒朝千锾"，发出"我愿铜山化南亩，烂漫黍麦苏莞鳏"的感叹。宋大观三年（1109 年），永通监年铸钱减少至"八十三万贯"。北宋末年，

金兵入寇中原，韶州永通监铸钱"额四十万贯大钱，内兼铸小钱八万贯"。（图1-8）

图1-8　江西赣江考古挖掘的北宋韶州岑水场铜

南宋时期，韶州永通监铸钱继续下滑，"高宗初年，每年只铸八万贯，以后稍有增加，但常年在十五万贯左右"。绍兴年间（1131—1156年），永通监铸钱朝廷"额定七万贯"。由于铜开采的产量少，加上生产成本的增加，"每铸钱一千，率用本钱二千四百文"，迫使南宋朝廷"得不常费，罢鼓铸"。绍兴二十七年（1157年），南宋朝廷"出版漕钱，八万缗为铸本，岁权以十五万缗为额，复……韶州永通监"。但复铸新钱"所铸亦才及十万缗"，后又下降至"岁计四五万缗"。乾道元年（1165年），"韶州永通监递年铸钱多不及三千或四千贯，今人欲酌取中数管认三千五百贯"。此后，又因韶州监久废，难复用，于淳熙十二年（1185年）三月省，经历130余年的韶州永通监被废弃。入元后，韶州不再见产铜。据光绪《韶州府志》载：属内之山不产铜矿。又记：宋时，饶州张潜通方伎，得变铁为铜之法。韶之岑水用其法，能成铜。

宋代韶州矿业，除铜矿业开采兴发外，银、铅、锌、锡、锑等矿藏采炼，同样兴发。其中，尤以民间银采矿业为盛，次居于铜矿业。据光绪《韶州府志》记：银，曲江有银山，乐昌墟头江有银矿，英德之铜钟、尧山、竹溪、师子向设银场。长冈山、红礤山等处，皆出银

矿。又有嘉靖《翁源县志》载：翁源有"大湖银场，皆宋皇祐元年开创"。史另有载：南宋乾道年间，韶、英、连各州"银坑发泄"，包括曲江、英德、连州等地俱有"坑冶"产银。时于曲江，银矿主要分布"在东水枫湾、龙斗斜等地，灵溪亦有"。清乾隆《连州志》亦载："外有阳山银穴。"据北宋欧阳献可撰《上州郡乞奏蠲上供银书》，与南宋廖颙撰《上供银表》载：连州产白金（银），后以坑冶废弛，遂以"银额成例"。

进入元朝之初，韶州采银业仍持续发展一段时间。据《元史食货》二岁课载：粤北产银之所在，有韶州。又载：至元二十三年（1286年），韶州路曲江县银场，听民煽炼，一岁输银三千两。可见宋代韶州产银业的兴盛。

二、韶州煤炭、冶铁业

伴随铜、银铸冶业的兴盛，煤炭、冶铁业在唐代亦步入兴盛发展期。承续前朝冶铁手工业，伴随农业文明的进一步发展，铁制农具的大量使用，促进了韶州冶铁业开始走向繁荣。时唐代的冶铁工艺已有了较大的改进。与北方冶铁器相比较，南方的冶铁由于开始采用脱硫的煤炭、煤焦（唐称煤炭为焦石）冶铁技术，不仅提高了铸炼铁器、铁具的质量，亦推动了韶州煤炭开采业发展。据《新唐书·地理志》载：连州桂阳（今连县）有银、有铁，阳山有铁，连山有金有铜有铁，广州浈阳（今英东）有铁。

有宋一代，韶州煤炭开采业与冶铁业得到进一步发展。伴随冶铁业的兴盛，采煤业小得到初步的发展。从煤炭的开采，到铁矿的开采，再到铸炼铁业，开始有明确的分工。据道光《阳山县志》载："从来开采之处，其挑运砂土煤炭者，谓之人夫。其挖砂煽炉者，谓之工匠。工匠与人夫不同，人夫系本籍之人，工匠则散处他州异县，而该商雇令执役者也。所虑者，商人往雇工匠，惟择其操技精专，有益于开采者，则用之……况乎经雇之后，来多则途异……纷纭杂沓，去住不常。"[1] 时在阳山南部的白莲一带，是粤北铁矿开采和冶炼的一个中心，七拱河上游的铁器制品在当时很有名气。

---

[1] 参见清道光《阳山县志》（卷五）。

宋代，韶州冶铁与铜、铅铸钱不同，铜、铅铸钱属"官督商办"，由朝廷政府出工本，招商承办，并派官专管。冶铁与煤炭开采，则大多由商人自备资本，向朝廷报告，经批准后，方可进行开采。其产品除按照规定按产量十分之二交税外，余产品则"四分发价官收，四分听民贩运"。时韶州冶铁得益于南北商贸（通衢）的优势，本地产铁亦系"北上"贩运主要货物之一。

直至元初，伴随五岭通衢商贸的衰败，韶州冶铁业开始走下坡路，亦由此，煤炭开采业停滞不前，煤炭产量逐年下降。

三、韶州商业与造船业

韶州造船业的兴起，系于两个基本要素：一系于其地处水陆、沟壑纵横山区之故。古时，境内北江流域上游之浈、武二水，为南北通衢要道，有民以舟楫交通为业。二系地域盛产造船所需木材。据《本草纲目》引陈器藏言："枕生南海（郡）谷。作（舟同）船，次于樟木。"又引其人《本草拾遗》记："江东（舟同）船，多用樟木。县名豫章，因木得名"，并引颜师古注云："豫即枕木，章即樟木。"韶州毗邻豫章，郡亦盛产樟木，又为通津浈水所在。韶州造船业由此兴起。

公元前221年，秦始皇兴兵平定南越，五路大军南下，以"一军守南野之界，一军结余干之水"，屯兵庾岭造船，依赖浈水南下番禺，最终统一岭南。

汉元鼎五年（前112年），汉武帝以杨仆为楼船将军，兵分四路平南越。于中路以伏波将军路博德从桂阳出发，越过五岭进入湟水，造楼船南下；于左路由楼船将军杨仆从豫章出发，越庾岭进入浈水，造楼船沿浈水南下，最终平定南越。

东汉建武十七年（41年），地处岭南的交趾郡发生征侧、征贰叛乱，自立为王，汉光武帝以马援为伏波将军，入岭南平乱，在越过五岭进入武溪（今武江）后，即开坞造船，为便船行，又开辟武溪水路，长驱直入千余里。经两年余征战，叛乱平定。

魏晋时期，韶州造船业以发展商贸业用船为主，在浈、武两江水道沿途，包括南雄、始兴、曲江、乐昌等地，多以制造内河中小型木船为主。

隋唐时期，伴随洭、武水道商贸货运的日渐繁荣，韶州航运亦逐步成为产业，在此产业的推动下，航运和造船业亦走向兴盛。时韶州造船与沿海所造海船虽无可比，但所造木船吨位可达"千石"。据《唐国史补》记载："江湖语云：水不载万，言大船不过八九千石……"又有荆南节度使成汭曾"巡属五州事力，造巨舰一艘，三年而成"。从相关记载来看，唐时，韶州可造大吨位船只；用于货运，可造中大型"漕船""商船""客船""货船"等。《唐语林》又称"凡东南郡邑无不通水，故天下货利，舟楫居多"。

借助于水运交通，唐代韶州交通之便利，上可达北湟州，西可至黔蜀，东可及海滨，南直趋广州。唐元和三年（808年），李翱至岭南任职，自述其自洛阳至扬州过长江，从润州出发，经杭州、睦州、衢州、饶州、洪州、吉州、虔州，翻越大庾岭至韶州，再到广州，余皆舟行不辍。[①] 会昌四年（844年）七月，"浑府罢北归，至韶州先作《早秋韶阳夜雨》，后《韶州驿楼宴罢》"诗中，许浑以"檐外千帆背夕阳，归心杳杳鬓苍苍"描述了当时韶州商船、货船"千帆东去"的繁荣景象。

有宋一代，韶州为岭南内陆南北商贸物流集散地，亦为南北船运舶舻集聚之地，舟楫船业更为兴盛，尤其于"韶州岑水、天兴场铜大发"，宋元丰年间，宋神宗诏令东南诸路"增置漕舟"，将原陆路"上供纲运"改为"并从水运"，北江上游的洭、武二水两岸，造修船坞，鳞次栉比，船运粤北铜、铅等矿冶物料，成为推动韶州造船工业发展的动力。据史料记载，时江西饶州专供"往来搬运岭南铜、铅等物料……应付上供纲运"的官船就有280艘。北宋时期，韶州铜、铁、铅等矿冶产品的上供与商贸，成为韶州水路船运货物的"大宗"，商贸又间接推动了地方造船业的发展。

唐宋时期，韶州航运业的兴盛，在推动地方商业、贸易发展的同时，也促进了韶州客家中"疍家"民系的形成。此部分人家世代生活在北江流域，从事水上航运、造船等职业，以水谋生，久而久之，成为韶州客家民系族群中"疍家"群体。他们有自己的方言（按地域分本城话、连滩话、湿拿话），生活在北江流域的连江（小北江）、洭江、武江两岸。

---

① （唐）李翱：《来南录》，见《李文公集》（卷十八）四部丛刊本。

四、韶州造纸业与刊刻业

唐代韶州造纸业，承续东汉至魏晋桂阳造纸业的发展，土法造纸工艺有了较大的变化。以竹质纸、草质纸为主的纸类产品，种类不断增多。纸业工艺的提高，不断促进韶州造纸产业及产量的增加。至中唐时期（8世纪下半叶至9世纪初），韶州的造纸业开始走向兴盛，韶州亦成为全国著名的15个产纸地区之一。

韶州纸品分细纸、粗纸两大类型。细纸类主要以嫩毛竹为原料，其所制作出的纸张具有"厚薄均匀，平滑度高，纸质细腻，颜色和吸水性能好"等特点，其产品种类包括"玉扣、南扣、重桶、京文（官纸）、东庄、长江"等。其途主要用于书、画，印刷书籍，以及学习用纸，部分作手卷烟用纸、卫生用纸，或用于供应出口。

粗纸则主要以老杂竹、芒杆、禾草等为原料，其所制作出的纸具有纸质粗硬，均匀度、平滑度以及吸水性能较差等特点。其出产的纸主要作烟花、爆竹生产用纸，包装用纸，冥用火纸等，部分供应出口等。

时韶州纸品，以竹制"玉扣"纸最为有名，在唐代被誉为"韶之竹笺"。唐宪宗朝（806—820年），时翰林学士李肇撰《唐国史补》时，将当时韶州境内出产的"韶之竹笺"列入全国著名纸张。"韶之竹笺"亦由此成为当时唐朝"贡纸"之一。时韶州境内出产的"竹笺纸"以其制作工艺较为精细，纸质纤维细腻、分布均匀，洁白细滑，深受文人学者、书画家的喜爱。一时"韶州竹笺"有"纸贵有如洛阳"之称。

有宋一代，韶州著名竹纸业生产东移。韶州民间尽管是"工不良，技不巧"，但"土纸"工艺还是得到较快的发展，其中，以南雄出产的"梅纸"，最为有名。据明邓淳《岭南丛述》引南宋书法家米芾说："岭峤（即梅岭）梅纸，品在池上，循、韶、藤，皆有纸，而韶大行于岭南，不入墨如循也。"时在乐昌、仁化、始兴、南雄等地，以"作纸入城贩鬻"的制纸手工作坊开始出现。

唐宋时期的韶州造纸业兴盛，带动了韶州图书刊刻业的兴起。据《广东省志·出版志》载："韶州为粤北名郡，为岭南连接中原地区的

门户，早期中原移民，多栖留此州，文风早播，代不乏贤。唐之张九龄、宋之余靖，卓越千古，故韶州历代翻刻《曲江集》《武溪集》最多，也最著名。"① 在现存粤版宋刻印本中，可见宋元祐年间（1086—1093年）曲江人邓开刊《曲江集》20卷，据宋陈振孙《直斋书录解题》载："曲江本有元祐中郡人邓开序，自言得其文于公十四世孙，苍梧守唐辅而刊之。"此本为粤版韶州刻印《曲江集》最早刊本。宋时韶州与广州、潮州，并列岭南三大刻书中心，除此之外，在粤北的连州、南雄州，亦为广东地方雕版印书中心。时于韶州刊刻印书以官刻、私刻为主，官刻机构设于府署衙、州学内，宋宁宗朝，南雄知州孙宓重修《南雄州志》，刊"锓版郡斋"。还有《韶州新图经》12卷本、《曲江县志》12卷本，大多均为"官刻"。私刻业机构的兴起，缘于韶州书院、私塾的兴起。时于教学需要，刊刻书本以在书院、私塾内进行，由此，私刻书坊兴起，刊刻书多以仿刻、翻刻为主。

五、韶州手工织造业

唐宋时期的手工织造业，承续两晋时期地方民间土布生产，包括麻经布、蕉布、葛布、竹布等，成为手工织造的"大宗"，土布生产、印染、针绣也达到一定水平。伴随南北商业贸易的发展，韶州和南雄州成为当时岭南地区最大的织布、丝绸中心。

时瑶族人的织造与用蓝料染成的"瑶斑布"，其织造、染蓝技术在当时十分先进，生产制作出的布身之细花，"灿然可观"。

六、韶州制茶业

韶州制茶业最早始于何时，因年代久远，已无可考。然而，据唐代"茶圣"陆羽所撰《茶经》载："茶，南方之嘉木也"，在"茶之出"，又载"岭南生福州、建州、韶州、象州……往往得之，其味极佳"。由此，可推断韶州制茶史，始于唐代以前。

唐宋时期，韶州茶产为州郡商贸"大宗"，茶类品种多样。唐陆羽《茶经》记："岭南茶生韶州，其味极佳；韶州生黄茶，产于韶州各县，尤以乐昌为贵……"明万历《广东通志》载："韶州府，多茶。"清同治《韶州府志》列载："茶，产罗坑、大铺、乌泥坑者，色红味醇，经宿不变。"又有"南华制茶，味甜香浓，以少量为佳"。又有"毛茶，出西山，有白毫，苦涩大寒，消暑解热，去积滞"。又"登（茶）一名皋卢，叶大如掌，以片叶入壶，色味俱足。多反苦涩，治咽喉之症"。又有"乐昌茶，味甘平，可供常饮"。

在韶州诸地方县志，相关产茶种类记载亦颇多，尤其于《乐昌县志》《仁化县志》《曲江县志》为最。其中，又以毛茶、昌茶、罗坑茶、苦丁茶和南华制茶等五种茶类记载最多。

毛茶，又称白毛茶、银毫。康熙《仁化县志》载："茶有白毛、黄毛两种，黄岭山窝产白毛茶，时称白茅茶。"民国《乐昌县志》（卷五）亦载："白毛茶，叶有白毛，故名。味清而香，为红茶、绿茶所不及。"又记"以瑶山所产者为最，邑人烹以祭祀，其茶辄变潮水色，相传神享其色变，不享其色不变，历验不爽，亦奇事也。"又载："白毛茶产于大山中，叶面有细白毛，性凉，其味胜于水仙。"清同治《韶州府志》（卷十一）亦载："毛茶出西山，有白毫，苦涩大寒，消暑解热，去积滞。"

昌茶，又称乐昌茶，民国《乐昌县志·物产》（卷五）载："昌茶：与白毛茶不同，常绿。灌木高五、六尺，秋月开白花，实三角形。其叶可烹为饮料。邑人摘其嫩叶，以茉莉花烘之，味香而美。"据载，昌茶实为"茉莉花茶"类。

罗坑茶，以地名罗坑，故称。清同治《韶州府志》（卷十一）载："茶产罗坑、大铺、乌泥坑者，色红味醇，经宿不变。"光绪《曲江县志·土产》（卷十二）亦载："罗坑茶：色红，味醇，经宿不变，功专消暑。"《英德县志》载"茶产罗坑、大埔、乌泥坑者，香古味醇，如朴茂之士，真性自然殊俗……"

苦丁茶，古称皋卢、富丁、苦簦、茶簦等。《英德县志》载："簦，一名皋卢，产观音山。叶大如掌，以片叶入壶，色味俱足，多反苦涩，治咽喉之症。"苦丁茶，在韶州各县俱有出产，为百姓常用药茶。

南华制茶，又称曹溪茶、六祖甜茶、南华茶等。民国《曲江县志》将其列入罗坑茶类，指其茶"味甜香浓，红宿不变者为美"。清宣统《曲江乡土志》载：曲江"茶叶树，其类甚多。其叶可煮茶，以

南华、罗坑味甜香浓，红宿不变者为美"。清阮元《广东通志》载："韶州府曲江县曹溪茶，岁可三四采，其味清甘"。清同治《韶州府志》载："南华制茶，味甘香浓，以少为佳。"清光绪《曲江县志·土产》亦载："制茶：产南华寺，味甘而清，以供佛祖……"

除上述五种著名产茶外，在地方志载中尚有其他茶类，如明嘉靖《仁化县志》记地方土产茶类："有青茶、黄茶、甜茶、苦茶。"其中青茶，系仁化白毛茶前身。光绪《仁化县志·物产》载：仁化产茶"有白毛、黄毛两种，黄岭山窝产白毛茶，时称白茅茶"。又《乐昌县志》（卷五）载："茶即茗，饮料也。郭璞曰：'早采为茶，晚采为茗。'邑有白毛茶、古老茶、果子茶。白毛茶产于大山中……性凉，其味胜于水仙；古老茶次之，果子茶又次之。"又有康熙《重修曲江县志·土产》（卷一）载："细茶，出南华者佳。"又有光绪《曲江县志·土产》（卷十二）载："果属：细茶。"另有民国《始兴县志·与地略》载物产记："始兴茶产：'刘家山柑子园。味本佳，惜焙制未精，只销行本境。'"

传统的韶州制茶工艺，始于简单、粗放的晾晒、杀青、揉捻、炒制等，红茶、茶饼类则多发酵环节，毛茶类又有提毫工艺等。至唐宋时期，伴随茶树大面积种植，韶州制茶工艺亦走向采摘规范化、加工精细化，为出产的茶品质量提供保障。晋代郭璞《尔雅注》称："早采为茶，晚采为茗。"韶州优等毛尖茶制茶工艺，讲求采摘时节，以"茶芽梢披茸毛"开始，采摘一芽一叶初展嫩芽，为上等毛尖制茶原料。按采摘季节以春茶为最佳，次为秋茶，夏茶多作其他茶类品。

采摘回来的嫩茶原料，稍作"摊青"晾晒，即行"杀青"炒茶工艺，待杀青散发清香后，即起锅摊凉，进入第三道工艺"揉捻"，揉捻旨在使茶成形（条形、珠形等），茶揉捻成形后，即回锅进行"初干"，炒至七八成干后，出锅摊凉散热，再入锅"整形提毫"，炒至毛茶条紧圆浑，色泽鲜润，白毛（毫）显露为适度。至此，毛茶制作成品工艺初告完成。

与毛茶制作不同，韶州红茶、饼茶制作，多一道"发酵"工艺，即揉捻工艺后，进行茶叶的"发酵"工艺。茶叶品质，取决于发酵品质。又花茶（昌茶）制作，采用"摘其嫩叶，以茉莉花烘之……"

伴随制茶业的发展，韶州茶叶贸易亦相当兴旺。唐代韶州曲江、乐昌、仁化、英德四县，为岭南著名产茶区，产茶为各邑之贸易大宗。

至唐末，韶州制茶业繁衍至各县邑，入宋后，包括始兴、南雄、翁源等地，俱为产茶、茶叶贸易地区。仅南雄一县的商品茶，年产达1 300多千克。[1]

七、韶州陶瓷业

韶州陶瓷业自先秦以来，在经历秦汉与魏晋各朝后，制陶工艺已有较大的改进，并开始实现由陶而瓷的根本性转变。陶制品亦由日用生活品，经过加釉处理，不论器形，还是陶艺、色釉，均开始呈现美学特色，生活化器具、器皿广泛走向民间。据考古发掘，包括韶州、曲江、始兴等地，均开始出土有陶瓷制品。在乳源虎头岭三座南朝墓出土的39件器物中，其中青瓷器34件，陶器仅有2件。其证实了南朝时期，韶州陶瓷业生产已由陶瓷发展至青瓷。（图1-9）

图1-9　隋大业六年（610年）韶州出土青瓷六耳罐

唐、宋时期，伴随中国陶瓷业达到发展的顶峰，韶州陶瓷手工业亦达到鼎盛。尤其在近距瓷都江西景德镇的始兴郡属南雄府，陶瓷工业相当发达。据南雄考古发掘，时在雄州镇附近就分布有铺背、莲塘坳以及水南等窑址。这些宋代窑址（民窑）生产供应百姓日常使用的白瓷、青花碗、盘、碟等。得益于南雄州地域系为岭南"海上丝绸之路"内陆南北商贸、货物往来"通衢"，"雄州窑"[2]还成为岭南供应海外"出口"瓷地之一。

---

① 程启坤、庄雪岚：《世界茶业100年》，上海科技教育出版社1995年版，第170页。
② 南雄古瓷窑"铺背窑""莲塘坳窑""水南窑"统称。

第三节　明清韶州手工业的发展

北宋时期的韶州手工业，伴随商埠、贸易经济的进一步发展，包括矿冶业、铸钱业、造船业、纺织业、制瓷业、造纸业、印刷业等，一度达至鼎盛。然而，宋室南渡后，韶州手工业开始衰落。元代，韶州手工有色金属矿业曾一度兴盛，矿开采大抵以银开采为多。据《元史·食货二·岁课》载："粤北（属江西行中书省）产银之所在，有韶州；产铁之所在，有桂阳；产铅锡之所在，有韶州及桂阳。"又载："至元二十三年（1286年），韶州路曲江县银场，听民煽炼，一岁输银三千两。"至明初，韶州手工业重新得到发展。

一、采矿业

明清时期的韶州矿产业，大致可分成两大类：一类为冶铁、采煤业；一类为属有色金属采冶业。

（一）冶铁、采煤业

明清时期，韶州的冶铁、采煤业经历元朝后，重新走向兴盛。明初，韶州所属曲江、阳山等地，矿冶业一度大发展。伴随铜、铅矿开采的没落，取而代之的是铁矿开采与冶炼业的迅速恢复，其中位于韶州西北的阳山县，地处崇山峻岭，矿藏丰富，尤以铁矿最为出名，因此，入明后，其区被列入明初十三铁冶所之一。

在韶州，曲江冶铁采矿业逐步走向兴盛。据史料记载，韶州岑水山场在历唐宋大量开采后，至明成化年间，胆铜开采逐步"告罄"，遂转为铁矿开采。得益于地方煤炭资源的丰富，曲江境内分布了多个开采铁矿山场，伴随民间冶铁业的兴盛，冶铁成为本土商贸的大宗。

时明朝对民营冶铁采矿业，不论是定税执照或朝廷招商承办方式，还是未经官府批准的私人经营方式，均受官府矿业政策的严格控制与干预。如，对于定税执照方式的采矿业，明嘉靖朝，广东布政司就明文规定，铁矿山场"许其设炉，就令山主为炉首，每处只许一炉，多不过五十人，俱系同都或别都有籍之人同煮，不许加增……其

炉首即为总甲，每十人立小甲，其小甲五人递相钤束，填写姓名呈县，各给帖执照"[1]。由朝廷招商承办的冶铁采矿业，亦是如此，嘉靖末年，广东请"开龙门铁山……凡有铁山场，听令煎铸。上裨军饷，下业贫民"。但规定要"以大商领众，因其便宜，申其约束"[2]。

对于未经官府批准的私人采矿业，情况稍好一些，据史籍记载：广东之为铁冶，于利固肥，而于害亦烈。因此，明朝政府规定，凡韶（州）、惠（州）等处，系无主官山，产出铁矿……每山起炉，少则五六座，多一二十座，每炉聚二三百人。在山掘矿，煽铁取利。山主矿主利其租税；地鬼、总小甲利其常例；土脚小民利其雇募。[3]

明代，韶州冶铁业的兴盛，与五岭韶州南北商贸业的兴起有关系，承续宋代南北商贸流通的优势，本土所产铁亦系"北上"贩运主要货物之一。史载，明景泰年间，大庾岭路商贸"北货过南者，悉皆金帛轻细之物；南货过北者，悉皆盐、铁粗重之类，过南者月无百驮，过北者日有数千"。

伴随铁矿开采、冶铸业的发展，煤炭业亦得到较大的发展。明代韶州的煤炭业，大约兴起于嘉靖、万历两朝。据史料记载，明朝廷对煤矿业的管理，实行的是民办煤业，即招商开采、听民开采。据《续文献通考》卷二十四载：明嘉靖九年（1530年）明朝廷准奏："凡山泽之利，除禁例并民业外，其空闲处，听民采取，及入官备振。"规定（煤）矿业一般由民间自采，政府只负责收税。到了明万历间，明神宗认为："煤乃民间日用之需，若官督开取，必致价值倍增……"韶州煤炭业先兴起于曲江。据清人梁朝俊等人撰《曲江乡土志·物产门》载"矿物"，曲江矿产，煤为大宗，出产极富。又记："煤矿邑内极富，既设厂开采者，东水山鹧鸪石、西水陈家山"等，又记"若西水靖村、天字岭、锣源洞、狮子庙，东水之钩嘴岭，附城之黄岗山等，均产煤之地"。时至明晚期，由于"竞言矿利，暴敛害民"，又"因山残煤竭"，曲江境内采煤、开矿，"均已停办"。

入清以后，清朝廷延续明朝"竞言矿利，暴敛害民"矿禁政策，直至康熙年间，曲江境内冶铁私采兴起后，韶州煤炭业开采始逐步走

---

① （明）戴璟：《铁冶》，《广东通志初稿》（卷三十），广东省地方史志办公室誊印2003年版。

② （明）陈子龙等：《上吴自湖翁大司马》，见《明经世文编》（卷三六九），中华书局1962年版。

③ （明）戴璟：《铁冶》，《广东通志初稿》（卷三十），广东省地方史志办公室誊印2003年版。

向复兴。雍正年间，两广总督鄂弥达、广东巡抚杨永斌奏请开禁广东煤炭，在上书中指陈"煤斤为民间日用炊爨之物，未便概为封禁"，雍正明确批示："煤便于薪，乃日用所需，非矿厂可比，何须封禁"①。为此，包括韶州在内，各地开禁煤炭开采，但仍不准开采硫黄、铅、金、银等其他矿产。

煤炭开采业开禁之后，相关开采手续也逐步放宽。韶州煤炭开采先有嘉应州（今梅州）人在曲江开采煤炭。此后，省内各地"承采之商"纷纷涌入韶州曲江，开采煤炭谋利。时"韶州府属曲江县之东西二水山场，出产煤斤……［以］纳虚粮，开采售卖"。

伴随"煤斤所出日广，商人获利日多"，由清政府推行的"纳粮采煤"政策，开始转为"承采之商"（采煤执照制度），每户"每年令缴银二百余两，以作韶郡修理城垣衙署等一切公务之费"。但这种改变，并没有影响地方煤炭的开采，随着煤炭需求量的不断增多，各地的煤商仍大量进入韶州煤炭行业，窑照、煤照、煤窑证制度，形成了新来煤商与本地开采商的"竞争"，一些新来的煤商"自愿增税承采"，即便是增缴煤税也要争取采煤权。在此情况下，两广总督、巡抚与韶州府的官员均认为：鉴于出煤既多，利益日增，必须大大增加煤税，以"不便仍照旧额输税，致公事不敷济用，徒令商人独专其利也"。于是，在雍正十二年（1734年）冬至十三年（1735年）春，两广总督与抚巡饬令韶州府和曲江县令，"确查两处（东、西水）山场，酌抽收［税］数目"。经过实地测算，每个煤商"每月出煤五千余筐不等，每筐重四百余斤，今酌定每筐收税五分计算，每年可收税银三千两"。于是，韶州府即于雍正十三年（1735年），上书朝廷，请求留用两年的煤税银六千两，"以为修理城脚石堤衙署之用"②。从原来的每年交煤税银二百余两，到每年加增收至三千两，可见采煤利润的丰厚。

在煤炭并采业重利的引诱下，仍有商人甘愿以高额纳税，申请开办煤窑。清乾隆年间，朝廷变更煤炭开采制度，由"商办"转而改为"官办"，煤炭开采实行商人承包制。时有徽州盐商查复兴，携巨资到曲江"情愿每年认拿税银三千两，缴贮司库，自备资本承采"，在此

---

① 《朱批谕旨》（第9函第52册），见《大清会典事例》。
② 《朱批谕旨》（第9函第52册），见《大清会典事例》。

情况下，韶州府当然"准其开采"。对于查复兴来讲，本想通过一种冒险、投机的方式，获取官办煤炭开采利润，但没曾想到，其没能完成煤炭开采量，请求官府减税，均被"严词驳回"，查复兴只能自认倒霉。在乾隆年间，像这种冒险、投机的煤商，还有肖天裕等三人。

除了高额的煤炭承采税，令承包煤商举步维艰的还有不法地方官员的盘剥。清乾隆四年（1739 年）八月，广东总督、巡抚揭露韶州知府袁安煜贪污煤税银，据《大清会典事例》载《朱批奏折》中，就有"韶州知府袁安煜贪污煤税银数千两，侵占煤商工本，曾被告发至朝廷"的记载。

对于煤炭承采高额征税的办法，至清乾隆中，有不少官员主张要加以改革，时两广总督陈大受等人就主张煤税"办理之法当视其产煤衰旺，定课纳之多寡。报部之后，果其加倍旺盛，即应增纳饷银，如或出产衰微，亦应量减课额"。由此，朝廷再次调整"承采煤税"政策。时在曲江境内，包括东水腊石坝、丝茅坪、羊车岭、田螺冲等地，小煤窑开采纷纷兴起，有永昌堂、五昌堂、宏思公司、同信堂等，先后于丝茅坪、羊车岭、钩嘴岭等地进行煤炭开采。

历嘉庆至道光期，韶州境内部分地方煤炭承采，采矿"封禁"再起，时煤炭开采或因"山残煤竭"，或又开采过度"暴敛害民"而"封禁"，还有"因碍田庐"禁开采。早在清乾隆期，广东就有煤窑承采"告罄"，即报采完"请封"制度，乾隆三十四年（1769 年）阳山县、三十五年（1770 年）乐昌县等处煤窑，在开采完毕后，即报请封闭。[①]

清道光七年（1827 年），曲江封禁南水马坝墟石宝、大旺岭等地的煤窑，"永不许在该山一带地方开采，以杜祸源"；咸丰十年（1860年），又封禁曲江（韶州）附城帽子峰后正尾冲地方煤窑，"如敢违抗，严拘究办"；同治元年（1862 年），封禁东水火山墟黄浪水、尖嘴石、大岭八角庙及乌龟坑一带煤窑，"自禁之后，无论商民人等，概不准私开垅口，采掘煤块"；同治七年（1868 年）封禁南水纱帽岭一带煤窑，为此立下石碑，"示谕军民诸色人等知悉"；同治十一年（1872年），封禁龙归墟苏拱村、高雅岭、乱石岭一带煤窑，"不准在该处采掘

---

① 参见《清高宗实录》（卷八五三）。

煤泥，以杜争端，倘竟敢挖违，一经查出，或被告发""决不宽贷"①。

清雍正开矿禁煤炭业，伴随韶州煤炭开采业步入兴盛，韶州冶铁业逐步走向复兴，时在曲江境内，铁矿开采主要集中在东水灵溪、甘竹都、赤朱岭等地。韶州其他地区包括乳源、翁源、始兴、英德等地，均有冶铁。据康熙二年《乳源县志》载：乳源车干水有铁冶，其时开采，均未有矿；又据光绪《韶州府志》载："铁，曲江、乳源、翁源、英德向有铁炉，今惟曲江灵溪炉尚存。"另，据光绪三十三年《始兴乡土志》载："始兴南山一带多煤……包括铅、锡、铁等各矿，多分布在邑之东南高山上……""可惜民智工，苦无矿师，不识矿苗，弃货于地。"

清道光年间，伴随第一、二次鸦片战争的战败，清朝廷诏广东等省，准予开办其他矿采业，由此，伴随国内洋务运动的兴起，韶州煤铁遂成"大宗"。至同治、光绪年间，在广东近代民族工业兴起后，韶州传统的煤炭、铸铁业，成为韶州近代民族工业的发端。

（二）有色金属采冶业

明清时期，韶州有色金属采冶业因岑水铜场的废弃，而受到极大影响。据元代史籍文献考，韶州不再有产铜的记载。清光绪《韶州府志》载："属内之山不产铜矿，宋时，饶州张潜通方伎得变铁为铜之法，韶之岑水，用其法，能成铜，今则场废不行矣。"屈大均《广东新语》（卷十五）亦记：大抵广东无铜矿，故取英德、仁化矿铅以铸制钱。嘉靖《翁源县志·山川篇》载：铜水，一名岑水，传言此水可浸铁为铜。又古迹篇载，古大富铅场、大湖银场、开阳里铁场，皆宋皇祐元年开创，宋末采芜，因而久废。

入明后，有色金属采冶业被冶铁业所替代。洪武六年（1373 年）全国置铁冶所十三所，岭南仅粤北阳山置有一铁冶所。明代，由于"竟言矿利，暴敛害民"，故此，凡"有请开矿者，均不准行……"及至清雍正即位，粤督孔毓珣、粤抚杨文乾、粤布政使王士俊等人，相继上疏朝廷开矿业，亦照不准。雍正十三年（1735 年），又有粤督鄂尔达请开惠、潮、韶等府之矿业，上仍以妨本务而停止。直至乾隆初年（1736 年），韶州铜铅矿业始均行公开开采。据《清史稿·食货志》载：乾隆元年，韶州府所属英德、曲江等县铜铅矿均行开采。道光二十四年（1844年），第一、二次鸦片战争后，清政府诏广东等省，除已开采的以外，尚有他矿愿开采者，准予办理。于是，矿禁大驰。

实际上，在韶州等地，早在清政府开禁前，一些地方已经私采严重，据一些方志、笔记的记载，在康熙年间包括乳源、仁化等地，就已有有色金属的私采记载了。如康熙二年《乳源县志》载：宜寿里有铜冶；车干水有铁冶，其时开采，均未有矿。又康熙二十五年《仁化县志》载：仁亦颇产白银铅，然开采听民自便。另乾隆《连州志》载：外有阳山银穴，连山金穴。光绪《韶州府志》亦有载：金，英德洭涯有金池。又记，曲江有银山，乐昌墟江头有银矿，英德之铜钟、尧山、竹溪、师子向设银场；又长冈山、红磜山等，皆出银矿。

清乾隆政府开禁采矿业后，韶州有色金属开采进入鼎盛时期。

据清人梁朝俊等人撰《曲江乡土志·物产门》载"矿物"，曲江矿产，煤为大宗……其他若金矿、银矿、锑矿、铁矿、五金杂矿、青矾石等。其中，属有色金属的金矿，分布在曲江东水小坑、盘洞等处；银矿在东水枫湾、龙斗斜等处；锑矿在南水马鞍山、苗旺，质美曹洞，蜜蜂径亦有。光绪《曲江县志·食货志》亦载：曲江"金属有银、铜、铁、铅……"又记铅，有黑白两种，曲江"属内有黑铅"。屈大均《广东新语》卷十五也有关于粤北矿业（有色金属）相当详细的记述。除上述有关英德有金、银，韶州、连州有铜，英德、仁化有铅之外，又说韶州、连州均有锡。屈大均认为"铅即连""连又是锡的别名"，系古桂阳因"有铅锡冶，故以名州"。

在清代，韶州铜、铅采冶业开采经营，均由官府发牌，始准于开采经营。据《清代钞档》乾隆十四年十二月十三日，三库事务管理理藩院事务傅恒上书《韶州府属曲江铜矿采冶业情况》：原商王恒泰承开黄岗山厂，自乾隆十年五月三十日开采起，至乾隆十一年五月底告退止，又自乾隆十一年六月归官督办起，至乾隆十三年十一月初八日封闭止，共煎出铜一万六百四十九斤九两五钱二分二厘八毫五丝五忽。内二八抽收正课铜二千一百二十九斤一十四两七钱四厘五毫七丝一忽，加抽三斤公费……又据英德县详称：铜商刘大裕承开洪磜山，自乾隆十一年十一月二十一日入山试采起，至乾隆十二年八月二十三日封闭止，共煎出铜二千三百六十斤四两八钱，内二八抽收正课铜四

百七十二斤九钱六分，加抽三斤公费铜五十六斤十两三钱五分五厘二毫，通共抽铜五百八十五斤五两六钱七分四毫……

清代，韶州有色金属矿藏开采，除金、银、铜、铅、锌外，另有锑矿业开采，亦为大宗。据清《曲江乡土志·商务门》载本境物产："矿物则有石炭（煤）、石墨、锑矿等。"时韶州曲江产锑矿，行销省城。

二、造纸业与印书业

（一）明清造纸业的繁荣

明清时期，韶州土纸手工业达到鼎盛，以商贸经营为主的土纸业，推动了本地制纸工艺的发展。时在韶州境内，土纸的生产分"细土纸"和"粗土纸"两大类。

细土纸主要以嫩毛竹为原料，其所制作出的纸张具有"厚薄均匀、平滑度高，纸质细腻，颜色和吸水性能好等特点。其主要品种包括"玉扣、南扣、重桶、京文、东庄、长江"等。其主要用于卫生、文化用纸，部分作手卷烟用纸、包装用纸及供应出口。

粗土纸主要以老杂竹、芒秆、禾草等为原料，其所制作出的纸具有纸质粗硬，均匀度、平滑度以及吸水性能较差等特点。其出产的纸主要用于工业用纸（烟花、爆竹生产用纸）、包装用纸、火纸和部分供应出口等。

时在韶州府的南雄、仁化、始兴、乐昌、曲江、翁源，以及英德等地，手工制纸是民间主要民俗之一。其中，以始兴、南雄、仁化、曲江土纸生产及经营最为兴盛。

1. 始兴土纸业

明清时期，始兴土纸生产主要以"重桶、京文"等纸种为主，《始兴县志》记载，重桶以"北山最佳"，京文纸"以跃溪（澄江）为多"。因其生产的纸具有洁白、光滑、柔软、吸水性能好等优点，适宜练习书法及作卫生用纸，故其产土纸驰名全省，远销海内外。

始兴的土纸经营主要以集市贸易为主。据史料记载，明代始兴县共设有太平镇、马市、水口、罗坝、多坑、黄所、江口、姚前、周所等11个集（墟）市，到清代还保留有太平镇、马市、罗坝、江口、周所等 7 个集（墟）市，时其境内土纸大多由外地商人收购后，通过水路外运至南雄、仁化、韶州等地销售。销售的纸种有"东庄、山贝、玉扣、重桶、油桶、全料、京文、草纸、磨头"，其中，"以东庄纸最优，重桶、京文为大宗"。在《始兴县志》记载中，始兴贸易"木杉为大，纸次之""纸分桶纸、京文纸两种，桶纸每百斤为一担，京文纸则轻于桶纸，每年运往佛山省城一万四五千担"。到光绪年间，始兴土纸"由水运至佛山省城，并京文纸一律销行，每岁共五千七百余担……"

2. 南雄土纸业

据清道光年间《直隶南雄州志》记载，南雄土纸生产主要以"玉扣（毛边）、山贝、油桶、京文、表心"等五种纸为主。生产作坊大多分布在百顺、澜河、帽子峰、苍石、珠玑、梅岭、油山、南亩、水口、江头、主田、古市等地。因南雄地处赣、粤通衢，故土纸业贸易尤其兴盛，据史料记载，清同治、光绪年间，在南雄的纸行商号就有新记、昌记、协吉等老字号，销售的土纸品种，除本地产的土纸外，还包括江西等地产的土纸，以及进口的"洋纸"。至清末，南雄生产的玉扣纸，是土纸中的上乘品。

3. 仁化土纸业

据清光绪《仁化县志》记载："仁化物产，山物为多……穀米而外，杉纸次之……""纸有贡扣、玉扣、山贝、油桶、轻桶、重桶、高方、火纸、表心"等，其中，城口、长江、扶溪三镇出产土纸，以"纸质细嫩、柔韧，光滑洁白，吸水性好"最为有名，有"长江纸贵有胜洛阳"之誉。

据史料记载，清代在仁化从事纸业贸易的商行，有"广州行、江西行、湖南行、嘉应州行、惠州行、仁化本地行"等六大行。其中，以广州行主营土纸最为知名。清光绪十一年（1885 年），仁化广州会馆在长江镇设立分号，经营地方土纸，产品主要销往中国香港、澳门及东南亚一带。

4. 曲江土纸业

曲江土纸制造业兴盛于清代，据清宣统《曲江乡土志》等史料记载，曲江土纸以重桶、草纸、火纸（沤竹为之，俗谓之"纸煤"）为主，其产地以灵溪、小坑、沙溪、黄坑、江湾等地为最多，又以"续

源、江湾两处纸理坚细，可染五色"最为有名，统称"江湾纸"。所产土纸分为上、中、下三等，其中，上等品主要销往广州、佛山等地，部分远销中国香港、澳门及南洋一带；中、下等品分不同价格在本地和周边地区销售。

清宣统《曲江乡土志》记，清代曲江每岁销售本地产重桶纸二十余万担，草纸五百八十余万担，另每岁从南雄、仁化输入重桶纸六十万余担，以补充销售。

（二）刊刻印书业的繁荣

造纸业的兴旺，进一步推动了韶州图书刊刻业繁荣发展。明清时期，韶州官刻地方志得到进一步发展，时刊印的地方志包括方朝贵编修的《韶州旧志》、黄慈孙续修的《南雄州志》等。入明后，伴随广东文化发展的加快，韶州的刊刻印书业得到快速发展。时韶州府官署刻书继广州府、潮州府、琼州府后，位列第四。是时，韶州府官署颇可观，主要以刊刻张九龄《曲江集》、余靖《武溪集》为主。

据明代苏骅撰《刊刻曲江集序》记：明成化年间（1465—1487年），时有琼山丘濬得之馆阁群书中，手自抄写，还家携以过韶，韶郡知府苏骅请留刻衙署中。此后，韶州翻刻《曲江集》《武溪集》等名人文集不断。据明刊刻《曲江集》版本考，自成化年始至明末，《曲江集》共有六刻，除一部为郡人刘自修私刻外，其余皆韶州、南雄州守令所刻印。而《武溪集》在韶州，刊刻亦凡有三刻（图1-10）。另有韶州太守郑骝于嘉靖间，刊刻霍韬《明良集》20卷。

除张九龄、余靖等名人文集刊刻外，明代嘉靖年间，韶州府官署曾一度因各县大量编制地方志，造成方志刊刻人手不足，致使方志的刊行，大量使用（抄本）刊印，时包括《韶州府志》《翁源县志》《仁化县志》《南雄府志》《始兴县志》等，均以抄本石印刊行。嘉靖年间，韶州刊刻志书业，出现第一部寺院志《南华志》，志书由曲江曹溪南华禅寺编，曾历《南华志》到《曹溪志》，再到《曹溪通志》的三次转变，版本至明末超过四种，全部采用刻本形式刊印。

清代，韶州刊刻印书业在经历顺治、康熙、雍正持续繁荣后，到乾隆年间"文字狱"兴起，尤其于乾隆四十年，岭南文字狱之"金堡之狱"案后，包括《曹溪通志》《丹霞山志》以及《韶州府志》《曲江县志》《仁化县志》等书遭禁毁、抽毁，韶州刊刻印书业逐步走向

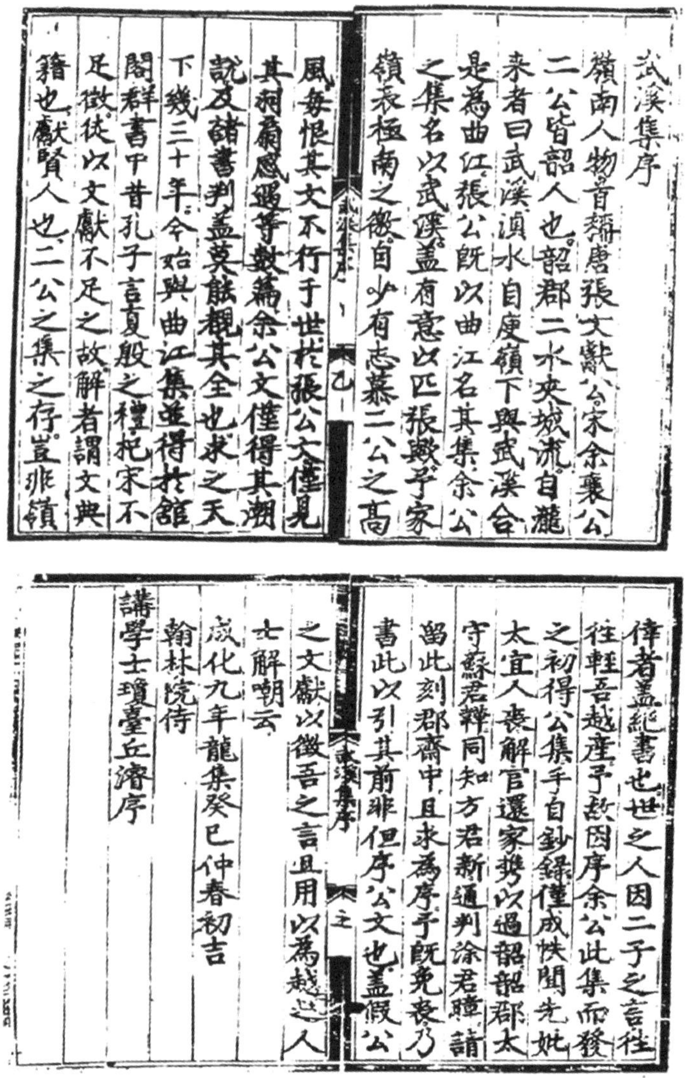

武溪集序

嶺南人物首稱唐張文獻公宋余襄公二公皆韶人也韶郡二水夾城流自龍來者曰武溪湞水自庾嶺下與武溪合是為曲江張公既以曲江名其集余公之集名以武溪蓋有意以匹張歟予家嶺表極南之徼自少有志慕二公之高風每恨其文不行于世於張公文僅見其祠扇感遇等數篇余公文僅得其潮說及諸書判蓋莫能覩其全也求之天下幾三十年今始與曲江集並得於館閣群書中昔孔子言夏殷之禮杞宋不足徵徒以文獻不足之故解者謂文典籍也獻賢人也二公之集之存豈非嶺

俸著蓋絕書也世之人因二子之言往往輕吾越產予故因序余公此集而發之初得公集手自鈔錄僅成帙聞先妣太宜人喪解官還家携以過韶韶郡太守蘇君韡同知方君新通判涂君曈請留此刻郡齋中且求為序予既免喪乃書此以引其前非但序公文也蓋假公之文獻以徵吾之言且用以為越之人士解嘲云

成化九年龍集癸巳仲春初吉

翰林院侍講學士瓊臺丘濬序

图 1－10　明刊抄本《武溪集》

低潮。清道光年间，韶州刊印业一度复兴。时有曲江贡生刘学礼重刊《曹溪通志》，经“访再三，于友人处得家藏旧本……借录抄成，重加校对、补残、开伪，然后开雕……”韶州刊刻印书业重新复兴。时刊刻、承印《重修曹溪通志》有韶州“怀善堂”重镌。清同治、光绪年间，韶州另有万竹园刻印《韶州府志》等，又有清风桥文茂印局刊刻《始兴县乡土志》等。

三、民间制药业与酿酒业

史载：古代五岭，瘴疠盛行，故世俗"好巫尚鬼，疾病不进药饵，惟与巫祝从事，至死而后已"，陋俗致岭南巫术盛行。为治瘴疠与除巫术，由唐至宋，大凡历朝贬官、良吏的士大夫，贬岭南，无不皆以"御疠、治瘴"为易俗治政之要。北宋宣和三年（1121年），李璆因谏徽宗"取燕"（曲宴），被谪"责监英州（德）清溪镇"。时英州多"瘴疠"而有"人间生地狱"之恶名，李璆到任，历时一年研究"瘴疠"，研发出"用温中固下、升降阴阳正气药，及灸中脘、气海、三里"医方，"治十愈十，不损一人"，并撰写出《瘴论》。至南宋绍兴十九年（1149年），右朝奉郎，知广南东路南雄州朱同任满，向朝廷上奏："岭南无医，凡有疾病，但求巫祝鬼，束手待毙。望取古今名方治瘴气者，集为一书，颁下本路"，宋高宗"从之"，采纳了朱同的建议，在广南地区颁布《治瘴气名方》。自此，韶州开始有了民间制药业。南宋淳熙年间，韶州曾出一代名医刘从周。古代医药书典《医说》《本草纲目》等，均载有韶州名医刘从周以独特偏方创治悬痈的医案；又有创"治痢辨证"妙法，治愈恶疾、痢疾医案，以及开盛夏冒暑、伤寒辨证医案等。在以上所有医案中，刘从周均采用了韶州本土出产的中草药辨证施治。

元代粤北韶州府设有惠民药局，利用南北交通之要地流通药材。

明清时期，韶州制药业伴随中医药的普及，逐步发展成为民间产业，尤其于李时珍编撰的《本草纲目》颁行后，韶州中药业兴起。据清宣统《曲江乡土志》载：时韶州盛产草药，包括地胆草、兜铃、茜草、紫草、蕨草、返魂草、菖蒲、山药、天冬、麦冬、车前子、益母草、苍耳、忍冬、香附、牵牛、马鞭、薄荷、紫苏、半夏、首乌、泽泻、泽兰、使君、菁蒿、淡竹、马齿苋、山豆根、草决明、土常山、山栀、山楂虎、勾藤、天河头、羽箭等中草药数百种。丰富的中草药资源，直接催生了中草药采药、制药的产业发展。

至清代，韶州民间中草药生产成为韶州商贸业重要组成部分。据清宣统《曲江乡土志·商务门》载："本境之物产……药材山栀、勾藤、羽箭等"行销本省，年供八千余斤。又有输往乳源、仁化等地，年销售五万余元。

除中草药贸易外，时在韶州地区另有多家专事生产中成药的民间药店，尤其于韶城内有著名的广生堂、安生堂等，这些药店以经营回春丹、安息膏、白凤丸、乌鸡丸、八珍丸、六味地黄丸、理中丸、七厘散等十余种中药为主。

清光绪年间，韶州民间出现专科"名医"经营，以生产祖传药方的中成药，这些以作坊式生产的、具有特效的膏、丹、丸、散，以及药酒类的中成药，多在粤、赣、湘销售、流行。如在韶城区有何弘仁药店，其祖传三百余年的验方生产的"乌金眼药散"对白内障等眼疾疗效颇好，该药曾销往粤、赣、湘三省毗邻韶关的地区。

又有翁源龙仙滋生堂药店，该店创办于清光绪十四年（1888年），自制自售中成药品种，包括参茸补肾丸、参茸乌鸡白凤丸、保和丸、六味地黄丸、万安油等20余种，年产量达4万余盒（包）；又南雄城的同兴义药店，创办于光绪十五年（1889年），制作膏、丹、丸、散及药酒等20多种中成药，产品销往赣南诸县；始兴城的广济堂药店，创办于光绪二十六年（1900年），其生产的中成药有理中丸、十全大补丸、知柏八味丸、乌鸡益母丸等十种，除供本县销售外，还批发至毗邻地区。制药业亦是清代韶州贸易大宗。

除民间制药业，酿酒业亦为明清时期韶州民间手工业的重要组成部分。

韶州酿酒业，最早始于民间酿酒。据史料所载，唐宋时期，在粤北客家民俗中，就流传有酿制糯料酒、黄酒的记载。据唐代李肇撰的《国史补》中，在其所列十余种名酒中，其中就有岭南之灵溪所产酒，与当时的剑南春、土窟春等齐名。考灵溪地名，南齐时为始兴郡属县，"有水灵溪，源冷君山，出武水"，今乐昌县境。由此可断，早在唐以前，在韶州民间，就有民间酿酒技艺。至宋代，韶州酿酒业伴随岭南酒业的发展达到鼎盛，宋代张能臣撰的《酒名记》中，就记有"韶州换骨玉泉"，又记"换骨，道家谓学仙者服了金丹，即能换去凡骨为仙骨，从而成仙。用以名酒，喻其质优……"

明清时期，韶州民间酿酒兴盛，在地方志中，多记有韶州民俗"做冬酒"习俗。清光绪二年（1876年）林述训所撰《韶州府志》记载："冬酒糯米为之，置厨屋十年者香醇异常，并能补血。"又有"玉

兰酒以墨泉井水和糯米酿成，性平味醇"。光绪七年（1881年）张希京等人所撰《曲江县志》亦说："酿以墨泉井水，气味清芬。"可见这是清代当地较有名气的糯米酒。

第四节　韶州手工业向近代工业的转型

中国近代民族工业，始于清代洋务运动，至清末民初，伴随着西方近代工业文明的不断传入，岭南古代传统手工业亦逐步向使用机器和机械动力生产的近代工业转型，到了民国年间，这种工业转型发展逐步进入黄金发展期。在韶州，手工业向近代工业发展转型，首先从能源、动力工业开始。

一、韶州煤炭民族工业的兴起

清末民初，韶州煤炭业开采仍以小型私营煤窑为主，广东产煤区主要集中于粤北与粤东，而在粤北，又主要集中在曲江。故此，广东近代煤炭民族工业的兴起，亦起于韶州曲江。据民国史料记载，1914年，先有广东商人陈廉伯、简英甫在南岭宜章狗牙洞创办地利矿务股份有限公司（简称"地利公司"），开采烟煤。（图1-11、1-12）

图1-11　民国时期地利公司的办事房　图1-12　民国时期地利公司狗牙洞煤矿场

1915年，时有新会人卢敏卿于粤汉铁路（韶州段）北部武江边上的丝茅坪，投资组建协兴公司，并聘请采矿师王宠佑，在河边厂约十公里的钩嘴岭，开掘平窿采煤，日产煤数十吨。所产煤炭由人挑畜载运至河边厂（武江边），用船运往韶关销售。

以上两家公司的成立，为近代岭南煤矿民族工业的建立奠定了基础。

1918年，卢敏卿兴办的协兴煤炭公司，由于运煤采用人挑畜载的方式，辗转搬运，以致成本过高，在经营三年后，被迫停办。是年底，有谭子良联同黄耀东及矿师周志光等，以股份制形式，筹集资金七万余元，接手协兴公司，开启韶州第一家股份制煤炭采矿公司。为便于运输，降低成本，增筑了一条8磅的轻便铁路，利用轨道斜度，以铁斗装煤，滑行至河边厂（武江边），直接装运上船。运输方式的改造，使协兴公司开始赢利。

1921年，地利公司为扩大煤炭开采矿区范围，亦采用招募新股的方式，募集资金100万元，使日产原煤由数十吨，猛增至百吨以上，其所属的狗牙洞煤矿成为岭南地区初具规模的近代煤矿企业。地利与协兴两大公司，成为岭南最大的煤炭企业。

然而，好景不长，1924年地利公司破产；协兴公司因丝茅坪地下煤储量不丰，加之断层又多，又延续古代的土法开采，煤产量不高，在经营十年后，于1928年停产。

1929年，伴随民间生产与民生用煤需求量的不断增加，广东每年需要进口很多煤，时再有新会人谭礼庭以"煤矿有利可图"为由，向社会公开招股（时以50元为一股），共筹集资金100万元。其中，谭礼庭用3万元向原协兴矿主周志光等人，收购矿权及全部设备。1930年，谭礼庭正式成立富国煤矿股份有限公司（以下简称"富国煤矿"），继续开采曲江的煤炭资源。时公司总部设在广州恩宁路9号，矿场办公室及机修厂设在丝茅坪。谭礼庭当选为公司董事长，又聘原矿主周志光为矿场经理。全矿共有矿工、矿警400多人。

为便利运输，谭礼庭以20余万元向地利公司简英甫、陈廉伯等，购买了河边厂附近的32磅钢轨及煤斗机车等，在河边厂又兴筑轻便铁路9公里，直至茶山，用小型机车进行运输。在生产技术方面，在时任岭南大学校长的推荐下，毕业于北京大学矿科的薛基棉成为富国煤矿的工程师，驻矿主持生产。从1930—1932年，富国煤矿共产煤8.2万多吨。

1933 年，富国煤矿股份有限公司改组，为增加资本，公司续招新股。时广东官僚资本，包括陈济棠、林翼中、邹敏初等，纷纷入股，资本一下增至 160 万大洋。董事会公推邹敏初为总经理，张仁农为总工程师负责生产，董事长谭礼庭则负责销售，另增聘三位工程师，分别担任施工、设计和机电工作，开始扩大开采规模。是年，富国煤矿产原煤达 8.4 万吨。（图 1 - 13）

图 1 - 13 民国时期富国煤矿矿场

1934 年，富国煤矿扩大生产规模，增开斜井和大量土窿，当年产原煤 12.2 万吨。此后，再改造采用机械提升、排水、通风系统，并征得湖南省政府同意，接办原地利公司狗牙洞煤炭采矿权。1936 年，由广东省建设厅设立粤北工矿公司，主管富国煤矿，由此，富国煤矿成为广东省首家"省营煤矿"。是年，全矿产原煤 16.9 万吨，盈利达 30 多万元，达到自富国煤矿成立以来的鼎盛时期，时有职工人数达 2 000 人。

1937 年 7 月，抗日战争全面爆发，因铁路运输紧张，造成煤炭积压，资金周转亦日趋困难。加之当年五号、八号两对斜井先后发生瓦斯爆炸，采煤相继停产，由此，全矿煤炭产量锐减。1938 年 10 月，广州沦陷，战时广东省政府迁韶，矿场职工疏散，全矿停产。1939 年秋，富国煤矿开始部分恢复生产。至 1945 年 1 月，曲江沦陷，富国煤矿被日军占领并进行采掘。是年 8 月，日本投降，矿区遭受破坏，损失甚重。

1945 年 9 月，富国煤矿与广东省粤北工矿公司改组新建南岭煤矿股份有限公司，分设富国、南岭两个煤矿公司。在经过多方努力后，煤炭生产能力虽有所恢复，但由于内战，金融崩溃，经济停滞，富国煤矿再次停产，南岭煤矿减产，许多土窿被关闭，直至中华人民共和国成立后，两矿区始得重新恢复生产。

二、韶州动力工业兴起与新型工业兴盛

清末民初的韶州传统动力业，主要依赖的是水流或人力动力。时在韶城浈、武两岸，分布多家粮食加工业，其加工动力来源大多依赖于人力与水能（俗称水车，亦称雷公车）动力，伴随传统手工产业的扩大，原始的水车、人力动力已不能满足日益扩大的粮食、食品加工生产的需要。至1912年，韶州开始引进发电工业后，以电能为动力的粮食加工业，开始进入机器动力时代。

1915年，由华侨集资4万元，在韶州（曲江）城成立电灯公司，兴建了韶关城区首座发电厂。韶州近代粮食加工业进入新型工业时代，始于动力技术的改进与韶州机器工业的兴起。

1919年，韶城韶光电灯公司安装首台40千瓦木炭（火力）发电机组，韶城开始有城市照明供电。

1941年，时任国民党十二集团军暂二军军长邹洪与安南侨商，从暂二军军部调派工程师邹声平（设计）及工兵营一连工兵，在乳源兴建起全省第一座水力发电厂——若虚电厂，总装机容量达18万千瓦。

伴随近代工业的兴起，民国时期的韶州传统手工业逐步转向近代新型工业发展。其主要工业类型集中在粮食加工业、日用品工业，以及农副产品加工业等方面。包括碾米、榨油等粮油加工生产，开始全面采用电能机械动力加工方法。

（一）粮油加工业与食品工业兴起

1. 机器加工业兴起

1912年，韶州引进发电工业后，伴随电能动力在粮食加工业的使用，韶州的粮油加工业生产，开始进入机器动力时代。1928年前后，韶州出现第一家民营动力粮食加工厂——同裕米机厂，厂址设在西河尾（今）；1929年3月，时有关侣经在韶州民生路38号兴办第二家民营合资（股）动力粮食加工厂——阜民米机厂，此为韶州传统手工业转向近代新型工业的发端。自此，采用机器动力的粮食加工业在韶州逐步兴起，至1933年，在韶州（曲江）有省属米机厂两家，日产碾米可达6万斤。与动力粮食加工业兴起同期，榨油业亦在韶州（曲江）兴起，至1933年，曲江建成最大的动力榨油厂，日产花生油500

余担，生产总值达 1.5 万余元。

1937 年，韶州粮食加工业再增一家——利农米机厂，厂址设在民生路 74 号，此后，于西河尾又增民生米机厂一家，连同阜民、同裕两家，至 1947 年，韶关（曲江）城区分布有四家规模较大的粮食加工厂。而至 1940 年，韶州城区亦分布有八家具有一定规模的民营榨油厂，榨油厂总资本 1.3 万元，有工人 35 人，年产生油 15.13 万斤。

2. 传统食品手工业向食品工业转变

韶州传统食品手工业，始于民间传统榨糖、制糖业。榨糖、制糖属民间季节性手工业（每年秋后），以作坊式生产加工，榨糖、制糖业大多集中在种蔗、种粮的广大乡村地区。时制糖场所，多称为糖寮，制糖加工主要依靠石磨加牛力进行榨糖，榨糖工艺完成后，转入煮糖工艺；煮糖过程，主要进行糖汁脱水、去除杂质等，待糖浆熬至呈红色后，再分入熟锅中煮，直至蔗汁成胶状，分别倒入凝糖器皿中，搅拌至糕状倒入草席垫糖模上拨平；待糖糕凉后凝结，再切成片状，成片糖成品后，制糖始告完成。

步入民国后，伴随韶州近代机器工业的兴起，韶州民间制糖业逐步采用机械加工技术，由此，制糖业遂成为韶州食品工业的大宗。时制糖作坊大多集中在浈、武两水及北江两岸。至民国中期，机器在制糖业广泛运用，促进了制糖业生产成本的下降，韶州生产糖价亦下降。据 1928 年前后韶州糖价记载，每斤片糖只值一毫至一毫半。时在韶州的甘蔗种植亦受到影响，产量大幅度下降。民间制糖业受到冲击，一些乡村小型制糖作坊纷纷关闭。

1931 年前后，韶州的制糖业主要集中在韶城曲江县境内，时在曲江境内西河武水边上，有以机械加工为主的民营制糖厂，其生产的片糖除供应曲江县本地外，多运往南雄、始兴等县销售。据 1934 年印行的《广东全省地方纪要》记载，1933 年曲江种植甘蔗制糖业年产片糖 2 000 多担，制糖产量达 100 吨；总价值 1.4 万元，产值达 1.2 万元。

1937 年 7 月，抗战全面爆发后，韶州地方制糖业开始走向兴旺，尤其于 1938 年 10 月，广州沦陷，韶州成为战时广东省政府所在地以后，制糖业在韶州的发展更趋兴旺。据 1941 年《广东年鉴》载，时在韶州（曲江）有正规的民营制糖厂两家，总资本额 2.1 万元，生产工人 22 名，年产片糖 24 吨。

随着制糖食品工业的兴旺，韶州的酱料食品业亦同步得到发展。时在韶州（曲江），有民营制酱厂1家，总资本4 000元，生产工人10名，年产包括豆腐等产品10吨。抗战胜利结束后，至1947年，韶城（曲江）境内食品加工业增至30家。其生产加工包括酱料、米面、豆制品及酒饼等产品数十种。

在酿酒食品业方面，民国初期，韶州民间酿酒承续前朝发展，仍以民间酿造为主。主要产品有大米酿造糯米甜酒、低度米酒等。抗战全面爆发，战时广东省政府迁韶后，酒类列入民国政府管制专营食品，省政府严禁民间私酿生产，酿酒食品业受到较大影响。直至中华人民共和国成立后，韶关酿酒业开始得到恢复。

（二）韶州化学工业的兴盛

1. 近代化工业的兴起

韶州化学工业始于矿采硫黄、雄黄[①]业。史有载："雄黄生山之阳，是丹之雄，所以名雄黄。"韶州古地处五岭之南，雄黄资源丰富。早在先秦时期，民间即有以硫黄驱蛇、虫；又有以雄黄为药或入药，"善能杀百毒、辟百邪、制蛊毒，人佩之，入山林虎狼伏，入川水而百毒避"。《抱朴子》载："带雄黄入山林，即不畏蛇。若蛇中人，以少许敷之，登时愈。吴楚之地，暑湿郁蒸，多毒虫及射工、沙虱之类，但以雄黄、大蒜等分，合捣一丸佩之。或已中者，涂之亦良。"在韶州民俗中，有"过端午，插艾草、菖蒲；挂香囊，饮雄黄酒"俗，故此，韶州民间专有"采雄黄、冶硫黄"业者，此为韶州化工之始。

步入近代，传统的手工雄黄、硫黄冶采业，伴随民间需求量的大增，转为民间化工产业。清光绪初年，时在韶州府属英德下隅乡山麓，就有乡民开采硫铁矿，就地设厂熔铸硫黄，运销极广。

1931年，在英德民间开始有专门组织人工打眼，开采硫黄山浅表硫铁硫，以土法烧炼硫黄，供广州硫酸厂制造硫酸。1934年，在英德洺洭镇就有军人（官），专门组织人员开采硫铁硫，至抗战全面爆发后，广州硫酸厂停产，硫铁矿开采始歇业。

伴随硫铁矿开采冶硫产业的发展，包括采砷、炼砷业亦在民间兴起。1932年，在韶州属粤北阳山，有本邑商人与湖南人合组公司立

---

① 雄黄，黄金石。

案，在青石岩、上中山和深沸顶等地开采砷矿，就地设厂土法炼"信石"（砒霜），运往外省销售。

随着矿冶化工的兴盛，韶州的油漆化工业亦于同期兴起。时韶州的油漆业多运用于木材加工业。至1932年，分布在韶州（曲江）境内的民营油漆加工厂有七家。油漆生产加工主要以桐油为主要原材料，故大部分厂设在城乡农村地区。当时的油漆厂虽办厂成本不高，但产值很高，工人每月工资可达18元，低亦有9元，一般普通工资是13元。

抗战全面爆发后，鉴于粤北韶州磷、钾、砷等自然矿产的丰富，时迁韶州的战时广东省政府开始大力发展韶州地方化工业，自此，韶州化学工业兴起。从1939年1月始，先后在韶州兴建小型化工厂3间，生产酒精、苏打、漂白粉、柴油和汽油等。1940年3月，广东省建设厅在韶州（曲江）大塘筹建了第一家酒精厂。建厂总资本为10.7万元。工厂建成后，有员工约60人，年产九十五度酒精产值达1736万元。

此后，在粤北韶州地区又陆续兴建多家化工厂。1942年，韶州属连县兴建的有机肥料制造厂投产，专事生产肥田料和骨粉。1943年，在韶州城区东河兴建的粤北化学工业厂，专事生产柴油、汽油等；同年，在乐昌坪石兴建化工材料制造厂，生产苏打和漂白粉；同年，又于乐昌北乡兴建骨粉厂。

1943年，战时广东省政府建设厅将矿冶化工收归由省统一经营，此后，硫铁矿日产60吨，部分产品主要供往广西硫酸厂。至1945年，韶关沦陷前，韶关地方化工民间开采，仅余砷矿采冶，时有商人罗开京雇100多人在阳山鸡库坑铁屎坪、坪头岭开采砷矿，就地设厂土法炼信石（砒霜），外销湖南等地。

1945年1月，韶关沦陷后，韶州近代化学工业发展步入低潮，直至1949年10月中华人民共和国成立后，韶州开始进入社会主义新兴工业体系的建设，化学工业始重新步入发展轨道。

2. 日用品工业兴盛

韶州近代日用品工业的兴起，始于地方化学工业的发展。民国时期，伴随韶州化学工业采冶业的兴起，火柴、肥皂等新兴生产制造业，亦在近代日用化工业的兴盛中，逐步发展起来。

（1）火柴生产业。

火柴生产业是韶州新兴日用品工业最大一宗。其兴起于抗战时期。1938 年 10 月，广州沦陷后，韶关成为战时广东省政府所在地，伴随战时大量人口迁韶关，日用品火柴生产业亦逐步兴起。尤其于 1940 年，中国抗战进入相持阶段后，火柴生产业达到高潮，时分布在韶城周边的火柴企业有数十家之多。其中，以"振工""金星""大中""兴利""仁济"等生产规模最大。

1944 年初，韶州成立市政局，韶州更名为韶关市。在此前后，民国政府实行火柴专卖政策，在韶州（关）的战时广东省政府亦成立火柴专卖局。火柴生产由财政部火柴专卖公司统筹，配给各火柴厂生产原料，并以占两成利润配给，交厂商代制火柴。这样一来，韶州（关）各民营火柴厂由于"无利可图"，纷纷关闭、改业。1945 年初，韶关沦陷后，各火柴厂亦告结束，省专卖局旋即瓦解。

振工火柴厂：由广东省赈济会"赈济技工养成所"兴办，厂址设在曲江（韶关）城西北上窑村，时为广东省赈济会兴办的效益最好的企业之一，被称为"该业之口嚆矢"，年产火柴产值达 287 000 多元。

金星火柴厂：原属广州，广州沦陷后迁至韶关龙归，抗战胜利后再搬至韶关北门大菜园。企业由杜衡等几个官僚资本合办，使用"金星"牌商标，有工人 200 多人，日产火柴 40 件（注：每件 120 包，每包 10 小盒）左右。

大中火柴厂：原韶关火柴业生产辅助企业，专门生产柴枝、盒片运往广州，简称"大中厂"，由李钦甫经办，厂址设在今河西面粉厂所在地。1938 年广州沦陷后，大中厂生产的柴枝、盒片无处推销，故在 1944 年增加药头、磷面、包装等工序，直接生产火柴，并改名为"广大火柴厂"，使用"粤明"商标。

兴利火柴厂：于 1942 年在西河塘湾建厂，使用"战马"牌商标，由梁超凡经办，于 1944 年搬到连县。

仁济火柴厂：始建于 1944 年左右，厂址在韶关阀门厂一带，由莫福如等几个国民党军官经办，以"雄狮"为商标。

抗战时期，在韶关的火柴小手工业还有 10 余家，如"世界（金狗牌）""良友（在北门大码头）""荣华（在东岗岭附近）""宝光（在河西尾）""遂仁氏（双鹿牌，在罗沙桥头西岸）""环球（在河西

汽车站一侧)""华强(在东河新村)""爱国(在塘湾)""黑鬼徐(在河西阀门厂一带)"等。

抗战胜利结束后,韶关部分商人认为火柴制造业"轻而易举",销路既畅,获利颇厚,于是,纷纷在韶关(曲江)重新设厂,重兴韶关火柴制造业。从1945年9月始,韶关城区先后有"民众""世界""燧人""爱国""民生",以及曲江县火柴手工业联营社等火柴制造厂。1946年上半年,韶关火柴制造业进入全盛时期。时在韶关城区火柴厂大多采用机器生产。如由李思普开办的广大火柴厂,其生产设备有50匹马力与45匹马力的动力蒸汽发动机各一台,另有14匹马力发动机两台,于当时企业规模颇大,为韶关火柴制造业龙头。时在韶关分布具有一定规模的火柴制造厂达五六家之多。

1946年下半年,全面内战爆发后,韶关火柴制造业快速衰败,除因原料、资金缺乏外,火柴生产税收不断加重,也是导致产业下行的原因之一。据《两广工商经济特辑》载曲江货物局"火柴税收情况"记:1947年曲江火柴税收,1月份为(国币)378万元;2月份为(国币)685.5万元;3月份为(国币)716万元;4月份为(国币)1 107万元;5月份为(国币)5 991.4万元;6月份为(国币)1 400.5万元;7月份为(国币)2 285.6万元;8月份为(国币)2 877.8万元;9月份为(国币)3 115.4万元;10月份为(国币)5 230万元。上列税收以生产火柴笠数征收,6月份前,每笠征税1万元,但到6月份,加税至每笠1.7万元;到8月份,每笠增长至3万元,10月份起每笠达4万。沉重的赋税让火柴制造业迅速走向衰退。

至1948年,韶关(曲江)火柴制造业因大量湘赣客帮来韶采购而有所复苏,但由于生产原材料缺乏,成本过高,加之"洋火"的大量进口,使韶关火柴制造业仅剩四五家。尚存的韶关民生火柴厂依靠企业的实力,每月生产火柴达1 500笠。

(2)肥皂制造业。

与近代新兴的火柴制造业相比,肥皂制造业亦是韶州日用化工业新兴之大宗,其亦兴起于抗战时期。1938年10月,广州沦陷后,韶关成为战时广东省政府所在地,一时韶关人口倍增,日用工业洗洁、肥皂、牙刷等产品的需求大量增加,促进了韶关日用化工业的兴起。

民国时期,韶州开始有第一家民营日用化工厂——(曲江)造枧

厂。据相关资料记载，企业建成于 1934 年前后。抗战全面爆发后，广东省政府迁韶，由于人口增加，肥皂需求量大，韶州日用化工厂由此兴发。1940 年 3 月，广东省建设厅再投资兴建第二家日用化工厂，建厂总资本 1.9 万多元，厂址设在东河坝。厂建成后，先期生产产品两种——洗衣条肥皂和方皂。由于产品品质优良，又取价从廉，故产品在市场上畅销。是年 9 月，广东省赈济会在曲江沙园儿童教养院兴办起韶州第三家肥皂厂。时建厂总投资额 5.9 万多元，厂建成后，由吕可权任经理，有员工 72 人，其中职员 7 人，技术生产工人 65 人。生产的肥皂种类有洗洁、松香、卫生、化妆等肥皂产品，年产量 1.8 万箱，产值 31.32 万元，系当时韶州日用化工厂的龙头。至 1940 年底，在韶州的民营肥皂厂增至 3 间，总资产额增加 2.5 万元，三家企业总年产肥皂 6.4 万箱，产品主要销往本省各县。

1941 年，广东省建设厅再增资 2.35 万元，扩大第二日用化工厂建设，购置巨型制造锅槽及各种生产原料，扩大再生产。至此，企业生产再上台阶。时肥皂厂生产的肥皂产品有卫生药皂、松香皂、化妆香皂等，月产肥（香）皂达 600 箱以上。

（3）其他日用品工业。

依附于日用化工品的生产，生活日用品加工业亦在抗战中的韶关兴起。1939 年初，伴随战时韶关迁入的大量"难民"，有民营商人兴办两家牙刷厂，从事牙刷制造生产。1940 年 9 月，广东省赈济会在韶又增建两间牙刷制造厂，日用品牙刷业在韶兴起。

广东省赈济会在韶兴办的第一家牙刷厂，厂址设在韶州城区西河上窑。建厂总资产一千多元，工人以"收容难民" 7 人为主。初建厂时，因资金困难，加上厂房狭小，采购牛骨、猪毛等原料困难（时猪毛为战备物质，受管制），因此，牙刷生产规模较小，日产骨柄 400支，穿毛 300 支。1941 年，上窑牙刷厂增资 1.4 万多元后，工厂搭棚扩建并大量购存原材料，扩大生产，产品产量由此大增。同年，广东省赈济会在韶增建第二间牙刷厂，厂址设在韶州十里亭。厂建成后，总资本一万余元，由陈华勋任经理，有职工 51 人，年产牛骨牙刷 2.4万支，总产值达 13.62 万元。

除牙刷制造业外，韶州的民营制鞋业亦逐步走向兴旺。制鞋业多与制皮业相关，早在民国前，韶州就有民间传统制皮业。至民国时期，

在韶城（曲江）就有两家专事制皮的民营制革厂，年产皮 100 张，运销本省各县。抗战爆发后，皮革成为军供战备物资，制皮业迅速在韶兴起。到 1940 年后，韶州的制皮民营工场增至 28 家，总资本达 3.3 万余元，从业人数共 272 人。时韶州成为战时省会城市，伴随大量人口迁入，制皮业为韶城制鞋工业的兴起提供了原料上的支撑。时韶城的制皮业为制鞋业提供约 6 000 对皮鞋的皮革，产值达 6 万元以上。

据 1941 年《广东年鉴》统计，时韶州城内分布多家小型制鞋厂（时多系来自省城广州的制鞋商）。其中，制皮鞋小厂商就有 8 家。1941 年，有鞋商在忠孝路兴办"忠倍鞋厂"，是当时韶州城内较大的一间制鞋企业，总资本额 4 000 元，经理郑耀德。

抗战时期，电池属战备物资，故 1938 年 10 月广州沦陷，战时广东省政府迁韶后，广东省建设厅在韶州（曲江）东河坝兴办起第一家电池厂。1939 年 12 月，电池厂建成投产，总建设资本达 3.35 万元，年产二号电池 7.2 万打，总产值达 12.95 万元。

（三）传统织布业向纺织工业的转变

民国时期，韶关民间纺织手工业开始部分采用机器动力纺织。1921 年前后，在韶州城内出现民营织布、织袜等服装加工业。1934 年韶州（曲江）城内有了民办第一家毛巾厂。抗战爆发后，伴随战时广东省政府迁韶，人口迅速增长，加大了包括毛巾在内的纺织品需求，自此，韶州的民间手工纺织业开始向近代纺织工业转变。从 1940 年至 1941 年初，在韶（曲江）城境内，先后开办有纺织、织染等民营企业十多间，其中民营染布厂一间。另有民营五间小厂，规模不大，每厂只有 2 至 3 人。具有一定规模的私营织布场有十间，各场总资本额均为 5 000 多元，工人 20 多人，年产布 50 000 匹。

时最大的一家纺织工场，是由广东省赈济会于 1940 年 9 月兴办的第一缝纫工场。该场厂址设在东河坝。工人来源主要是有缝纫专长的逃难妇女。办场时，总资本 6 万元，员工 187 人，年产被、服、帽一万套，产值达 15 万元。

除第一缝纫工场外，另有广东省妇女生产工作团在曲江设立的纺织工场。工场设四个部，均专门从事纺织生产。第一为织布部：专事布匹生产。时该部有铁机木机 140 架、打纱机 26 架、拉纱床一副、拉纱凳 2 副，纱筒 400 只。年产布 2 000 多匹。第二为毛布部：专事毛布生产。时该部有毛布机 50 架，年产毛布 3 900 多打。第三为织袜部：专事织袜生产。时该部有袜机 14 架，年产袜 100 打（每打十二双）。第四为车缝部：专事服装缝纫生产。时该部有缝纫机 80 架，年产衣服 4 万多件。

1941 年，近代纺织工业开始在韶关出现。是年 3 月，广东省建设厅在坪石东芒冲筹建纺纱厂，时由李钜扬主持，从海外购进三套印度式纺纱机，日产 20 支纱 1 500 磅。7 月，在乐昌县安口成立了广东省第一间省营织造厂，日产斜纹、平纹布 3 000 码。

（四）近代机器、机械工业与制造业的兴起

近代韶州机器、机械工业的兴起，源于动力工业的兴起。民国初年，韶州有了发动（电）机组后，传统的粮食加工业进入了简单的动力机械工业阶段。陈济棠主政广东时期，1934 年 2 月，陈济棠委派周宝衡等人在韶关城区南门外筹建韶关飞机制造厂（后改称第一飞机制造厂），自此，近代机械工业在韶关兴起。

韶关飞机制造厂是由陈济棠主持，与美商寇蒂斯—莱特飞机公司签约合建的。1934 年委周宝衡等人具体筹建，厂址设于韶关城区南门外（今中山公园）。是年 4 月开始建厂设计，1935 年 8 月基建竣工，建设费用约 30 万元。定名韶关飞机制造厂，周宝衡为厂长，总工程师戴查理为美籍俄国人。厂部下设工务、总务两处，工务处分设设计、建造、调配、材料、检查等科。生产车间有金工、白铁、机身、机翼、热铸、装配、水电等。全厂有员工 500 余人。是年底，韶关飞机厂向国外购进了一大批发动机、仪器以及各种机械设备材料，开始自行设计、研制飞机。

与此同时，伴随农产品加工的机械化，包括抽水机、碾米机、砻谷机等机械产品大量被运用在粮食加工生产上，韶关的机械工业由此初步形成。

1936 年初，韶关飞机制造厂利用购买回来的发动机、仪器及各种机械设备、原料，开始研制教练机。5 月，韶关飞机制造厂制造、试飞成功第一架"复兴"号教练机。（图 1 - 14）

"两广事变"陈济棠下台后，国民政府航空委员会派梅龙安为韶关飞机制造厂厂长，并更厂名为"第一飞机制造厂"。工厂奉命设计、制造美国霍克 - Ⅲ式双翼驱逐机 30 架。刚制成 4 架，中日战争全面爆发，机厂成为日机轰炸的重点目标之一，飞机制造厂将重要设备及器

图 1-14　1936 年广东韶关飞机制造厂制造的第一架"复兴"号飞机（南京档案馆存）

材转移至附近的犁市、沙尾、桂头等地，搭盖临时厂棚，继续坚持飞机生产。[①]

至 1939 年初，国民政府航空委员会决定将韶关飞机制造厂人员、机器、设备迁往云南昆明飞机制造厂。至此，韶关飞机制造厂在韶的两年多时间里，先后制造出战斗机、侦察机以及教练机 40 架（其中"复兴"号双座侦察机 30 架）。同年，韶关飞机制造厂更名为"第一飞机制造厂"，从昆明迁贵阳。1939 年位于南门的韶关飞机制造厂被日军飞机炸毁。

抗战时期，第一家以机器制造厂命名工厂的，是由工合组织创办的机器工业合作社。1938 年 10 月广州沦陷，战时广东省政府迁韶关后，中共广东省委通过新西兰国际友人路易·艾黎（图 1-15）在江西设立东南工业合作所，于 1939 年秋，由邓重

图 1-15　为创办韶关东河机器合作社作出贡献的国际友人路易·艾黎

[①]　参见《广东省志·军事工业志》，广东人民出版社 1995 年版。

行等人与东南工业合作所联系，在韶关创办"曲江工合"①，组织韶关机械、樟脑、印刷工业合作社。1940年初，韶关首家机器工业合作社在韶关（曲江）城区成立。机器工业合作社主要生产和修理发电机。

时在韶关机械行业中，另有包括农具生产加工、铁器生产加工及车辆修理行业等。其中，以农具生产加工为主。抗战中，动力机械被广泛运用于小型农具制造。据1941年《广东年鉴》统计，时在韶关的小型农具厂就有25间，总资本额达1.5万元，年产农具1.44万件，产值达1.2万元。另有打铁工厂、铁工厂等。时规模较大的打铁工厂有"万成打铁工厂"，建成于1941年5月，经理张福，建厂资本额约千元，厂址位于东河遂德路；另有"安然铁工厂"，亦兴建于1941年，厂址设在东河老隆街，经理谢福。

除上述农具生产加工与铁器生产加工外，在韶州机械工业行业中，还有修车厂（含汽车、单车、手推车等）20多家，总资本达15万；年修理车辆达625辆，产值达43.75万元。在修车行业中，另有纯汽车修理装配厂12间，其中较具规模的首当志成汽车修理厂，兴建于1941年3月，总资本5万元，经理许日。其次为万里汽车修理厂，兴建于1941年，厂址设在九成路，总资本7 000元，经理丘利。

（五）造纸业与近代印刷工业的兴起

民国时期，韶州地方民间造纸业，进入全盛时期。时在始兴"全县有大小纸厂百余间，年产土纸量约一万多担，多外销"。在南雄，据资料记载：1930年南雄州有纸厂（作坊）1 285间，年产土纸41 350担。在土纸销售方面，南雄县的百顺镇是当时省内主要纸品交易市场之一，其与广州十三行的纸行路的土纸销售，交易以担为计算单位，"南雄运土纸、山货下广州，每天来往船只数十至百艘（每艘载重2万~3万斤）"。在仁化，时全省有40多户纸行坐商在仁化开业，其中有31户坐商在长江镇设有分号，土纸年购销量高达4万~5万担。据广东省《一轻工业志》记，至20世纪40年代初，仁化县共有土纸厂176家，年产土纸1 850吨。据1933年的统计，曲江产土纸达250吨。

---

① "曲江工合"组织是韶关近代工业发展的先驱，时其在韶创办的工业企业包括樟脑、印刷、织布、油墨、家具、缝纫、榨油、木器、石灰生产等，路易·艾黎被认为是开韶关近代工业第一人。

伴随土法造纸的兴盛，印刷业亦兴旺起来。民国初年，韶城中创办的印刷业有中善堂书局、韶州利民印务局、南雄五凤楼印务局等。1926年增办南雄华园印务局；1928年韶城商务印书馆增办韶州宝元印务局，该局设在韶州风度中路。

1937年抗战全面爆发，1938年10月广州沦陷，战时广东省政府迁入粤北韶关，由此，韶州的印刷工业逐步兴起，并走向兴旺。由国共合作建立抗日民族统一战线兴起的粤北抗战文化运动，有力地推动了韶关近代印刷工业的繁荣。从1938年10月至1940年初，在韶州兴办的印刷厂就达20多家。（表1-1）

表1-1　民国时期韶关主要印刷企业一览表

印刷机构名称	负责人	机构地址	主要印刷设备
粤强印刷厂	伍颖辉	韶关五里亭	16度机2架，6度机3架，照镜机2架，铸字机3架，发电机1台，摄影机1台，1~3号铅模约2万颗，字粒2万磅
中山印刷所	李伯荣	韶关西河3路	6度机1架，照镜机2架，铅字1 500磅
复兴书店印务部	黄仙岩	韶关西河二段25号	6度机2架，照镜机1架，铅字4 000磅
文化印务局	林孟皆	韶关西河	6度机1架，照镜机1架，铅字3 000磅
建国印刷工场	梁定慧	韶关东河浈江公园侧	6度机2架，照镜机1架，铸字机1架，2号字5副，铅字6 000磅
文华印务局	胡芳	韶关西河韶西北路	6度机2架，照镜机1架，铅字5 000磅
南洲印务局	罗纯锦	韶关西河西路52号	6度机1架，铸字机1架，平板机2架，打孔机1架，铅字4 000磅
利民印务局	陈智明	韶关东河坝	6度机2架，照镜机2架，铅字1万磅
三民印务局	黎华巨	韶关西河黄田坝韭菜园	6度机2架，手扳机2架，铅字2 000磅
明德印刷所	陈公陶	韶关城区中山路	6度机1架，照镜机3架，铅字3 000磅
中国文化服务社广东分社印刷所	薛君义	韶关东河上街74号	6度机1架，照镜机1架，针孔机1架，铅字8 000磅

（续上表）

印刷机构名称	负责人	机构地址	主要印刷设备
中国印业局	李良	韶关西河黄田坝教育路	6度机2架，照镜机2架，铅字8 000磅
宇宙印务局	何慰农	韶关东河钱7村	6度机1架，照镜机1架，铅字3 000磅
明艺印务局	李照生	韶关东河聚龙下街19号	6度机4架，平板机1架，铅字1 000磅
国民印刷所	肖依明		
复兴印刷所	许书微	韶关西河复兴村	6度机2架，照镜机1架，铅字8 000磅
河西印刷工业合作社	唐字微	韶关西河台儿庄1号	8度机1架，照镜机1架，铅字8 000磅
荣兴石印局	王秀栋	韶关风烈路65号（今解放路）	手摇石印机1架
广东文化印刷公司	郑季楷	韶关曲江马坝镇	对开机1架，6度机2架，小型6度机1架，照镜机2架，手扳机1架，头号老宋铝模6 844粒，3～6号老宋钢模各7 000粒，铸字炉及木型影机各1部
兴业印刷公司	李兴业	韶关西河黄田坝	旧式6度机1架，14寸照镜机和手摇机各1部
大成印务局	杨伯韶	韶关西河台儿庄2号	6度机2架，照镜机1架，铅字1万磅

注：据《广东省志·印刷志》统计。除上表所列印务、印刷机构，另包括永昌印务局（经理：黄宇平）、袁昌记印刷局（经理：袁荣魁）、袁裕兴印刷所（经理：袁原田），皆为韶州著名书刊印务企业。

（六）建材工业的兴起

韶州建材工业的兴起，源于山地土壤、石灰岩等建材自然资源的丰富。据《曲江乡土志·物产门》载矿物：曲江有桂头石，色青性坚而无层数，可作石柱、石板、石等，又有石灰石，可烧为灰，其制法挖窑累石，烧时或以草、煤、灰成能饰垣墉，粪田畴。又有白泥土、黄泥土、乌泥土三种，白泥土即陶土，近今郡城炉店取为造炉是也，黄泥土、乌泥土，即黏土，可制砖瓦。

古代韶州建材工业，主要以民间建造手工生产石灰、砖瓦烧制业

为主，到了近代，伴随水泥（洋灰）技术的传入，水泥生产制造业亦在韶州兴起。民国时期，韶州的建材手工业主要有采石业、石灰生产业、砖瓦烧制业、水泥生产业等。

1937年7月，抗战全面爆发后，韶关作为战时省会城市，建材业得到了快速的发展，时为适应战时人口的增长，包括石灰、水泥等建筑材料生产兴旺。尤其是水泥生产，采用立窑工艺，在乐昌长来兴建了一条小型立窑生产线。

石灰、砖瓦生产业亦为曲江建材业大宗，民间生产遍布韶关城乡，在一些较大的乡、镇、村几乎都有。1940年，曲江增设专门经营烧石灰的公司。同年9月，广东省赈济会投资技工养成所在曲江开办了一间石灰工厂，由刘克平经营，工人33人，资金1万元，年产石灰2 000担。同年9月，广东省赈济会又在曲江黄岗东瓜岭兴办起第一砖瓦工场，资本总额1.36万多元；经理林伯球，全场员132人，其中职员7人，技工25人；年产值6万多元。

（七）近代农副产品加工业的兴起

韶州近代农副产品加工业主要包括制烟业、竹木加工业等。

烟丝加工与卷烟业是近代韶关农副产品加工业的大宗。史载，韶州境内的烟草生产业最早始于明朝，由海外传入。传至清代，因五岭南部山区属红沙壤土质、温湿山区气候带，适宜优质黄烟生产，故自清代以后，韶州的黄烟生产以盛产烟叶而闻名全省，乃至全国，其中尤以南雄、始兴产烟最为优质。至清末，韶州境内的黄烟生产达至兴盛。据《曲江乡土志》等史料记载，时曲江境内烟叶生产加工，主要"由南雄输入，年百万余斤"。黄烟的输入带动了韶州加工业的兴起，时烟叶加工业主要以加工烟丝与卷烟为主。

抗战全面爆发后，广州沦陷，韶关成为战时广东省政府所在地，伴随人口的猛增，韶关香烟需求量也随之剧增。加之抗战爆发后，内地销售的洋烟"税重价昂"，与之相比较，南雄、始兴地方上所产土烟，烟草品质更为"香醇"，而价格又低廉，故凡吸烟之人，对土烟皆爱不释手。由此，曲江土烟丝和卷烟加工业得到蓬勃发展。据1940年和1948年有关资料统计，在曲江城区内，就有烟丝加工、销售商号二三十家。

在这些加工商号中，经营历史最长的有位于风度北路的"中兴商号"，该商号成立于清末；另有位于风度中路的"江有商号"，该商号

成立于1912年。抗战全面爆发后，在风度中路又兴建信降商号，时该商号共投资5 000元，为当时韶城最大烟草加工商号。

抗日战争期间，曲江卷烟行业除上述本地商号外，另从外地迁入一批卷烟生产商号，其中以迁曲江东河坝的原澳门民有烟厂的生产设备最为先进（采用半手工半机械生产）。企业自1943年抢运内迁至曲江马坝，1945年曲江沦陷后，烟厂迁至韶关东河，更名为"东亚烟厂"。

抗战结束后，伴随内战兴起，加上烟草税收日重，韶关卷烟业快速衰落，城区内包括"东亚""华成""联南"等数家具有生产实力的企业，相继倒闭、停业。

民国时期的韶关卷烟业，对于烟厂、商家来说，本是个利润丰厚的行业，但到解放初期，大部分商号破败、没落。其主要原因有三：一是资本短缺，极少藏储周转；二是生产工艺陈旧，制法不务改良，故步自封，只求有货应市；三是卷烟生产税收不断加码，赋税沉重。以上三项，致产业发展逐步走向衰败。仅以赋税一项，抗战结束后的1947年，赋税是月月增长，据1—10月赋税统计，1月份1 539.2万多元；2月份增至1 759.6万多元；3月份增至2 059.7万元；4月份增至2 222万元；5月份2 537.6万元；6月份3 345.4万元；7月份2 037.7万元；8月份6 785.1万元；9月份6 450万元；10月份5 125万元。沉重的赋税，使韶关卷烟业发展走向了衰落。

韶州（曲江）竹木加工业，历史较长，是民间重要手工业之一，在韶州经济发展中占有一定的比重。早在抗日战争爆发前，城区专门从事竹木加工业的人和厂场不断增多。竹器加工多见于窗、门帘、竹帽、竹篮、竹筐、竹箕、竹箩、竹梯、竹床、竹席、竹凳、竹（鸟）笼等。此外，还有竹制玩具、餐具、竹雕制品等，均系竹制手工业的大宗。抗日战争期间，据有关资料统计，曲江有竹器厂场18间，资本1.2万多元，年产竹器1.5万件，价值1.5万元。从业人员95人，每日工资最高7元，最低3元，普通5元。木器加工，有锯板和制造木器两大类。锯板又分一般木板和棺（寿）板两种。专门从事锯板的厂场，较早的有1920年创办的"昌源做船板厂"，地址在韶西北路，由郭焕章经营。全面抗日战争爆发后，较大的锯木工场有东河坝的"材隆""源安"两家，以及韶西南路的"添兴"锯板场。"材隆"锯木场，成立于1940年3月，经理人高维，资本1 000元；"源安"锯木场，成立于1939年5月，经理人朱南，资本2 000元；"添兴"锯板场，成立于1940年5月，经理人吴天为，资本1 500元。

木器制造主要有木屐、棺木（即棺材）、木船三种。木屐加工初为自制自用，或在集市出卖，1910 年 9 月，忠孝路专门设有名为"和合"木屐加工集商号。专门经营棺木加工和销售的商号在曲江早在清末就已出现，抗战期间最多。据 1940 年有关资料统计，县城就有 8 间，其中最早的是"利贞"寿板商号，成立于清光绪二十八年（1902 年）。其次是"其昌"，成立于 1914 年。资本最大的是"许泗源"棺木商号。

抗战时期，由于战事频繁，铁路公路经常受阻，交通运输主要依靠水运。因此，造船业为木器加工的最大一宗。曲江的造船历史较长，多分布于浈、武、北三江河岸之乡镇，多属于民间手工业。县城较早设立造船的厂场，是成立于 1912 年的"信和做船厂"，抗战期间厂址在韶西北路，经理人黄坤。抗战期间由刘生才经营的"刘兆记造船厂"，成立于 1939 年，厂址在韶西北路。据有关资料统计，1940 年曲江造船业实为可观，共有城乡造船厂 54 间，资本额 2.7 万多元。年产大客船 972 只，小客船 4 050 只，价值共 100 多万元。

抗战时期，广东省赈济会于 1940 年 10 月在曲江沙头村（一说马房背）兴办了第一竹木工厂，是将以前的竹木工场及技工养成所竹木工厂合并而成。原有资本 1.3 万多元，后又增拨 100 多元。收容技工养成所土木工程部毕业生 42 人，由张发鸿负责，全厂有员工 86 人。每月制成竹木器 578 件，值 2 000 多元，年产值 62 124 元。

民国时期，是韶关工业由古代传统手工业到近代工业转变的一个重要阶段。在这个历史的转变过程中，韶关传统手工业经历了凤凰涅槃式的历史变化。众多落后的、具有资源破坏性的传统手工业，在近代新型工业技术的影响下，逐步走向近代工业文明的发展轨道。

据 1950 年 7 月进行的韶关市第一次公私营工业、手工业的普查，粤北韶关市区的工业体系包括机械工业、煤炭工业、矿冶工业、纺织工业、化学工业、日用工业、铁器工业、电力工业、食品加工业、印刷工业、竹木加工业、建材工业等十数种门类。共涉及 34 个工业行业，包括公私营工业、手工业经营户 561 户，从业人员有 2 043 人（其中，雇用工人达 1 375 人）。

第二章 韶关新型工业体系建设

第一节 中华人民共和国
成立初期的韶关工业建设

1949年10月1日，中华人民共和国宣告成立。至年底，韶关全境解放，新生的人民政权建立，开始了韶关社会主义新型工业体系的建设进程。从1950年初至1958年，韶关工业发展先后经历接管官僚资本工业、国有工业企业建立以及资本主义工商业改造和社会主义公私合营工业改造等。

一、经济恢复时期国有工业建立

1949年10月上旬，韶关解放，新生的人民政权接管韶关后，即着手开始接管地方官僚资本工业。当时在韶城境内接收的官僚资本工业主要有依附于邮电业的北江长途电话管理所、电厂和私营广达电话公司；官僚资本经营的私营民生火柴厂、庆生五金厂等；私营利农米机厂、同裕米机厂、民生米机厂，以及官僚资本的阜民米机厂；私营的小型印刷厂、酱料食品厂、卷烟厂、木器工场等，以及各种手工业作坊。

在对官僚资本工业实施接管后，为迅速恢复解放后韶关的经济，按照中共中央在七届二中全会提出的"关于进入城市后，必须全心全意依靠工人阶级，迅速恢复和发展生产"的指示精神，中共北江临时

人民行政委员会于 11 月初，以接收的旧总工会，组建北江地区总工会筹备委员会。1950 年 2 月，韶关市首次工人代表大会召开，会议通过了总工会筹备会组织章程（草案），并选举出市总工会筹备处委员。筹备处号召各行业通过组建工会分会，积极发动产业工人，快速恢复生产。至 1950 年上半年，韶关地区各行业工会均基本建立。总工会成立后，即行设立生产部，指导、发挥各行业工会作用，并通过工会组织，积极对接管的官僚资本企业进行改组、接管，恢复生产，使之顺利转化为国有资本（公营）企业。

为加速韶关地方工业经济的恢复，中共北江地委还积极利用韶关独特的资源优势，大力推进有助于促进地方产业发展的国有工业建设。1950 年上半年，建立了韶关首家国有企业——韶关榨油厂；为解决南雄烟叶的出路和卷烟市场短缺的需要，北江地委通过上级从上海迁来了卷烟厂，建立起韶关第二家国有企业——韶关民生卷烟厂。

到 1952 年，包括没收官僚资本收归国有的企业——曲仁、梅田、南岭三大煤炭业；瑶岭钨矿，省属韶关木材厂，以及市属韶关（东堤）发电厂、植物油厂、民生烟厂、民生米厂、北江印刷厂、东河机器合作社、北江粮食（局）加工厂、北江粮食公司加工厂等十余家工矿企业，均纳入韶关国营（公营）工业范围。

二、过渡时期社会主义改造运动与国营工业的发展

1953 年，在经历三年经济恢复期后，按照国家实施的第一个国民经济五年计划，韶关步入过渡时期社会主义建设新阶段。根据中共中央提出的"党在过渡时期的总路线和总任务，是要在十年到十五年或者更多一些时间内，基本上完成国家工业化和对农业、手工业、资本主义工商业的社会主义改造（俗称'三大改造'）"的要求，韶关开始实施资本主义工商业社会主义改造。

韶关解放之初，中共北江地委为迅速恢复韶关地方经济建设，按照中共中南地区华南分局指示，1950 年 7 月始，对韶关地方的民营、私营工业、手工业，展开普查。普查结果，时在韶关城区的工业门类，包括印刷业、机器业、煤矿业、织布业、毛巾织造业、针织业、漂染业、缝纫业、碾米业、纸业、豆豉制造业、面粉业、酱料业、火柴业、

肥皂业、玻璃业、生铁锅业、装车补胎业、牙刷业、制革业、油漆业、木器业、竹器业、造船业、营建业、白铁用具业、印刷工业、铜铁铸造业、度量衡手工业、打铁手工业、铸铁锅工业等 30 多个行业。

1953 年第一个五年计划开始实施后，按照党在过渡时期的总路线和总任务要求，包括韶关在内的整个粤北全境，掀起了一场社会主义性质的全民合作化运动。按照"一五"计划基本任务，韶关对私营个体小手工业及手工业作坊的改造亦从 1953 年初开始。

根据改造分两个步骤的要求，第一步是把资本主义转变为国家资本主义；第二步是把国家资本主义转变为社会主义。1953 年初，韶关市成立市属手工业联社，联社采取设立理监事会进行管理。至下半年，在韶关，包括私营个体小手工业以及手工业作坊等，亦纷纷组织起手工业生产合作社。到 1954 年 6 月，粤北全区共组织私营手工业生产合作社 47 个，生产供销社 1 个，生产小组 338 个，全区共计有 10% 以上手工业劳动者被组织了起来。[①] 手工业生产合作社的兴盛与迅速发展，为韶关工业体系的形成，打下了良好的基础。

步入 1955 年，我国对私营个体小手工业、手工业作坊的改造，进入第二个阶段，即将国家资本主义转变为社会主义。是年初，韶关市开始对私营工业、手工业进行清产核资、定股定息和清理合营前的债权债务与盈余分配及人事安排。由此，韶关的"三大改造"进入高潮，适时，粤北韶关行政区域内，不少手工业合作社转制为工厂。至是年 12 月，包括粮食加工、电力、印刷、建筑材料、陶瓷、火柴、针织、煤炭、食品加工、化学原料、炼铁等 12 个工业行业，共 38 家企业，实现公私合营。[②]

1956 年初，韶关市发布《通报》（统计报告），称：韶关市区提早实现包括农业、手工业，以及资本主义工商业的社会主义改造任务，其中，全市 16 个手工业行业，参加合作社的有 2 507 人，占手工业从业人员的 92.5%；私营工商业 47 个行业，全部实行公私合营。1 月 30 日，《通报》（统计报告）发布，粤北区基本实现手工业合作化。全区参加手工业合作社的人数，占全区手工业总人数的 75%，私营工商业社会主义改造进入高潮，包括南雄、始兴、乐昌、从化、清远、英德、花县、仁化、新丰、阳

---

① 据 1954 年 6 月 15 日《粤北通讯》报道。

② 见韶关市地方志办公室、韶关市档案局：《建国五十年韶关大事记》，1999 年版。

山、连平、和平、佛冈等县，私营工商业全部实现公私合营。

伴随公私合营社会主义改造的全面实行，包括韶关电机厂、韶关印刷厂，以及食品厂等企业，在经过公私合营社会主义改造后，全部转为国有企业。自此，韶关国营工业实力得到进一步的增强。至 1957 年 12 月，韶关专区（1956 年 3 月，粤北行政公署更名为韶关专员公署，简称"韶关专区"。时专区辖 1 市 16 县。1 市指韶关市；16 县包括乐昌、仁化、南雄、始兴、曲江、乳源、连县、阳山、连山、连南、英德、翁源、新丰、从化、佛冈、清远）实施第一个五年计划期间，韶关的工业发展发生两大突出变化：一是在工业发展中，国营工业占据主导地位，其比重由 1952 年的 57.5%，提高到 1957 年的 74.6%；二是重工业所占的比重由 1952 年的 39.3%，上升至 1957 年的 51.4%。在韶关工业史上，第一次出现重工业比重大于轻工业。此为韶关实施第二个五年计划的工业发展，提出"华南重工业基地"建设，提供了建设发展依据与理论支撑。

三、电力、煤炭、矿冶工业的复兴

中华人民共和国初期经济恢复时期的韶关国有工业建设，先始于动力、能源、矿冶原材料等工业的复兴。行业主要包括：电力业、煤炭业、矿冶业等工业。此为中华人民共和国成立后，新生人民政权从官僚资本手中接管的地方工业大宗。

（一）电力工业的兴起

1950 年，韶关解放初期，接收了官僚资本电力工业（发电厂）之一的东堤发电厂。时该发电厂仅有三台以木炭燃料为动力的发电机组，发电 208 千瓦时；因发电量有限，故仅供城市照明，以及在韶城的四间私营米机厂（利农、同裕、民生、阜民），米机厂则提供发电用木炭。榨油厂的榨油机、火柴厂的排梗机，以及私营的印刷厂的印刷机，时因供电不足，各企业仍保留依靠人力的生产设备。1951 年，为解决韶关地方电力能源动力与城市电灯不明的问题，东堤发电厂添置了一台 190 千瓦时的柴油发电机组。时韶城供电条件虽得到了一些改善，但仍未改变动力能源不足的问题。

为克服动力能源的不足，同时为发展地方电力供应，建立人民电力工业，从 1950 年下半年开始，韶关地区各县纷纷购置内燃机组试装发电，解决本地电力供应。1950 年 9 月，南雄县购置第一台烧木炭的内燃机组试装发电，功率 50 千瓦，供机关与大商店照明。1951 年，连山、乐昌两县亦分别购置 15、40 千瓦木炭内燃机组发电。1952 年，始兴、翁源分别购置 24、60 千瓦木炭内燃发电机组，建立地方国营（发）电力厂。1953 年，韶关市筹建人民电厂。1954 年 5 月，韶关市人民电厂购置的第一台汽轮发电机组投产，功率达 500 千瓦。1955 年，为适应韶关（曲江）城乡工业发展与民间用电的需要，解决制约韶关经济发展的电力问题，韶关市筹建了中华人民共和国成立后兴建的第一座发电厂——东河坝发电厂。发电厂兴建之初，先上了一台 500 千瓦的透平机组，此后，又续上了一台 1 000 千瓦发电机组，至 1958 年，再上一台 1 500 千瓦发电机组，自此，韶关动力能源电力状况得到了彻底的改善，电力工业亦由此兴起。东河坝发电厂投入运营发电后，东堤发电厂亦随之停产。

从 1955 年到 1957 年，包括乳源、始兴、阳山、英德、乐昌、南雄等县，先后对本地发电、供电系统进行改造升级，提升电力供应能力，并形成自己的电力工业。

（二）煤炭工业的复兴

1949 年 10 月下旬，地处五岭的南岭煤矿有限公司由中南军政委员会工业部接管，11 月，召开南岭煤矿第一次职工代表会议，并成立了南岭煤矿有限公司工会。1950 年 3 月南岭煤矿有限公司更名为

图 2 - 1 韶关南岭煤矿办公楼（狗牙洞矿部）

"南岭煤矿"，矿本部从坪石镇迁至狗牙洞，隶属中南军政委员会工业部燃料管理局管辖。自此，南岭煤矿成为华南解放后第一个复兴的煤炭工业矿区（图 2 - 1）。

1950 年春，华南分局为使地处韶关的富国煤矿早日复工生产，指

示广东省工业厅，先行代士敏土厂（水泥厂）订购 600 吨煤，并将资金作为富国煤矿恢复生产周转资金，是年下半年，富国煤矿开始恢复生产。1951 年 5 月，富国煤矿股份有限公司进行改组，组成了富国煤矿第一届董事会暨监察理事会。1953 年 3 月，合作化运动开始后，富国煤矿由私营股份制转为公私合营，直属广东省工业厅领导。是年 7 月，公司在广州召开股东大会，会议通过《公私合营富国煤矿股份有限公司章程》，根据章程规定，总公司机构设在曲江富国煤矿矿场。同年，富国煤矿成立中共支部委员会。次年 5 月，富国煤矿成立中共富国煤矿委员会。同年，富国煤矿股份有限公司更名为"公私合营广东省富国煤矿"，仍隶属于广东省工业厅管辖，实行矿长负责制。自此，富国煤矿成为华南解放后第二个复兴的煤炭工业矿区。

从 1953 年开始实施第一个五年计划起，至 1957 年底，富国煤矿便成为华南地区煤炭工业主要基地。其间，煤矿先后进行了包括废除了不合理工资制度等政治改革，实行按劳分配社会主义工资制度，从而使煤炭开采产量成倍提高，工人队伍亦不断壮大。在原煤开采量方面，至 1957 年，富国煤矿原煤产量平均发展增速是 155.3%，工业总产值平均发展增速 157%；工人阶级队伍亦从 1952 年的 229 人，增至 1 219 人，增长了 4.3 倍。

在 1954 年以前，富国煤矿井下生产全部采用手工作业。至 1955 年开始，煤矿开始使用风钻掘进（一工区 3 号平窿），到 1957 年矿区斜井使用蒸汽绞车提升、风钻掘进、蒸汽水泵排水和局部风扇通风。

在韶关北部坪石与湖南郴州宜章接壤的梅田镇，另有梅田煤矿。该矿民国时期为地方小煤矿。中华人民共和国成立后，矿区隶属于郴州专署财委会管辖，1951 年 5 月，恢复开采后，所产原煤大多运往广东销售。时由于煤矿开采属湖南宜章境内，矿属产权归属湖南省辖。

与湘境接壤的乐昌坪石罗家渡，有隶属广东省劳改局系统的煤矿。20 世纪 50 年代初，新生的人民政权为对罪犯进行劳动改造，提出了"改造第一、生产第二"的方针，由此，劳动改造成为罪犯教育的方式之一。

1954 年粤北行署第四劳改大队，为解决新建黄岗监狱的需要，于黄岗距监狱约 8 公里的地方挖煤烧砖瓦自用。1955 年扩大开采规模，成立黄岗煤矿，年产煤 8 万吨。1955 年 5 月下旬，黄岗煤矿从第二监狱划出，单独编制成为广东省黄岗煤矿，由省劳改局直接管理。

1955年10月，乐昌安口和罗家渡小水先后建立了工区，隶属黄岗煤矿领导。1956年初，两地煤矿工区分别成立广东省安口煤矿和罗家渡煤矿。至1959年，罗家渡煤矿产煤量达67.74万吨，成为广东省内最大的烟煤产地。

1958年初，黄岗煤矿由于煤源缺乏而停产，把一部分设备和技术人员迁移至四望嶂。不久，广东省四望嶂煤矿成立了。1958年，广东省决定将黄岗煤矿下放给韶关地区管理。韶关地区接收后，把黄岗煤矿部分设备和技术人员转移到田螺冲建点，成立了韶关地区田螺冲煤矿。同年，韶关（曲江）腊石坝煤矿、仁化董塘大石板煤矿相继开采，韶关煤炭业步入复兴。

（三）矿冶工业的兴起

中华人民共和国成立后的韶关矿冶业，亦伴随私营矿冶小工业、手工业的社会主义改造，逐步兴起。为大力促进社会主义工矿业的建立与发展，1955年3月，在全省开展的群众性报矿运动中，中共粤北区党委根据仁化县城市工作部部长钟振要提供的炼铅渣矿样，对仁化董塘水草坪（凡口）地质矿藏进行了三个月的实地考察。同年7月，区委从英德请调炼硫工人张方可、苏生等人，在凡口始建凡口硫磺厂，厂址设在庙背岭。是年，凡口硫磺厂由粤北行署投资2万元，建成投产，开启韶关国有矿冶工业先河。时厂有职工与生产工人70余人。1956年，硫磺厂扩增生产，投入生产运营资本达30万（时由广东省工业厅增拨20万元；粤北行署拨10万），时职工猛增至1 700多人。

1957年，凡口硫磺厂生产达鼎盛时期，时厂在中共广东省委与粤北行署的扶持下，共完成了34.3万元的生产投资，职工总人数达2 000多人，开辟了金星岭、庙背岭、园墩坳、龙虎坳、富屋、铁石岭等6个矿湖；冶炼了高炉四个工段（其中一个为煮硫工段），平炉2个工段。年产硫磺达600吨，年上缴利润达30万元。

伴随凡口硫磺矿业的兴起，在曲江，大宝山矿业亦得到省、市相关部门的重视。大宝山矿自清末废置后，一直未再有大型矿采业，仅有民间个别私采。中华人民共和国成立后，直至1955年冬，有凡洞农民拿着矿石样品向韶关（曲江）县工业局报矿，粤北专员公署工业处送样化验证实是铅锌矿石后，1956年10月，中南地质局派出粤湘地

质队踏勘组到大宝山矿区进行历时近三年的踏勘，重新发现凡洞铅锌矿、大宝山铁帽山大型钼铅锌硫化矿床。由此，具有千百年开采史的大宝山矿，重新走向了复兴的发展道路。

在凡口硫磺矿业兴起的同时，在曲江县枫湾镇境内，收归国有的瑶岭钨矿，亦于同期兴起。据1996年国家地质出版社出版的《中国矿床发现史》（广东卷）载，瑶岭钨矿位于韶关市东36公里处，金属矿物以黑钨矿为主，尚有白钨矿、钨钼钙矿、黄铁矿、辉钼矿等。该矿自1919年为当地瑶民发现后，陆续有民工去开采。中华人民共和国成立后，矿山收归国有，此后，先后有广东有色金属管理局、广东有色金属矿务局勘探队，以及冶金部地质勘探局九〇九队，在此进行勘探。1956年，勘探队编《广东有色矿务局瑶岭矿场1956年度矿山地质报告书》，查明矿脉61条，矿带两组及三氧化钨储量；时矿山实行边建设边生产，同时进行社会主义改造运动。1957年勘探队提交《瑶岭钨矿1957年度地质报告书》，审核三氧化钨储量为万吨级。至此，瑶岭钨矿全面实现机械化选矿，并建成第一座机械化选矿厂，同年，矿区井下采矿亦实现机械化开采。自此，瑶岭钨矿逐步走上了兴旺发展之路。1958年10月，九〇九队并入广东省地质局，改称七二二队后，继续在矿区进行勘探，并于1959年4月提交《瑶岭钨矿地质勘探工作总结报告书》，查明矿脉增至74条，探明三氧化钨储量三万吨以上。矿区于华南重工业基地建设时期，即列入韶关钨矿生产重点企业之一。

伴随瑶岭钨矿有色工业的兴起，1953年，在始兴县境内的石人嶂钨矿亦纳入中南军政委员会有色金属重工业建设中。史载，石人嶂钨矿最早始于民间开采，大约于20世纪初（1917—1919年）在始兴境内包括石人嶂、罗坝、清化（司前）、梅子窝等地就发现有露出地表或冲到山沟中的黑色闪亮的钨砂，附近的农民纷纷采用手工挖采方式，淘选矿砂，然后运到始兴县城卖给商人。至二三十年代，民间自发开采达到高峰，时有开源、宝兴、和合、天源、三江、惠民等十多家民营公司，组织民工从事钨砂开采与生产经营。1949年10月，韶关全境解放后，为迅速恢复韶关地方国民经济，从1950年5月至1952年6月，根据中南军政委员会指示，在韶关先后成立了隶属于中南重工业部有色金属工业管理总局的广东办事处曲江钨砂收购站、北江分理处始兴钨砂收购站、北江管理处始兴管理站，以及广东分局北岭管理处石岭分处等机构，负责始兴、曲江等地民间钨矿开采的收购、经营与管理。

1952 年下半年，根据中共中央和中共广东省委的统一部署，由中共粤北区行署组织民改工作队，分批进驻石人嶂、瑶岭等各民采矿场、民窿管理站，开展民主改革。1953 年 2 月，经过民主改革运动后，石人嶂钨矿业正式成立"国营石人嶂钨矿"，石岭、姑岭、河口山等三个民窿采矿场，以及罗坝、清化、南雄三个民窿管理站，收归国营。时属南雄管理站下辖的有棉土窝、青嶂山、目龙埂、亚姐寨、凉伞寨等采矿点。

石人嶂钨矿成立后，三个主要采矿场分别命名为"石人嶂坑口""师姑山坑口""河口山坑口"，各坑口分别下设若干生产工区，并建成相应的坑口选矿厂。时钨矿成立干部队伍管理职员以及采矿工人等，主要来源分成几部分：一是原石岭分处及各矿场、管理站骨干转业；二是主管上级机关调来；三是民改工作队留下部分队员；四是地方政府抽调干部；五是上级分配来的大中专毕业生和部队转业干部；六是从江西、湖南等地调入的矿山人员；七是从社会上招收的学徒工等，另外就是接受安置的归国华侨和部队退伍复员军人等。

从 1953 年 2 月石人嶂钨矿成立，到 1957 年国家第一个五年计划结束，石人嶂钨矿经历了最为艰难的创业历程。建矿之初，适逢经济恢复期刚刚结束，续以国民经济第一个五年计划的实施，百业待兴，钨矿工人凭借着高度的责任感，开始了石人嶂矿区的建设。时矿区的全体干部、职工和工人在艰苦的条件下，依靠满腔为社会主义建设做贡献的革命热情与干劲，披荆斩棘，人位肩扛，风餐露宿，废寝忘食，为矿区矿业开发受伤致残，甚至献出生命。1954 年，石人嶂矿区率先在同行业中安装柴油发电机；从 1955 年起，矿区开始实现电灯照明，进行风钻凿岩、井下矿车轨道出矿、地表索道钢斗运矿，以及机械选矿等采选作业，是当时广东省第一个实现采用机械化采选作业的有色金属矿山。

1955 年至 1956 年，石人嶂矿更名为"中南钨矿局第六钨矿"，时因钨矿属国家战略资源，被列入国防军工企业。至 1957 年第一个五年计划结束时，石人嶂钨矿基本完成了艰难创业阶段，时钨矿生产经营已形成了一定规模。在石人嶂钨矿步入兴盛的同时，英德的八宝山钨

矿亦同步走向兴旺。

八宝山钨矿正如其名，该矿有"八宝"矿藏：钨、锡、铋、钼、金、银、硫和稀有金属氧化钇。该矿于1934年被发现和开采。中华人民共和国成立后，矿区开采先是私营、私采，后由13个互助组合作为4个生产组，进行开采生产。1954年7月宣布收归国营，成立八宝山矿场之后，原始的手工生产逐步转化为半机械化、机械化生产，时有160多人转为国营职工。矿区收归国营后，按照"边建设边生产"方针，边探、边采、边选，到1960年，矿区生产达到125吨/日规模。

四、韶关其他工业的兴起

在国家实施第一个五年计划时期，韶关地区工业还包括木材、火柴、印刷、建材、食品、烟酒、化工日用品、机器、纺织、制药等十大工业行业。

（一）木材加工业

中华人民共和国成立初期，韶关的木材加工业在经历了"三年经济恢复"以及"三大改造"合作化运动后，成立了隶属韶关个体手工业者联合会管辖的木器生产合作社，生产产品包括家具、农具等。1956年，4个木器生产合作社合并，成立韶关市木器工艺合作社；1959年，韶关市木器工艺合作社由集体所有制转为全民所有制地方国营企业，改称韶关市家具厂；1964年，生产木家具和农具，年产值40万元左右；1965年至1969年，停止生产木制农具，主产樟木箱和少量出口家具。

中华人民共和国成立初期，始兴、南雄为韶关木材生产大县。1954年6月，始兴县由个体经营木具加工，修理业19户，自愿组建木器生产合作小组，入股1 047元购买原料、设备，生产嫁妆品、桌、凳、办公台等，同年11月改名木器生产合作社。1957—1958年，先后将圆具社和锦板社合并，职工发展到67人。1958年改名"始兴县地方国营木器厂"，年产值8万~10万元，产品全部内销。始兴与南雄合并后改名为南雄县农业机械厂木器车间，1960年分县后，恢复始兴县地方国营木器厂。1965年开始出口樟木箱、儿童床。1965年至1970年，年均出口产值40万元。

（二）火柴制造业

1952 年间，遂仁氏、环球、宝光等几间火柴小手工业组成火柴联营社，社址在旧罗沙桥头西岸，使用"利明"商标，日产 7 件左右。1955 年另有时韶关最大的私营火柴企业民众火柴厂，实行公私合营，企业日产量达到 65 件左右。1958 年 4 月火柴联营社和"荣华"等几间小手工业的工人联合组成"火柴合作社"，社址在今惠民路口原西河派出所所在地，生产使用"同和"商标，日产火柴达 10 件左右。1958 年下半年，火柴合作社并入民众火柴厂，由国家经营，并改名为"韶关市火柴厂"。合并后有职工 75 人左右，年产 8 000～10 000 件（注：解放初每件为 100 包，即 1 000 小盒）。时火柴生产工艺仍十分原始，工人用手工捣药粉、筛药粉、上蜡、粘药，工人劳动全靠"手功""脚功""肩功"，劳动强度十分之大，一些工种稍不注意就会烧伤手。

当时由于人民政府对火柴工业重视，火柴生产设备不断增添和更新换代，逐步减轻了火柴工人的劳动强度，生产规模从 1958 年的8 000～10 000 件猛增到 42 000 件（1963 年产量）。到 1964 年左右，韶关市火柴厂已拥有大排版机 9 台，油药机 1 台，大及枝机 1 台，中等刨片机 2 台，机器均用马达带动，厂房大部分建成砖瓦结构，生产能力比 1958 年增加了近 4 倍，工人数也逐渐增加到 200 多人。

（三）印刷工业

中华人民共和国成立初期的韶关印刷业，仅留下宇宙、三民、泰兴、光华、文导等五家私营印刷企业，由于设备陈旧，铅字不足，均无法独立承担包括《北江日报》的排版印刷任务。为解决《北江日报》的印刷困难，时北江地委通过中共华南分局，接收了当时在广州的原国民党《西南日报》印刷厂，包括全部印刷设备，连同 30 余名印刷工人一起迁到韶关，厂址设在市区民权路（今东堤中路 172 号）。时接收的设备有两台 6 度机，一台 8 度机，一台制版机，一台切纸机，一套铅字。迁厂后，1950 年的工业产值为 4.9 万元（新币）。到 1952

年底，在韶关的私营印刷业已恢复发展到 12 户。其中，宇宙印务局①，因属官僚资本，由韶关市政府于 1951 年 9 月接收并改制为国营企业；除了湘韶、文导以及转营休业的三家印刷厂之外，其余 8 家印刷厂分别于 1953 年纳入国家资本主义改造轨道。

1954 年下半年，中共韶关市委根据韶关市区的私营工商业都是小型企业的情况，决定实行"子母联合"的方式，采取先并厂后合营的步骤，把私营工商业逐步引上社会主义改造道路，并决定首先引导私营印刷企业开展并厂试点工作，以便为其他行业的合并和合营扩大影响、创造经验、提供指导。

1954 年七八月间，主管对资改造工作的韶关市委统战部，对私营印刷厂作了调查分析，认为私营印刷业并厂的条件已经具备。于是年 9 月上旬，按照韶关市委的要求，由市委统战部派人到私营印刷厂开展并厂工作。时由泰兴、三民、陈雨时、达华、合群兴这五间印刷厂店合并成立新生印刷厂，此为韶关市较早走并厂合营道路的私营厂，职工人数和资产也是当时韶关市规模较大的一间私营厂。1955 年 2 月，新生印刷厂的资本家和业主联名上书市委申请公私合营。据此情况，市委随即从统战工作部门和国营工厂抽调 4 名干部组成合营工作组，于 3 月进驻新生印刷厂开展合营工作。在经过清产核资等一系列工作后，4 月 19 日，新生印刷厂正式宣布公私合营。

新生印刷厂实现公私合营后，其他一些私营印刷业，亦纷纷要求加入新生印刷厂。11 月，华美印务局被吸收加入新生印刷厂。1956 年初，在掀起的全行业公私合营高潮中，包括光华印务局、维新兄弟私营印务局，先后加入新生印刷厂。至此，韶关印刷企业全部实现公有制经营。

1958 年春，"大跃进"运动兴起后，新生印刷厂并入国营粤北印刷厂。1959 年 1 月，根据韶关市委的意见，又把韶关市文化印刷社并入粤北印刷厂。文化印刷社原称"韶关文化用品联社"，是 1955 年 9

---

① 宇宙印务局，是在抗战时期由国民党 158 师师长张济苍和韶关武城镇镇长邓家义，与民族资本家何国秋集股开办的印刷厂。办厂时共设 10 股，其中张济苍 3 股，邓家义 2 股，何国秋 5 股，每股资金 600 元，共 6 000 元资产。印刷设备有 3 台四开平台机，2 台圆盘机，一套铅字。有职工 14 人。宇宙印务局被接收以后，于 1952 年 1 月将厂名改为"韶关市人民印刷厂"。四五月间，更名后的人民印刷厂并入《北江日报》（时《北江日报》已更名为《北江农民报》）印刷厂。1955 年四五月间，报社编辑部与印刷厂分家，报社印刷厂正式更名为"粤北印刷厂"，从此成为韶关市区印刷设备较齐全的独立经营的国营印刷企业。

月由从事生产毛笔、墨汁、香糊、信封、染色纸等文化用品的 8 家手工业社组织起来的生产联社，职工 30 人。1956 年以后，联社将积累的资金 8 000 元购置了 2 台四开平台印刷机、2 台圆盘机、一套铅字，开展印刷生产，并改名为文化印刷社，社主任吴国英。文化印刷社并入粤北印刷厂后，原联社中有 22 名职工安排在粤北印刷厂工作，另 8 名职工在文化工业社安排工作。

韶关印刷工业在经历这三次大合并（包括人民印刷厂、新生印刷厂及文化印刷社并入粤北印刷厂）后，至 1959 年，职工人数达到 363 人，设备生产能力有了较大的提高，工业总产值达到 225.2 万元，利税达到 48 万元，粤北印刷厂是当时韶关地区唯一一间较大规模的综合性印刷厂。

（四）建材工业

韶关的建材业主要以石灰烧制、砖瓦、花岗岩板、大理石等乡村建材业为主。中华人民共和国成立初期，在韶关仅保留有小型私营建材企业 1 家，雇工 8 人；时韶关地方百废待兴，国民经济的恢复，以及基本建设急需大量水泥等建筑材料。由此，水泥生产工业建设被提上日程。韶关地处石灰岩山区，丰富的石灰石资源为发展地方水泥工业提供了天然的条件。1953 年在市区的建材业增至 3 家，职工 28 人。与此同时，县（区）建材亦兴起。

在实施"一五"计划期间，为发展广东水泥生产，1954 年，广州水泥厂在英德县龙头山找到了适合生产水泥的石灰石矿山，企业向重工业部申请派出地质队进行勘探，经两年时间勘探，认定龙头山具有丰富的石灰石资源和具备"三就四靠"建设水泥厂的条件。1954 年上半年，重工业部建材局非金属勘探公司第六队由北京转战至华南，开始了对粤北英德沿粤汉铁路两侧出露的石灰岩进行勘探，历时 4 个月，探明、求获该地区英德灰岩储量达 2 588 万吨，为该矿床的开发利用奠定了基础。1956—1957 年，建材工业部制定出龙头山兴建水泥厂可行性方案后，英德水泥厂建设随即进入前期施工准备阶段。

（五）食品加工业

韶州的食品加工业，主要以民间私营米制品、豆制品、酱料、腊味等传统加工业为主。民国时期，英德九龙豆腐、乐昌坪石的麻椒酱、

英德大湾酱油、南雄腊鸭、连县东陂腊狗等食品在市场上早已享有盛誉。1949 年，中华人民共和国成立前期，韶关食品加工业承继民国的发展，总产值约 617 万元（按 1980 年不变价格计算，下同），占韶关工业总产值的 41%，是当时韶关产值最高的工业部门。中华人民共和国成立后，经历三年经济恢复时期，伴随国营粮食加工业的建立，食品加工首先在粮食加工业兴起。1950 年北江行署成立韶关市粮食局，并在西河创办首家面粉厂，由此，始兴、南雄、仁化等县粮食系统，先后兴办起国营粮油食品加工厂。继粮食系统食品加工业的兴起，经委、二轻、农工商等系统的食品加工业，亦相继得到发展。1952 年，曲江县经委率先在韶城兴建曲江粤华糖果饼干厂，此后，在第一个五年计划实施期间，又有商业、二轻工业系统先后兴办起食品厂、副食品加工厂、韶关酿酒厂……中华人民共和国成立初期食品加工业持续稳定发展，为韶关渡过三年经济恢复期的困难，以及韶关食品工业的兴起，发挥了积极的作用。到 1957 年，北江（韶关）地区食品加工业完成总产值 3 330 万元，比 1952 年增长 1.97 倍，平均年递增 24.3%。

从中华人民共和国成立后的三年经济恢复时期到"一五"计划时期，农业生产的快速发展，以及农产品的大幅度增加，为中华人民共和国成立初期韶关地方食品工业的发展奠定了基础。据第二次工业普查资料统计，在当时的食品工业企业中，有 27.7% 的企业是在该时期建设的。1957 年韶关地区（按当时行政区划）食品工业产值比 1949 年增长了 496.6%，平均每年递增 25%，比全省同期平均水平 19.5% 高出 5.5 个百分点。

（六）烟、酒加工业

在中华人民共和国成立初期，韶关烟、酒传统加工酿造业发展良好，北江专署依靠官僚资本经营的民生米机厂，筹建民生制烟厂（简称民生烟厂）。1950 年 6 月，韶关第一家国营民生制烟厂，在韶关市西河尾（今武江南路）正式投产，至年底，民生制烟厂由曲江县食品工会组建委员会，更名为韶关卷烟厂，隶属于广东省烟草公司。时韶关卷烟厂生产的香烟品牌主要包括"灯塔"、"大众"（后改名"大钟"）等。1951 年 5 月，国家实施烟草专卖管理后，由韶关市合作总社在市区南门桥头组建制烟生产合作社，生产团结牌香烟，由此韶关烟草加工业兴起。

实施国民经济"一五"计划期间，韶关烟草加工业得到进一步发展。1953年，国家对卷烟实行统购包销，韶关市区组建的制烟生产合作社撤销，生产人员部分并入韶关卷烟厂，企业划归广东省工业厅管辖。卷烟经营业务由统归国家烟草专卖事业公司广东粤北分公司统一经营。大部分私营烟草加工业，在经历工商业社会主义改造，实行公私合营过程中兴起。1956年，南雄县城6户私营烟丝店实现公私合营，成立南雄县烟丝厂。是年，韶关地区烟草业生产达到中华人民共和国成立以来的第一次高峰。

在实施国民经济"一五"计划期间，伴随烟草加工业的兴起，以民间传统酿酒为基础发展的韶关国营酿酒加工业，亦开始兴起。1956年，韶关市新建国营淀粉厂，专门生产食用淀粉，企业投产后，于1957年，为增加产能，企业再增建制酒车间及化工生产车间，负责酿造白酒与生产化工产品丙酮丁醇、红铁氧及钛白粉。其间，韶关对私营个体酿酒户组成的合作社进行改造，在实行公私合营后，将合作社纳入企业制酒车间，由此，韶关有了首家国营制酒企业，时在乐昌、清远等县，亦先后兴建了一批县级酿酒厂，韶关烟、酒加工酿造工业兴起。

在实施第二个五年计划时期，韶关淀粉厂制酒车间以生产"岭南春"品牌白酒为主，产品具有"无色透明，香气芳烈，清爽适口，入喉浓郁、劲大，回味悠长"的特点，属浓香型大曲酒，酒精度为六十度。此酒产于我国著名的南岭南麓，故名。以高粱为原料，用小麦制曲，工艺要点是：高温制曲，人工老窖，稻壳清蒸，稳准配料，低温入窖，回酒发酵，量质摘酒，分段贮存，精心勾兑，质量必须达到香浓、味甜、醇和、纯净的标准，再陈酿一年出厂，是广东省内著名的好酒。

与韶关淀粉厂生产的"岭南春"白酒同样闻名的，还有乐昌"太白"牌堆花酒。此酒是乐昌县酒厂以红头早大米为原料，采用传统方法酿造的小曲酒，酒液清澈透明，具有浓郁小曲的独有香气，入口醇滑舒适，回甜悠长，酒精度为五十六度。酒的浓郁香味，来自酒药（小曲）中加入一种特殊药料——大青叶。乐昌药曲也是粤北地区闻名的特殊药曲。此酒在1963年被评为广东省优质酒。

此外，还有清远酒厂生产的"打虎"牌飞霞液与三十八度特醇头

曲。"打虎"牌飞霞液以该县境内有名的游览胜地飞霞洞命名，酒液清澈透明，香气幽雅，酒味纯净，入口调和，后味较长，为酱香型酒，1979 年产品被评为广东省地方名酒。三十八度清远头曲酒液清亮透明，香气浓正，入口醇和，留香持久，回味较长，为浓香型酒；该酒为广东省最早出品的浓香型酒，1972 年、1977 年、1979 年连续被评为广东省的优质酒。

（七）化工日用品工业

中华人民共和国初期的韶州日用品工业，包括皮革、肥皂等日用品制造业，仍保留私营手工作坊加工。1956 年资本主义工商业社会主义改造后，私营皮革业联合成立制革、皮革制品合作社，并于 1958 年在东河坝执信路兴建韶关市皮鞋厂。与皮鞋厂同期成立的日用品加工业，还有韶关第一家私营韶关日用化工厂，企业于 1958 年"合作化"运动后，由私营手工联社中的"蚊香、炮竹社、枧水组、肥皂组"等单位组建而成，初名韶关化工肥皂厂。厂址位于韶关市五里亭前进路。时有职工 78 人，企业固定资产 97 951 元，以手工生产为主，年实现利润4.88 万元。

（八）机器工业

中华人民共和国成立初期的韶州机器工业，包括民国时期遗留的东河机器合作社（图 2 - 2），以及分布在东、西河及市区的小型机械加工作坊。在县（区），以手工业机械为主体的机器业，有始建于 1951 年的"始兴农机厂"（又称始兴农家锅厂），专事铁锅生产，1952 年改为国营始兴农具工业厂，1953 年由顿岗墟迁入太平镇（县城）。1953 年至 1957 年，

图 2 - 2　中华人民共和国成立初期的东河机器合作社

第一个五年计划时期，在党的过渡时期总路线的指引下，韶关市开始有计划地进行社会主义工业建设，同时采取委托加工、计划订货、统购包销、公私合营等方式，进一步对资本主义工业进行了社会主义改造。1954年，仁化县兴建首家国营机械厂——仁化县农械厂。全市于1956年实行了全行业公私合营，并按照产品和工艺类型分别将部分工厂合并改组；个体手工业者在合作化运动中大部分参加了生产合作组织。同年，韶关市在东河陵南路兴建第一家国营运输机械修理企业——韶关汽车修理厂。新的生产关系大大促进了生产力的发展。到1957年，工业总产值达11 897万元，比1952年增长2.35倍，平均年递增27.4%。其中重工业产值增长3.39倍，平均年递增34.4%；轻工业产值增长1.69倍，平均年递增21.8%。

"一五"期间，全市机器轻重工业发生了两个突出变化：一是工业中国营工业已占主导地位，所占比重由1952年的57.5%进一步提高到1957年的74.6%；二是重工业所占比重由1952年的39.3%继续上升到1957年的51.4%，在韶关工业史上第一次出现了重工业比重大于轻工业比重。

（九）纺织工业

韶关初期的纺织、织布业，经过三年经济恢复时期，1952年全市纺织工业产值达21万元。在1953年实施的第一个五年计划时期，行业伴随国家资本主义工商业改造，开始得到发展。1956年，韶关私营手工业者联合会组成的织布工业合作社，实行公私合营，承续民国私营永光织布厂名称，成立韶关市第一家纺织企业——永光织布厂，企业隶属于韶关轻纺公司，主要从事小规模的手工织布。时企业分设有胶鞋、织布两个车间。

在第二个五年计划时期，伴随社会主义合作化运动的开展，韶关永光织布厂在实行社会主义改造后，再组建橡胶车间，以生产再生胶为主。1961年，企业开始生产"太子鞋""胶拖鞋"和"解放鞋"，生产原材料依靠广东省化工原料公司供应，产品由省包销；织布车间依靠陈旧设备，生产汗巾、棉带、元灯带、豆腐布等产品。到1962年，全市仍有小型作坊式纺织企业20个，年产值62万元。

（十）制药工业

中华人民共和国初期，韶关制药业延续民国中成药作坊式生产，

在经过私营工商业社会主义改造后，私营药店逐步走上了公私合营的发展道路。1956年，韶关地区一批公私合营的作坊式生产药店，如韶关城区的何弘仁药店、翁源公私合营济生堂药店等转为药厂，自此韶关中成药生产逐步步入复兴。1959年，韶关市药材公司在东堤北原饮片加工场的基础上，办起了第一家国营中药制药厂。时药厂有职工30多人，采用传统的制药器具和工艺，生产常用中成药：乌鸡白凤丸、回春丹、苏合丸、跌打丸、生化汤丸、眼药散、桑菊片、银片、风湿膏、虎骨酒等，生产品种达30多种，年产值40多万元。1964年，药材批发业务并入韶关药材站，药厂停办。

第二节 华南重工业基地建设

一、"华南重工业基地"的提出与建设

1958年1月，广东省召开"第四次计划会议"。《广东省计委关于广东省1958年度国民经济计划（草案）安排的报告》提出了"在第二个五年内，把华南地区建成一个基本完整的工业体系"的发展目标，并提出"1958年工业生产计划安排的原则是以钢为纲，积极发展机械、煤炭、电力等工业，扩大基本建设规模，以适应工农业生产高潮和整个国民经济发展的需要"。又提出"1958年（广东）机械工业将有一个飞跃的发展……在机械产品中，各种机床计划生产2 500～3 000台；发电机15 000千瓦，争取达到20 000千瓦；电动机生产达40 000千瓦，争取达到45 000千瓦；变压器计划10万千伏安，争取达到15万千伏安；冶金设备5 000吨，争取达到6 000吨"①。

按照计划目标和原则，中共省委根据党的建设社会主义总路线精神及"以钢为纲"的方针，在五年内把华南建成一个基本完整的工业体系战略任务，安排全省的基本建设投资项目。在计划分配上，增加对工业、交通、水利的投资，其中工业中又着重新增、扩大包括韶关

钢铁、机械、煤炭、化工、电力、有色金属、建材、轻工等八大工业基地和直接为农业服务的工业部门投资。

在新增、扩大的基本工业规模中，广东省委提出建设钢铁联合企业、铜铝冶炼厂、重型机械厂、电机设备厂、滚珠轴承厂、大型水电站等基础工业设想。其中，在粤北韶关区安排的新建重点基础工业有电力工业（新丰江、南水）；冶金工业（韶关钢铁联合企业、有色金属矿业和冶炼厂）；煤炭工业（包括曲仁、乐昌、连阳等煤矿）；机械工业（包括华南重型机床厂、华南重型机械厂、韶关电缆厂）；建筑材料工业（包括英德水泥厂等）。

是年 3 月，中共广东省委根据中央工业下放精神，调整省级厂矿企业管理政策，按照厂矿管理下放要求，驻韶省级厂矿绝大部分下放到县，重点厂矿交给专区。由此，中共韶关地委、韶关专区分别设立工业（交通）局，专事管理省、市工矿企业。

1958 年 5 月，中共中央召开八大二次会议，会议提出了"鼓足干劲，力争上游，多快好省地建设社会主义"的社会主义总路线。"大跃进"和人民公社化运动在全国各地兴起。中共韶关地委亦适时发出《关于立即大张旗鼓地开展社会主义建设总路线宣传运动》的指示，号召全体韶关人民以"排山倒海的革命干劲，加速社会主义建设"。

是年，我国开始实施第二个五年经济发展计划，按照国家提出的建立工业体系，"优先发展重工业"的方针，中共中央、中南局与包括华南分局在内的江西、广西等地区，在南宁召开三级干部会议。会议提出在中南地区建设一批重工业基地的计划。韶关作为地处京广铁路主干线上的城市，具有地理上的优势，其又处于华南分局所辖地区的中部位置，北据五岭，拥有丰富的地质矿产与水力自然资源，南又可依托广东省会广州，作为大工业城市的支撑，是一个较适宜建设重工业中心与国防后方城市的地点。因此，中央与华南分局决定将韶关作为国防后方城市与华南重工业基地，进行大规模的开发建设，由此韶关地方工业开始兴发。

从 1958 年 6 月开始，包括省属韶关矿山机械厂、韶关精选厂、韶关发电厂、华南重型机床厂、华南重型机器厂、韶关电缆厂，以及部属市级韶关发电厂、韶关钢铁厂、大宝山矿和乳源南水水电站等企业，陆续开始动工兴建。6 月 26 日，广东省第一间专门制造矿山机械的韶

关矿山机械厂在韶正式动工兴建；7 月，广东省第一间矿冶精选厂——韶关精选厂动工兴建；同月，韶关专区规模最大的机械化水泥厂——韶关水泥在韶关市西郊动工兴建。

7 月，为建设华南重工业基地，时任中共华南分局书记陶铸同志亲自来韶调研、部署。中共韶关地委按照华南分局与中央建设重工业基地的设想，制定了地方国民经济五年计划。计划中，地委将发展重工业基地建设作为发展韶关经济的重头戏。按华南重工业基地重点项目建设计划，将建设大宝山矿、韶关（乌石）发电厂、乳源南水水电站、华南重型机床厂、华南重型机器厂、韶关电缆厂及凡口铅锌矿，并组建韶关钢铁公司等"八大厂矿"国有工业企业。

8 月 6 日，《韶关日报》发表题为"把韶关建为华南工业基地"的文章，号召全市人民动员起来"用我们双手建设新韶关"，文章同时动员、号召全国各地工矿企业、工程人员、技术工人，积极支持、参与韶关华南重工业基地建设。与此同时，中共韶关地委决定，从专区各系统抽调 1 000 名干部，分配到各新建厂矿。

8 月 20 日，中共韶关市委发出关于《动员一切力量积极支援重点企业基建》通知（图 2 - 3）。通知指出："前在广州召开的华南地区经济协作会议决定：在第二个五年计划期间，我市将建成为华南地区的重工业基地。中央已确定在本市新建包括钢铁、冶炼、机械制造、化工、电力等重工业的大型工厂企业 20 个。这些大型工厂企业规模都相当巨大，设备也是机械化的，今年动工兴建的就有 10 个，明年全部要施工兴建，由于这些重点工程不久即将开始全面紧张施工……"市委号召"必须全党一齐动手，动员一切力量，积极支援大型的基建工作，保证基建顺利进行"。

9 月 1 日，韶关专区最大的水电站——乳源南水水电站正式施工（至 1971 年 7 月 31 日建成，装机容量 7.5 万千瓦）。10 月 11 日，韶关发电厂在曲江乌石动工兴建（第一机组于 1960 年 4 月投产）。11 月 5 日，华南重型机器厂、华南重型机床机厂、韶关电缆厂联合举行施工典礼，省机械厅、地委、专区等各级领导及各界代表 3 500 多人参加典礼（三间厂厂址均在韶关市郊区）。

至年底，在兴起的华南重工业基地建设运动中，韶关地区涌入了大批的建设工人。仅全国各省、市抽派的行政管理干部、工程师、技

图 2 - 3　1958 年 8 月 20 日《韶关日报》刊载《动员一切力量积极支援重点企业基建》通知

术员等，达二万多人；另有技工 2 500 人，民工 8 000 人。韶关市华南重工业基地建设由此拉开了序幕。

在华南重工业基地中央、省属工矿重点企业建设的同时，一批立足于重点项目辅助的韶关地方国营工业企业，亦相继兴起。在机械工业方面，韶关市先后兴建电机厂、五金厂、拖拉机厂、汽车修理厂、通用机械厂等，并相继建成投产。在建材工业方面，韶关水泥厂、英德水泥厂、英德南山水泥厂、阳山水泥厂、连县水泥厂和仁化水泥厂，亦先后建成投产。

1959 年初，为配合华南重工业基地建设对煤炭资源的需求，韶关专区决定修建罗家渡（梅田）、连阳、曲仁、南岭四大煤矿的铁路专用运输线，以改变煤炭开采运能。2—3 月，4 条铁路支线先后动工，总里程近 180 公里。4 月，根据韶关华南重工业基地建设的需要，韶关专区对所属的 19 县 1 市，再次进行行政区划调整，合并为 8 县 1 市。其中将连县、阳山县、连南瑶族自治县、连山僮族自治县合并成

立连阳各族自治县；将和平县与连平合并为连平县；将新丰县合并入翁源县；将始兴县合并于南雄县；将曲江、乳源、仁化合并于韶关市；将韶边瑶族自治县（1957年7月成立）合并于乐昌县；将佛冈县合并入从化县。清远、英德两县不变。是月，从凡洞迁移至沙溪的大宝山铜矿开始基建工程，当时该矿建设被定位为"广东省最大的现代化铜矿工业基地"。

1959年5月，根据广东省委"汕头会议"精神，韶关地委召开扩大会议，对自1958年初开始的"大跃进"运动进行总结。会议认为，自"大跃进"运动开展以来，韶关在农业生产、钢铁生产，以及公社管理体制、领导作风和方法等四个方面存在一些问题，并严肃批评了出现的浮夸风气。

由于受"大跃进"运动出现的极"左"思潮的影响，"大办钢铁、大办工业"，盲目追求工业高指标、高估产，忽视、违反客观经济规律，加之工农业生产劳动人口比例失衡，工业投资过大、过重、过急，严重超出了地方经济实际承受能力，从而影响了包括农业在内的其他生产的发展。据统计，从1958年开始的华南重工业基地建设，年平均投资3 602.57万元，至1960年，总投资额达10 807.71万元，这部分投资绝大部分均放在了重工业基础建设上，投入农业的很少。①

从1959年7月起，按照中共广东省委指示，中共韶关地委、专区委员会针对"大跃进"中出现的"工农业比重严重失调、农轻重产业位置倒置、投资比例失衡"的问题，开始予以纠正，对工矿企业劳动组织进行整顿，压缩劳动力支援农业生产。时在韶关的工矿人口已由"1957年的440 000人，猛增到1959年的930 000人"，经过近半年整顿、压缩，到1960年初韶关工矿人口仍有846 000人。

二、"八大厂矿"兴建

（一）大宝山矿业复兴

1958年5月，根据中南地质勘探局对韶关（曲江）大宝山矿的勘

---

① 中共韶关市委党史研究室：《20世纪60年代上半期韶关地区民国经济的调整与发展》，见中共广东省委党史研究室：《20世纪60年代广东国民经济的调整与发展》，广东人民出版社2006年版。

探，中共韶关专员公署决定开办大宝山凡洞铅锌矿业。时全矿仅数十人，没有房子住，大家动手砍竹搭棚，盖起简易宿舍、办公室、食堂三用大茅屋；生产工具落后，依靠肩挑、人扛；没有通风设备，工人们将毛竹竹节打通，充当通风管，以人工方式解决井道通风问题。就是在这种艰苦的环境下，开拓者们不畏险阻，克服重重困难，经过三个月的奋战，最终打通了老窿洞，挖出了一千多吨的铅锌矿。

1958年夏，北江专署从直属机关抽调了第一批三十多名干部，增强大宝山矿人才力量，时矿山职工增至百余人。这批职工成为韶关大宝山矿工业复兴的中坚力量，他们在努力扩大生产的同时，又重新扩修平整了沙溪至凡洞的公路，并自筹资金购买了一台四立方米的空气压缩机、一台二十四千瓦的柴油发电机。此外，为扶持华南重工业基地的建设，改善大宝山凡洞矿的生产条件，中央调拨了两台汽车给大宝山凡洞矿。

生产条件的初步改善，使凡洞矿的生产工作面由二个直接增加到四个。

1958年10月，大宝山矿勘探发现铁帽下面有大型的钼铅锌硫化矿床，凡洞铅锌矿业改由广东省投资，并更名为大宝山铜铁铅锌矿。矿区办公室亦从凡洞搬迁至沙溪。12月，大宝山铜铁铅锌矿再更名为"大宝山铜矿"。（图2-4）中央和省委决定将韶关市建设成为华南重工业基地后，大宝山铜矿被列入韶关市新建"八大厂矿"工业之一。

图2-4 施工中的铜冶炼厂

1959 年 4 月，从凡洞迁移更名后的"大宝山铜矿"建设工程正式动工。是年 7 月，广东省冶金工业厅按照冶金工业部及广东省委指示，将大宝山铜矿和连平铁矿合并，更名为"大宝山铁矿"，划归韶关钢铁公司领导。1961 年下半年，冶金工业部按照中央发展农、轻、重的顺序，与工业发展贯彻"调整、巩固、充实、提高"的"八字方针"，撤销韶关钢铁公司，大宝山铁矿独立。同年 8 月，大宝山铁矿与韶钢特种工程公司合并，成立"冶金工业部韶关铁矿"，属冶金工业部直辖企业。时大宝山铁矿有职工 2 884 人，其中干部 632 人，工人 2 252 人；矿山机关已发展至 32 个科室，矿区单位分设机械、铁道、建筑、凡洞、东华等五个工地；有机修、运输两个车间，有矿区医院、子弟学校、农场、农业大队等附属单位。合并后拥有固定资产 997 万元；另有库存设备 400 吨（价值 185 万）；库存材料资产 515 万；生产设备有电铲 3 台、工程汽车 38 台、运输汽车 27 台、变压器 29 台、空压机 25 台；另有机床 40 台、机车 2 台、货车 8 台；房产 47 164 平方米。

据 1962 年《韶关铁矿年鉴》记载，从建矿至 1962 年 6 月底，大宝山铁矿建设已投入资金 1 828 万元。其中，用于建设马坝—大宝山准轨铁路专用线 902 万元，铁路全长 16.8 公里，建设桥梁三座，隧道二座，铺轨 12 公里等；用于开拓运输工程 283.83 万元；用于矿区简易公路修筑 88.1 万元，公路总长约 31 公里；用于供电工程建设 56.14 万元，完成乌石—沙溪 110 千伏线路、沙溪—凡洞 6 千伏线路两大输（供）电路线工程；另用于民用建筑投资 122.74 万元，建设凡洞、沙溪、东华三地共 21 965 平方米的建筑工程；在其他矿区设施建设方面，总投入亦有 375.19 万元。

1962 年 4 月，冶金工业部电报指示"按照 1962 年基建计划，韶关铁矿停止建设，但继续建设凡口铅锌矿。关于这两个矿山的人员重新作出安排，韶关铁矿应首先抓紧精减 1958 年招收的近千名新职工，凡口铅锌矿应尽量多精减处理一些移民，施工所需技术力量及劳动力，由韶关铁矿所留下来的职工补充。职工调动事宜，由两矿直接联系办理"。5 月，冶金工业部再电指示："国家经济委员会以（62）经冶饶字 329 号文批准，将韶关铁矿与凡口铅锌矿两个企业合并，成立韶关矿务局"。6 月 27 日，韶关矿务局正式成立后，开启大宝山韶关铁矿停建人员疏散事项。

根据冶金工业部的指示精神，大宝山矿韶关铁矿干部、工人和机械设备，除一部分调往四川，一部分调往郑州铝厂外，大部分职工与设备被转往了凡口铅锌矿，铁矿仅留下 150 人维护大宝山铁矿与原韶关钢铁公司在马坝的资产。

从 1962 年 6 月停建，至 1966 年 10 月重新筹建大宝山铁矿，表面上大宝山铁矿的生产、建设完全停顿，主要任务亦仅系矿区已形成或已开工的工程、库存设备的维护。但实际上，从国家冶金工业部到矿区的基层，从留守的干部到工人，并没有消极地坐等国家的拨款，而是积极地创造条件，为大宝山矿业的早日复产积极做准备。

在北京，冶金工业部对大宝山矿先期建设工作，继续其综合利用、开发的研究试验与设计，并将铜矿建设列为重点项目。1962 年 4 月，时任冶金工业部副部长的吕东到大宝山矿视察时，指出："大宝山矿应以铜铁并举，有色为主的建设方针。铜的规模建设 400 吨/日，而后再扩建至 4 000 吨/日；铁矿的开采不超过 150 万吨/年，满足 50 万吨炼铁能力就可以了。"此案经冶金工业部，责成长沙矿山设计研究院和长沙有色冶金设计院组成联合小组，做出了多种方案，并编制成任务书向国家上报。同年 7 月，冶金工业部又派出设计司负责人，前往两院检查督促，要求尽快做出方案报送中央。大宝山矿停建后，9 月，冶金工业部批准给大宝山矿铁路停建维护专项投资 30 万元。

在韶关，时任韶关矿务局的李海涛书记，亦关心大宝山铁矿的复产建设，其多次会同长沙有色冶金设计院、长沙黑色矿山设计研究院，就矿山多金属矿床的开采方案与建设规模，共同开展论证，并积极向广东省委和省冶金厅提出书面报告。1962 年 11 月，韶关矿务局向广东省委和省冶金厅提出《关于综合开采利用大宝山多金属矿，从速建设，早日投产的建议》书面报告。1963 年 3 月，韶关矿务局再分别提出了《大宝山 100 吨/日铜选厂投产方案》与《大宝山多金属矿综合开采利用简要说明》两项书面报告。

在矿山，留守的广大干部与职工，从上到下都有一个明确的观念，即"大宝山资源丰富，国家需要，停建是暂时，开发是必然的"。为此，每一名干部、每一名职工都带着一份坚守的信念积极、努力工作。在这些留守职工看来，他们的任务不但是守摊子，也是在为矿山的早日大上创造条件，职工们觉得他们"任务光荣，责任大"。大宝山矿

就是在这些甘于奉献的干部职工的共同维护下，为其后来的大规模建设开发打下了良好的基础。直到 1966 年 10 月，韶关作为"小三线"建设的重点地区后，大宝山矿重现辉煌。

（二）凡口铅锌矿的兴起

1956 年，凡口硫磺厂的发展引起国家对该矿的重视，是年，国家地质部将该矿区列入重点勘探计划。1957 年国家地质部门对凡口矿区远景作出"C2 级矿石量 665 吨"的评价，其中铅金属量 18 万吨，锌金属量 30 万吨。1958 年 2 月，仁化凡口硫磺厂更名为"凡口铅锌矿"，同时成立矿党委，隶属于韶关专员行政公署。

凡口铅锌矿成立后，硫磺厂生产并没有停止，是年，其以年产硫磺 7 000 吨列入全国三大产硫基地之一（时另两家为山西阳泉、广东清远沙河）。1958 年底，按照中央和广东省委关于将韶关市建设成为华南重工业基地的要求，凡口铅锌矿列入韶关市新建"八大厂矿"工业之一。

1959 年初，凡口矿区成立铅锌车间和硫铁车间，使铅锌矿的生产从硫磺生产中独立出来。1960 年凡口铅锌矿隶属于广东省冶金厅，又从矿抽调一部分人，成立"凡口综合化工厂"，归属韶关专署化工局管辖，1962 年凡口综合化工厂撤销，重新并入凡口铅锌矿。至此，凡口铅锌矿结束了硫磺生产历史，完全转向铅锌矿的生产建设工作中。

（三）韶关钢铁公司建设

1958 年冶金工业部根据国家第二个五年计划和中共中央主席毛泽东关于"在中南建设万大厂矿"的指示，按照华南分局建设华南重工业基地的通知，决定建设韶关钢铁公司。8 月初，冶金工业部召开会议，确定韶关钢铁公司建设规模为年产钢 80 万吨，并要求两年建成。是年，韶关钢铁公司在"大办钢铁"运动中，开始了办厂选址工作。初时，企业选址拟定建于西联，后经勘探，发现地层下溶洞又多又大，不宜建筑重型设备，因而将厂址改选在曲江马坝境内。自此，韶关钢铁公司项目上马。

1959 年 7 月 1 日，广东省冶金工业厅按照冶金工业部和省委指示，决定将大宝山铜矿和连平铁矿合并，命名为"大宝山铁矿"，划归韶关钢铁公司领导。时韶钢建设规模比较大，从曲江大坑口至梅花

山到大宝山，均为韶关钢铁公司辖地，参加建设的职工人数达两万人之多。

1961 年 8 月，冶金工业部根据党的八届九中全会关于"1961 年应当缩小建设规模，调整发展速度"的精神，决定撤销韶关钢铁公司，同年 11 月底，韶钢项目正式停止了建设。时韶钢项目工程共完成投资（不含矿山建设）4 597 万元，其中工业生产投资达 2 760 万元，已建成一个红旗试验厂（28 立方米高炉 1 座，17 孔、32 孔焦炉各 1 座，0.5 吨转炉 1 座）（图 2-5）；一个耐火车间，并于厂区内建设了 22 公里的铁路，以及仓库和职工宿舍，完成基建总建筑面积达 14 549 平方米。停建后的韶钢至 1962 年，其财产和职工大部分调出，最后转入固定资产的仅有 692 万元，职工亦仅留 151 人，组成原韶钢维护办公室，负责维护剩余资产。

直至 1966 年 2 月"小三线"建设兴起后，广东省政府决定将广州夏茅钢铁厂包括设备、人员并入韶钢基建厂址，韶关钢铁厂重新恢复建设。

图 2-5　韶关钢铁公司红旗试验厂 28 立方米高炉

（四）韶关（乌石）发电厂建设

1958 年初，鉴于韶关建设华南重工业基地的需要，中共广东省委决定将建设韶关（火力）发电厂，作为华南重工业基地的骨干企业。初时，规划设计首选地是将（火力）发电厂建在韶关十里亭犁市武江边上，希望利用曲仁煤矿设在河边的煤场转运点，以节约火力发电运煤成本。然而，在勘探选址时，发现犁市边上的武江河水流量少，不足以供火力发电应用，故此将建设（火力）发电厂地址改在了粤汉铁路线上的曲江乌石境内北江边上。1958 年 9 月，韶关（乌石）发电厂筹建处正式成立。10 月，韶关（乌石）发电厂正式动工兴建。建设工程分期进行，第一期工程经过一年半施工，1960 年 5 月，1 号汽轮发电机组（12 000 千瓦）建成投产。

（五）乳源南水水电站（南水水电厂）建设

乳源南水水电站建设，是韶关建设华南重工业基地的重点项目工程之一。1958 年 6 月，中共广东省委在广州召开关于兴建乳源南水水电站项目会议，会议决定，由省水利电力厅承担项目基建任务，其下辖的省水电勘测设计院负责设计，省第二工程局负责施工。

按照设计规划，南水水电站是一座蓄水型发电站。建成后的电站，最大库容 12 亿立方米，发电后，年末库容 3 亿~8.6 亿立方米，年均库容 4.695 亿立方米，高水位时，水面面积 3 800 万平方米。电站总装机容量 7.5 万千瓦。是年 9 月，南水水电站工程正式动工。工程项目包括水库大坝、泄洪隧洞、发电引水隧洞，以及地下厂房等。时水库大坝位于乳源县城西 11 公里处，建设拦蓄南水河坝形成南水水库。库容集雨面积达 608 平方公里，占南水流域面积 1 489 平方公里的 41%。泄洪隧洞建于大坝左岸。发电引水隧洞建于水库右岸距大坝 1.5 公里处。厂房则建在距乳源城西 1 公里处。1960 年，水库大坝开始筑建，坝体采用"黏土斜墙堆石"建设。在广东省水电厅工程局与设计院和中国科学院力学研究所等单位的协助下，工程一次性使用炸药 1 394 吨，采用定向爆破方法建造（该爆破筑坝技术于 1978 年荣获全国科学大会奖）。

（六）华南重型机床厂、华南重型（矿山）机械厂、韶关（华南）电缆厂建设

1958 年，根据广东省第二个五年计划的工业基本建设安排，在建设韶关华南重工业基地的重点项目上，开始兴建华南重型机床厂、华南重型（矿山）机械厂和韶关（华南）电缆厂等项目。是年 11 月 5 日，三厂建设联合举行施工典礼，广东省机械工业厅、韶关地委、专区等各级领导，以及各界代表共 3 500 多人参加典礼。

按照建设规划，时在十里亭与西河分别成立三厂基建指挥部（时重型机械厂设在十里亭；重型机床厂、韶关电缆厂分别设在西河）。为加速工程基本建设进度，中共韶关地委、专区在市区农村、街道、机关、学校、企业等，抽调大批劳动大军，日夜奋战，硬是在西河铲平了数座山头，重型机械厂、重型机床厂、韶关电缆厂三厂都进行了"三通一平"。重型机床厂还进行了一些基础建设工作，重型机械厂已初步进行了一些厂房施工工作。

华南重型机床厂：企业为华南重工业基地——韶关地区兴建的八大厂矿之一。企业于 1958 年 11 月，在韶关市北郊十里亭动工兴建，1959 年下半年项目列入缓建工程下马，1960 年建设工程重新上马后，其址改建为"广东省起重矿山机器厂"，产品定向为起重和矿山机械，生产拉丝机、皮带运输机、浮选机和卷扬机等，并按年产两万吨设计能力进行改扩建。至 1961 年机械厂再次暂缓扩建。"小三线"建设时，厂址划拨建设韶关挖掘机厂。

华南重型（矿山）机械厂：企业为华南重工业基地——韶关地区兴建的八大厂矿之一。企业于 1958 年 11 月在韶关市西河动工兴建，1959 年下半年项目列入缓建工程下马。厂址转建"粤北农业机械修配厂"。

韶关（华南）电缆厂：企业为华南重工业基地——韶关地区兴建的八大厂矿之一。企业于 1958 年 11 月在韶关市西河工业大道西（今原韶关柴油机厂厂址）动工兴建，1959 年底项目列入停建工程，全部设备拨广州电线厂。"小三线"建设时厂址改建韶关柴油机厂。

韶关的华南重工业基地建设，由于规模过大，摊子铺得太宽，财力、物力严重不足，加上连续两年的自然灾害，又逢中苏交恶，国内经济建设遭遇连续三年的困难，致使韶关许多工业计划新建项目相继停建、缓建，到 1962 年，韶关华南重工业基地建设开始转入调整时期。

三、附属行业工业建设

韶关精选厂：企业隶属于广东省有色金属局，是全省唯一一个钨选矿厂，承担粤北各有色钨矿山的毛砂加工任务。企业于1958年开始动工建设，到1960年正式投产，成为中南地区第二个钨砂精选厂。其处理粤北11个中小型钨矿山（坑口）的粗精矿，矿石性质不一，必须分别采用不同的选矿方法，工艺流程较复杂。

韶关新生机械厂：企业是1958年华南重工业基地兴起时，由广东省劳改局在东河（韩家山）兴建。1969年，企业转为韶关地方国营企业，易名为韶关锻压机械厂，以生产起重机、空气锤产品为主。1979年，企业转产15吨起道机、65千克与150千克空气锤，以及315吨四柱万能油压机、075拉升器等产品。之后，企业易名韶关机械厂。

韶关五金制造厂（韶关阀门厂）：企业于1958年由公私合营"庆生铸造厂"分出五金生产部改建而成。1962年企业转产试制球阀门，1963年改名韶关阀门厂。自此，企业专业从事阀门生产。1963—1970年，企业自制专机及简易机床，使产品从单一的内螺纹小口径阀门发展到生产中型口径的工业用阀门。1967年试制出符合国家标准的D348×–6DN1000蝶阀；1969年承担试制大口径中压阀门的任务，试制出942–400–600共3个规格的中压阀门。

韶关卷烟厂：经历"一五"计划后，到实施第二个五年计划时期，烟草加工业开始步入机械加工工业时期。1958年，韶关卷烟厂实施的卷烟机械加工技术改造取得了成效，企业先后研发、自制了简易包装机、齿带式抽梗机等，使企业生产初步实现了机械化。

韶关电机厂：企业于1958年建成，1962年下马，将变压器车间转给韶关农机修配厂（韶关液压件厂前身），1965年又从企业分出组建韶关电器厂。1984年，企业易名韶关变压器厂。

韶关汽车修理厂：企业于1959年建成，1966年分出轴承生产部分，易名韶关轴承厂，年产轴承139万件，成为机械部重点企业。

四、国防军工企业建设

（一）核铀工业建设

韶关国防核工业铀矿的兴起，始于我国实施第一个五年计划期间。地质矿产部勘探局对华南地区地质资源普查时发现了一些具有工业开采价值的铀矿资源，决定在华南建设最早的大型铀矿山，由此，具有战略地位与意义的韶关便纳入发展大型铀矿的首选。

1956 年 4 月，中南地勘局第 309 队二分队（又名 309 队广东队、广东省第三地质队）从湖南宜章县迁入粤北韶关，309 队十一分队亦于 1957 年 2 月从湖南常宁县进抵韶关，开始了粤北地区铀矿大规模勘探。1958 年 10 月，矿山建设筹备小组在韶关中南钨矿招待所（后改称东河招待所）开始筹组矿山建设，成立筹建办公室。时二机部根据中南 309 队十一分队提供的铀矿地质储量报告，决定在韶关翁源县筹建铀矿冶企业。自此，拉开了韶关核铀工业建设的序幕。

（二）钨矿开采工业生产

伴随国防核工业的兴起，韶关的钨矿工业亦随瑶岭矿区、石人嶂矿区的逐步兴盛，步入了第二个五年计划的发展。1958 年，在"大跃进"合作化运动中，石人嶂钨矿先后将梅子窝、文政坑两个民窿采矿点收归国营，并成立梅子窝坑口和文政坑坑口。1962 年，又将罗坝坑口收归国营。时全矿共设有六个生产坑口，各坑口分别设立掘进、采矿、选矿、机电等工区、机关部门。另矿区还新建了一间直属选厂、一间发电厂，改建原始兴精选厂为烘砂厂。

（三）广东省煤矿材料加工厂建设

1959 年 9 月，广东省燃料工业厅经过调研，决定将计划在连县（今连州市）沙子岗建设的连阳矿务局化工厂改建在曲仁煤矿附近的曲江县犁市黄塘村上虞。企业为曲仁煤矿化工厂。11 月，广东省燃料工业厅设计院完成曲仁煤矿化工厂建设设计，确定企业年生产能力为炸药 6 000 吨、雷管 1 500 万发。其由广东省煤矿基本建设局承建，是年 12 月破土动工，1961 年 11 月竣工，验收移交生产，是月，硝铵炸药生产线正式投产。自此，曲仁煤矿化工厂成为广东省煤炭行业自己

生产火工品的企业。

企业筹建期间，由广东省燃料厅通过煤炭部从辽宁阜新矿务局12厂、山西大同矿务局化工厂、抚顺矿务局11厂调来27名骨干技术工人，同时企业分三批派出119名生产工人赴阜新矿务局12厂，进行专业对口学习，为投产后的正常生产奠定基础。1962年8月在广东省政府进行工业调整中，企业被保留，并更名为广东省煤矿材料加工厂。精简机构时，定员由557人核减为250人。1963年企业研制、试产雷管成功后，于1965年兴建雷管车间并正式投产。

五、全民大办钢铁运动

全民大办钢铁运动是华南重工业基地建设初期兴起的一场带有政治意义的工业运动。

运动发展到1959年逐步达到高潮，是年7月韶关开始全民"大办钢铁"运动，韶关市地委以"大办钢铁"为压倒一切的中心任务，集中大批人力、物力、财力，开展全民大炼钢铁，并成立中共韶关地委工业生产指挥部，先后组织工农商学兵各行各业人员约100万人，参加钢铁大会战。

为解决大炼钢铁的燃料问题，韶关地区又掀起了挖煤、烧炭大会战，各县先后组织大批农民上山挖煤、烧炭，有些地方甚至以柴代煤，大砍木材，导致森林资源遭受严重破坏，山头被砍光，生态失调，打乱了山区的经济体系，直接影响了农业经济和国民经济的协调发展，进而致使韶关"二五"期间的工业遭受极大影响，发展速度明显下降。

从1960年初开始，按照中共广东省委要求，韶关地区全面开展整顿清理劳动力，压缩城镇人口及精减职工人口工作，并贯彻执行中央、省委以农业为基础的指示，大办农业、大办粮食。是年4月，中共韶关地委发出《关于迅速掀起工业支援农业群众运动的指示》，要求全区工业、交通等各行各业支援农业，帮助农村发展工业和进行农业技术改造，集中力量为农村生产各种各样农业器具和维修农业机械、水利设施。紧接着，地委、专区开始了对全区工业布局进行调整，对新建中的国营工业企业开始逐步实行"关、停、并、转"，通过大力恢复手工业合作社，推动工业支援农业，逐步解决农、轻、重比例严重失调和国民经济困难的状况。自此，在韶华南重工业基地建设的重点项目逐步下马，至1961年各项目全部"停建"或"缓建"。

六、华南重工业基地辅助工业建设

（一）电力工业建设

1958年华南重工业基地建设兴起后，为适应韶关重工业基地建设发展的需要，继韶关（乌石）发电厂、乳源南水水电站建设后，韶关再新建、续建了乐昌坪石发电厂、东河发电厂、连阳（马安）发电厂等三座上千瓦时大型发电厂。

乐昌坪石发电厂：1959年3月，经国家及广东省电力主管部门批准，乐昌成立坪石火力发电厂筹建处，同年7月，发电厂正式动工。至是年12月，发电厂1号汽轮发电机组正式建成投产，装机容量达1 500千瓦。1960年3月，发电厂2号汽轮发电机组投产，装机容量达1 500千瓦。1964年5月，发电厂3号汽轮发电机组投产，装机容量达3 000千瓦。

东河发电厂：企业系民国时期兴建，1954年5月企业扩建500千瓦发电机组投产后（1号汽轮发电机组），于1957年7月，增建2号汽轮发电机组投产，功率达1 000千瓦。1959年初，韶关华南重工业基地兴起后，企业再投入资金，兴建的第3号汽轮发电机组正式投产，装机容量达1 500千瓦。

连阳（马安）发电厂：1959年初，根据华南重工业基地建设的需要，经广东省委批准，在连南马安兴建大型火力发电厂，是年春，成立连阳马安电厂筹建处。电厂由广东省电力局负责设计，施工由广东省电力基建公司负责。经过大半年施工，1960年1月，连阳发电厂1号汽轮发电机组正式投产，装机容量1 500千瓦。同年10月，2号汽轮发电机组亦正式投产，装机容量1 500千瓦。

自华南重工业基地建设兴起后，韶关各县兴建的小水电站及发电站，亦如雨后春笋般快速发展起来。继1957年前后曲江县马坝区在苍村乡兴办起第一座容量只有7千瓦的小水电站起，始兴丰陂水电站、乐昌廊田水电站先后动工兴建。新丰县亦在黄陂村采用仿制木质双击水轮机，配一台7千瓦的单相发电机，兴建起首座小水电站。1958

年，先后有始兴丰陂、乐昌廊田，以及南雄泷下、乳源杨溪、阳山七拱等县级小型电站相继投产。其中，乐昌廊田水电站总装机容量80千瓦；始兴丰陂水电站总装机容量60千瓦。1959年，翁源县成立水电站筹建指挥中心，筹建县城小水电站，电站设计安装两台共305千瓦水轮发电机组，至1964年建成投产。1961年7月，仁化县城口棺材林建成12千瓦水电站；同年，英德县在河公坑水闸建成55千瓦水电站。1962年，连南建成本县第一座水电站鹿鸣关水电站，装机容量达72千瓦。

（二）煤炭工业建设

韶关煤炭工业是华南重工业基地建设能源供应的支柱产业。在中华人民共和国成立后的三年经济恢复期，韶关煤炭能源生产业得到了一定的恢复，曲仁富国煤矿、南岭煤矿两大煤炭企业成为广东煤炭生产、供应的重要来源。

富国煤矿（公私合营富国煤矿股份有限公司）：在中华人民共和国成立后三年经济恢复时期，更名为公私合营富国煤矿股份有限公司，企业隶属于广东省工业厅直接领导。国民经济第一个五年计划时期，企业更名为公私合营广东省富国煤矿，实行矿长负责制。1958年8月，华南重工业基地建设兴起，富国煤矿与广东省曲仁煤田基建工程处合并，改名为地方国营曲仁煤矿，成为全民所有制企业，矿区机关设科（室），矿属下设第一工区、第二工区，以及格顶工区、茶山工区和基建工程处。1961年2月，在地方国营曲仁煤矿的基础上，成立曲仁矿务局，处级企业，隶属于广东省工业厅领导。局下设花坪、格顶、茶山3个矿区，是年5月，企业增设云顶矿区（图2-6、图2-7）。全矿务局机构层次划分为三级

图2-6 1958年建设中的曲仁云顶矿区立井

（局、矿、坑口或区），局机关采取处、科并存，矿设股。至此，企业成为国营煤炭工业企业之一，走上了全面发展的轨道。

图2-7　曲仁云顶矿区自行研发的小火车头

南岭（坪石）煤矿：在三年经济恢复时期，以及国民经济"一五"计划时期，企业发展经历了"收缩—发展—收缩"的波浪式过程。1958年"大跃进"、华南重工业基地建设开始后，南岭煤矿八字岭矿区恢复了二平洞、五平洞；关春矿区开凿了北斜井、五号土窿、六号土窿；关溪矿区恢复了斜井。全矿区土窿遍地开花，其中五号土窿从1958年2月投产后，成为关春坑口的主要产区，全年产煤3.758万吨。是年3月，南岭煤矿本部从狗牙洞迁到关春。1959年冬，为配合华南重工业基地建设，扩大煤矿生产量，矿区录用了大批农村劳动力，矿区工人成倍增长。1960年10月，南岭煤矿成立坪石矿务局，下属关春（一矿）、八字岭（二矿）、狗牙洞（三矿）三个矿区，矿务局本部设在乐昌坪石镇，隶属于煤炭工业部和广东省燃料工业厅。时在八字岭矿区，新开凿和发展有上辽、石子岭、六〇六土窿；在关春矿区开凿和发展了朱家平洞、迳口、旱桥平洞、四号土窿等；在狗牙洞矿区开凿和发展了横冲、马子勒土窿，并恢复了老矿井的一些井巷。为解决原煤运输问题，新修筑了一条火烧坪至上辽的轻便轨道，恢复了曾家寨至包公庙宽轨铁路和狗牙洞至曾家寨轻便轨道等，1960年在坪石镇兴建了广东省唯一一座洗煤厂（图2-8）。矿区由原

图2-8　洗煤厂火车运煤忙

来只有一个坑口发展到 8 个坑口（关春、八字岭、上辽、曾家、分水坳、石子岭、白茅洲、狗牙洞），国家下达的生产计划亦由年产 11 万吨上升到年产 20.5 万吨，再到 50 万吨，矿区职工人数由 2 000 余人发展到 10 500 余人。

然而，这一时期，由于受"左"倾思想的影响，企业不顾客观条件，盲目开凿矿井，扩大矿区生产规模，增加机械设备和管理机构人员，加之煤炭资源勘探不可靠，造成企业生产遇到瓶颈，机构臃肿，人浮于事，到 1962 年，企业不得不压缩矿井生产建设，精简机构。1962 年底，企业下放、外调大批职工，职工总人数从万余人减至 2 776 人，生产进入萧条时期。到 1964 年，企业仅留有关春南北斜井和八字岭五斜井两个矿井生产，职工人数减至 1 284 人。

（三）建材工业建设

韶关建材工业主要包括水泥生产业、砖瓦与耐火建材生产业等。

水泥生产业：1958 年，为配合华南重工业基地基本建设，韶关市最先兴起的属水泥工业。"一五"计划时期，由于农田水利建设的需要，韶关本地水泥生产根本不能满足生产所需，故此，解决水泥生产自力更生的问题，成为发展地方工业的首选项目。1958 年 6 月，广东省成立土法水泥研究推广小组后（时建材工业隶属重工业，7 月后移交广东省建工局接管），号召全省全民动手，全面组织土法生产高标号水泥，自力更生，发展水泥工业。由此，拉开了全省兴建小型立窑水泥厂的序幕。其中，韶关水泥厂被作为广东省定型水泥厂进行建设。至 1958 年下半年，在韶关专区各县共兴建有小水泥厂 67 座。

"大跃进"期间，许多地方水泥厂一哄而起，仓促建厂，加之设备过分陈旧和简陋，又缺乏水泥生产技术人员，造成了许多小型立窑水泥生产自动停产、合并或转产。1959 年下半年，广东省为加强对本省水泥工业建设的领导，组成了省委水泥领导小组，由省长直接挂帅，对地方水泥生产设备从制造到物资分配，进行了重新规划，重点扶持 3.2 万吨/年规模的地方水泥厂，韶关水泥厂被纳入省重点建设 8 座水泥厂之一。1959 年底，韶关地区的小型水泥厂从原来的 67 座减少至 13 座。其中，由省投资建设的水泥厂在韶关市区有 4 座，南雄、翁源两县各有 1 座；另有英德县 4 座，连县 1 座。1960 年下半年，兴建的韶关水泥厂开始投产。

1958 年在韶关兴建的英德水泥厂是韶关华南重工业基地建设主要辅助工业项目之一。1958 年 5 月，建材工业部成立英德水泥厂筹建处，干部分别从建材部企业和广东省抽调，项目由国家计划委员会（简称"计委"）安排投资。英德水泥厂隶属建材部直属企业，由北京水泥工业设计院负责设计，选用 3 条 ¢ 3.5 米 × 145 米华新型湿法长窑。1958 年下半年，英德水泥厂开始土建施工。由于土建所需三大材料短缺，影响了施工进度，随后水泥厂建设又因三年经济困难时期的到来而停建。至 1960 年底，英德水泥厂仅建成部分生活设施，主体建筑远未完成，部分设备亦未到货。1961 年 2 月，建工部决定英德水泥厂除矿山和与矿山有关的水源工程仍继续施工外，其余工程均停工缓建，10 月，水泥厂移交广州水泥厂续建，至 1964 年 7 月投产。

从 1958 年至 1962 年的第二个五年计划时期，伴随着华南重工业基地建设的需要，韶关水泥生产业规模迅速扩大，时除韶关水泥厂、英德水泥厂外，另有英德南山水泥厂、阳山水泥厂、连县水泥厂以及仁化水泥厂等，相继建成投产。南雄县水泥厂于 1959 年开始兴建，1960 年企业下马，1969 年重新筹建。

从 1956 年到 1965 年兴起的大办"地方水泥"运动，韶关的水泥工业实际上出现了一种"大家办"的局面，各系统出于对本系统建设的需要，在水泥紧缺的情况下，纷纷创办"立窑"水泥厂。到 20 世纪 60 年代初，韶关水泥业涉及的行业包括建工、水利、冶金、铁路、交通等，时在韶关伴随华南重工业基地项目的陆续上马，在冶金、矿山工业建设中，亦先后各建立自己的水泥厂，如韶关钢铁公司、凡口铅锌矿，以及曲仁、南岭煤矿，韶关公路局、铁路系统韶关工务段等，均建有水泥厂，满足企业生产建设所需；另有如军工韶关红阳水泥厂，林业系统乐昌科林水泥厂、新丰江水泥厂，以及政法部门有乐昌罗家渡煤矿水泥厂、坪石监狱水泥厂，地质部门有连县二○一地质队水泥厂等。作为行业经营的水泥厂，这种"大家办"的水泥工业模式，为韶关建材水泥工业的形成奠定了坚实的基础。

与水泥建材业兴起同时，砂石、制瓦、石灰，以及耐火材料等建材工业，亦走向兴旺。

砖瓦与耐火建材业：韶关耐火材料业的兴起，源于地方盛产耐火黏土。韶关城区东北 3 公里处，地方群众兴修水利时，发现当地土壤

中含有耐火黏土。1954年开始，即有当地群众私采进行砖瓦生产。1958年韶关兴起华南重工业基地建设后，由韶关专署地质局一〇一队于1959年8—9月进行勘探普查。1960年5—8月广东省冶金地质勘探公司又派出九三二队进行勘探，同年12月，探明矿区（注：曲江县挂牌山半硬质粘土矿）耐火黏土储量208万吨。由此，韶关制砖、耐火材料建材工业兴起。

1958年，韶关定为华南重工业基地后，伴随建筑项目的大量增多，建材需求增加，韶关市政府于1960年在黄金村兴建韶关第一机制砖瓦厂。企业兴建之初，以生产红砖与瓦为主，年产砖瓦4 500万块。

仁化砖瓦厂最初是1955年仁化县兴建的第一家建材厂康溪坑口瓦厂。1958年前后，华南重工业基地兴起后，县市合并，企业并入韶关市下坑砖厂，1961年，企业复更名为国营仁化县砖瓦厂，企业通过技术革新，改以窑式生产为主。国营仁化砖瓦厂成立后，仁化县于1962年整合地方石灰建材业，合并仁化县综合厂石灰窑与董塘公社石灰厂，成立国营仁化县石灰厂。

"大跃进"中的韶关建材工业企业，伴随韶关地方华南重工业基地的建设，亦得到快速的发展，其间，先后兴建起了黄岗钢铁厂、水泥厂、砖厂等，石灰行业生产亦得到迅速扩大。建筑材料工业的发展，同时也带动了煤矿业的发展，时包括腊石坝煤矿、红尾坑煤矿，以及机械等行业，也有很大的发展。

（四）化学、化肥工业建设

韶关化学、化肥工业的兴起，始于中华人民共和国成立初期，伴随三年经济恢复时期韶关地区硫磺工业的兴起，包括英德、仁化等地先后恢复了硫磺生产业。1952年全市化学工业总产值（按1980年不变价格计算）已达136万元。1953年，第一个五年计划开始实施后，韶关私营硫磺矿冶业在经历"三大改造"以及"合作化"运动后，一批以硫磺社、化工社为组织形式的"小化工"，以及国营硫铁矿、硫磺、氯化钙生产加工企业的蓬勃发展，使韶关的化学工业得到了进一步的发展。到"一五"末期的1957年，韶关化工业完成工业总产值520万元，比1952年增长2.8倍，平均年递增30.8%。

合作化形式的"小化工"，成为韶关发展化学、化肥工业的基础。

1958年"大跃进"运动开始后，韶关专署按照中央及广东省委关于华南重工业基地建设的要求，为解决韶关地方农业、工业发展中化工产品生产的短板，为填补韶关地方农业化肥生产以及化工原材料硫酸生产的空白，并建立起农用化肥、硫酸生产基地，决定兴建韶关化工厂。由此，拉开了韶关新型工业项目——化学工业建设的序幕。

是年4月，韶关专署将韶关市硝磺社、化工社两个小集体合并，通过改造、扩充两个合作社，组建成立韶关市第一个国营全民所有制化工企业——韶关化工厂，利用英德县硫铁矿和湖南省磷矿为主要原材料，投资51.5万元，在一年时间内，建成年产硫酸5 000吨、磷肥1.2万吨的化工厂。时化工厂由广东省化工设计院负责设计和提供工艺技术，由新成立的广东省冶金建安公司（十六冶金建设公司前身）承担设备制作、安装。建厂初期，企业曾小批量生产黑色炸药、硫磺粉、青矾、硫酸钙，以及硝酸钾等产品，并采用土法生产磷肥135吨。1959年，企业硫酸车间建成试产，生产硫酸23吨，完成工业总产值76.6万元。

1961年起，工厂实行边生产边建设的办法，对硫酸、磷肥生产装置不断进行更新和改造，由建厂初期的土法上马、手工作业，逐步实现工业流程生产。到1965年，工厂年硫酸、磷肥产量分别提高到9 465吨和24 680吨，另生产钛白粉1 000吨。

在韶关化工厂建设的同时，英德利用盛产硫铁矿资源，先后兴办起农用化肥厂、磷肥厂等。1958年，英德兴建的化肥厂（后改磷肥厂）建成投产，企业主要生产产品包括磷肥、硫酸、氟硅酸钠等；1959年，英德县再兴办英德南山磷肥厂，当年兴建，当年投产，工厂主要生产产品包括硫酸、磷肥等。

从1958年兴起的农用小化肥厂建设，在我国第二个五年计划实施时期，由于受"大跃进"极"左"思潮的影响，韶关的化工生产"一起一落"，并造成了一定的损失。尤其于1958年，韶关地区采用土法上马，盲目发展了一批化工企业（注：主要是简易生产磷肥和砒矿），因受投入资金和技术的限制，企业生产处于一种较低的水平。这部分企业大部分在经历国民经济三年困难时期的经济调整中，被迫下马，造成人力、物力、财力上的浪费，同时也影响了地方化学工业的健康发展。故此，到1962年，韶关地区的化工企业仅保留26家，年完成工业总产值494万元，比1957年下降5%。

七、三年困难时期的工业调整与整顿

从 1959 年下半年开始，受"大跃进"极"左"思潮的影响，加之 1958、1959 年连续两年自然灾害，从 1959 年下半年至 1961 年，国家经历了三年经济困难时期。为调整农、轻、重比例失调的状况，迅速恢复农业生产，韶关地区从 1960 年开始进行了工业调整。1960 年 4 月，韶关地委发出《关于迅速掀起工业支援农业群众运动的指示》，要求全区工业、交通等各行各业支援农业，帮助农村发展工业和进行农业技术改造，集中力量为农村生产各种各样农业器具和维修农业机械、水利设施。紧接着，地委又发出《关于迅速开展恢复手工业运动的指示》，恢复全区原有的手工业作坊，从此在全区拉开了工业调整的序幕。

1960 年冬以后，根据中央的部署，韶关市对工业进行了调整。1961 年 1 月，中央提出"调整、巩固、充实、提高"的国民经济调整"八字方针"后，韶关地区按照农、轻、重安排的方针，对工业战线进行了较大的调整。1961 年 4 月 4 日，韶关地委召开各县（市）工业书记会议，传达中央庐山会议和省委工业会议精神，贯彻中央"工业七十条"。从缩短战线、集中力量保证重点入手，首先对专区、县（市）两级工业企业进行压缩调整。调整后的全区轻工业、手工业恢复生产的品种有 1 200 多种，比 1960 年的 800 多种增加 50% 以上。原煤、木材、生铁、松香、发电、钨矿等生产均完成国家下达任务的 95% 以上。工业企业管理逐步改善，亏损现象逐步扭转。农、轻、重的比例得到逐步协调。

在进行专、县两级工业调整的同时，驻韶的中央和省属工矿企业也进行了调整。1961 年 5 月 18 日，广东省委以粤发（六）字第 58 号《广东省委关于调整韶关地区中央和省属工矿企业的报告》的文件，对驻韶的中央和省属工业企业的调整作了具体的安排和部署。在两属企业的调整和整顿中，单是工矿企业就压缩了 4 万多人，每年平均节约粮食 120 多万斤。

从 1961 年初开始的工业调整、整顿，尽管使韶关工业行业开始呈现出一种布局、结构更加合理的趋势，但由于受连续两年自然灾害的影响，加上极"左"路线的干扰，韶关地方食品工业生产跌入低谷。是年，韶关地区食品工业产值比 1960 年减少 43.1%；1962 年比 1960 年减少 25.5%。尽管两年的食品工业产值比"大跃进"的 1957 年增长 15.8%，但华南重工业基地建设的人口大量增加，还是让全市食品工业不堪重负，企业职工的粮食、副食品和劳保用品的供应，也处于一个较低的保障水平。

到 1962 年，韶关全市工业总产值 15 013 万元，比 1957 年增长 26.19%，平均年递增 4.8%。其中重工业增长 43.60%，平均年递增 7.5%；轻工业增长 7.8%，平均年递增 1.5%。在工业总产值中，中央和省属企业产值占 56%，市、县属企业产值占 44%，开始出现了中央和省属企业产值比重大于市、县属企业产值比重的状况。

华南重工业基地建设是中华人民共和国成立后，韶关地方工业发展中具有里程碑意义的一段辉煌历史，尽管其最终没有完成韶关工业体系的建设目标，但为韶关以后的发展奠定了坚实的基础。据统计，自 1958 年，我国提出"优先发展重工业"的国民经济建设总方针，将韶关定为华南重工业基地进行重点建设，中央及广东省委为韶关地方工业建设投资至 1961 年（三年计划投资），合计达 5.5 亿元，实际完成 4.3 亿元，先后在韶关地区兴建了包括钢铁、煤炭、机械、有色金属、冶炼、森工、水泥、铁路、航道、电力等一系列重工业项目。其中，包括电力工业建设、煤炭工业建设、钢铁矿业、有色金属工业、机械等工业骨干企业的建成，为后来韶关成为工业城市奠定了坚实的基础；一些尚未完成的工业项目建设，包括在三年困难时期被关闭、停建或缓建的工业项目，为韶关工业后续的"小三线"工业建设留下了发展的基础与条件。

第三节　1962 年经济调整期韶关工业发展

1961 年韶关专区工业在进行初步调整后，全区工业总户数从 1960 年底的 386 户已减为 331 户（包括中央、省属生产企业）。经过初步调整、整顿，工业生产基本上取得了主动，然而，在当时，工业与农业生产仍不适应，加上韶关工业发展本身又存在原材料、燃料不足的问

题，企业生产工效低、成本高，问题突出，必须要再进一步进行全面的调整。

一、经济调整工业政策与策略

从1962年至1965年，根据中央提出的以调整为中心的"八字方针"，韶关在一定时期内以农业为重点，积极发展轻工日用品生产，服务农业，满足市场对全市人民生活必需品的需要。韶关计委结合本专区情况，对当时的工业企业调整，提出了四项意见：

第一，为使产品适应国民经济的急需，对支援农业、活跃市场、帮助货币回笼有重要作用的企业，实行保留充实。

第二，对在保留企业中，由于原材料、燃料不足，任务不饱，产品质量差，生产处于半活状态，或工效低、成本高、亏损大的企业，压缩人员，缩小生产规模，并在今后整顿中改善经营管理，提高产品质量，降低成本，争取不亏本。

第三，凡原材料、燃料供应困难，占用劳动力过多，长期亏本，以及不负担国家任务，产品不是本区工农业生产急需的企业，一般实行停产、关厂。

第四，产品对当时支援农业、服务市场有重大作用，但又不宜单独设厂，或改变经营方式对生产有利的企业，一般合并或退手工业、供销社经营，保留品种，力争多产，满足社会需要。

按照以上调整意见，韶关计委提出如下具体工业调整计划：

（1）在冶铁业方面：1962年生铁任务1 800吨，地区计委提出的初步意见是"保留新丰、阳山两铁厂，龙川（时属韶关地区辖）上坪铁厂退手工业，生产锅头，其余铁厂关掉"。全区从1961年底的11个单位调减为2个单位，职工由2 222人减为550人，减少了75.2%。

（2）在有色金属业方面：大多企业生产的产品为国防及出口的重要产品，经过1961年调整后，一般不变动。生产不正常的企业个别调整，乐昌龙劲矿场转营农业，企业场地转给有色公司统一安排生产；凡口铅锌矿100吨选厂，全力搞基建。另有连南大麦山铜矿，主要是为韶关冶炼厂所保留的，但因生产不正常，浪费大，在几年内基本建设也难解决，为此，也暂留厂、停产，人员暂调其他有色单位参加生产。调整后，有色生产单位由 19 个减为 15 个，职工人数由 12 055 人减为 11 500 人。

（3）在煤炭业方面：产品对社会生产及与人民生活关系较大，但占用劳动力过多，粮食、工资负担大，与当时的农业生产水平不相适应，必须大力压缩。韶关计委提出初步意见：省属企业留岭南，砍连阳、罗家渡，保曲仁；专市县企业留韶关厢廊，保田螺冲；其他市县煤矿暂留一定人数继续生产，不挖进，不基建，把煤挖完为止。调整后的企业单位由 1961 年底的 13 个减为 6 个，职工人数由 23 674 人减为 13 620 人。其中，市县企业由 7 个减为 2 个，职工由 1 670 人减为 827 人。

（4）在电力工业方面：1961 年底全行业有企业单位 28 个，调整后仍保留 26 个，工人数由 1961 年的 2 639 人减为 2 380 人，南岭第二列车电站、曲仁列车电站，建议撤销，分别改由坪石电厂及韶关电厂供电。几个省属独立电厂由于线路维修和增加发电能力之需，适当增加职工。

（5）在建材工业方面：重点保留韶关水泥厂，生产能力 1.5 万吨，为全区建筑材料工业的骨干，解决区内生产建设和水利工程用水泥。其余各县水泥厂均转为石灰厂，支援农业。少数企业为方便领导和管理，分别退给公社或供销社经营。砖瓦企业由于部队及地方建设需要，均予保留，但压缩人员。调整后，全区由 21 个企业单位调减为 11 个，职工由 2 692 人减为 1 690 人。

（6）在森林工业方面（包括木材砍伐、贮木场、木材产综合加工，松香、竹木器加工，造船工业等）：乳源林管局人员多，铁路未建好，木材运出困难，建议撤掉。地方木材生产任务重，1962 年国营砍伐场的任务是 6 万多立方米，按平均每人每年 20 立方米计，需 3 000 多人，而 1961 年实有 2 292 人。调整中，除连山大旭山因砍伐关闭外，其他砍伐场均保留，按任务调整力量，增加砍伐工 889 人。同期，各砍伐场的运输、放运工人不减少。另有竹木加工业，从有利生产出发，部分企业退手工业管理。造船厂保留转县交通局管理（如未设交通局的县，则由县工业局管理）。关于松香业，产品与轻工日用品关系大，应将现有企业全部保留，并增加劳动力 122 人。

（7）在化学工业方面：根据中央三年经济调整方针，全市对化学

工业的调整主要是保留省属英德、清远滨江及专属英德马口三个硫铁矿，重点保清远、韶关两间化肥厂。对于粤北化工厂、英德九龙硫铁矿、乐昌硫铁矿、阳山砒矿、连县朝天砒矿等无国家任务，产品与本区工农业生产关系不是很大；以及英德化工厂、翁源磷肥厂质量不过关，成本高，销路困难，均暂关闭。

调整后的全市化工企业，由 12 户减为 5 户、职工由 4 146 人减为 3 372 人，其中工业系统内企业 9 户减为 2 户，职工由 1 018 人减为 242 人。1963 年，在韶关市东河牛头潭新建韶关综合化工厂，企业以生产油漆、锑锭为主。至 1965 年，全市化工企业 18 个，完成工业总产值 1 305 万元，比 1962 年增长 1.6 倍，平均年递增 38.2%。

（8）在金属加工业方面：中央所属韶关挖掘机厂、华南电缆厂原材料不足，生产不正常，亏损多，浪费大，建议关掉。地方企业适当保留农具、打铁，维修力量今后以加工制造、维修中小农具为主。按照广东省意见只保留韶关机械厂，考虑到韶关地区重工业多，机械维修力量还是薄弱环节，对农田排灌设备、农副产品加工、机械以及工矿企业设备的修理安排仍有困难，计委提出关掉专区粮食局修配厂、韶关电机厂、清远电机厂及韶关汽车修配厂。曲江、仁化、乐昌、连南、连山、阳山、新丰、翁源、和平、河源（时隶属韶关地委所辖）等农械厂退手工业，粤北农械厂并韶关配件厂。其余修理厂及专市县属企业保留，个别厂压缩人员，调整生产方向，以适应当时工农业生产需要。调整后的企业由 40 个减为 21 个，职工人数由 7 191 人减为 4 364 人。

（9）在轻工业方面：轻工业是本区工业中最薄弱的环节，企业数量不多，基础差，力量少，原则上全部保留，逐步调整，抓好生产，以满足市场和人民生活需要，但由于当时生产原材料不足，生产受到一定影响，大多数处于半死不活状态，窝工浪费很大。根据不同行业，不同情况分别处理：火柴、造纸、陶瓷等一般保留原有人数，个别如和平纸厂（时属韶关地委管辖）、阳山天井山纸厂退手工业集体经营；纺织工业，国家分配原料少，生产能力过多，难以维持，除保留韶关永光厂、专区纺织站加工厂外，其余各厂全部关闭；制糖、肥皂工业保留设备，压缩人员；印刷工业原有摊子不动，适当减少职工；烟、酒、糖果、饼干等食品工业一般不关，同地区同产品的企业尽可能合并，统一领导，统一安排生产，划归工业系统管理。全部轻工业调整后，关闭4家，合并3家，从商业系统转工业系统企业14家，从其他系统转工业系统企业1家，职工由1961年底的8 339人减为6 139人，减少26.4%。

（10）在粮油加工业方面：在三年困难时期，企业人员增加了，但劳动生产率有所下降，故要求相应压缩人员，广东省粮食厅提出压缩25%左右，并根据地区情况，比例可能大一些。按当时粮食加工任务，提出保留现有加工企业，适当充实空白地点，并规划1962年内分厂2户、新增5户，职工人数保留2 127人，比1961年底2 552人减425人，减少16.7%。

二、工业调整中的建设战略转变

根据以上工业调整计划，自1963年始，韶关地区对全区工业规划开始进行布局。1964年出于对国际形势的研判，一场以战备为中心的"大小三线"工业建设在全国迅速展开。

时按照中央关于一、二、三线城市的划分，主要依据各省区所处战略地位不同而设置。广东地处南中国沿海地区，按照战略地域分属一线地区。而粤东、珠江三角洲及粤西沿海城市，则属二线地区；韶关、梅县、肇庆以及海南岛山区，因特殊的地理条件和战略地位，则列入三线或"小三线"地区。

从1963年至1965年，为部署"小三线"工业建设，韶关对华南重工业基地建设进行了三年经济调整恢复和发展，按照中央提出的"调整、巩固、充实、提高"方针，对市、县属地方工业布局，进一步实施了基建规模压缩。切实整顿了在"大跃进"中建立起来的工业企业，对部分企业采取下马或转产措施，使市、县属企业分别由1962年的114家和932家减少到1965年的97家和678家。

根据国家工业布局安排，全市按照市委提出的工业调整计划，对农、工业比例，轻、重工业比例等进行结构调整，除继续实施上述十项工业调整措施外，对建材工业、皮塑工业，以及食品工业等行业，先后复建、新建了一批企业，其中属中央、省管工业的有第十六冶金建设公司（今有色金属第十冶金建设公司）、英德水泥厂（复建）、广

东综合塑料厂等，使驻韶属中央、省管企业由 1962 年的 84 家增加到 110 家。

在食品、轻工等方面，从 1959 年开始，韶关的制烟、酿酒工业，先是经历三年经济困难时期，后又经历三年国民经济调整，企业生产发展受到一定的限制，尤其在实施"优先发展重工业"方针后，尽管酿酒业新增了连南县酒厂（1962 年建）、翁源县酒厂（1964 年建）等一些企业，但在整个地方食品工业发展处于低潮的影响下，制烟与酿酒工业步入了一个缓慢发展时期。其间，先后新建了韶关市乳制品厂（1964 年建）、始兴县食品厂（1963 年建）、翁源县酒厂（1964 年建），以及市、县粮烟酒系统和供销合作社系统所属食品厂等企业。这一时期，食品行业虽然新建企业不多（占 7.3%），但通过对原有企业进行调整、充实和提高，亦得到了一定的恢复，1964 年产值达到 1960 年的水平。至 1965 年，在三年经济调整时期，韶关食品行业虽然有所压缩，企业亦由 1962 年的 121 家减至 110 家，但企业的生产能力普遍得到提高，经济调整让韶关地方食品工业得到一定程度的巩固和提高。在"小三线"建设开始兴起的 1965 年，食品工业全年完成工业总产值达 7.174 万元，比 1962 年增长 70.9%，平均每年递增 19.6%。

经过三年调整，1964 年韶关市工业生产得到很快回升和发展，重新呈现出欣欣向荣的景象。1965 年工业总产值达 26 730 万元，比 1962 年增长 78%，平均年递增 21.2%。其中重工业增长 69.8%，平均年递增 19.3%；轻工业增长 89.6%，平均年递增 23.8%。中央、省属企业产值占 60.19%，市、县属企业产值占 39.81%。

第四节　"小三线"工业化建设

一、"小三线"工业建设部署

1964 年上半年，根据中共中央和毛泽东关于战备工作和三线建设问题的指示精神，广东省委按照中南局第一书记、广东省委第一书记陶铸指示的原则，加紧对国防工作和三线备战工作进行研究与规划。

1964 年 10 月 18 日，广东省委向中共中央和中南局提出《关于广东国防工业和三线备战工作的请示报告》。11 月 3 日，中共中央发出《关于加强一、二线的后方建设和战备工作的指示》，并转发了广东省委 10 月 18 日报告和毛泽东 10 月 22 日批语，要求各地"抓紧执行"①。

在中共中央统一部署下，1964 年 11 月，广东省委成立了以省委书记处书记林李明为组长的广东省国防工业领导小组，具体领导全省战备方面的综合工作和组织三线建设。国防工业领导小组下设办公室，具体工作由省经济工作委员会第四处负责。1965 年 6 月在广东省人民委员会（省人民政府）设立军工局（对外称广东省第二机械工业局），统管全省三线建设及军工企业、事业生产和建设。

二、"小三线"工业门类建设

从 1965 年夏季起，全省范围内的"小三线"建设，开始进入实质性的实施阶段，并在 1965 年形成了第一次高潮。是年 8 月，全国搬迁工作会议召开，确定立足于战争，搬迁项目实行"大分散、小集中"原则，国防尖端项目的建设则实行"靠山、分散、隐蔽"原则，有的还要进洞，即"山、散、洞"原则②。按照这一战略部署，广东省计划委员会根据广东省"三五"计划提出的任务③，从立足于战争出发，结合各部门、各地区对战备工作提出的意见，并于 9 月 9 日向广东省委上报了关于当前和 1965 年三线建设工作的初步方案，提出了如下规划：第一，加速地方军事工业的建设。计划短时间内在广东后方连县、连南、连山一带建立小型枪厂、子弹厂、手榴弹厂、地雷厂、炸药厂。第二，为了加强三线建设，除考虑必要的原材料、燃料工业外，拟从广州等前线沿海城市迁建部分民用企业。迁建地点分散于韶关地区的连县、连山、阳山、乐昌、乳源、仁化、南雄、始兴和肇庆

---

① 《中共中央批转周恩来、罗瑞卿关于一、二线各省、市、区建设自己后方和战备工作的报告》，1964 年 11 月 3 日。

② 中共中央党史研究室：《中国共产党历史（1949—1978）》（下册），中共党史出版社 2011 年版，第 692 页。

③ 广东省"三五"计划提出的任务是：大力发展农业，加强基础工业，相应发展交通运输业，建立以"五小工业"（小化肥、小农药、小水泥、小农机、小水电）为主的支农体系和"小三线"军事工业体系。

地区的封开、怀集、广宁一带。①

在上述思想指导下，自1966年开始，按照国家实施的国民经济第三个五年计划，韶关作为广东的战略后方城市，省内一些支援战备必需的民用企业整体或部分地陆续迁往韶关。时迁入韶关城区的有：广州黄埔吉山水力发电设备厂，迁韶后更名韶关水轮机厂；广州黄埔吉山油泵油咀厂，迁韶后更名韶关油泵油咀厂；梅县汽车配件厂一个车间，迁韶后，扩建成韶关齿轮厂；佛山动力机械厂，迁韶后更名韶关柴油机厂等。②

凭借着华南重工业基地留下的基础与丰富的自然资源，韶关开始了大规模的"小三线"工业建设。按照"山、散、洞"的三线建设方针，时在粤北安排的基础建设项目涉及军工、公路、水电、通信等领域。

1966年"文化大革命"开始后，由于"政治压倒经济"，经济秩序完全被打乱，从中央到地方，负责三线建设的各级领导大多受到冲击，包括计划委员会、经济工作委员会及相关业务部门、职能部门被撤销，大批工人、干部和部分农民被卷入政治运动，"许多企业曾一度停工停产"，全省的"小三线"建设受到了严重的干扰。1965年所形成的"小三线"建设高潮，因"文化大革命"运动的开始，一度中断。

1969年3月，中苏珍宝岛事件后，中共中央决定加快三线建设步伐，广东于年底贯彻中共中央提出的"备战、备荒、为人民"的战略方针，工业建设重新突出"小三线"建设，实行"靠山、分散、藏洞"战略疏散，在韶关山区新建和迁建了一批"小三线"企业。全省"小三线"建设再次全面铺开。先后续迁韶关地区的机械企业有"省农机二厂、省有色金属冶金厂、省水轮厂、柴油机厂、油泵油咀厂、齿轮厂等"，同时，新建和扩建了机床厂、挖掘机厂、轴承厂、工具厂、仪表厂、拖拉机厂、铸锻总厂等一批机械企业。在电子行业方面，1969年又将"广州无线电元件二厂迁往连县，更名东方红机械厂（8532厂）；又在连山永和、连县郊区分别兴建红权电器厂（8500厂）、先锋机械厂（8571厂）"。时在粤北韶关地区，还迁入了广东工

① 刘田夫：《刘田夫回忆录》，中共党史出版社1995年版，第376页。
② 广东省地方史志编纂委员会：《广东省志·机械工业志》，广东人民出版社1995年，第12页。

学院，迁韶后更名广东矿冶学院，校址设在曲江马坝镇。另兴建了广东矿山通用机器厂、连南轴承厂等，1970 年又在阳山兴建北江钢铁厂。与此同时，韶关钢铁厂、大宝山铁矿以及梅田矿务局、红工矿务局（原曲仁矿务局）、坪石矿务局（原南岭煤炭局）等，亦得到相应扩建。韶关发电厂、南水水电站，以及长湖（英德）电站等省骨干电力企业，亦陆续建成并网发电。

从 1965 年开始的"小三线"建设，推动了粤北韶关山区工业的急速发展。到 1972 年底，韶关地区的工业建设"先后建起了华明机械厂、岭南工具厂、卫国机械厂、南方机械厂、南方修配厂、红权电器厂、先锋机械厂、半导体器件厂、利民制药厂等一批'小三线'企业；水轮机厂、齿轮厂、油泵油咀厂、柴油机厂、棉织厂、新华印刷厂等一批企业由广州等地内迁韶关；韶关冶炼厂、凡口铅锌矿、韶关钢铁厂、大宝山矿、大岭冶炼厂、广东综合塑料厂、745 矿等一批中央、省属企业陆续建成投产；韶关第一棉纺厂、韶关工具厂、铸锻总厂、轴承厂、无线电厂等一批地方工业纷纷上马；各县的小化肥厂、小水电厂、小水泥厂、小煤窑等企业也发展起来"。韶关工业初步形成了以有色矿业、矿冶工业、电力工业、煤炭工业、制药医械、机械工业、电子工业、建材工业、纺织工业、化工皮塑工业等十大工业门类为主体的工业体系。

（一）有色矿业建设

有色金属矿产的勘探、开采是建设冶金工业的基础。为此，"小三线"建设开始后，由国家冶金部地质勘探局主导的华南粤北矿业资源勘探、开采，逐步进入了高潮。

1. 铅锌矿勘探、开采

1963 年底，韶关凡口铅锌矿为满足矿山建设的急需，根据原广东省地质局凡口地质队（七〇六队）于 1962 年 4 月编写的《广东仁化凡口铅锌矿最终储量计算总结报告书》，经广东省储委和全国储委提出的"建议继续进行勘探施工"补充工作意见后，由七〇六地质队加大对矿区铅锌矿藏的勘探。1965 年 3 月，七〇六地质队完成水草坪矿床勘探工作，提交了《凡口铅锌矿区水草坪矿床储量报告书》，探明该矿铅锌储量达特大型规模，硫铁矿储量 3 000 多万吨，为矿山矿床远景开采设计提供了依据。

此后，七〇六队调来千米钻机施工队，开探了4个深孔，钻探总进尺3 267米，并在狮岭深部 − 300 ~ − 750米标高范围的天子岭下亚组及东岗岭上亚组地层中发现一组矿体，增加铅锌储量30多万吨，硫铁矿储量300多万吨，得出狮岭深部具有工业远景的结论。

1965年提出最终地质储量报告后，开始矿山建设。按照设计生产规划为日采选矿石3 000吨，年产铅锌金属12万吨。矿区建设分两期进行，第一期工程于是年开始建设，到1968年建成投产，采选能力为日采矿石1 000吨。企业建设累计投资4.34亿元，成为国内最大的铅锌矿山。

在凡口铅锌矿进行大规模建设勘探、开采的同时，1963年9月，乐昌县城东5公里处的乐昌杨柳塘铅锌矿区亦根据1958年粤湘队第一检查组、北江队第一分队开展普查提交的《广东乐昌西瓜地、杨柳塘铅锌矿区普查检查报告》阐明的"上黄铁，下铅锌"的矿化分带现象，实施大规模开采试产。

2. 钨矿勘探、开采

粤北是钨矿分布较集中的地区，已探明并开发利用的钨矿床集中在锯板坑（今连平所属）至瑶岭西北向成矿带和翁源红岭至南雄棉土窝东北向成矿带上。锯板坑至瑶岭这一成矿带的西北方向，还有乐昌龙胫钨矿床。翁源红岭至南雄棉土窝钨矿床之间，还有始兴河口山、师姑山及其他一些小型钨矿。钨矿开采史可追溯至民国初年。中华人民共和国成立后，钨矿大规模勘探、开采开始。1962年起，广东省冶金地质勘探公司进入粤北韶关钨矿生产区，对南雄棉土窝，始兴县梅子窝、石人嶂等地的钨矿床，进行大规模的勘探、开采。由此，钨矿勘探、开采重新步向兴旺。

始兴石人嶂钨矿：是华南重工业基地建设时期建成投产的大型钨矿，企业列入广东重要钨矿产地之一。"小三线"规划建设开始前，为满足钨矿生产需要，由广东省冶金地质勘探公司九三二队四分队根据上级要求，对石人嶂矿区进行勘探，1964年初九三二队通过对石人嶂矿区勘探的调查研究，探索总结出"五层楼"成矿规律。自此，矿区按照中央提出"备战、备荒为人民"以及"工业学大庆"的要求，展开了大规模的矿山建设。"小三线"建设开始后，矿区生产以"会战"形式开展，并成立了石人嶂地质会战指挥部，对矿区采取边勘探边开采生产的方式，企业逐步进入依靠生产发展阶段。经过三年多的全面勘探，1968 年 8 月地质勘探队提交了《广东省始兴县石人嶂钨矿区勘探总结报告》，探明三氧化钨储量 1 万多吨，并探明伴生锡储量 1 000 多吨。自此，企业开始全面进入发展生产时期，矿产逐步提高。（图 2 - 9）

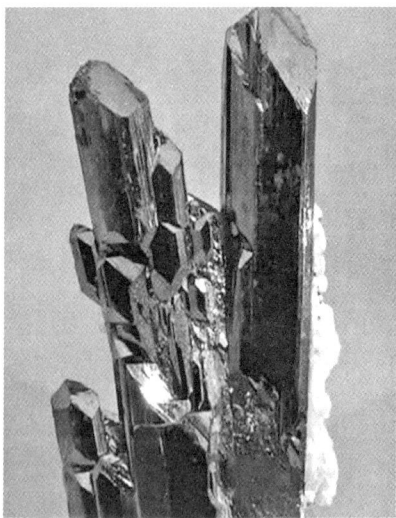

图 2 - 9　始兴石人嶂钨矿出产的单体钨矿石

始兴梅子窝钨矿：经历华南重工业基地建设收归国有的梅子窝钨矿划归石人嶂矿区后，在"小三线"建设时期开始前，广东省有色金属地质勘探公司九三二队一分队进入矿区对钨矿进行勘探工作。1965 年，一分队提交了一份《梅子窝钨矿床评价勘探总体设计》。这份设计提出了脉钨矿床"五层楼"垂直分带模式及图表。自此，梅子窝与石人嶂两矿区勘探，在"五层楼"规律的指导下，矿区储量都有较大的增长。从 1965 年开始，梅子窝钨矿生产进入黄金时代，并获得了较好的经济效益。到 1970 年，梅子窝选厂生产规模达日处理 250 吨/日；1974 年经扩建后，矿区选厂生产规模达到了 375 吨/日。

翁源红岭钨矿：经历华南重工业基地建设勘探的红岭钨矿，在"小三线"建设兴起。1965 年 7 月，九三七队一分队根据红岭矿的要求与上级指示，为矿山扩大选厂规模时，对矿区进行了补充勘探工作。其间，勘探队利用前人资料，深入实际，不断总结成矿规律，找到了一个巨大的钨钼矿化带，由此红岭钨矿开采逐步走向了兴盛。到 70 年代初，红岭钨矿选矿规模由 1960 年初的日处理 125 吨，达到 250 吨。矿区对促进地方经济发展及对外贸易做出了重要贡献。

瑶岭钨矿：1964 年 5 月"小三线"建设开始前，九三七队根据广东省计划委员会和经济委员会关于转达国家计划委员会有关瑶岭钨矿地质勘探工作意见的通知，对矿区进行补充勘探，自此，矿区生产渐入黄金发展时期。其间，矿区发现北西组北组及南北组脉群有一定工

业远景，矿区三氧化钨储量又有增长，于是便按照"边勘探、边开采"的方针进行生产。到 1967 年，矿区将坑探由原来的50×（50～60）米，放宽到100×（100～120）米；钻探由 100×（60～80）米，放宽到200×（120～150）米，通过充分利用山的生产坑道，大大节省了建设投资成本，增加了原矿的生产量，使矿区年产黑钨、白钨，以及其他有色金属矿产，逐年增长。

3. 锑矿勘探、开采

广东省锑矿保有储量居全国第 6 位，列入矿产储量表的矿床有 6 处，其中 3 处为中型矿床，这些矿床分布在韶关乐昌、曲江，占探明储量的90%。

乐昌乐家湾锑矿：位于乐昌城西北 37 公里处，是当时广东省已探明规模最大的中型锑矿床。该矿最早开采于 1933 年，时由官僚民族资本经营，就地开采冶炼。1948 年转由华新公司开采。中华人民共和国成立后，矿山收归国有。1965 年 3 月"小三线"建设兴起时，由中南九三二队三分队进行矿区地质普查，至 12 月，计算远景锑储量 1 万多吨。1965—1967 年由乐昌县铅锌矿开采，1968—1969 年改由庆云镇开采。

乐昌梅花锑矿：位于乐昌城西北 26 公里处。其开采史可追溯至20 世纪 30 年代，时锑矿由当地村民私采。抗战期间，矿区由南兴及顺成两公司经营开采，就地冶炼，采矿盛极一时，最盛时有采矿工人3 000 人，1939—1942 年，冶炼纯锑 259 吨。中华人民共和国成立后，矿区收归国有，1959 年 4—9 月，韶关专署地质局一○一地质队对矿区开展普查；1964 年 8 月，广东省有色金属地质勘探公司九三二队三分队再次对矿区进行勘探，探明该矿锑储量近万吨，并组织民工对西坑钨矿进行开采、收购。至年底，共收含锑大于 55% 的精矿 200 余吨。"小三线"建设开始后，矿区锑矿开采进入有序开发生产，至1979 年 6 月停采。

曲江赤老顶锑矿：矿区位于曲江县城西北 22 公里处。其开采史可追溯清末，1924 年达到鼎盛，时民采锑矿人数达千余人，矿区遗留有老窿。抗战时期民采中断。中华人民共和国成立前，曾有两广地质调查所张伯楫等到矿区进行调查。1956—1958 年，广东省地质局南岭队再对矿区进行调查，并完成矿区 1：200 000 区测工作。1958—1959

年，韶关专署地质局一○一地质队再次对赤老顶锑矿进行普查，并编写提交《韶关市郊贼老山锑矿区地质普查检查总结报告》，报告认为：矿区范围小，变化大，无进一步工作价值。然而，自 1958 年后，矿区断续有民采活动。1959—1963 年，广东省地质局七○六大队黄汉鼎、胡德刚等在西岸汞矿田普查时，对其外围赤老顶锑矿进行地表地质工作，在其提交的《曲江西岸汞矿田 1959—1963 年普查工作总结暨 1964—1967 年详细普查总体设计书》中，对赤老顶锑矿普查的远景评价意见为：规模相对较大，含矿性较稳定，锑矿受岩性、构造控制明显，多沿层分布，具多层性，成矿条件有利，具有一定的工业价值。自此，矿区开始逐步进入边勘探边开采生产阶段。

4. 汞、铋矿勘探、开采

汞、铋亦是粤北韶关矿产生产的两大主要门类。其中，汞矿是广东省唯一具有工业价值的独立矿床，而铋矿亦是省内少有的浑铋矿床之一。

曲江县西岸汞矿：矿区位于曲江县西北 22 公里处，通公路。企业经营广东省唯一一个有工业价值的独立汞矿床，规模为小型。该矿床处于瑶山复背斜东侧，一六多金属成矿区南部。矿区面积约 13 平方公里，分布着辰砂重砂异常 15 个，其中马鞍山矿段 0.65 平方公里。矿田内的锑矿于清末就已有开采。民国时期，两广地质调查所张伯楣等人曾对矿田内的锑矿床进行过调查。1958 年 4 月，广东省地质局南岭队在矿区开展 1：200 000 区测工作，通过重砂测量发现了辰砂分散晕，并圈定面积 14.4 平方公里，此为矿区汞矿地质研究的开端。是年 9 月，广东省地质局七○八队根据南岭队圈定的重砂异常，开展初步普查工作，经历 4 个月的地表工作及坡积重砂测量，圈出 10 个辰砂重砂异常，发现马鞍山矿段的原生汞矿，指出矿区汞矿发展前景不错，值得投入工作。1959 年 1 月，韶关专署地质局一○一地质队对矿区进行全面普查，历经 9 个月对马鞍山矿段重砂异常的详细普查，证实了矿段内汞矿带具有一定的工业远景；是年秋，矿区汞矿开始了开采冶炼。

1960 年春，韶关有色公司一六钨矿派人到矿区建厂，从事汞矿的开采冶炼，初时土法冶炼，月产金属汞数十千克。1961 年 10 月，建立小高炉，员工人数增至百余人，月产金属汞数 10 至 300 余千克。至

1962年3月，累计产金属汞约3吨。同年7月，韶关地质大队一〇一分队提交了《广东曲江西岸汞矿区马鞍山矿地质勘探总结报告》，探明矿区汞储量80吨。自此，西岸汞矿开采步入兴盛。1965年，"小三线"建设兴起后，矿区产汞逐步纳入计划性生产。

英德长岗岭铋矿：矿区位于英德县城西北34公里处，有简易公路与锦潭硫铁矿相连。矿区是1964年4月由大布矿区回乡生产的矿工发现的，随之有少数农民进行露天开采。由于开采容易，产量高，附近生产队陆续派人扩大地表开采，至是年9月有民工400余人。在采掘人数逐日增加、产量急剧升高的情况下，9月上旬，广东省地质局七二六大队根据生产部门的迫切需要，派出勘探人员对矿区进行踏勘，中旬，踏勘队提交了《广东省英德县长岗岭铋矿点踏勘简报》，简报称：根据民工现已揭露矿脉不下十余条，脉幅大，延展长，品位中等，其远景规模十分可观。

1965年初，广东省地质局物探大队开始对长岗岭铋矿开展踏勘普查。5月，矿区移交省地质局七〇六大队进行勘探普查。历时近两年，1966年11月，七〇六大队编写了《广东英德长岗岭铋矿区及外围矿点地质普查报告书》，报告书称：矿区远景储量金属铋达1 550吨。自此，矿区铋矿开采逐步走向兴盛发展。矿区自发现起即有民工开采，至1966年4月，共采出铋金属42.8吨。

（二）矿冶工业建设

1965年开始的"小三线"建设，是韶关矿冶工业经历最为快速发展的一个时期。其间，在实施国民经济"三五"计划过程中，由中央及广东省投资兴建、复建的凡口铅锌矿、大宝山铁矿，以及韶关钢铁厂等，形成了以中央、省属厂矿为骨干龙头的韶关矿冶工业体系，到1970年，全市拥有矿冶工业企业45个，年工业总产值达到12 540万元。

凡口铅锌矿：1965年8月，根据国家计委、冶金部批准的凡口铅锌矿日采选3 000吨的扩大初步设计任务书，长沙有色冶金设计院完成了扩大初步设计。自此，凡口铅锌矿建设列入国家重点建设项目，并开始正式进入施工建设阶段。建设任务由冶金部第十六冶金建设公司二公司及第十七井巷工程公司承担。工程分两期建设：1966年4月，第一期工程建设金星岭采矿区，设计确定采出矿为100吨/日，工程于 1968 年 9 月基本建成简易投产，投产中段有 – 50 米、0 米、– 40 米三个中段。工程采用上向水平分层充填法、留矿法（空场后一次充填）进行回采，两种比例约各占 50%，设计采场备用系数为 0.3。年下降速度，初期：金星岭为 20 米/年，狮岭为 44.5 米/年；中期：金星岭为 11.4 米/年，狮岭为 9.7 米/年；后期：金星岭为 32 米/年，狮岭为 40 米/年，矿区总服务年限 25.5 年。

在主副井系统工程尚未竣工投产前，井下矿石暂由 2 号斜井、基建 1 号小天井、东风井提出地面，再用 1 立方米电铲装车运到选厂。

第二期工程建设是狮岭采矿区，矿区设计采掘能力为 2 000 吨/日。第一期工程简易投产时，二期工程建设也开始进行，至 1971 年其主体工程包括主井、副井、东风井、南风井及井下溜、破、提（主、副井，东、南风井）系统工程。其中，狮岭 – 80 米、– 120 米、– 160 米中段沿用第一期采矿方法依次投产后，井下矿石全部通过溜、破、提系统由主井提出地面，用索道运到选厂。

大宝山矿：1966 年 9 月，"小三线"建设兴起后，中共广东省委根据省计委在原韶关钢铁公司的基础上兴建的韶关钢铁厂与广州钢铁厂，到 1967 年底炼铁能力达到 25 万吨，需要铁矿石 50 万吨以上的情况，向国家计委提交《请批准大宝山铁矿设计任务书的报告》。10 月，冶金部下达了《大宝山矿建设设计任务书》，决定铁矿建设为年处理铁矿石 50 万吨，由长沙黑色金属矿山设计院设计；铜矿建设规模为日处理 250 吨原矿的采选厂，分两期建设，第一期 125 吨/日，第二期 125 吨/日，由广东省冶金设计院设计。10 月 10 日，大宝山铁矿筹建处成立，为纪念这个有意义的日子，筹建处以"6610"作为大宝山矿的电报挂号。10 月 18 日，广东省建委印发《韶关钢铁厂及大宝山铁矿建设工程设计施工有关问题会议纪要》。11 月 29 日，广东省计委批准建设大宝山 250 吨/日铜采选厂和年产 400 吨电解铜的铜冶炼厂。12 月 27 日，广东省重工业厅批准大宝山矿机构合并为"一套人马，三个牌子"。1967 年 2 月 28 日，广东省计委根据冶金部和广东省人委指示，决定将大宝山矿移交给韶关钢铁厂基建指挥部统一领导。同年 12 月 27 日，为有利于大宝山铁矿和小铜矿的建设，减少管理层次，减轻韶钢基建指挥部的任务，广东省军事管制委员会生产委员会计划小组决定将大宝山铁矿及铜矿的基建管理，从韶钢指挥部划出，直接由省

重工业厅领导，作为独立企业、单独核算单位（在划归韶钢基建指挥部领导期间，实际双方并没有办理交接）。

从 1968 年初至 1969 年，广东省重工业厅大宝山矿建设指挥部分别从南京梅山铁矿、海南铁矿调来一批职工，从广州滑翔学校分配来 42 人，还吸收了 180 名复员退伍军人，矿山职工队伍由此迅速壮大，到 1969 年 3 月，矿区职工总数 582 人。此外，为支援矿山建设，韶关从地区"五七"干校、省霄雪岭干校、曲江县干校，以及省五建调来大批干部和专业管理人才，时矿区有职工、民工 1 060 人。另有汕头工程团 1 500 人；从佛山、中山组织民兵团，从高鹤组织一个独立营，共 1 300 多人，参加矿山建设。

1969 年 5 月，冶金部军事代表生产组《同意大宝山铁矿设计方案》指示：同意报来的大宝山铁矿设计方案。同年 7 月，冶金部决定由其直接拨 200 万元作为是年建设大宝山铁矿的投资，至此，"小三线"建设中的大宝山矿建设规模及开拓运输工程全面展开。

根据设计方案，大宝山矿先行实施矿山"三小工程"建设（即小破碎厂、小铜选厂、小铜冶炼厂）。为使"三小工程"建设早日建成投产，1970 年初，矿区革委会提出了以建设"三小工程"为重点的"五个一、

图 2 - 10　破碎厂建成投产

六项投产"建设进度（即"五一"50 万吨/年铁矿破碎厂投产；东线公路二期工程 13 公里路段改线建成投产；"六一"250 吨/日铜选厂建成投产；"七一"沙凡 35 千伏输电线路换线及凡洞 35 千伏变电所建成投产；"八一"沙东铁路建成投产；"十一"铜冶炼厂建成投产），在工程建设部署上，采取集中兵力打歼灭战的办法。是年，"三小工程"虽然实现了建设目标，但由于片面追求进度，造成小铜选厂投产的铜精矿品位达不到设计要求。小铜冶炼厂也因生产精矿品位低，产品质

量不过关，以致连年亏损。

　　与"三小工程"建设同期，1970 年 2 月，大宝山矿还上马建设了年产 800 吨的铜冶炼厂。时企业采用甘肃白银厂正在试验的把焙烧、熔炼、吹炼三台炉三步作业合并为一步作业的旋涡炉一步炼铜工艺。同年 9 月，企业用火法冶炼工艺流程炼出少量粗铜后，认为存在产品质量不稳定、成本高和烟气不能制酸等问题，故此，同年 10 月，企业停止了这种工艺生产。1972 年，广东省计委批准对冶炼工艺流程进行改造，将火法冶炼工艺流程改为湿法冶炼流程，即焙烧—浸出—电积工艺，并决定走自力更生道路，由铜冶厂自己设计，大宝山矿建筑安装公司负责施工和安装设备。由此，年产 800 吨铜冶炼厂重新上马。

　　韶关钢铁厂（简称"韶钢"）：1966 年 2 月，根据广东省政府下达的通知精神，广州夏茅钢铁厂除车刀工段移交给广州市冶金工业公司管理外，其他设备、人员并入 1961 年停建下马的韶关钢铁公司原址，重建韶关钢铁厂。1966 年 5 月，夏茅钢铁厂炼钢车间整体迁往韶关，韶关钢铁厂破土动工兴建。（图 2-11）

图 2-11　整体搬迁至韶关的广州夏茅钢铁厂炼钢车间

　　韶钢重建，得到了全国有关单位的大力支援，得到了全省人民的全力支持。企业建厂之初，由包头黑色冶金设计院承担了总图设计，随着建设改造力度不断加大，鞍山焦化耐火材料设计院、长沙黑色金属矿山设计院、北京钢铁设计院等单位都先后承担了大量的设计任务。韶钢的主体设备，高炉、转炉、电炉、轧机等一般都是由上海建设机器厂、大连通用机械厂、昆明通用机械厂等企业制造。大冶、上

海、马鞍山等老钢铁企业亦先后向韶钢输送技术人员和熟练工人，杭钢、鄂钢、湘钢、涟钢等企业先后为韶钢代培生产工人。此外，地方上也给予企业全力支持，曲江县先后批准企业征用厂区附近8 501亩土地，企业则给予了征地农民147万补偿，并招收了被征土地青年农民进入企业工作。韶关钢铁厂从1966年开始动工，于1967年先建成400/250轧机投产；1968年6月，企业锻钢车间建成投产；1969年5月，企业100立方米高炉建成投产，7月，企业第一座66型焦炉建成投产；1970年8月，企业第一座255立方米高炉建成投产，同年12月，企业2号氧气顶吹转炉和200×7小线材轧机建成投产。至此，企业完成了国民经济"三五"计划期间建设任务。

韶关冶炼厂建设：1966年5月，冶金部向国家计委、国家建委报送《韶关冶炼厂设计任务书》后；同年6月，中国技术进出口公司与英国帝国熔炼公司在北京签订了从英国引进密闭鼓风炉冶炼铅锌专利技术的协议；7月，国家计委在《关于韶关冶炼厂设计任务书的复函》中批示："同意中南铅锌冶炼厂引进一套密闭鼓风炉放在广东韶关，名为韶关冶炼厂。"自此，韶关冶炼厂筹备工作正式启动。

1966年9月，冶炼厂正式破土动工兴建。企业建设周期分为三个阶段。初期，采取"边筹建、边设计、边施工"原则，建设工程包括土地平整、工程设计、辅助设施兴建等，建设投资1 102万元；1969年企业建设进入中期后，企业将建设原则调整为"边设计、边施工、边修改设计"施工，主要工程项目包括烧结、鼓风、硫酸三个车间设备的设计制造，土建工程由此全面展开，工期共花费五年时间。

（三）电力工业建设

在"小三线"建设兴起后，韶关电力工业作为韶关工业能源的基础性设施，发电厂、变电站等成为"小三线"建设的重点。

从1965年第三个五年计划开始，发电厂建设成为电力工业发展的重点项目，继韶关（乌石）发电厂、乳源南水水电厂（乳源南水水电站）、乐昌坪石发电厂、东河发电厂，以及连阳（马安）发电厂等数座大型发电厂投产后，为扩大电力生产的规模，各大型发电厂企业承续前期建设，将扩容、增量作为企业发展的动力。同年，先是连阳（马安）发电厂扩容增量3号汽轮发电机组投产，装机容量1 500千瓦，至此，连阳（马安）发电厂总装机容量达到4.5万千瓦。韶关

（乌石）发电厂亦在"小三线"建设兴起后，继 2 号汽轮发电机组投产，企业建设工程进入第二期建设实施阶段。1966 年发电厂扩建两台 5 万千瓦机组，第一台 3 号汽轮发电机组于 1967 年 1 月投产，装机容量为 12 000 千瓦；第二台 4 号汽轮发电机组于 1969 年 9 月投产，装机容量为 12 000 千瓦。乐昌坪石发电厂亦继第一期工程第 1、2 号 1 500 千瓦发电机组投产后，于 1968 年实施第二期工程，扩容增量一台 3 000 千瓦机组，工程于 1968 年初动工，至 1969 年 9 月投产。

1969 年 2 月，经历十年建设的乳源南水水电厂基建工程开始下闸蓄水。1970 年 4 月，1 号发电机组正式并网投产发电。至此，南水水电厂工程总投资 8 035.51 万元，单位千瓦造价 1 071 元。

在南水水电站建成并网发电同期，乳源南水河上游支流汤盆水上新建泉水水电站（厂），于 1970 年 5 月开始动工，电站为隧道引水混合式地下厂房，设计水头 225 米，安装 4 台 0.6 万千瓦机组，总装机容量 2.4 万千瓦。工程由广东省水电设计院设计，广东省水电第三工程队（局）负责施工。乳源泉水水电站是当时全国一个成功采用双曲拱薄壳结构建坝的电站，为降低成本、提高工程质量创造了经验，受到世界各国水利工程专家的密切关注，有关专家、学者和工程技术人员纷纷前来考察。

在"小三线"建设初期，与新建乳源泉水水电站同期动工建设的还有潭岭、长湖等水电站（厂）。

广东省潭岭水电厂：是"小三线"初期规划建设的省属水力发电厂。电厂位于连县，水库大坝始建于 1965 年，1966 年 10 月底完工。水库枢纽建筑物包括砼重力坝、泄洪底孔、发电进水口、引水隧洞、调压井、高压引水钢管及地下厂房和开关站等。1969 年 4 月，电厂 1 号水轮发电机组投产，装机容量 12 500 千瓦。是年 11 月，2 号水轮发电机组投产，装机容量 12 500 千瓦。1970 年 10 月，3 号水轮发电机组投产，是年，电厂总装机容量达 37 500 千瓦。

广东省长湖水电厂：是"小三线"建设初期，由广东省投资新建的第一座卡普兰式低水头转桨、双调式机组水力发电厂，也是一座日调节的径流电站，一座以发电为主，兼顾农田灌溉、航运、防洪、养殖等功能的水电工程。水电厂位于英德县东部，距英德县城约 13 公里。工程于 1966 年开始筹建，设计规模水库容量 1.27 亿方，电厂总

装机容量 7.2 万千瓦，多年平均发电量为 2.8 亿度。1969 年 8 月，电厂开始导流，开挖坝基。1970 年 8 月开始大坝砼浇筑。1972 年 12 月下闸蓄水。到 1973 年 3 月，电厂第一台机组正式并网发电。

大型发电厂扩容、增容建设的同时，韶关地方各县的小水电站建设亦进入了快速发展时期，这个时期建设的水电站大多数为装机容量在 50 千瓦以下的微型水电站。

电力能源工业建设发展的同时，包括电力设备制造业亦在韶关逐步走向兴旺。

韶关水轮机厂：企业前身为广州水力发电设备厂，始建于 1958 年。20 世纪 60 年代初，企业是全国小水电设备行业的骨干企业之一。1966 年 8 月，广东省"小三线"建设兴起后，企业根据中央工业布局需要，自广州内迁至韶关，并列入机械部重点建设项目，企业更名为韶关水轮机厂。至 1972 年水轮发电机组年产近 5 万千瓦。

韶关变压器厂：企业前身是韶关电机厂，始建于 1958 年，是国家机械工业委员会定点专业厂，隶属于韶关机械工业总公司，主要生产电动机、变压器等。1967 年试制成功环氧树脂浇注铝薄干式变压器，填补了国内空白。20 世纪 70 年代，企业发展较快，变压器产量在省内排第二位。

（四）煤炭工业建设

"小三线"建设兴起后，在第三、第四个五年计划时期，为了减少"北煤南运"，解决广东用煤困难，广东省先后新建了梅田矿务局和连阳煤矿，并扩建和完善了曲仁、坪石（南岭）等煤矿。市、县地方煤矿也得到一定的发展。到 1975 年，韶关全市煤炭工业企业发展到 65 个，完成工业总产值 9 843 万元，比 1965 年增长 3.7 倍，平均年递增 16.8%。

广东省煤矿基本建设公司（梅田矿务局）：1965 年，根据中央提出扭转"北煤南运"的局面，时任中南局第一书记的陶铸，经与广东、湖南两省领导的充分协商，同意广东省在湖南宜章、临武两县境内办矿。1965 年 6 月，广东省煤矿基建局在余家寨（现一矿）设立筹建处，破土建设余家寨斜井，筹建处包括下属厂、队共有职工 2 254 人。1966 年由基建局和省地质勘探公司合并组建的筹建处，更名为"广东省煤矿基本建设公司"，公司下设三个建井队，职工总人数 3 736

人，基建规模扩大到江水（三矿）、长坪（二矿）井田。1970年3月，梅田矿务局正式成立，至此，其拥有七个矿及厂、队、医院、中学，全局人数增至9 999人，其中固定职工8 076人。同年，江水斜井、余家斜井、余家寮斜井、文化村平峒（五矿）相继建成投产，当年生产原煤41万吨。1974年底，投产矿井增加到7对，全局煤炭产量达到100.11万吨；1980年11对矿井全部建成投产。（图2-12）

图2-12　梅田矿务局生产的煤炭源源外运

坪石矿务局（南岭煤矿）：1966年，乐昌坪石矿务局复名南岭煤矿。矿部重新迁返关春矿区，企业隶属广东省重工业厅所辖。此际，"文化大革命"开始，企业管理受到一定程度影响，行之有效的企业管理制度被冲击，造成生产建设及各项工作处于被动局面。然而，为支援本省"小三线"建设，企业矿区的部分职工坚守岗位，坚持生产。1966年底，企业在曾家寮开凿了240平洞，并修筑了曾家寮与狗牙洞包公庙相连的公路；1967年，企业重启建白茅洲矿井；1969年，企业成立矿山建井队，在关春分矿开凿了第一口竖井；1970年，关溪分矿在狗牙洞开凿了步竖井与曾家寮240平洞矿井水平贯通，同年企

业还恢复了洗煤厂生产，部分退休职工自愿组成"愚公连"重返生产第一线，开凿曾家平洞。这一时期，重建的白茅洲井和曾家平洞耗资不少，但效益并不大，矿区建设被迫撤退。

曲仁矿务局（红工矿务局）：进入"小三线"建设时期的曲仁矿务局，经过三年经济调整后，煤炭生产建设逐步趋于稳步提高。1966年10月"文化大革命"开始后，受极"左"路线的干扰，企业更名为"红工矿务局"。时矿务局下辖花坪、云顶、格顶、茶山，以及田螺冲（企业原属韶关地区专署公安系统所办煤矿，1966年11月企业移交红工矿务局管辖）等矿，亦更名红工一矿、二矿、三矿、四矿、五矿。其间，矿务局及所属二级矿、厂单位相继成立革命委员会，原局机关处科室、矿科室机构撤销，革命委员会下设政治工作组、生产组、后勤组和保卫组等四大组。企业隶属于广东省煤炭工业局领导。1967、1968年，企业煤炭产量下降。此后，为扭转煤炭产量下降的被动局面，全矿职工努力发扬拼搏精神，最终使企业生产在"三五"期间取得了良好的效益，原煤产量与工业总产值平均发展速度均有所增长，上缴利润实现342.64万元。

广东省309厂："小三线"建设开始后，作为国有民爆器材生产企业的广东省煤矿材料加工厂在取得研制火药雷管成功后，经近两年时间的建设，于1967年建成火药雷管生产线。1968年3月9日广东省煤矿材料加工厂更名为广东省309厂。1971年，309厂再上马建成梯恩梯（TNT）生产线。自此，企业生产逐步走上了依靠技术进步发展的轨道。

（五）制药、医械工业兴起

1965年，韶关"小三线"建设兴起，为发展韶关制药工业，在中南局书记陶铸的支持下，将在广州建设的广东微生物研究实验厂迁往韶关，组建韶关抗菌素厂；1966年8月，中国医药工业公司广州分公司按照国防工业办要求，在韶关仁化新办广东省利民制药厂。同年，又将在广州兴建的广东省医疗器械厂内迁至韶关。由此，制药、医械工业在韶关兴起。南雄、阳山、英德、翁源、清远等县，先后新建了国营小型中药厂。

韶关抗菌素厂：企业前身为广东微生物研究实验厂。1965年3月按照广东省委"小三线"建设部署，企业迁往韶关市河西五公里新建，当年 7 月，企业建成，试产紫云英根瘤菌成功。1966 年企业试产土霉素碱成功后，年产土霉素碱达 50 吨。1969 年 3 月由化工部拨款 120 万元，省自筹资金 28 万元，扩建年产 50 吨土霉素车间，同年 9 月投产，年产土霉素碱扩大到 100 吨，成为韶关生产抗生素原料药的重点企业之一。

广东省利民制药厂：1966 年 8 月，为适应战备需要，国防工业办决定投资 150 万元，由中国医药工业公司广州分公司主办，兴建广东省利民制药厂，选址在广东韶关仁化县丁板岭。1966 年 8 月企业破土动工，新建针剂车间（包括输液）、片剂车间和动力车间（包括锅炉）三个主要项目。1968 年片剂车间建成投产，次年针剂车间投产，并初步形成小型综合性药厂规模。从 1970 年始，制药厂进入生产发展时期。

广东省医疗器械厂：企业于 1966 年始建于广州。"小三线"建设兴起后，企业根据省委部署由广州内迁至韶关新建，厂址设在韶关市西河白芒路。内迁韶关后，由省委拨款支出技术措施费 184 万元，基建费 400 万元。企业建成后，配套设备 242 台（套）。其主要生产止血钳、手术剪、敷料镊等产品。

（六）机械工业建设

1965 年，广东省将韶关列作广东"小三线"基础工业建设城市后，韶关的机械工业进入发展的快车道。从 1966 年至 1970 年的第三个五年计划期间，佛山动力机械厂、广州水力发电设备厂、广东省油泵油咀厂、梅县汽车配件厂等一批机械骨干企业，分别从佛山、广州、梅县等地迁来韶关，加上韶关市采取以"老厂带新厂"的方法，孵化出韶关铸造厂、铸钢厂、仪表厂等一批企业，同时另投资新建了模具厂、机床维修站（即韶关通用机械厂）等，给韶关全市机械行业注入了新的活力。到 1970 年底，全行业完成总产值 7 044 万元，比 1965 年增长 2.3 倍，平均年递增 26.8%。行业拥有企业 189 家，成为韶关市最大的工业部门之一。

20 世纪 60 年代至 70 年代新建、迁建、改建的韶关市属主要机械企业如下表 2 - 1：

表 2 - 1　20 世纪 60 年代至 70 年代新建、迁建、改建的韶关市属主要机械企业一览表

企业名称	建设时间	主要产品	企业变化沿革
韶关柴油机厂	1966 年	内燃机、柴油机	企业系从 1958 年始建的原佛山悦华五金制品厂缝纫车间分出成立的佛山动力机械厂。1965 年整厂内迁至韶关市西河，改名韶关柴油机厂。1966 年迁韶关后，因产品质量问题，企业于 1969 年下半年停产整顿。厂址设在原华南电缆厂（西河）。
韶关水轮机厂	1966 年	水轮发电机	企业前身系 1958 年始建的广州水力发电设备厂。1966 年企业自广州吉山迁至韶关市十里亭，易名韶关水轮机厂，是机械部重点企业。
韶关油泵油咀厂	1966 年	专业油泵油咀	企业前身由广州市南方鞋码、珠钉生产合作社组成，后转产拖拉机随车工具，设立了油泵油咀维修车间，1964 年企业正式改名广东省油泵油咀厂。1966 年 8 月，企业自广州内迁至韶关，更名为韶关油泵油咀厂，厂址设在十里亭。
韶关齿轮厂	1966 年 12 月	手扶拖拉机齿轮	企业前身是梅县汽车配件厂所属一个车间，1966 年 12 月企业从梅县汽车配件厂分出干部、工人、学徒共 192 人，以"韶齿"名义又在梅县招收 50 名学徒，从梅县搬迁至韶关西河三公里天鹅飞坪中间塘一带办厂，企业于 1967 年元月正式动工兴建。经近 5 个月时间的奋战，企业于是年 4 月中旬进入试产期。1968 年 3 月，企业生产出第一批"工农 10 型"手扶拖拉机齿轮。

（续上表）

企业名称	建设时间	主要产品	企业变化沿革
广东省农业机械厂 广东省机械工业厅实验工厂 广东省农机研究所试制工厂 广东省第二农机修配厂 广东省第二农机厂	1970年	专业生产拖拉机、内燃机齿轮及轴类产品	企业始建于1956年，原名广东省农业机器修理厂，1962年易名广东省机械工业厅实验工厂，1964年易名广东省农机研究所试制工厂，1969年易名广东省第二农机修配厂，1970年企业从广州石牌迁至乐昌县河南区南塔山脚，易名广东省第二农机厂。
粤北机械厂 农业机械厂 粤北农业机械修配厂 韶关地区拖拉机制造厂 韶关地区拖拉机制造厂 韶关拖拉机厂	1960年	小型手扶拖拉机	企业始建于1958年组建的机关干部试验工厂，1958年企业更名为粤北机械厂。1960年更名农业机械厂。1962年企业下马，直到1964年企业重新上马，更名为粤北农业机械修配厂。1971年企业更名为韶关地区拖拉机制造厂，1978年再更名为韶关地区拖拉机厂，1983年更名韶关拖拉机厂。
广东省起重矿山机器厂 韶关挖掘机厂	1960年	混凝土搅拌机、钢筋切断机等	企业前身为建于1958年的华南重型机械厂。1959年企业列入缓建项目，企业改建广东矿山通用机器厂。企业建设下马后，1960年项目重新上马，改名广东省起重矿山机器厂。1961年企业再次暂缓扩建。1966年企业重新上马后，由一机部第五局接管，更名为第一机械工业部韶关挖掘机厂。
韶关阀门厂	1963年	各种阀门	企业原为1958年新建的韶关五金制造厂。1963年转产阀门，易名韶关阀门厂。

企业名称	建设时间	主要产品	企业变化沿革
韶关电器厂	1965 年	各种变压器	企业系 1958 年新建韶关变压器厂，1962 年企业下马，变压器车间给韶关农机修配厂，原厂址新建韶关电器厂。1966 年，企业分出韶关仪表厂。
韶关轴承厂	1966 年	重型机械、矿山、冶金、造船等使用的各类轴承	企业系 1959 年新建韶关汽车修理厂。1966 年企业更名韶关轴承厂转产轴承，并列为广东省重点建设企业之一。1981 年韶关机床厂并入企业成立韶关钢球分厂，为韶关轴承总厂钢球分厂。
仁化县农业机械厂	1961 年	人工降雨机、饲料颗粒机等	企业 1961 年建成，1986 年后增挂仁化县通用机械厂名。
韶关铸钢厂 韶关特种汽车制造厂 韶关工程机械厂	1966 年	铸钢件	企业系由 1958 年改建的韶关机械厂分出铸钢车间另设厂，1968 年并回原厂。1979 年，整个车间从韶关机械厂分出，成立韶关特种汽车制造厂，1982 年企业更名韶关工程机械厂。
韶关铸造厂 韶关通用机械厂	1966 年	铸锻件	企业系由 1958 年改建的韶关机械厂分出设厂，1971 年企业与韶关锻造厂合并成为韶关通用机械厂的锻造车间。
韶关锻造厂 韶关通用机械厂	1966 年	锻造件	企业系由 1958 年改建的韶关机械厂分出设厂，1971 年企业与韶关铸造厂合并成为韶关通用机械厂的锻造车间。
韶关通用机械厂 韶关汽车配件厂 韶关汽车制配厂	1971 年	铸锻件，1974 年后转产南粤牌汽车	企业系由韶关挖掘厂、韶关铸造厂、韶关锻造厂合并新建。1974 年企业更名韶关汽车配件厂。1975 年，韶关上马汽车制造业，企业更名韶关汽车制配厂。1979 年，企业再分为韶关汽车铸造厂和韶关汽车配件厂。1981 年，韶关汽车配件厂关停。

企业名称	建设时间	主要产品	企业变化沿革
韶关机械修配厂 韶关农机修配厂 韶关链条厂	1968 年	曲轴连杆、钻机传动滚子链条等	1968 年易名为韶关农机修配厂，1979 年易名为韶关链条厂，1980 年与韶关曲轴连杆厂合并，主要生产石油钻机传动滚子链条。
韶关农机修配厂 韶关配件厂 韶关矿山机械厂 韶关空气压缩机厂 韶关工程液压元件厂 韶关液压元件厂	1961 年	农机配件	企业是 1957 年新建韶关通用机械厂改造而来。1964 年企业将所属配件车间分出，成立韶关配件厂。1968 年企业更名韶关矿山机械厂，1969 年再分出韶关机床厂分厂。1974 年企业再更名韶关空气压缩机厂，1979 年更名为韶关工程液压元件厂，1982 年更名为韶关液压元件厂。
韶关轴承总厂钢球分厂 韶关机床厂	1969 年	轴承钢球	企业从韶关矿山机械厂分出设厂，1982 年与轴承厂合并，生产轴承钢球；1983 年企业易名韶关轴承总厂钢球分厂；1984 年恢复韶关机床厂名。
韶关无线电仪表厂 韶关仪表厂	1966 年	电子动平衡记录仪器，1972 年生产电子电位差计和电子平衡电桥系列产品，研制出光栅显示仪、橡胶工业电子秤、锅炉水位计、简易水泥皮带秤、航空飞行记录仪、机械包装秤	企业从韶关电器厂分出仪表生产部分成立。1969 年易名为韶关无线电仪表厂。1972 年企业将无线电与仪表生产部分分为两厂，仪表生产部分迁往新厂址，取名韶关仪表厂。
韶关模具厂	1966 年	金属模具	企业从韶关造船厂分出机械生产部分设厂。1971 年，企业分化出粉末冶金制品生产部，成立韶关粉末冶金厂。

企业名称	建设时间	主要产品	企业变化沿革
韶关粉末冶金厂	1971年	各种汽车、拖拉机、内燃机配件	企业系从1966年成立的韶关模具厂粉末冶金制品生产部分分出。
韶关第二粉末冶金厂	1976年	汽车、拖拉机、内燃机配件	企业1979年与韶关粉末冶金厂合并。
韶关机床维修厂 韶关曲轴连杆厂 韶关通用机械厂	1966年	生产"南粤"牌汽车配件	企业在韶关机械厂门市部的基础上建厂，曾用名韶关机床维修厂，1976年企业更名韶关曲轴连杆厂。1979年并入韶关链条厂，1981年再从韶关链条厂分出，建韶关通用机械厂。
韶关冶金化工厂 韶关电焊条厂	1968年	电焊条	1968年建厂，厂名韶关冶金化工厂，1976年专业生产电焊条，更名为韶关电焊条厂。
韶关金属结构厂	1968年	反击式破碎机，研磨机	新建
韶关电线厂	1968年	电线	新建
韶关铸锻中心 韶关铸锻厂 韶关铸锻总厂	1969年筹建	铸钢件、铸铁件、锻钢件	1969年从韶关挖掘机制造厂分出，成立韶关铸锻中心。1971年企业易名为韶关铸锻厂。1983年企业重组易名韶关铸锻总厂，下设铸钢、铸铁、锻造、机修四个分厂。
韶关机电设备厂 韶关第二机械厂 韶关市食品机械厂	1968年	柴油机零件，转产食品机械	企业始建时由韶关市东方社与专用机械厂合并，初名韶关机电设备厂；1974年易名韶关第二机械厂，以生产柴油机零件为主；1982年企业转产食品机械，并易名韶关市食品机械厂。

企业名称	建设时间	主要产品	企业变化沿革
韶关地区机械厂 韶关地区农机配件厂 韶关农机配件厂	1969年	农机配件，1983年后生产小型手扶拖拉机，主产丹霞－4型、丹霞－6型马力手扶拖拉机和吊风扇等	企业由韶关地区技工学校改建而成，曾用名韶关地区机械厂，1974年企业更名为韶关地区农机配件厂，1983年后易名韶关农机配件厂。
韶关锻压机械厂 韶关机械厂	1958年		1958年韶关新生机械易名韶关锻压机械厂，1979年易名为韶关机械厂。
韶关工具厂	1969年	专业刃具	企业于1969年开始筹建，1970年投产。1971年开始批量生产，是机械部重点企业。
韶关标准件厂 韶关钢板弹簧厂	1970年	钢板弹簧	企业系1970年从韶关市机电设备厂分出成立韶关标准件厂，1979年企业易名为韶关钢板弹簧厂。
韶关地区通用机械厂 韶关地区柴油机厂 韶关农业机械厂	1971年	农机配件，1978年后转产小型柴油机，1983年转产小手扶拖拉机拖卡及配套农机具为主	企业1978年开始生产小型柴油机，易名韶关地区柴油机厂；1983年更名韶关农业机械厂。
韶关轴承修配厂 韶关市工矿配件厂	1972年	汽车钢板配件，1974年后专业从事压缩机阀片生产	企业系从韶关轴承厂生产汽车钢板吊耳的一个小车间，兼顾韶关市街道转来部分职工改建而成。1974年，企业与韶关模具厂阀片车间合并，易名韶关市工矿配件厂。

企业名称	建设时间	主要产品	企业变化沿革
广东省矿山通用机械厂	1959 年	矿山破碎机、矿井提升机等	企业原是华南重工业基地建设项目华南重型机床厂。1959 年改建为广东矿山通用机械厂。1960 年更名广东轻重矿山机械厂。1962 年再更名为韶关挖掘机制造厂。1971 年企业重建，名为广东省矿山通用机械厂，1975 年投产。
曲江县通用机械厂韶关减速机厂	1972 年	机械减速机	企业建成后，1983 年易名韶关减速机厂。
韶关液压件厂韶关电器厂韶关电机厂韶关变压器厂	1974 年	变压器	前身为韶关液压件厂，1965 年析出取名韶关电器厂，1974 年更名韶关电机厂，1984 年易名韶关变压器厂。
韶关绝缘材料厂	1981 年	绝缘材料	新建

注：本表根据《韶关机械工业志》整理而成。

从 20 世纪 60 年代初期到 70 年代末，韶关机械工业企业建设发展迅猛，形成了韶关机械工业行业的主体架构，从矿山机械、冶金机械、电力机械，到农用机械、化工机械、建筑机械，再到机械加工等机械门类，涵盖了韶关工业的多个行业。

（七）电子工业兴起

1966 年 5 月，市区以一间无线电修理门市部为基础，创建了韶关无线电厂，标志着韶关市开辟了电子工业这一新兴工业部门。办厂初期，韶关无线电厂拥有职工几十人，固定资产原值不足 100 万元，主要生产收音机产品。20 世纪 60 年代末 70 年代初，粤北作为广东的战略后方，进行"小三线"建设，省在连县、乐昌等县境内先后兴建了省半导体器件厂、红权电器厂、先锋机械厂，以及 103 厂等军工电子工业企业。

韶关无线电厂：企业原为韶关城区私营无线电修理门市部，经过 20 世纪 50 年代的社会主义改造运动后，企业成为国营无线电修理厂。时企业仅有几间小平房，几部老式车床及几位老工人和十多名青年学徒。1966 年 5 月。企业扩建为韶关无线电厂，主要生产电动仪表、三管半导体收音机以及 1 千瓦中短波广播发射机。

（八）纺织工业建设

1963 年至 1965 年，三年经济调整时期，随着国家农、轻、重比例关系的调整，韶关市纺织工业得到很大的发展。

1965 年，韶关市组建成立轻纺工业公司后，开始了韶关纺织工业的建设。是年，在广东省政府的支持下，广州的一批针织企业迁至韶关落户。此外，广东省民族事务委员会拨款在连山兴建起第一间生产瑶族用布的连南民族织布厂。

在韶关城区，20 世纪 50 年代初兴建的国营永光织布厂于 1965 年转为韶关地方国营企业，析出胶鞋车间，更名为永光厂，原永光织布厂仍保留织布车间。当时的韶关纺织工业企业在调整中减少到 16 个，但企业生产能力普遍扩大，纺织工业全年完成工业总产值 484 万元，比 1962 年增长 6.8 倍。1966 年至 1970 年，第三个五年计划时期，纺织工业产值继续以高速度增长。1970 年，纺织工业总产值 3 893 万元，比 1965 年增长 7 倍。这一时期，投资新建了韶关棉纺厂、乐昌棉纺厂等企业，进一步扩大了纺织工业的规模，提高了生产能力，奠定了以棉纺为主体带动整个纺织工业全面发展的基础。

韶关针织一厂：企业原为广州景发针织厂，创建于 1956 年。1965 年，经中共广东省委同意，企业整厂搬迁至韶关，定名为韶关针织一厂。

韶关针织厂（韶关棉织厂）：企业前身为创建于 1956 年的公私合营广州兆光针织厂。1965 年 6 月，经广东省委同意，广州兆光针织厂、裕国毛巾厂合迁韶关市，定名成立韶关棉织厂，随迁职工 313 人。1976 年改名为韶关针织厂。

韶关棉纺厂：1966 年 5 月，广东省轻工业厅粤轻计财字第 194 号文件上报"在韶关兴建五万锭棉纺厂设计任务书"，经中央纺织工业

部同意暂建三万锭，以后再酌情扩大；国家计委批准其生产规模为三万锭，投资 700 万元。据此精神，厂址面积按五万锭选择，厂房按三万锭建设，留二万锭空地待后扩建。同年 8 月 15 日，韶关棉纺厂筹建处正式挂牌成立。筹建处成立后，即行展开建厂选址工作，经再三论证，最后确定将厂址定在西郊二公里处。此地北靠宝盖山，适应备战需要；南有韶乳公路，距火车站只有四公里，交通方便；东有西河变电站及武江，供电较近，水源充足，不占用农田，节省征地费用，也容易安排职工生活。同年 11 月 16 日，广东省建委批准建厂选址。1967 年 7 月，韶关棉纺厂正式动工。1968 年，经省委同意，棉纺厂先后从郑州纺织系统商调来各工种技术人员二百多人。1969 年 10 月 1 日，企业一次性试机生产成功。1970 年 7 月 1 日正式投产，生产出第一批帘子布。

乐昌棉纺厂：1968 年 5 月，广东省轻工厅向中央纺织工业部申请，"将广州三棉迁至乐昌兴建"，经纺织工业部批准后，韶关专署与工业工作站革委会迅速组成建设筹备处。筹备处成立后，随即展开选址工作，最后将建厂地址定在原乐昌中学旧址上，时建厂面积有78 000平方米，地形平整，可建主厂房。该校范围 120 000 平方米，南面靠山，北临武江，水、陆（铁路）运输方便，靠近县城，协作条件较好，标高96.4 米，不致水淹，另有宿舍等 7 000 平方米，可作为干部职工办公设计和生活福利设施之用。1969 年更名的"乐昌棉纺厂"正式动工兴建，按规划设计棉纺厂生产规模为 8 万纱锭，是广东省集纺纱、织布、制线、染色为一体的中型骨干联合企业之一，当年企业建设开始试产，1970 年建成投产。建厂初期是个有 1 200 名职工和 3 万纱锭的单纺厂。

韶关织布厂："小三线"建设兴起后的 1969 年，原永光织布厂织布车间由城区迁址西河，成立韶关织布厂。民国时期兴建的原永光织布厂企业全部分解，进入社会主义国营纺织工业，企业成为韶关市纺织行业专业织布企业之一。

（九）化工、皮塑工业建设

1. 化学工业建设

在"小三线"建设兴起后，韶关化学工业逐步走上了鼎盛发展。从 1966 年至 1970 年，第三个五年计划期间，为了发展农业，支农工业也得到了相应的发展。这一时期,韶关市先后新建了曲江、仁化、连阳氮肥厂,改造和扩建了韶关化肥厂和韶关第二化工厂等一批骨干企业,有效地扩大了化工生产规模,化工产品结构也发生了显著变化。1970 年,韶关的化工企业增加到 32 个,完成工业总产值 3 681 万元,比 1965 年增长了 1.82 倍,平均年递增 23%。

韶关橡胶厂:"小三线"建设兴起后,为发展粤北韶关化工橡胶制品业,原属永光纺织厂的橡胶车间从企业独立出来,成立"永光厂",企业由韶关市政府拨款 33.2 万元,兴建永光厂(胶鞋车间),企业当年建设,当年投产。1966 年,企业再增建胶管车间。1969 年,企业从旧址(韶关市北门)搬迁到南郊二公里,正式更名为韶关橡胶厂,利用下马企业粤北松脂厂的部分厂房,改造安装胶鞋、胶管生产设备进行生产。1970 年初,企业由轻纺公司所辖转由韶关市燃料化工局管辖,企业采取"边建设、边生产"的发展方针。至 70 年代末,企业划归韶关市化工局所辖,生产产品包括夹布胶管、翻新轮胎、胶鞋、运输皮带、拖拉机轮胎、胶杂件等,年产值 1 000 万元,产品销往粤湘赣三省地区。

韶关烧碱厂:"小三线"建设兴起后,由广东省投资兴建的化工企业之一。是年,企业由韶关市抽调干部组成筹建领导小组,负责烧碱厂的筹建工作。到了 1968 年 9 月,广东省政府宣布项目"缓建",项目下马。企业除留守 10 余人外,其余均安排到其他单位工作。1969年 8 月,缓建一年的韶关烧碱厂建设重新上马,韶关市重组筹建处后,由广州军区后勤部组建建筑大队,集体转业 200 多名干部、战士至厂参加建设,经一年时间完成年产 3 500 吨烧碱和 3 000 吨盐酸的土建施工及设备安装。1970 年 11 月,企业联运试产成功,是年,生产烧碱132 吨、盐酸 154 吨,实现工业总产值 8.2 万元。

韶关电石厂:企业前身为韶关市腊石坝石灰厂(建材企业),厂址在韶关东河坝。1965 年 4 月,"小三线"建设兴起,经韶关市政府同意,腊石坝石灰厂开始研发电石生产。1966 年 5 月,石灰厂迁建于韶关市西河芙蓉山北麓,更名韶关电石厂,隶属于韶关市化工总公司。土建工程由韶关市建筑工程队承建,根据建筑规划,企业生产工艺流程参照广州化工厂建设标准,自行设计,生产设备及专用装备外购,其余均为自行设计制造。1967 年 4 月,企业正式建成投产。总基建耗

资 18.1 万元，是年，生产电石 570 吨，完成工业总产值 43.42 万元。

韶关日用化工厂：企业前身为韶关化工肥皂厂，厂址位于韶关市五里亭前进路。1969 年，企业更名为韶关日用化工厂，进行扩建。扩建后的企业，分肥皂、洗衣粉、液洗和锅炉四个车间，基本实现机械化生产。

韶关第二化工厂：企业前身为韶关淀粉厂。"小三线"建设兴起后，韶关市政府为填补韶关市钛白粉生产的空白，由政府投资，将韶关淀粉厂所属化工产品生产车间和制酒车间，从企业中独立出来，分别成立韶关第二化工厂和韶关酒厂。1967 年 1 月，韶关第二化工厂划归化工系统管理。同年，第二化工厂在东河牛头潭动工兴建，在引进广州钛白粉厂生产技术后，土法上马。同年 10 月，研发钛白粉生产，当年试产钛白粉成功。生产钛白粉 104 吨，完成工业总产值 52 万元。

在 1963 年至 1965 年的经济调整中，韶关的化工化肥行业为加大支农工业发展的力度，同时提升韶关化工化肥产能，全行业按照中央大兴"小化肥"生产建设的要求，在各县（区）掀起了大办"小化肥"企业的高潮。从 1963 年至 1965 年，韶关地区从各农机生产企业中，抽调了部分企业技术工人，成立了化肥生产设备安装队，帮助各县建设小化肥厂。1966 年至 1970 年，曲江、仁化、连阳等县的小氮肥生产企业相继建成投产。时全市小化肥生产虽然有了较大的发展，但由于设备落后，管理不善，因而经济效益差。特别是氮肥企业，大部分连年亏损，要靠政策性补贴来维持。

1970 年，韶关地区成立的化肥生产设备安装队，改组成立韶关市轻化机修厂，专业从事压力容器制造。不久，企业更名为韶关化工机械厂。

2. 皮塑工业建设

皮革行业是韶关传统手工业，在经历 20 世纪 50 年代"三大改造"与"合作化"运动后，行业大部分转为地方国营，直到 1962 年全市皮革工业总产值仅达 134 万元。三年经济调整时期，1965 年皮革工业总产值下降到 26 万元；在第三个五年计划时期，皮革工业开始得到恢复和发展，至 1970 年韶关传统皮革工业一度得到较大发展，总产值达到 305 万元。

韶关市塑料行业是 20 世纪 60 年代开始逐步发展起来的。60 年代初，韶关市区已开始生产尼龙牙刷、电木、纽扣、瓶盖等塑料制品。1965年，我国对外经委援助越南民主共和国河内塑料厂的成套设备，因国际情况的变化，经对外经委同意，大部分拨往广东省，改在韶关兴建广东综合塑料厂。

广东综合塑料厂：1965年，由国家二轻工业部和广东省二轻厅决定投资460万元，在南郊8公里筹建广东综合塑料厂。是年，企业开始筹建，计划厂房总面积4 500平方米。经过3年建设，企业于1968年正式投产，当年企业达成年产塑料制品3 000余吨目标。自此，塑料工业迅速在粤北兴起，从70年代开始，韶关市区相继新建了地方国营塑料一、二、三、四厂等企业。

（十）"小三线"国防军工建设

1. 兵器制造工业

1964年10月，毛泽东向全国批转了中共广东省委《关于广东省国防工业和三线战备工作的请示》报告后，1965年夏天，广东省"小三线"建设进入实质性实施阶段。8月，全国搬迁工作会议确立"大分散、小集中"原则，国防尖端项目建设实行"靠山、分散、隐蔽"原则，有的还要进洞，即"山、散、洞"原则①。广东省计划委员会根据省"三五"计划提出的任务②，从立足战争出发，结合本省各部门、各地区对战备工作提出的意见，于9月9日向广东省委上报了《关于当前和1965年三线建设工作的初步方案》。方案提出了"加速地方军事工业的建设，计划在短时间内在广东后方连县、连南、连山一带建立小型枪厂、子弹厂、手榴弹厂、地雷厂、炸药厂"③的计划。

根据这一计划，为加强军工生产的领导，广东省设立中共广东省委国防工业建设领导小组，省政府主管部门先为省军工局，后为省机械工业厅。由此，拉开了"小三线"军工企业建设的高潮。时大部分军工企业建设分布在连阳地区（连山、连县、连南、阳山）及韶关翁源、南雄、仁化等县。其中，兵器军工企业主要分布在连阳地区；核

---

① 中共中央党史研究室：《中国共产党历史（1949—1978）》（下册），中共党史出版社2011年版，第692页。

② 广东省"三五"计划提出的任务是：大力发展农业，加强基础工业，相应发展交通运输业，建立以"五小工业"（小化肥、小农药、小水泥、小农机、小水电）为主的支农体系和"小三线"军事工业体系。

③ 刘田夫：《刘田夫回忆录》，中共党史出版社1995年版，第376页。

工业企业则分布在翁源、南雄、仁化等地。

国营北江机械厂：企业位于连南寨岗，系"小三线"军工厂建设重点项目之一，隶属第五机械工业部。于1964年筹建，1965年1月动工兴建，当年试产成功，以生产56式7.62毫米半自动步枪为主。军改民后，企业更名北江机械厂。

国营岭南工具厂：企业位于连县九陂，系"小三线"军工厂建设重点项目之一。于1965年筹建，1966年建成，同年5月试产，1967年6月生产鉴定定型（一次鉴定成功），工厂建设初期投资347万元。建厂时，该企业利用了原连阳煤矿的部分旧址和房屋。全厂生产性建筑面积2.56万平方米。工厂初建时，除抽调广州电机厂部分设备及工人、干部外，还从八六一厂调来68名技术干部和工人生产枪弹，主要生产56式7.62毫米枪弹。

国营跃进铁厂：企业位于连南寨岗。于1965年11月动工，1966年6月建成试产，1967年批量投入生产，设计年产67式木柄手榴弹100万枚。另具生产60迫击炮弹和工业雷管、反坦克枪榴弹等生产能力。军改民后，企业更名明华机械厂。

国营利华加工厂：企业位于连县保安区。1967年3月建厂，1969年9月试生产，1970年初投入批量生产。设计年生产硝铵炸药2 000吨。

国营星光工模具厂：企业位于连县保安区。1966年8月动工，1967年7月试制产品（部分投入生产），1968年7月全部建成正式投入生产。全厂建筑总面积2.4万平方米，其中生产厂房8 900平方米。到1975年底，全厂共有职工806人（其中工程技术人员18人）。建厂宗旨是承担枪厂、子弹厂、手榴弹、炮弹、炸药等军工厂生产所需之工装40％。设计年生产4 500种3万（套）各种兵器工业工厂所用之工模具。

"小三线"建设时期，在粤北的兵器工业生产，有属"大三线"军工厂建设项目三家，即四联高射机关枪厂、航空炮弹厂和夜视仪器厂。其余皆为省属"小三线"建设军工企业，由省国防工办（军工局）直接领导和管理。为保证"三线"军事工业生产的物资供应，分别在连县设有三八五仓库和乐昌坪石仓库，在连县还建有一家小型水泥厂。

2. 军用电子、通讯工业

"小三线"建设时期，广东省领导机关根据战备的要求，决定在具有"山、散、洞"地理优势的粤北连阳地区建设武器以及军用电子、通讯业。1969年3月，广东省成立省电子工业办公室，负责领导"小三线"电子工业建设。是年6月，省电子工业办公室决定将在广州的无线电元件二厂迁往粤北连阳地区，并兴建"小三线"企业，生产军用电台和电子元器件。由此，揭开了军用电子工业在粤北发展的序幕。

"小三线厂"军用电子工业企业建设，至1970年，基本建设共投资2 600万元，拥有专用设备411台，通用设备338台，固定资产原值2 629万元。

国营东方红机械厂（又称8532厂）：企业前身为广州市无线电元件二厂。1969年6月，企业奉命迁往粤北连县东陂，组建国营广东省半导体器件厂（后称"东方红机械厂"）。主要生产硅高频小功率和大功率管、硅开关三极管、硅低频大功率管、半导体器件等产品。

3. 核工业原料生产

"小三线"建设开始前，为进一步查明粤北地质情况、铀矿品位、储量与开采价值，二机部于1963年11月，在广州召开铀矿地质工作会议，决定在韶关组织铀矿勘探会战，并将西南二〇九地质队机关从四川迁韶关，与从新疆、云南、四川、贵州抽调的勘探队，加上原在粤的勘探队，成立中南二〇九队，掀起粤北山区勘探铀矿大会战。

至1964年10月，我国第一颗原子弹爆炸试验成功后，韶关地区的铀矿开采进入鼎盛时期。1965年7月，粤北七四三矿三〇一工区建成投产。

1969年，二机部矿冶局决定从七四一矿抽调人员筹建七四五矿。同年3月，建矿的17个人到矿区——锦江河畔开始创业。6月，二机部军管会业务小组批复，要求七四五矿建设立即上马。10月，二机部转发关于广东长江矿设计任务书的批复，同意建设广东仁化县七四五矿，要求1972年建成投产。1971年，七四五矿被编为中国人民解放军基建工程兵六二五团。

自1964年起，粤北韶关地区的多个铀矿逐步投入生产，至1987年，共创造产值12.05亿元，实现利润1.5亿元。铀产量的稳步提高，为中国原子工业提供了丰富的原材料，满足了国防建设的需要。

三、其他辅助工业建设

1. 建材工业建设

在 1963 至 1965 年的三年经济调整时期，韶关建材工业生产能力持续得到快速提高，1965 年完成工业总产值达到 867 万元，比 1962 年增长 91.8%，平均年增长 24.2%

1966 年，"小三线"建设兴起后，韶关建材工业伴随建筑业的发展，步入迅猛发展阶段。在第二、三个五年计划实施过程中，广东省在韶关市新建了玻璃纤维厂，复建了英德水泥厂。同时，韶关市区扩建和改造了韶关水泥厂；全市各县陆续增建水泥厂 21 家，此外。全市砖瓦生产也有新的发展。到 1975 年，全市建材工业企业达到 77 家，完成工业总产值 3 999 万元，比 1965 年增长 3.6 倍，平均年增16.5%；建材主要产品水泥产量为 48.54 万吨，与 1965 年 7.36 万吨相比，增长 5.6 倍。

英德水泥厂：企业于 1961 年列入缓建项目后，其石灰石矿山并没有停建，1961 年 10 月停建的水泥厂交由广州水泥厂续建，到 1964 年石灰石矿山建成投产，所开采的矿石全部供应广州水泥厂，矿山隶属广州水泥厂管辖。1965 年"小三线"建设开始前，建设工业部按照上级对龙头山前山石灰岩矿区进行补勘的要求，派出非金属矿地质公司四〇四队前往英德龙头山工作，经过大半年时间的补勘，综合前人资料，求获储量 6 216 万吨。1965 年 5 月，补勘队提交了《广东省英德县冬瓜铺龙头山前山石灰岩矿区补充勘探报告》。报告称：前山矿段①有 4 个矿体。主矿体长 1 920 米，宽 130～250 米，厚 27～201 米，埋深 0～160 米，矿体呈层状产出，其产状受岩层产状控制。自此，由广州水泥厂承建的英德龙头山水泥厂开始生产。伴随水泥生产矿石需求量的剧增，为减缓英德前山开采平台下降速度，并结合利用中山，开发后山，1969 年由国家建委决定复建英德水泥厂。1970 年 7 月，英德水泥厂正式成立后，开始动工兴建。时龙头山矿山开采矿石供广州和英德两水泥厂使用，国家建委建材局批准龙头山矿山年产矿石 170 万吨，矿山服务年限 80 年。

---

① 据《中国矿床发现史》记：英德龙头山石灰岩矿，由前山、中山、后山及龙尾山四个矿段组成。

韶关水泥厂：企业始建于1958年，为全省第一批筹建的年产3.2万吨定型厂。1960年企业建成投产。三年经济调整时期，为适应即将到来的"小三线"建设，1964年扩建韶关水泥厂工程被重新提上日程，根据工程扩建计划，韶关水泥厂扩建至年产能力6.3万吨水平。

2. 食品工业建设

"小三线"建设全面兴起后，伴随国民经济第三个五年计划的实施，韶关食品工业经过三年的经济调整，在1966年已达到中华人民共和国成立以来的最高水平。然而，随之而来"文革"打破了初步平衡的轻重工业比例，计划体制下的食品工业从1967年开始，产值再次开始下降，1968和1969年下降至最低点。地区食品工业1968年产值比1966年减少21.6%，比整个"三五"计划时期平均年递减0.3%。企业生产速度进入缓慢发展轨道。

韶关酒厂（韶关淀粉厂）：1966年底，为进一步推动韶关食品工业行业的发展，按照以"老厂孵化新厂"方式，将企业制酒和化工产品生产两个车间从企业独立出来，分别建置韶关酒厂和韶关第二化工厂。由此，韶关淀粉厂更名为韶关酒厂。独立建置后的韶关酒厂，以单纯的酒类生产取代了原淀粉生产。企业内设包括机械制酒、锅炉、土法米酒、干酿地窖、汽水饮料及包装车间等。企业以生产"岭南春"浓香型大曲酒为主，规划年机械化生产六十五度白酒3 000吨。然而，随之而来的"文革"打破了企业的发展规划，受极"左"路线干扰，加上自20世纪60年代初国家逐步实行粮食统购统销政策，企业生产又步入低谷。企业酿酒因粮食供给的不足，主要以杂粮和替代原料（木薯、薯莨等）进行生产。这种状况持续至70年代初期，伴随国内农业粮食生产的发展与提高，企业酿造生产始逐步得到恢复。

乐昌县酒厂：是始建20世纪50年代中期的老牌酿酒企业。原产以红头早稻大米酿制的小麹酒（又称乐昌堆花酒、太白酒），60年代初，国家实行粮食统购统销后，酿酒业多改为以杂粮（木薯、土茯苓、薯莨等）和代用原料进行酿造生产后，企业转产药酒"龙虎凤酒"，一直持续到70年代初。

从1966年到1970年，全市食品工业除新建了5个制糖企业外，基本上保持原有规模，整个行业生产能力提高甚微。1970年，食品工业总产值仅达8 486万元，比1965年增长18.3%，平均年递增3.4%。

第五节 20世纪70年代初期的韶关工业改造

一、"小三线"建设中的工业会战

从"三五"计划实施开始的"小三线"建设，至"四五"计划时期，国家对广东工业的装备投入，主要用于本省的煤炭、钢铁、电力、运输等八大工业门类，项目亦大多采用会战式建设。其中，"四五"期间，国家投资2.34亿元，重点兴建了一批拖拉机、柴油机及关键配件厂，并承担了本省氮肥设备制造及轴承等重点配套产品企业的技术改造工作。

1970年在全省兴起的"小三线"建设中，先后曾组织过数次生产建设大会战。其中，为解决"北煤南运"的状况，全省开展了"大打矿山之仗"会战。其间，1971年，在韶关的机械行业，为适应矿山设备制造的需要，扩建广东省矿山通用机械厂，使其规模为年产矿山起重设备5 000吨。又扩建、兴建韶关工程机械厂、广东省煤矿机械厂等。另在英德，还相继兴建矿山机修厂，为韶关曲仁（红工）、四望嶂、大宝山铁矿、韶关钢铁厂、大岭冶炼厂，以及地方小煤窑、小铁矿、小水电等，提供机电设备和配套产品，从而极大地提高韶关机械行业的制造能力、生产技术水平。

1970年，按照中央关于加快发展"小化肥"工业的指示，省委提出的"每县都要建一座小氮肥厂"的要求，一场"小化肥"工业建设大会战在全省开展。粤北机械行业率先组织了100多间工厂企业制造氮肥设备，共制造小合成氨成套设备及配套设备100多套，提供给各县小氮肥厂，用于氮肥生产；煤炭行业的南岭煤矿，则提出以生产白煤粉代替块煤，生产氮肥，成功制成煤球运用在小氮肥厂生产上；在小氮肥厂建设方面，继曲江、仁化、连阳等地区小化肥企业投产后，韶关小化肥企业建设步入兴盛。1974年，翁源县小氮肥厂建成投产；同年，英德县小氮肥厂建成投产；1975年，翁源县再兴建磷肥厂，当年建设，当年投产，主要产品包括工业硫酸、过磷酸钙（磷肥）等。

会战使韶关"支农"化肥工业达到前所未有的发展水平，时隶属韶关市的 12 个县，除连山、连南和乳源等 3 县外，其余各县均建有小氮肥厂，英德、乐昌、阳山、翁源和连山等县还建有小磷肥厂。"两肥"产量自给有余，结束了韶关农用化肥依赖国家调拨的历史。

在开展"小化肥"工业会战的同时，农机、机床生产大会战亦在同期展开。在 1970 年至 1971 年间，为支援农业发展，由韶关专区工业工作站借助地方机械工业的发展，组织了第一次"农机大会战"。此次会战，共有 89 家机械工业企业参加，会战以韶关地区拖拉机制造厂为主攻厂，造出了工农－10 型手扶拖拉机 167 台。随后，在机床生产方面，又有南雄县通用机械厂开展了机床生产大会战，历时 20 天，完成车床、钻床、砂轮机各 30 台。至 1975 年，"小三线"各种生产大会战运动，始告一段落。

二、20 世纪 70 年代初期的工业改造与调整

1971 年，根据广东省第四个五年计划安排，广东省的经济建设继续狠抓战备，集中力量建设"小三线"后方工业。按照建设规划设想，建立以粤北地区为中心的后方战备基地，建设一个比较独立的、平战结合的工业经济体系。为此，全省的基本建设投资 60% 以上（其中工业投资 70% 以上）放在了粤北地区。[①] 然而，伴随国际形势的逐步缓和，特别是 1972 年中美关系的解冻，中苏两国紧张关系也有所缓和，加之国家经济能力的制约，包括韶关工业在内的广东省基本建设规划有了一个较大的改变，到了实施国民经济"四五"计划的后期，韶关工业建设基本上没有再上马新的较大型的工业项目。"小三线"工业建设目标、任务主要放在了"集中力量，使在建的工业工程，尽快投入生产上来"。1973 年后，工业企业投资逐步转向工业企业的技改、挖潜改造及调整上。

企业的"革新、技改、挖潜"改造，是 20 世纪 70 年代初期韶关工业企业为扭转产业经营亏损、扩大企业生产能力，所采取的一项工业企业增产、增效改造措施。主要部门集中在电力、冶金、机械、医药、化工、纺织、电子、建材等行业。通过企业的"革新、技改、挖

---

① 匡吉：《当代中国的广东》（上），当代中国出版社 1991 年版，第 246 页。

潜"改造,韶关工业涌现出了一批企业和优秀产品。部分亏损行业亦开始实现扭亏增盈。

(一)电力工业改造

20世纪70年代初期的韶关电力工业,在经历"小三线"建设后,形成了以韶关发电厂为主,省属南水、长湖、潭岭、泉水四座中小型水电站(厂)为辅的水电工业格局,总装机容量达到18.65万千瓦。1970年,为适应韶关工业城市用电的需求,并延续"小三线"电力工业的发展,韶关发电厂续建了两台5万千瓦发电机组。1971年10月,电厂第一台5号汽轮发电机组正式投产;到1974年1月,第二台6号汽轮发电机组亦正式投产发电。自此,韶关电厂发电总装机容量达到22.4万千瓦。

在韶关发电厂续建发电机组的同时,在乳源的南水水电厂,亦进入发电机组安装建设阶段。1970年4月,电厂3号水轮发电机组投产;8月,2号水轮发电机组投产。1971年8月,1号水轮发电机组投产。

同期,乳源泉水水电厂于1970年5月正式动工兴建后,1971年电厂建设开始利用围堰拦水发电;1972年1月,泉水水电厂4号水轮发电机组正式投产;6月,3号水轮发电机组亦开始投产。时泉水水电厂建设采用双曲拱薄结构建坝,是当时中国同等高度双曲拱坝中最薄的一座,电厂建筑荣获国家建委70年代优秀设计奖。1972年,泉水水电厂划为南水水电厂管辖(原属省水电局管辖),更名为南水水电厂泉水分厂。1973年6月,泉水分厂1号水轮发电机组正式发电;12月,2号水轮发电机组正式投产,自此,泉水分厂4台发电机组总装机容量达到2.4万千瓦。1974年,南水泉水大坝建成。

英德长湖水电厂于1970年8月开始大坝砼浇筑后,至1972年12月大坝下闸蓄水;1973年3月,电厂1号水轮发电机组正式投产发电;1974年6月,电厂2号水轮发电机组正式投产,自此,电厂总装机容量达72 000千瓦。兴建成的电厂大坝,采用了砼宽砂腔溢流重力坝设计,坝高51米,长181米,坝顶宽7米,设有五孔,每孔宽13米的溢洪道及断面为1.2米×1.2米的灌溉出水口,应用流量4.6秒1立方米,灌溉农田4.3万亩。

在大型电力发电厂扩容、增量改造建设的同时,20世纪70年代初期的韶关地方电力工业企业建设，亦得到快速的发展，南雄、翁源、乐昌、仁化、始兴、曲江，以及连县、连南、阳山等县，先后兴建了一批县级水电站。到1975年底，韶关地区电力工业企业发展到63家，完成工业总产值14 868万元，比1965年产值增长8.9倍，平均年递增25.7%。通过这一时期的建设，韶关电力工业成为广东省电力行业的重要部门之一。

（二）冶金工业行业改造

1. 采矿行业建设改造

20世纪70年代初期的韶关采矿业，持续得到中央及省的重视与投资兴建、扩建。

凡口铅锌矿：承续第二期狮岭采区选厂第二系列建设工程，到1973年企业选厂第二系列投产。1974年，在采选3 000吨/日规模未建成的情况下，经冶金部批准，凡口铅锌矿增加黄铁矿生产能力为300吨/日至500吨/日的基建工程。至1976年选厂第三系列工程重新开始建设。按照原初步扩大设计，采选3 000吨/日达产后，凡口铅锌矿年产铅锌金属15万吨。第一期工程于1968年建成投产后，二期工程紧接着于1969年建成投产。利用金星岭上部富矿与狮岭区上部矿石混合出矿。后来因情况发生变化，目标无法实现。到20世纪70年代末，凡口矿设计单位长沙有色冶金设计院根据企业历年生产和基建实际情况，重新对原设计进行补充调整，将原设计铅锌金属15万吨/年，降为12万吨/年。

石人嶂钨矿：经历"小三线"头三年大规模边勘探边生产的石人嶂钨，从1969年开始进入生产全面发展时期。到70年代初期的国民经济"四五"计划实施时期，企业生产达到了发展高潮。

大宝山矿：20世纪70年代初期的大宝山矿区在承续矿山"三小工程"建设的同时，开始着手进行230万吨规模建设的筹备工作。1970年6月，大宝山矿建设和选矿试验被列为国家重点项目。1971年6月，在海拔近千米的铁矿北采场基建剥离59吨级大爆破，标志年产230万吨铁矿规模的建设开始动工（图2-13）。

至1975年3月，大宝山矿区完成了年产230万吨铁矿改造、扩建工程，还先后完成了包括箕斗卷扬、架空索道运输线路、东华筛分、大电铲安装、马大铁路沙溪车站，以及东风200型潜孔钻机技术改造

图 2 - 13　大宝山矿兴建年产 230 万吨铁矿改造扩建工地

等工程。其间，企业还认真贯彻生产与环保"三同时"方针，做好企业环境建设的综合治理。

　　1972 年底，为改造环境，抵御洪水，企业开始治河筑坝"三项工程"，从 1973 年至 1975 年，先后投资 70 万元，在船肚河上游建成东华拦泥坝 22 米；1973 年至 1976 年，先后投资 650.17 万元，建成槽对坑尾矿坝 245.76 米；1975 年至 1979 年，建成李屋拦泥坝。1975 年 6 月，在年产 230 万吨铁矿规模矿区建成之际，企业在新建铁矿区组织"夺矿大会战"；是年，矿区全年完成采剥总量 278.37 万吨，生产成品矿 60.48 万吨，运出商品矿 54.29 万吨，200 型潜孔钻单机平均台进尺 3 844 米，4.6 立方米电铲平均台年产量 52.14 万吨。

　　2. 冶金工矿企业改造

　　经历"小三线"建设后的韶关冶金工业，初步形成了有色金属采选、钢铁冶炼、矿冶等三大门类冶金行业，这些行业、企业成为韶关工业发展的支柱。为提升韶关冶金工业产能，20 世纪 70 年代初，韶关冶金工业行业对有色金属加工业进行了以扩大生产能力为主的工业改造建设。在中央及广东省的积极支持与扶持下，韶关地区先后配套新建韶关冶炼厂、广东省大岭冶炼厂、广东省铁合金厂等冶金企业；韶关市属冶金工业行业亦得到进一步的完善。

　　广东省大岭冶炼厂：企业系配套凡口铅锌矿、铝矿开采，经广东省冶金工业总公司批准成立的冶炼厂。企业位于韶关市东北 41 公里处的仁化董塘小盆地南缘，筹建于 1970 年元月。电解车间于 1970 年初

破土动工，1972年底建成投产；1974年，碳素车间动工兴建，并于当年部分建成投入生产；1976年6月，电极部分建成投产；1979年企业全面建成投产，形成年产9 600吨生产能力。

广东省铁合金厂：企业系配套英德硫铁矿开采生产，由广东省冶金工业总公司（原冶金厅）投资兴建的四个直属钢铁骨干企业之一。企业位于英德沙口镇，于1970年11月开始筹建，至1974年9月起开始陆续投产。由于企业片面追求产值，导致企业投产后连年亏损。

韶关冶炼厂：20世纪70年代，伴随韶关全市工业进入改造、调整时期，企业建设步入第三阶段。1973年，基建工程进入烧结系统车间建设；1974年，企业完成主体工程建设，并投入试生产。同年，企业再次调整建设原则，采用"边扩建、边试产"方式进行基建。1975年，韶关冶炼厂基本建成投产，烧结、硫酸、鼓风联动试车成功。从1977年开始，企业正式承担国家计划的生产任务。1975年冶金工业完成工业总产值达24 696万元，比1970年增长96.9%，平均年递增14.5%。

韶关钢铁厂：在实施国民经济"四五"计划时期，企业承续建设规划。1971年12月，企业2 300毫米中板车间建成投产；1975年12月，企业1 200毫米薄板车间建成；1976年12月，企业烧结车间2号烧结机建成，至此，企业完成了最为艰苦的创业阶段。从1966年至1976年，企业依靠全体工人、干部和工程技术人员，在极端困难的形势下，顾全大局，忍辱负重，创造了企业发展的奇迹。其间，韶关钢铁厂累计完成工业总产值30 364.88万，累计生产钢46.64万吨，其中转炉钢24.07万吨、电炉钢22.57万吨，生铁76.83万吨，焦炭105.84万吨，钢材37.28万吨。

尽管企业在困难中创造了一定的成绩，但极"左"思潮的影响也给企业的发展留下了"祸根"。尤其是"以阶级斗争为纲"的政治挂帅，背离了企业生产的科学管理，规章制度被视为是"管、卡、压"，生产上讲政治、不讲经济效益，这致使企业始终摆脱不了"产量低、质量差、消耗高、浪费大"的被动局面。企业十年固定资产总投资18 174万元，十年亏损亦达10 758万元，仅1976年一年企业亏损就达1 888万，企业后续发展注定步履艰难。

（三）机械工业行业改造

韶关机械工业行业在经历20世纪60年代中后期兴起的"小三线"

建设后，初步形成了韶关柴油机厂、韶关油泵油咀厂、韶关水轮机厂，以及韶关挖掘机厂、韶关工具厂、韶关铸锻厂、韶关齿轮厂等骨干企业，并由上述企业孵化出的韶关铸造厂、韶关锻造厂、韶关铸钢厂等企业，成为韶关市机械工业的支柱企业。

进入70年代后，为使韶关机械工业得到进一步的发展，并促进企业走向行业化发展道路，承续"小三线"建设并形成以农用机械加工、生产为主体的，包括冶金、煤炭、矿山、化工、机电等行业的机械工业体系，按照广东省委、韶关市提出的"集中力量，使在建的工业工程，尽快投入生产上来"的要求，全市机械工业行业开始了改造与调整。

1. 发展韶关汽车制造业

1969年韶关机械行业龙头韶关挖掘机厂，为开展韶关汽车制造业，将其汽配车间从企业挖掘厂独立出来后，于1971年，企业与韶关机械厂、韶关铸造厂、韶关锻造厂（韶关铸锻总厂）合并，组建成韶关通用机械厂，此为韶关汽车制造业的兴起奠定了基础。1974年，韶关挖掘机厂汽配车间与韶关通用机械厂合并，组建韶关汽车配件厂。1975年，汽车配件厂更名为韶关汽车制配厂，研制生产出韶关第一台"南粤"牌货车。自此，以农机生产为重点的制造业，以及新兴的"南粤"牌货车制造业产业，形成了韶关汽车制造工业的基础。时由于国内汽车生产市场混乱，汽车生产质量参差不齐，加之韶关汽车制配厂生产货车，不为人识，致使汽车生产处于亏损。

在发展韶关汽车制造业的同时，韶关挖掘机厂积极利用自身企业的优势，于1971年开始试制1立方米机械式和全液压式挖掘机，当年研制生产2台以后，企业将研发产品作为技改项目，不断改进生产工艺，以求产品质量性能不断提高，然而由于厂外协作难以解决，发展缓慢。

2. 开展机械行业企业改造、调整

自20世纪70年代初期兴起的韶关汽车制造工业，由于产量少，技术落后，加之市场疲软，在企业上马之际，产品生产即处于亏损状态。1973年，为改变机械行业亏损现状，按照广东省提出的"整顿企业，加强经济核算，提高产品质量"的要求，包括韶关轴承厂、韶关油泵油咀厂、韶关齿轮厂、韶关阀门厂、韶关地区拖拉机制造厂等企业，进行了企业整顿管理，建立健全规章制度，整顿工艺、加强理化、计量检验等多项改造，从而使企业管理走出了混乱的局面。同年，韶关机械全行业实现减亏40%，42家企业产值上升。

在积极发展韶关汽车制造业的同时，机械工业部门亦对一些效益显著的企业，进行增效调整。其中韶关工具厂为增加企业加工产品的种类，先后兴建完成齿轮刀具车间，拉削刀具、螺纹刀具车间，工具车间，机修车间，热处理车间，锻造车间和计量定、理化试验室，从而使企业的工业总产值平均年递增81.5%，产量年递增48.9%。1976年，韶关工具厂被第一机械工业部列为中南地区生产复杂刀具的重点企业，并投资750万元进行第二期扩建工程，引进先进的精密设备35台。

1974年，承续"小三线"兴起的农机会战建设，全省性的"农机歼灭战"会战再度兴起。此次会战，分为两期进行。第一期自1974年7月开始，全省计划投资2 871.5万元（实拨2 271.5万元），规划新建、扩建、改造各地的农机生产企业。韶关柴油机厂、拖拉机制造厂等企业，纳入柴油机、手扶拖拉机主机生产上。

到1975年末，韶关归口机械工业的企业达到52家。同年，为促进机械行业的进一步改革与调整，韶关机械行业提出"一体两翼"①的机械工业生产发展规划，以实现广东省提出的农业机械化目标。1976年全省第二期"农机歼灭战"开始，按要求形成生产手扶拖拉机、插秧机、柴油机等生产能力，后来由于经济调整，大部分规划没有实现。由于地理条件、原材料及产品质量等因素，亦造成了较大的浪费。

韶关地区拖拉机制造厂：原为华南重工业基地建设时的华南重型机械厂，企业停建后，更名为粤北农业机械修配厂，成为粤北地区农机生产的重点企业之一。企业于1969年开始研制工农－10型手扶拖拉机，批量生产后，1971年企业再更名韶关地区拖拉机制造厂。自此，企业通过革新、技改，先后试制生产出北江－12、北江－4、红旗－12、广东－12手扶拖拉机和YS－07旋耕机、尾座等农机产品，以及食盐加碘破碎机、三鸟脱毛机等。

韶关齿轮厂：企业自1968年投入试产，进入20世纪70年代后，

---

① 所谓"一体两翼"即以农机配件生产为主体，发展挖掘机、特种汽车"两翼"。

加大了生产技术改造力度。经过数年对齿轮生产的研发，到1972年，企业形成了年产齿轮20万件的生产能力。从1972年开始，企业对第一期工程进行"填平补齐"和"技术改造"，到1976年，达到了年产能力50万件的设计水平。

韶关水轮机厂：在进入20世纪70年代后，企业致力于产品结构的改革，淘汰了500千瓦以下的低压水轮发电机组，发展高压（6 300伏级）机组；设计生产3 000千瓦和6 000千瓦高参数的中、小型水轮发电机组；在行业内率先在水轮发电机组上采用可控硅励磁装置。

3. 新建机械加工企业

韶关工具厂：1969年，根据广东省机械厅下达在韶关新建刀具厂的指令，韶关市革委会决定由韶关齿轮厂负责筹建韶关刀具厂。是年，刀具厂筹建为解决基建工程人员，由省支"左"部队从广州军区后勤营房部工程大队抽调全部人员到韶支援"小三线"建设。9月，第一批基建物资、器材陆续运达韶关；10月，支援韶关"小三线"建设人员陆续到达韶关。时刀具厂的筹建工作由齿轮厂负责，考虑到厂的未来发展，经广东省机械厅与韶关市革委会讨论决定，刀具厂建设改为独立建厂，并更名为韶关工具厂。

1970年1月，工具厂正式动工兴建。建厂初期，全厂100多人中只有3名技术人员和4名老工人。1971年，工具厂开始投入试产，陆续上了滚刀、插齿刀、铣刀三个品种，各种刀具的年产量达6万件，当年产值仅18万元。从1971年开始，企业依靠"革新、技改、挖潜"改造，不断提升产品质量，扩大生产品种，至1975年，企业年平均工业总产值递增至81.5%，产量年递增48.9%。1976年，工具厂被第一机械工业部列为中南地区复杂刀具生产重点企业，并由机械工业部增加投资750万元，进行第二期扩建工程，引进先进精密设备35台。1975年企业生产的齿轮滚刀（M1－M8）荣获全国质量评比第一名，1976年该企业产品获广东省优质产品称号。

韶关钢板弹簧厂：1970年企业创建之初，名为韶关标准件厂，主要生产紧固件及铆焊件产品。1972年，韶关开始发展汽车产业后，企业开始研发生产汽车钢板弹簧产品，并成为广东省汽车工业公司汽车配件定点生产厂，专业生产国内外轻、中、重型汽车钢板弹簧总成和散片。1979年易名为韶关钢板弹簧厂。

广东省矿山通用机械厂：1971年，为适应韶关矿山企业发展生产设备的需要，经广东省批准，在韶关市北郊十里亭黄岗，新建专业生产矿山设备企业广东省矿山通用机械厂。是年，企业动工基建，1975年正式投产。生产产品包括ϕ1.6米矿井提升机；150米×250米4种规格颚式破碎机，以及JZQ850减速器、ZHLR－130减速器、双级圆弧齿轮减速器等产品。由于产品没有定型，不能批量生产，加上企业技术力量薄弱等因素，企业生产发展缓慢。

在1971年至1975年的第四个五年计划时期，韶关机械工业行业继续以较快的速度发展。这一时期，在韶关市区和各县都新建了一批机械企业，到1975年全市机械工业企业数增加到338个。在农机制造业方面，1971年止，各县普遍都有农机厂，主要进行农机具的修理制造，对山区经济建设起到了积极作用。1975年全市机械工业完成总产值18 939万元，比1970年增长1.7倍，平均年递增21.9%。

（四）医药、化工行业改造

1. 医药行业改造

经历"小三线"头五年建设的韶关医药行业，承续前期建设的发展，在进入20世纪70年代初期后，新增、扩建、迁建了韶关地区制药厂、韶关抗菌素厂以及广东利民制药厂等生产企业，增强了韶关制药行业实力。

韶关市药厂：原韶关地区药品公司制药厂。1970年7月，本着充分利用粤北山区丰富的中草药资源，解决韶关地区400万人民医疗保健用药的需求，地区药品公司决定在饮片加工小组的基础上，复办原制药厂，定名"韶关市药厂"。办厂时仅有7人，次年秋，增加到30多人；生产设备调进0.4吨立式锅炉一台，由上级拨款7万元建锅炉房及水塔和维修房屋。同年第四季度，上级又拨款4.5万元，用于购买急需设备和兴建545平方米车间。1971年11月中旬动工，12月份用上了蒸汽，1972年第二季度落成投产，当年产值4万元。此后，在省药材公司支持下，企业每年均有添置，包括压片机、糖衣缸、搅拌机、颗粒机、减压浓缩罐等设备，生产逐年有所发展。到1975年产值达85.74万元。1976年，在全省药厂调整中，韶关市药厂被列入省商办重点改造厂，企业更名为"韶关地区制药厂"，隶属广东省药材公司领导。同年，由省投资65万元扩建制药厂，将南雄县药品公司制药

厂并入，企业定员 180～200 人。扩建厂址定在距旧厂约 300 米处的黄岗山麓东南面的山坡上，征地 20 385 平方米用来扩建新厂房。

韶关抗菌素厂：其前身为广东微生物研究实验厂。1969 年企业由化工部投资 120 万元，广东省自筹 28 万元，在韶关市区西河 5 公里（今武江区乳韶路）兴建广东省第一家土霉素原料药厂。设计能力为年产 50 吨。生产安装 15 吨发酵罐 6 套。1971 年 5 月企业建成投产，当年生产土霉素碱 15.47 吨，质量达到国家标准。企业投产后，成为韶关市第一家化学原料药生产企业，填补了韶关市医药行业的空白。1972 年 7 月，企业为增加抗菌素厂的生产种类，由国家和广东省医药工业公司投资 90 万元，新建生产能力为 6 吨/年普鲁卡因青霉素（青霉 G 钾）车间；同年，企业将广谱抗生素——青霉素（盘尼西林）G 钾原料产品列入企业重要生产项目。1973 年 9 月更厂名为“韶关抗菌素厂”，同年，企业新安装 30 吨发酵罐 2 套。1974 年投产后，生产能力从年产广谱抗生素 50 吨增至 80 吨，标志着韶关市医药工业（西药抗菌素工业）的兴起。然而，由于受极“左”思潮的影响，企业于 1975 年在全省医药行业调整时被裁撤。

广东省利民制药厂：步入 20 世纪 70 年代初期的利民制药厂，为扩大企业生产规模，于 1970 年由广东省投资 100 多万元，扩建针剂车间，由原年产针剂 3 000 万支扩大到 6 000 万支；又增扩大输液生产，由年产 50 万瓶扩大到 100 万瓶。由此，企业制剂生产逐年发展。1972 年，企业新建中心试验室，加速了新产品的开发。从 1971 年至 1975 年，企业先后研发、生产的新产品包括穿心莲注射液、镇静药芬那露；治疗急慢性肠炎的复方五指柑片；抗高血脂和动脉硬化剂的糖酐酯片；采用豆酪素为原料的水解蛋白输液；具有防治脑动脉硬化、扩张脑血管、增加脑血流量和改善冠心病血液循环作用的脑益嗪片等。其中，水解蛋白注射液、脑益嗪片、糖酐酯片、复方五指柑片等制剂，均为利民制药厂的国内首创产品。到 1973 年，企业年总产值达 600 万元。1977 年，企业制剂生产年均产值达到 570 万元，比 1969 年增长 1.2 倍；年平均产针剂 5 521 万支，片剂生产达 94 040 万片，大输液 460 万瓶，分别比 1969 年增长 3.5 倍、0.5 倍和 1 倍多。到 1974 年国民经济实施第四个五年计划末期，由于水源污染，遂于 1975 年始，制药厂由仁化丁板岭迁建至韶关市西河五公里兴建。

2. 化学、塑料工业改造

从 1971 年至 1975 年第四个五年计划时期，全市掀起了大办化肥的高潮，市、县都设立了大办化肥的专门机构，加强了对化肥生产的领导。此际的韶关化工厂，从 1970 年开始，为扩大化肥、硫酸的生产，在省、市政府的支持下，从"革新、技改、挖潜"入手，对主要磷肥生产车间、硫酸车间装置进行有重点的工艺技术改造，大力扩大生产能力。

此外，从支持地方农业发展入手，这一时期，省、市共投资小化肥、化工企业建设 4 300 多万元，先后新建阳山、翁源、英德等县小氮肥厂，阳山磷肥厂、市化工机械厂、市农药厂等新建了各县的小氮厂，并对部分原有化工骨干企业进行了设备技术配套。至 1975 年，韶关地区化工企业发展到 55 个，年工业总产值达 7 829 万元，比 1970 年增长 1.1 倍，平均年递增 16.3%。

韶关第二化工厂：企业走不断"革新、技改、挖潜"的改造之路，对主要生产设备进行有重点的技术改造。其间，企业将钛白粉生产过程中的反射炉改造为转窑，使企业钛白粉生产由建厂初期的 500 吨提高到近千吨。

韶关电化厂：企业原名韶关烧碱厂，1970 年 11 月，企业重新上马建成并试产成功后，年产烧碱 132 吨、盐酸 154 吨，实现工业总产值 8.2 万元。1973 年，企业增建聚氯乙烯树脂生产装置，年产聚氯乙烯树脂 3 500 吨。至此，企业建设投入资金达 518.2 万元。1975 年 3 月，企业更名为韶关电化厂。

韶关电石厂：从 1969 年至 1974 年，电石厂建设先后投入建设资金 75 万元，增建了电石炉 2 座，年产电石能力从建厂初期的 1 600 吨提高到 1.06 万吨。从 1974 年开始，企业实行"革新、技改，挖潜"改造，对主要生产设备进行技术改造，先后完成将敞开式乙炔发生器改为密闭式乙炔发生器等项目的改造。1975 年生产电石达 5 256 吨，实现工业总产值 250 万元。

伴随化学工业的发展兴盛，塑料行业亦在化工发展中兴起，继 1965 年兴建的广东综合塑料厂于 1968 年全面投产后，1971 年韶关市在峰前街投资兴建第一塑料厂，年产塑料制品 1 027 万吨；1975 年在市区兴隆街投资兴建的韶关第二塑料厂亦于是年投产，年产塑料包装

容器 200 万吨。至此，韶关塑料工业行业在化工行业兴盛的浪潮中，步入快速发展时期。

（五）电子行业改造

20 世纪 70 年代初期，连县、乐昌等县境内先后兴建了省半导体器件厂、103 厂等省属电子企业。进入"四五"计划实施阶段，为逐步建立、健全全省电子工业体系，广东省决定在韶关市内投资兴建电子企业。根据广东省电子工业发展规划，韶关市确立了以韶关无线电厂为基础，发展新厂的策略，并决定在一些县创办电子企业或车间，生产可控硅、电阻等产品，以形成韶关电子工业行业体系。

1972 年韶关市机械工业局决定将原无线电仪表厂"易地扩建"，并更名韶关仪表厂，专事生产电子电位差计和电子平衡电桥系列产品，研制出光栅显示仪、橡胶工业电子秤、锅炉水位计、简易水泥皮带秤、航空飞行记录仪、机械包装秤。1973 年，广东省组建电子工业局后，韶关市革委会亦成立了电子工业公司。

为推进韶关市电子工业的发展与体系的形成，形成以电子计算机生产为龙头的韶关电子工业，韶关市电子工业公司按照市革委会的指示，立足于韶关无线电厂，重点研发电子计算机产品，并以"老厂带新厂"的方式，组建无线电二厂、三厂、六厂等韶关电子工业企业。至 1975 年，全市电子工业企业发展到 4 家，行业拥有固定资产原值 220 万元。

韶关计算机厂：伴随国内步入电子计算机时代，韶关无线电厂自 1970 年开始研制电子计算机。1972 年 8 月，韶关无线电厂更名为韶关计算机厂，广东省第一家计算机生产专业厂正式挂牌成立。1973 年 8 月，第一台 16 位数晶体管 161 型"南华"牌台式电子计算器试制成功，并通过了技术鉴定投入批量生产，填补了广东省电子工业的一项空白。1974 年，"南华"牌 16 位 161 型台式电子计算器开始投入批量生产。1975 年 8 月，企业研发出"南华"牌小面积莫氏（MOS）电路 162 型台式电子计算器和 LZ－121 型银行计息专用计算器。

1975 年，韶关计算机厂与华南工学院合作，研制第三代集成电路计算机。次年，批量生产出全省第一台可编程式函数型计算器。到 1980 年，企业可生产 7 个型号的台式电子计算器，产品远销全国 20 多个省市。

韶关无线电二厂：企业位于韶关市浈江北路 6 号，创建于 1974 年初，隶属于韶关市电子工业公司。企业从 70 年代中期起，不断加强对工矿企业自动化遥控设备及家用电子产品的研制和开发，生产规模逐年扩大，并不断进行技术改造和技术引进。

韶关无线电三厂：企业原为韶关市自行车零件厂，1972 年企业经改造调整后，转产组建成韶关无线电三厂。组建初期，企业以手工操作为主，生产铝电解电容器，成为广东省生产铝电解电容器重点厂之一。年产量达 1 亿多只，产品 60% 销往中国香港及东南亚等地区。

从 1970 年末至实施"四五"计划期间，韶关电子工业得到了快速的发展，并呈现出三大特点：一是广东省电子工业主管部门在韶关境内投资办厂，带动了韶关地方电子工业的兴起与发展；二是以韶关无线电厂为基础，韶关电子工业实现由弱到强的转变，新建企业成为韶关电子工业的主要力量；三是在连阳地区等县办的电子厂点积极生产可控硅和电阻器等产品。

（六）食品工业复兴建设

在第四个五年计划时期，韶关食品工业先后新建了一批企业，行业企业数量由 20 世纪 60 年代的 110 余家，发展至 191 家。时在韶关地区的食品行业主要包括粮油加工业、制糖业、酿酒业、调味品业，以及茶叶加工、卷烟生产等行业。到 1975 年，全行业完成工业总产值 146.88 万元，比 1970 年增长 73.1%，平均年递增 11.6%。食品工业在十年"文革"中，产值年递增率仅 3.4%，低于全省同期平均 4.6% 的水平。直到 1978 年，伴随国民经济调整，韶关地区食品行业始逐步重新得到发展。

制茶业作为山区食品工业的优势行业，是韶关食品工业的大宗，在实施"四五"计划期间，韶关地区的茶产量占据了全省产茶区的 43.9%。年产茶叶 300 吨以上的县有英德、曲江、乐昌、仁化等。时粤北加工的名优品种茶叶，如英德红茶、乐昌与仁化"白毛尖"茶、乳源"双峰叠翠"茶以及曲江罗坑茶等，成为广东省著名品牌。英德、乐昌、仁化、曲江等县，成为全省重点茶叶生产基地。

烟草业亦是韶关食品加工业的大宗。时韶关地区的黄（烤）烟产区，其产量占全省烟草生产量的 71.5%。韶关地区红岩盆地和岗台地上的紫色土，非常适合种植烟草，所产烟叶品质最好，因此成为全省

发展烟草工业的重点布局地区。南雄、连县、始兴等县，为全省发展烟草工业的重要生产基地。

（七）建材工业改造

20世纪70年代初期，韶关建材工业进入改造、调整阶段。伴随"小三线"建设大量项目的上马，水泥需求量大增，为适应大批建筑工程的需要，韶关建筑行业亦开始高速发展。

1970年8月1日，国家建委决定将英德水泥厂下放给广东省管理，广东省革委会按归口交由广东省基建指挥部管辖。是年，由建工部系统下放到英德五七干校的学员及借调到英德水泥厂参加建设的干部，陆续调回北京工作①，遗留工作由广东省革委会生产组与建工部、干校协商，暂借25人留下继续工作，其余所缺干部分别从广州水泥厂、广东省计划战线系统的在职干部及广东建设系统五七干校学员中，抽调接替。工人方面，则由广州水泥厂抽调一批老工人作为骨干，并招收大批知识青年进行培训。佛山专区派出1 000人，以搞三线建设名义，参加英德水泥厂建设工作一年。1971年，为综合利用中山，开发后山，开始建设适合前、中、后三山的开采运输系统。与此同时，英德水泥厂一号窑亦全面动工。

1972年上半年，一号窑全线建成，下半年经调试后，第四季度正式顺利投产。英德水泥厂原设计是建3条窑的规模，其石灰石资源丰富，并有建成一号窑的经验，广东省革委会生产组确定扩大英德水泥厂生产能力，续建二号窑。1972年广东省投资800万元，建设内容包括一号窑收尾、二号窑续建、石灰石矿山建成。1972年新增矿山水泥生产能力358万吨。

1974年英德水泥厂二号窑投产，企业获分配生产"五羊"牌出口水泥任务，质量符合1961年国家水泥局制定的出口水泥技术标准外，与国标比较，高于GB－62中的600号水泥和GB－175－77中的525号硅酸盐水泥，色泽、早强等技术质量指标均稳定。1975年企业相继完成了矿山的中山开采，砂岩矿山及生料系统、水泥二车间的改造、烧成车间、纸袋加工车间、新机修车间等配套工程。

---

① "文革"时期，建工部系统在广东英德设立五七干校，时英德水泥厂的基建与生产准备工作，均由建工部干校学员承担。

在省属大型水泥厂建设的同时，县级小型水泥厂建设亦进入发展兴盛阶段。1971 年，韶关兴建小型水泥厂广州（山子背）空军水泥厂，1972 年企业建成投产，年产水泥 12 万吨，生产"红鹰"牌 425 号矿渣硅酸盐水泥。同年，还有仁化水泥厂、韶关水泥制品厂动工。

在经历 20 世纪 70 年代初期工业调整、改造后，韶关全市建筑工业得到了快速的发展。到 1975 年，韶关市除新建了广东玻璃纤维厂、韶关市第二机制砖厂等建材企业外，中国人民解放军广州军区于 1971 年在山子背增建广州空军水泥厂，在十里亭等地相继建成黄岗、韶北两个水泥厂，并扩建英德水泥厂、韶关水泥厂等企业，一批水泥制品厂企业应运而生。时各县陆续新建的水泥厂（共 21 间）以及市县砖瓦建筑生产企业，共有 77 家，年完成工业总产值 3 999 万元，比 1965 年增长 3.6 倍，平均年递增 16.5%。建材主要产品水泥产量为 48.54 万吨，比 1965 年增长 5.6 倍。

韶关市第二机制砖厂：企业于 1971 年在东郊大塘路四公里处动工兴建，同年投产，以机制红砖生产为主。年产红砖 2 300 万块，一级品率达 85% 以上。

仁化石灰厂：1970 年至 1972 年，企业因电石、水泥相继投产，曾用过石灰、水泥、电石 3 个厂牌，通称"三厂"。企业经多次技术改造和扩建，水泥的产量、质量不断提高。1984 年，电石车间转产硅铁，企业再增挂"仁化县铁合金厂"牌子。1986 年与省五金矿产公司签订补偿贸易合同生产结晶硅。同年，企业引进华南工学院设计的铅锌尾矿复合化剂新技术，生产普通硅酸盐早强型 425 标号水泥，为优质高产水泥系列生产线奠定了基础。水泥年产量从 1972 年的 629 吨提高到 1987 年的 4.07 万吨。1987 年，企业获广东省标准计量局颁发的水泥计量合格证书。

广东玻璃纤维厂：1971 年初，根据建筑对玻璃纤维的需要，省在韶关新建一座年产玻璃纤维纱 1 000 吨的广东玻璃纤维厂。1974 年 5 月 1 日开始试产，1975 年企业部分建成投产，年生产玻璃纤维纱 2 500 吨，玻璃纤维布 800 万米，具有从坩埚拉线、捻线、织造到表面处理及玻璃钢制品加工较为完善的玻璃纤维生产工艺线，生产多个项目、多个系列的玻璃纤维制品，是广东最早的玻璃纤维生产企业。

玻璃纤维是一种新型工业材料，具有强度高、耐高温、耐腐蚀、

电绝缘等优异性能。产品主要使用在电机、化工、机械制造、采矿、交通运输、水泥、发电及民用等方面，在尖端科学研究和国防工业中也占有重要地位。

（八）纺织工业改造

韶关纺织工业在20世纪70年代初期，进行了如下改造：完善企业生产门类与布局，进行产品结构调整等改造。其中，在完善纺织工业生产门类方面，行业采取以"老厂孵化新厂"的办法，先后新建、扩建了韶关袜厂、韶关毛巾厂等企业。

在实施"四五"计划期间，韶关纺织工业生产持续稳定发展。完成工业总产值8177万元。到1975年底，韶关纺织工业初步形成了以韶关棉纺厂、韶关针织厂（原韶关棉织厂）、乐昌棉纺厂为龙头的棉纺织工业体系。

韶关袜厂：企业筹建于1974年前后，1975年建成投产，隶属于韶关市轻工局所辖，位于韶关市东河坝十二横巷。企业投产之初，以生产弹力袜、棉纱袜、交织袜、卫生保健袜等产品为主，是韶关轻纺行业为增加纺织工业生产门类而新建的地方国营企业之一。

韶关毛巾厂：是1975年韶关纺织工业行业改造中，为增加行业生产门类，行业采取以"老厂孵化新厂"办法，从韶关针织一厂分离出毛巾生产车间，独立建置成立的新企业。企业以生产各类毛巾为主。

（九）煤炭工业改造

承续20世纪60年代中后期"小三线"建设的发展需要，韶关的煤矿企业生产、建设亦逐步走向了全面兴盛发展。

南岭煤矿：企业在复建的关溪矿区曾家寮240平洞，狗牙洞小竖井、关春矿竖井相继投入生产。1971年，企业恢复了曾家寮至栗源运煤铁路支线，关春矿竖井采用了自行研究试验成功和柔性掩护支架采煤法，收到了出煤快、既省料又安全的效果。企业职工不断增加，煤炭产量亦逐年上升，到1975年，企业煤炭产量平均年递增12.68%，矿井达到设计生产能力。

梅田煤矿：进入20世纪70年代后，企业建设步入全面建设阶段。继1969年6月温塘坳立井动工兴建，1970年3月梅田矿务局正式成立。4月至10月，文化村平峒、红星斜井、木冲斜井先后进入动工兴

建阶段。1971年拖木坑四平峒动工兴建，1974年10月拖木坑四平峒再次被纳入扩建工程。同年12月，再有麻田立井、沙田立井、塘泥坳斜井等，先后破土动工兴建。

红工矿务局：进入20世纪70年代初的红工矿务局，虽然受"文革"极"左"路线的干扰，但在矿务局的领导下，企业努力克服和排除干扰，坚持发展生产建设。1972年，企业接收曲江（龙归）红尾坑，称红工六矿。同年，花坪立井±0水平竣工投产。1973年8月，六矿平峒竣工投产。同年10月，格顶矿立井－153水平扩建竣工投产。1974年7月，矿务局撤销"四大组"建制，恢复"文革"前原来的科室机构。企业仍属广东省煤炭工业局领导，保持处级企业单位。同年11月，田螺冲（红工五矿）立井复工、复产。1975年10月，茶山立井－100水平扩建竣工投产。在第四个五年计划期间，红工矿务局原煤产量和工业总产值的平均发展速度达103%，企业上缴利润722.23万元。

广东省煤矿机械厂：企业是广东省最大的煤矿机械专业制造厂，于1968年12月经煤炭部与国家计委批准兴建，由武汉煤矿设计院设计，1969年初动工，1971年正式投产。设计总投资400万元，年生产能力1500吨。是年，企业正式投产后，主要生产产品有7655风钻、03－11风镐、煤电钻、1.1立方矿车、JH2－5回柱绞车、JD－11.4调度绞车。到1976年，企业生产的P－30B耙斗式装岩机形成批量规模。

从20世纪70年代初开始，伴随韶关南岭、梅田、曲仁三大煤矿改造的同时，为适应地方工业发展对煤炭的需求，并扩大地方煤炭产能，韶关各县（区）小煤窑在经历60年代初期整顿只留两三家后，再次如雨后春笋般发展起来。到80年代初，地方小煤矿成为韶关煤炭工业产能的重要组成部分。在翁源，1972年开采的周陂煤矿区，先后有一煤矿、二煤矿、双联煤矿、坤山煤矿、光明煤矿、洪兰煤矿等六个作业区；1974年，翁源龙仙镇有附城公社、良洞大队、胡村生产队等四个队，组成三级联办矿场，进行附城煤矿白煤开采；1976年，企业纳入省市小煤窑重点矿山之一，原煤年产量3.1万吨。在仁化，1973年先有石塘镇办石灰冲煤矿，开始平巷掘进工程，1974年又在邻近增开一斜井，企业是仁化县骨干煤矿之一，原煤总储量达120万吨；1976年，在董塘滴水寨建煤矿一工区，采用斜井掘进，储藏量约20

万吨；1978年，在丹霞乡麻塘村新建麻塘煤矿，开采优质无烟煤。在曲江，1970年，在龙归凤田的牛牯墩兴办国营牛牯墩煤矿，后因矿山勘探"无煤可采"，仅出原煤2 000多吨，1972年煤矿移交龙归公社接管。1971年，韶关市在东河坝兴办腊石坝煤矿，煤矿开采初期，产量逐年提高，至1977年采煤量达5.8万吨，1978年8月企业发生瓦斯矿难，加上煤炭资源枯竭，开采量逐年下降，至1988年10月煤矿下放给北江区经营；又1975年，韶关市开办芙蓉山煤矿，是年产煤5 000吨，1977年煤矿产量升至6.01万吨，至1987年，矿山第二矿区建成投产。

（十）国防工业改造

从1969年至1970年，在粤北韶关境内，全省先后组建国防工业生产线26条，有定点生产企业300多家。1972年后，伴随国际形势的日益缓和，全省的国防工业根据工业改造、调整方针，开始逐步转为民用产品生产，生产线减至13条，定点生产企业减至143家。

20世纪70年代初期的工业改造与调整，使韶关工业有了一个较大的质量提升和改变，其中，全市企业的发展数量由60年代初期的不足千家，增长、发展至1 349家（1975年），比1965年增加了464个。1967年至1975年全市工业基建投资总额达13.38亿元，大大超过前两个五年计划时期基建投资的总和，1975年全市全民所有制工业企业固定资产原值已达13.87亿元。由于客观上存在外延扩大再生产的条件，韶关市1975年的工业总产值达到118 398万元，比1965年增长了3.45倍，平均年递增16%。其中，重工业产值增长4.5倍，平均年递增18.6%；轻工业产值增长2.09倍，平均年递增11.9%；并且在冶金矿产、农用机械、电子计算机、机械加工等行业形成著名的国产品牌。

第三章　改革开放初期的韶关工业兴盛

第一节　拨乱反正中的韶关工业调整

从 1976 年至 1981 年，韶关地方工业建设转向了拨乱反正发展、调整时期。在此时期，地方工业经历了两个基本发展阶段：

第一个阶段是 1976 年至 1978 年，此阶段的韶关工业建设承续"小三线"后期的工业发展，对已建成的工业行业进行完善与调整。为克服"文革"国民经济比例失调所造成的困难局面，全市对影响民生的轻、重工业比例，进行了恢复性调整。然而，由于拨乱反正中的工业调整仍然围绕"五小"（小钢铁、小煤炭、小化肥、小水电、小水泥）工业提供的配套服务，并按照计划经济时期强制性命令运作，造成了地方工业生产与本地区具体的经济发展规律不相适应的局面：产需购销脱节，企业生产经营混乱；半封闭的计划经济模式、不合理的工业结构，加之工业发展继续贯彻"以钢为纲"与"备战备荒"的方针，造成了全市工业亏损企业占半数以上。

第二阶段是 1979 年至 1981 年。1978 年党的第十一届三中全会召开，会议明确提出全党工作重心要从"以阶级斗争为纲"转移到"以经济建设为中心"，提出要解决国民经济比例失调的问题。在此阶段，韶关的地方工业建设贯彻落实党的十一届三中全会精神，实现从"以阶级斗争为纲"转向"以经济建设为中心"。1979 年 4 月，中央经济工作会议明确提出国民经济"调整、改革、整顿、提高"的"新八字方针"。自此，韶关地方工业发展，开始逐步进入全面改革发展阶段。

一、拨乱反正中的工业整顿与改造

1976年，"文革"结束，在经历20世纪70年代初期"小三线"建设工业调整后，韶关工业初步显现出包括煤炭、电力、有色冶炼、钢铁、机械加工、化工、医药、电子、纺织、建材等十大门类工业体系。

在"以阶级斗争为纲"的"文革"时期，由于各行各业在生产、组织上实行"政治挂帅"，企业生产只讲政治、不讲效益，给企业的发展带来了恶劣的后果。尽管在70年代初期，全市各行业进行了包括"五小"工业的一系列调整，但到1975年底，全市全民所有制工业行业仍有26%的企业处于亏损状态，是年，地方工业企业亏损额达4 034万元。

为扭转韶关各行各业的亏损状况，1976年韶关工业承继"五小"工业"革新、技改、挖潜"整顿与改造，并配套完成地方工业门类、行业体系建设，全市工业行业开始步入了拨乱反正——工业整顿与改造时期。

（一）化肥、化工行业整顿与改造

从1976年实施的第五个五年计划开始，全市工业立足于发展农业，首先加大了化肥生产企业建设的投入，新建了韶关合成氨厂、连州氮肥厂、始兴氮肥厂、翁源磷肥厂、南雄县氮肥厂、连山磷肥厂等市、县级化肥企业。在化肥行业建设方面，到1980年，全市投入建设化肥厂资金达4 000多万元。

在大兴化肥行业建设的同时，为改造韶关部分老旧的化工重点企业，并开拓新的化工行业门类，自1976年始，拨乱反正中的化工企业一方面依靠"技改"，对老旧重点企业进行改造，实现企业由资源粗加工向深加工的转变；另一方面，积极拓展新的化工行业门类，新建韶关电化厂、橡胶厂、电石厂、第二化工厂、冶金化工厂、农药厂、化工机械厂等一批骨干企业。到1980年，全市化工行业初步形成了基础化工、原料化工、化肥化工、农药化工、化工机械，以及橡胶制品六大系列化工门类。生产的化工产品包括烧碱、硫酸、盐酸、硝酸、磷肥、碳酸氢铵、硝酸铵、氨水、液氨、电石、钛白粉、聚氯乙烯树脂、胶鞋、胶管、手扶拖拉机内外胎、翻新汽车轮胎、甲基 1605 农药和电焊条等。到 1980 年，韶关的化工企业增加到 92 个，完成工业总产值 10 681 万元，五年间产值增长 36.4%，平均年递增 6.4%。

（二）医药工业整顿与改造

与化肥、化工行业门类整顿改造同时，经历了 70 年代初调整的韶关医药工业，在 1975 年的全省医药行业调整中，只保留了韶关地区制药厂及在仁化的广东省利民制药厂与广东省医疗器械厂，其余包括南雄县药厂、阳山县药厂、英德县药厂、翁源县药厂以及清远县药厂等一批亏损企业被裁并。1976 年韶关医药工业在步入拨乱反正的第五个五年计划后，为发展与完善韶关全市医药工业行业，并促进制药、医械行业的发展，开始对制药等行业进行拓展。同年，为恢复制药原材料的生产，国家计委投资 132 万元，重建韶关化工制药企业——韶关抗菌素厂，设计土霉素碱生产能力 15 吨/年。到 1979 年，企业增加 30 吨发酵罐 2 套，年产能力增至 120 吨。

1976 年初，原韶关地区药品公司所属制药厂改属广东省药材公司领导，企业更名为"韶关地区制药厂"，并由省药材公司投资进行扩建。同年 4 月，企业新建厂房破土动工。经过四年奋战，扩建工程于 1979 年冬竣工，新建糖浆酊水、片剂、蜡丸、针剂四个成药车间，另有中间体车间、机修房、变电房、酒精汽油库、仓库、锅炉房、水塔、传达室、单身宿舍、环厂路、排水系统、围墙等，共投资 80 万元。

1975 年，因水源污染，省属企业广东省利民制药厂由广东省投资 620 万元迁建至韶关市区西河五公里处。经五年建设，总占地 19 万平方米新建企业先后完成片剂、针剂、原料和动力 4 个车间建设，1982 年全面正式转入正常生产。

（三）电子工业整顿与改造

韶关电子工业经历 70 年代初行业改造后，初步形成了以韶关无线电厂为龙头，生产"南华"牌系列电子计算机、计算器的电子工业门类。包括韶关无线电厂、韶关无线电二厂、韶关无线电三厂，以及韶关仪表厂等企业，成为韶关电子工业的骨干企业。

1975 年，为完善全市电子工业行业布局，根据电子工业部对华南地区电子行业布局发展的要求，先后新建两家电子工业企业——韶关

无线电四厂、韶关无线电六厂。其中，韶关无线电四厂为电子工业部定点生产广播制备整机企业，生产主营 GZM - 10A、GZ - 1 - B 等优质、高效的型号。韶关无线电六厂专事生产脉冲变压器、电讯变压器等电磁产品。

到 1976 年 8 月，在实施国民经济第五个五年计划（"五五"计划）初期，韶关电子工业以"老厂带新厂"的方式，从韶关无线电三厂分出二极管生产车间，成立韶关无线电五厂，专事生产锗点接触玻封二极管产品，为国内锗点接触玻封二极管生产专业企业。至此，韶关电子工业行业形成以韶关无线电厂为龙头的行业体系。

（四）建材工业整顿与改造

经历 20 世纪 70 年代初调整改造的韶关建材工业，在实施"五五"计划的前三年，为满足市场的需求，对企业进行了再扩大产能改造。这一时期建材业发展呈现出两大方面的特点：一是为扩大建材产能，加强了对已有建材企业的挖潜、扩建、改造，以促进企业走内涵扩大再生产的路子；二是大力发展乡镇建材工业（主要是生产砖瓦和石灰），全市建材业得到迅猛发展。然而，由于众多建材企业建设起点低，生产规模小，设备简陋、工艺落后，大多县乡建材业技术水平和管理水平都比较低，产量和质量低，消耗大，成本高，经济效益差。1980 年，全市有 9 家水泥企业亏损，总亏损额达 113 万元。

（五）矿冶工业调整与改造

经历了 20 世纪 70 年代初期复兴的韶关矿冶工业，为稳步发展矿山企业生产，按照中央及省的统一布置，逐步进入全面调整、改造时期。

1976 年，在大宝山矿，企业为实现年产 230 万吨铁矿生产目标，掀起了"夺矿保钢"会战。当年，企业提前一个月完成了全年生产成品矿 80.15 万吨，销售 78.22 万吨，工业总产值 1 863.96 万元，实现利润 270.86 万元的目标。1977 年，按照 70 年代初扩建 350 万吨生产规模，以及提高备件自给率建设目标，企业在已有一个 0.5 吨电炉的基础上，新建了一个 1.5 吨电炉铸钢车间。为解决矿山建设基建材料的需求，企业又自筹资金 30 多万元，建设一个砂砖厂。时因建设指导思想脱离生产实际，两项工程均未发挥出好的效益。

在大宝山矿建设调整的同时，仁化的凡口铅锌矿亦进入一个新的建设调整阶段。针对矿山日产量一直徘徊在 1 500 吨上下，1976 年矿区选厂第三系列开始建设。然而，由于受"文革"后遗症的影响，"左"的思潮仍在矿区建设中起主导作用，加之矿业国内、国际供需的变化，企业产销不平衡，精矿长期积压，以及企业外部供电及铁路运输存在问题，采矿胶结充填工艺不过关，部分生产设施不配套，生产管理等种种原因，1980 年选厂三系建成投产，矿山生产能力仍没有得到有效提高，采选日产仅仅达到 2 000 吨，远不能达到矿山建设时设计的3 000 吨/日要求。

与大宝山矿、凡口铅锌矿建设调整同期，石人嶂等各矿区亦逐步进入企业建设调整、整顿时期。其间，石人嶂钨矿逐步恢复了"文革"前企业党委领导下的矿长分工负责制，并在此基础上，整顿了企业由于"文革"造成的矿区生产秩序混乱的状况，全面恢复了企业管理制度，使企业生产效益得到进一步提高。1978 年，石人嶂钨矿主产 65％钨精矿砂产量达到了年产 2 060 吨的历史最高水平，是年，75％铜精矿亦达到年产 54 吨的历史最高水平。

矿山开采业整顿的同时，有色金属、钢铁等冶金行业的建设亦步入拨乱反正调整时期。其间，韶关冶炼厂、大岭冶炼厂、韶关钢铁厂等大中型企业，以及韶关市属各冶金行业企业等，均在调整中得到一定的发展。始建于 70 年代初期的广东省铁合金厂，自 1974 年陆续投产后，于 1976 年完成了第一期工程建设。然而，由于企业片面追求产值，导致生产连年亏损，到 1978 年，企业总产值虽达到了历史的最高水平（46 752 万元），但企业总亏损额亦达 64.57 万元。

在有色金属行业开展拨乱反正改造的同时，以韶关钢铁厂为骨干的韶关钢铁行业，亦经历了拨乱反正的调整改造。1977 年，企业在掀起的"深入开展工业学大庆"群众运动中，开始进行管理整顿，通过整顿劳动纪律，建立健全了企业责任制管理制度。在拨乱反正、平反冤假错案中，把"以阶级斗争为纲"的政治挂帅，转向了以抓生产建设为主。1978 年 10 月，企业 650 车间、2.9 万平方米中和料场建成投产。1979 年 3 月，企业开始建设大山塘矿；10 月，烧结车间 1 号烧结机建成；同年，企业根据香港市场需要，创制了符合英国 BS4449－69标准的 SG2 高拉力螺纹钢筋，企业产品开始进入香港市场。此后，企

业又生产符合英国 BS4449 - 78 标准的 SG3 高拉力螺纹钢筋，顺利进入香港，迈开了企业根据市场调整产品结构的第一步，赢得了经济效益。从 1977 年至 1979 年，企业累计完成工业总产值 18 815.35 万元，累计生产钢 31.21 万吨（其中转炉钢 23.06 万吨、电炉钢 8.15 万吨）、生铁 50.63 万吨、焦炭 57.05 万吨、钢材 30.05 万吨。比 1976 年工业总产值每年递增 10.11%，钢每年递增 9.94%，生铁每年递增 9.06%，焦炭每年递增 4.95%，钢材每年递增 11.2%。尽管在三年的拨乱反正中，企业生产形势开始好转，然而，深受"左"倾思潮的影响，企业忽视内部管理，"吃大锅饭"现象没有得到根本解决，三年企业还是亏损了 4 139 万元。

从 1976 年至 1978 年，韶关市冶金工业在拨乱反正调整改造中，得到了进一步的发展。到 1979 年初，全市冶金企业数量发展到 72 个，年完成总产值 36 097 万元。

（六）煤炭工业调整与改造

1976 年"文革"结束后，韶关煤炭工业建设进入拨乱反正新时期，伴随着企业生产管理制度的逐步落实，煤炭企业生产秩序得到了恢复与发展。到 1978 年，全市煤炭行业企业发展至 117 家，全年煤炭行业总产值 14 148 万元，企业生产首次突破亿元大关。1979 年中央经济工作会议后，煤炭行业开始逐步走上产业调整阶段，按照中央提出的"新八字方针"，全行业开始迈开企业挖潜、革新、改造的步伐。

在南岭煤矿，企业对老矿井进行了延深改造，把关春竖井延深至 -200 米水平，-65 米水平暗斜井延深到 -130 米水平生产；1977 年，在八字岭矿井开凿了一个竖井和一个明斜井并延深至 -60 米水平，把关溪矿井延深到 -50 米水平生产。同期，企业开凿了石子坪斜井，掘进平巷 1 116 米，虽未发现适合开采的煤层，并于 1979 年全部撤退，但南岭煤矿生产还是达到了该矿开采史上最高的水平。其中，1979 年生产原煤 508 045 吨，在 1977—1979 的三年中，企业共产原煤 2 288 395 吨。

在南岭煤矿对老矿井进行延深改造的同时，邻近的梅田矿务局亦在承续 70 年代初期动工兴建的麻田立井、沙田立井与塘泥坳斜井，从 1977 年开始，增建余家寮立井，1980 年 8 月再兴建红星立井。至 1980 年，全矿区共建成 11 对小型矿井，实际投产核定生产能力 151 万吨/年。完成国家基本建设投资总额 16 718.04 万元；全矿总基建进尺 14

万米；形成固定资产原值 8 893 万元，净值 7 376 万元。矿务局下属十个矿区、一个工区；另设有厂、队、医院、学校、公司等辅助单位 14 个。共有煤炭生产工人 11 940 人。

1976 年，红工矿务局企业开始进入拨乱反正整顿、发展时期。至 1977 年，红工田螺冲煤矿新建立井投产，实现全矿务局已探明有开采价值的矿点全部矿井投产，其中一至五矿均实行了双水平生产，整个矿区生产规模达到饱和状态。1978 年企业先后开工建设年产 9 万吨的丝茅坪立井和年产 5 万吨的大塘 1 号探井。1976—1978 年，红工矿务局原煤产量和工业总产值平均发展速度分别上升至 109%、108%，上缴利润 231.12 万元。

在实施国民经济第五个五年计划的前三年，韶关工业尽管在调整中放慢了发展的速度，但中央、省属工业企业呈现出向大、中型重点企业发展的态势。时在韶关的中央、省属 49 个企业中，涉及机械、冶金、煤炭、电力、化工、纺织、电子、医药、建材等 11 个门类，其中有大、中型重点企业 21 个。

1978 年 12 月，党的十一届三中全会召开，会议确立了全党工作重心从"以阶级斗争为纲"转移到"以经济建设为中心"。1979 年 4 月，中央经济工作会议明确提出了国民经济"调整、改革、整顿、提高"的"新八字方针"，自此，韶关地方工业发展逐步进入全面改革发展阶段。

二、贯彻"新八字方针"的工业改造与调整

1979 年，中央对广东实行特殊政策、灵活措施。按照中央提出的"新八字方针"，为改变韶关工业企业发展不良局面，韶关市按照广东省委部署的工业改革要求，在全市掀起了第一轮企业改革高潮，开始对部分消耗高、亏损大的"五小"工业（小钢铁、小煤炭、小化肥、小水电、小水泥）企业进行改革调整。全市对工业企业的调整、改革，着重于四个方面：

第一，进一步狠抓亏损企业的清产核资，挖潜、革新、改造和扭亏增盈工作，从而促进全市工业生产实现新的发展。1979 年按照我国国民经济的调整目标，全市工业改革的主要目标是对"文革"时期所

形成的工业体系进行整顿，对那些盲目追求高效，或只讲政治忽视经济效益，长期处于亏损状态的"五小"工业企业，进行改革。是时，全市将"扭亏增盈"作为工业行业调整、改革的重点目标，对于一些亏损严重的国有企业与"五小"工业，坚决实行清产核资；对于一些具有增盈潜力，属国家计划内的生产项目，则进行企业"挖潜、革新与技术改造"，通过提升行业产能、产量，逐步摆脱亏损。

第二，恢复实行党委领导下的厂长（经理）负责制，并推行厂长（经理）任期目标责任制，实现企业领导体制的配套改革。早在中华人民共和国成立初期，韶关地、市的工业企业领导体制基本上实行了党委领导下的厂长负责制，然而在"文化大革命"时期，由于受极"左"路线的干扰，党委领导下的厂长负责制被"强调和实行党的一元化领导"所替代。此后，企业的管理制度又被作为资本主义的"管、卡、压"手段而遭取缔，致使企业生产陷入混乱。

1979 年，围绕全市工业企业领导体制改革，韶关党委、政府按照中央及省委的要求，对全市工业全面实行经营管理体制改革。围绕增强企业活力，着重在企业领导体制、恢复党委领导下的厂长负责制、实行承包经营，以及在企业内部配套等方面开展改革探索，主要抓承包经营责任制、厂长（经理）负责制，落实企业自主经营权。

第三，探索企业内部分配制度改革，以激励、调动企业职工的劳动生产积极性。伴随韶关工业企业恢复党委领导下的厂长（经理）负责制、试行厂长（经理）任期目标责任制，为了改变"文革"时期形成的企业生产经营，实现由传统管理模式转变为现代企业经营管理体制，激励与调动企业职工的劳动生产积极性，在落实企业自主经营权基础上，从 1980 年开始，韶关工业行业进行了企业内部分配制度的改革探索。同年，在机械行业包括韶关齿轮厂等企业，试行企业厂部、车间、班组三级"资金本票制"，由此拉开了全市工业企业内部分配制度改革的序幕。

第四，全面推进、实施工业企业的质量管理，提升韶关工业产品质量。这是 1979 年韶关工业全行业按照中共中央国民经济调整"新八字方针"，为推进全市包括中央、省属以及地方优势工业向现代工业企业迈进，所采取的工业改革与改造措施之一。其间，一批生产国优、部优、省优产品企业开始在韶关工业行业涌现。

从 1979 年至 1982 年，三年的工业经济调整与改革，使韶关工业行业有了一个整体的提升，全市工业总产值达 154 453 万元，比 1975 年增长 30.45%，平均年递增 5.5%。其中，重工业产值增长 31%，平均年递增 5.6%；轻工业产值增长 29.25%，平均年递增 5.3%。1980 年，整顿、调整中的韶关工业经济效益有了一个较大的提高，在市属全民所有制工业企业中，企业盈利总额达 12 223 万元，比 1975 年增长 62.3%。

（一）机械行业改造、调整

机械行业是韶关工业的龙头，也是韶关工业亏损的重灾区。承继 1978 年广东省机械工业行业提出的"如何养活企业的问题"的三项行业改革、调整目标和任务①，1979 年，韶关市机械工业行业按照企业整顿 12 项标准，进行整顿验收。其中，韶关市属机械行业的 10 家直属企业，通过合格验收。清远县属农机厂、修造厂，超计划利润提成奖的经验被推广（时称"清远经验"②）；有 28 家归口企业建立起了两级经济核算（厂和车间）制度。

针对机械行业半死不活的状况，1980 年韶关机械行业将改革、调整企业分为三类：一是属于"任务落实"企业；二是属于"半饥半饱"企业；三是依赖"乞餐度日"企业。针对后两类情况企业，行业主管部门提出了"任务不足，决心不变，广开门路，扩大销路，再次上九峰"（即产值力争九千万元）的口号，由此拉开了搞活企业的序幕。

为解决企业生存问题，机械行业首先从广开企业生产门路、发展

---

① 一是调整长期以来形成的不合理的生产结构，改革不合理的管理制度和方法；二是扩大企业自主权，恢复职工代表大会制度，加强企业民主管理及财政分级和管理等；三是对一些产品滞销、任务不足、长期亏损的企业实行"关（闭）、停（办、产）、（合）并、转（产）"。

② 20 世纪 70 年代末至 80 年代初，针对地方国营工业企业发展停滞不前的现状，清远县委解放思想，勇于探索，率先在全国试行超计划利润提成奖的企业管理改革。清远的做法引起了广东省委的重视，1979 年 8 月，在了解清远的做法后，给予了充分的肯定，并指示在全省推广。然而，推广工作遭到了较大阻力，为此，1980 年 7 月 5—8 日广东省委书记习仲勋专程到清远调研工业改革。在深入企业详细调查研究后，7 月 29 日，中共广东省委、省政府下发《批转清远县国营工业企业试行超计划利润提成奖和改革工业管理体制的情况报告》。在这份报告中，指出清远经验"是一种大胆的、可贵的尝试"，"实质上是对经济管理体制的改革，它冲击束缚工业发展的许多旧框框"。报告要求各地学习清远解放思想、勇于创新的精神，并在实践中不断探索和创造扩大企业自主权、把经济进一步搞活的经验。由此，清远经验逐步开始在韶关地区、在广东省乃至全国推广，清远工业成为地方工业企业改革的一面旗帜。

生产入手，对长期以来形成的不合理的生产结构、经营方针进行改革调整。1980年6月，韶关全市机械工业企业在韶关铸锻厂召开"厂部经营管理方针汇报会"，就企业如何推行现代化目标管理方法，编发了韶关工具厂、韶关轴承厂等企业的经营管理方针材料。7月，全市机械企业再次于韶关齿轮厂召开行业工作会议，会上，韶关齿轮厂、韶关工具厂、韶关轴承厂、韶关挖掘机制造厂、韶关油泵油咀厂、韶关电器厂、韶关金属结构厂、韶关阀门厂等8家企业，分别介绍了各企业广开门路、搞活企业经济的经验做法。会议对韶关油泵油咀厂根据市场状况，应变生产计划，盈利43万元的经验，进行了典型分析，同时也总结了韶关配件厂应变不灵、错过生产时机造成亏损的教训。

同年，为解决"养活企业"的问题，同时也为调动机械行业搞活企业经济的积极性，广开生产门路，韶关机械工业主管部门对部分效益不好的企业，分别采取了扩大自主权、自负盈亏、利润留成，以及减亏分成、利润包干等经济措施，通过对企业管理体制、产品生产结构等采取一系列改革、调整，韶关机械行业开始呈现出生机。

截至1980年底，全市机械行业包括韶关轴承厂、韶关仪表厂、韶关链条厂、韶关电焊条厂、韶关粉末冶金厂、韶关第二机械厂、韶关铸锻厂、韶关挖掘机厂、韶关齿轮厂、韶关柴油机厂、韶关阀门厂、韶关汽车配件厂、韶关油泵二厂、韶关地区农机配件厂、韶关地区拖拉机厂、韶关地区柴油机厂等16家企业，先后与外商签订产品出口合同；韶关链条厂、韶关曲轴连杆厂等企业，则合并转产出口摩托车链条；另组建成立韶关水力发电设备联营公司，承接包括水轮机、发电机、变压器、阀门等成套工程设备生产。

在机械行业进行全面"扭亏增盈"改造、调整过程中，隶属机械工业、处于生产经营亏损的汽车制造行业在1978年实施企业重组、调整。行业主管部门对生产"南粤"牌货运汽车的韶关汽车制配厂，再次进行企业重组整顿与调整，将韶关汽车制配厂一分为三，分别成立韶关汽车铸造厂、韶关汽车配件厂与韶关特种汽车制造厂。其中，韶关汽车铸造厂与韶关汽车配件厂两个厂发展为改装车制造企业，而韶关特种汽车制造厂则继续生产"南粤"牌汽车。然而，由于企业在改革调整中未能注重市场需求发展的变化，企业在生产上尽管产量有大的增长，但效益仍年年亏损。在1979年至1981年的三年时间里，行

业共生产汽车1 173台，然而企业的亏损亦达到467万元。

　　在机械行业解决企业生存问题的过程中，提升企业生产产品的质量，成为增加企业发展活力的重要手段之一。1979年，围绕建立现代机械工业行业、提升企业生产产品的质量，韶关机械行业组织全行业企业参加了由广东省举办的首期行业全面质量管理学习班。同年，在韶关的省第一机械工业局韶关工具厂、韶关齿轮厂先后被纳入行业，进行全面质量管理（TQC）试点。由此开启了韶关工业质量管理改革的先河。从1980年始，广东省机械工业系统开始全面实施生产许可证及出口质量许可证制度，对企业锅炉及压力容器生产、安装等，全面实行设计及制造许可证制度。

　　1981年是韶关机械工业企业困难较多的一年。按照广东省委与省机械工业行业实施的企业改革调整目标、任务与方针，韶关市属机械工业加大了行业依靠科学管理，优化产品结构与行业结构，进行企业技术创新、技术改造的改革力度。其间，一批生产效益欠佳的企业为适应市场需求的变化，实现转产，像韶关挖掘机厂一样，停产挖掘机，全面转产混凝土搅拌机。是年的4月、6月，分别在韶关挖掘机厂、韶关柴油机厂召开企业厂部改革方针汇报、总结会议，介绍企业的改革经验。是年下半年，全省机械行业开始全面推行企业产品质量标准化和采用国际标准工作。韶关机械工业加工行业开始逐步推进质量化管理。为适应市场需求的变化，各企业大力推行全面质量管理，狠抓新产品开发。8月，在韶关链条厂召开的七个机械企业参加的厂长会议上，市属机械工业行业组织发起机械行业"三上一提高"会战（上品种、上质量、上水平，提高经济效益）；10月，市属机械行业在韶关铸锻厂召开现场会议，会上，由铸锻厂介绍拿下两千个集装箱角件的经验；韶关特种汽车制造厂介绍实行浮动工资制的经验；韶关机械厂介绍实行车间成本核算的经验；韶关工具厂和韶关柴油机厂分别介绍研制新产品经验，韶关齿轮厂和韶关油泵油咀厂介绍进行市场调查和预测的经验。实现转产后的韶关挖掘机厂，全面推进混凝土搅拌机产品上品种、上质量、上水平，经济效益不断上升，到1982年，企业生产的混凝土搅拌机产品品种从1个发展到8个。

　　（二）矿冶行业改造、调整

　　矿冶工业是韶关重工业发展的重要龙头行业，其中有色金属、铁

矿等开采、冶炼是韶关能源工业与产业发展的支柱。1979年，经历拨乱反正调整、改造后的韶关矿冶行业，按照中央提出的"调整、改革、整顿、提高"的"新八字方针"，开始进行全行业的改造与调整。大宝山矿、凡口铅锌矿、石人嶂钨矿等矿冶开采业，以及市、县属的有色冶金行业企业，先后按照广东省、韶关市工业改造改革统一部署，全面实行企业调整、改造。

到1980年，经调整后的韶关矿冶业开始呈现出新的生机。通过对部分经营不善、长期亏损的企业，实行关、停、并、转，全市有色冶金企业从1978年的72家减至60家。是年，全市有色冶金行业完成工业总产值41 001万元，比1975年增长66%，平均年递增10.7%。

1. 采矿业改造、调整

大宝山矿：1979年的大宝山矿，在经历"五五"计划开始后的三年拨乱反正整顿后，开始重现发展生机。1979年4月，中央经济工作会议提出"新八字方针"，在针对钢铁工业经济调整中，大宝山矿面临用户减少、产品滞销、矿石积压、利润减少、资金困难的被动局面。为解决企业的生存、发展问题，大宝山矿制定了内涵式扩大再生产、提高产品质量、打开新局面的企业发展策略。

1979年9月，企业投资90多万元，在新江兴办起五七农场，开辟发展多种经营模式；1980年，为增加适销对路产品，提高经济效益，企业自筹资金200多万元，新建年产20万吨强磁选厂，并通过技术改造，使含铁30%～40%左右的洗矿尾泥在经过磁处理后，可得到含铁53%～55%的铁精矿。1982年强磁选厂建成投产，是年产出精矿4.8万吨，创利60余万元。进入80年代初期，大宝山矿为提升矿区产品的质量，积极开展QC小组活动，在1981—1982的两年时间里，企业成立了配矿QC小组，开展以加强现场基础工作为主要内容的配矿管理，并进行了两个PDCA循环，小组被广东省经委、广东省质协授予全省优秀质量管理小组称号。1982年小组再被国家经委授予优秀质量管理小组称号。

凡口铅锌矿：凡口铅锌矿经历"五五"计划头三年的拨乱反正整顿后，逐步走上了发展轨道。然而，由于受国内、国外市场变化影响，企业产销不平衡，精矿长期积压，加上企业矿山建设达不到设计产能、产量要求，外部供电、铁路运输存在问题，采矿胶结充填工艺不过关等，造成矿区开采业长期处于亏损状态，1980年，企业选厂三系建成投产后，矿山仍达不到设计的3 000吨/日要求。

为尽快改变和改善企业的亏损状况，从1979年始，长沙有色冶金设计院根据凡口铅锌矿历年生产和基建实际情况，与企业经过多次论证，决定将原设计铅锌金属年产15万吨规模降为12万吨，并将原设计进行了若干补充调整，新增了部分填平补齐工程。1980年11月，设计院提出了《凡口铅锌矿年产12万吨金属配套方案》。在此基础上，由冶金部主持清理矿区在建项目，决定将300吨/日至500吨/日黄铁矿工程执行缓建，并确认矿区基建收尾配套共25项工程，估算投资3 000万元。其中包括1.6万立方米精矿仓、88万立方容积沉泥库、年产21万立方米磨砂选矿厂（图3-1）、日充填1 000立方米立式砂仓、无轨设备斜坡道、年修150标台汽车的铲运机大修厂。由于设计未做概算，投资一超再超，1982年设计院又提出了5 092万元的修整概算，经国家有色金属工业管理总局批准为4 964万元。

图3-1　凡口铅锌矿兴建选矿厂车间外景

石人嶂等钨矿业：1978年12月，党的十一届三中全会召开；1979年4月，中央经济工作会议后，石人嶂等钨矿业按照中央提出的国民经济调整时期的"新八字方针"，开始进入企业调整时期。调整时期的韶关钨矿业，一方面加大企业"革新、技改、挖潜"，另一方面承继企业前期生产发展，不断提升企业经营管理水平，以增强行业

活力。到 1980 年，通过"技改"的石人嶂钨矿，矿石合格量处理量达到年产 61 万吨的历史最高产量。在这一时期，伴随石人嶂等矿区的党政、工会、群团组织的恢复与发展，企业经营管理组织得到了完善。1980 年，石人嶂矿区居住总人口达到了历史最高水平 8 000 人，其中在职职工总数达 3 458 人。

2. 有色金属业改造调整

1979 年，韶关有色金属行业企业尽管在工业调整中数量不断减少，但其生产仍保持了较高的增长速度。时行业统一划归新成立的广东省冶金工业局管辖。1980 年 4 月，省政府调整省冶金工业局改省冶金工业厅后，韶关凡口铅锌矿、韶关冶炼厂等 11 家有色金属企事业单位，归属省冶金工业厅管辖。另有市冶金工业局所辖有色金属企业 10 余家，其有色金属生产、销售及物资供应，统一归属省冶金工业厅管理。继 1980 年有色冶金行业企业调整，到 1982 年，全市有色冶金行业企业由 60 家减少到 49 家，尽管生产企业不断减少，但 1981、1982 年有色金属工业总产值，仍分别比 1980 年增长了 4.2% 和 4%。

广东省大岭冶炼厂：企业自 1970 年初破土，1972 年底形成年产 5 000 吨能力，1974 年底企业建成碳素车间，糊类部分投入生产，1976 年 6 月电极部分投产。1979 年，企业按照"新八字方针"进入全面调整阶段，同年，企业实现全面投产，并形成了年产 9 600 吨的生产能力。在企业实现全面投产后，以提高企业生产效益、提升职工劳动积极性为目标的企业管理亦全面展开。其间，为完成国家下达的任务，企业在职工中推行了效益与个人工资收入挂钩的分配制度，在国民经济调整的三年企业改革中，企业职工个人收入逐年增长，到"六五"时期的 1983 年，企业职工人均收入达 1 055 元（含工资奖金，粮差物价补贴），企业生产亦取得了良好的经济效益。

韶关冶炼厂：企业自 1966 年开始投资兴建，经历了漫长的十年基建，到 1977 年正式投产时，由于企业生产能力不配套，无法达到设计生产水平，企业投产当年即告亏损 318 万元，亦由于企业"三废"污染严重，被国家列入限期治理企业之一。1979 年，进入调整时期的韶关冶炼厂，按照"新八字方针"，开始实行企业扩权，走上了自我改造、自我发展的道路。从 1980 年至 1982 年，韶关冶炼厂采取上缴利润逐年递增包干的方法，自筹资金，自力更生，实施了以"三废"治理、综合回收、完善五万吨设计生产能力为重点的第一期技术改造工程。在此期间，企业采取了边生产、边改造的发展思路，自筹改造资金 2 400 万元，完成近百项技术改造项目，达到了预期的效益。1982 年，企业达到了设计年产 5 万吨铅锌的生产能力，当年创利达 1 600 多万元，其中综合利用部分的年创利达到 200 万元；"三废"排放达到国家标准，成为省、市和有色系统环境保护的先进企业，工厂环境开始出现了净化、绿化、美化的新面貌。

3. 钢铁业改造、调整

在"五五"计划头三年的拨乱反正整顿中，韶关钢铁行业由于生产经营不善，仍长期处于亏损状态，致使国家停止了对包括韶关钢铁厂等钢铁企业的基建投资，时韶关钢铁厂正在建设的三焦工程被迫下马。1979 年，广东省冶金工业局调整生产布局、投资规模和产品结构，"关（闭）、停（办、产）、（合）并、转（产）"一批产量低、消耗高、亏损大的钢铁企业。同年，韶关钢铁厂改变经营管理体制，实行生产和亏损两包干，企业重新上马。按照全省钢铁工业调整部署，源潭耐火材料厂、北江钢铁厂、韶关地区建筑公司一工区、冬瓜铺采石场、黄岗钢铁厂轧钢厂车间并入韶关钢铁厂。

1980 年，为摆脱企业生产经营亏损的被动局面，企业依靠内部挖潜，共筹集了 9 605.45 万元资金，用于企业配套、收尾和改造。是年 7 月，企业线材车间建成投产。1981 年，顺应广东省对地方中小钢铁企业实行"关、停、并、转"，韶关地方钢铁行业对英德县炼铁厂、乐昌县炼铁厂、曲江县炼铁厂等企业实行转产。韶关钢铁厂成为冶金工业部中型钢铁骨干企业。

1980—1983 年，通过第一轮承包经营，韶关钢铁厂自筹资金完成一期工程的收尾配套项目，并形成了综合配套生产能力，企业包干政策使韶关钢铁厂开始摆脱生产经营亏损的被动局面，1981 年韶关钢铁厂实现扭亏为盈，逐步走上稳步发展的轨道。

黄岗轧钢厂：企业原属韶关市黄岗钢铁厂的轧钢车间，始建于 1971 年 3 月，1973 年 1 月投产；由于亏损严重，1982 年 7 月，在企业的兼并重组中，黄岗轧钢厂并入韶关钢铁厂。当时的主要设备有 400 × 2/500 × 2/200 × 5 轧机，主要生产直径 12 ~ 25 毫米的圆钢和螺纹钢。原设计生产轧材能力为 3.2 万吨/年，1985 年工业普查核定生产能力

时，为 3.6 万吨/年，但实际生产产量最高是 2.3 万吨/年。

广东省铁合金厂：1976 年企业投产后，连续多年生产亏损。1982 年经广东省冶金工业厅批准，企业开始实行财政亏损包干经营；同年企业开始重点抓技术改造和填平补齐工作。1983 年企业进行了全面整顿。到 1984 年，企业第一次实现扭亏为盈。是年，企业盈利 30.49 万元，同期，企业硅铁单位电耗也低于国家规定标准。到 1985 年底止，企业共完成技术改造、填平补齐工程投资 530 万元，是年，企业在各种原材料和用电提价的情况下，仍取得利税总额 89.58 万元的成绩，比 1984 年增长 51.36%。其主要产品硅铁合格率达 99.25%。在企业整顿中，复查验收合格，被广东省列为好企业之一。

韶关钢板弹簧厂：1982 年，企业试制生产 51.6mm × 16mm 和 ø4mm × 54mm 规格的水泥钢钉产品，并荣获 1983 年全国新产品金龙奖。1984 年开发水泥输送机械及提升机械产品。产品销售到广东、山东、四川、云南等 10 多个省市区，为机械工业部、交通部、航天工业部、城乡环境保护部、石油工业部的所属企业提供配套和维修配件服务，深得用户的好评。"六五"时期企业板簧产品年生产能力为 2 500 吨。

（三）医药行业改造、调整

1979 年，韶关医药行业在经历实施"五五"计划头三年拨乱反正调整后，按照中央经济工作会议提出的"新八字方针"，开始了企业调整与改革。伴随医药市场的逐步放开，原计划经济体制下的企业生产被打破，企业经营遭遇到因成本提高而导致的生产亏损。面对这种被动局面，1980 年韶关市医疗器械厂依靠企业技术进步，开始研发生化培养箱系列产品；1982 年，企业研制成功了 LRH － 150B 型生化培养箱，并实现批量生产，企业顺利地实现了生产转型并扭亏为盈。

1981 年 10 月，韶关抗菌素厂研发的青霉素 G 钾，在苏州第二制药厂的帮助下试产成功，并转入正常生产。广谱抗生素——青霉素 G 钾原料生产与土霉素碱产品生产相配套，成为韶关抗菌素厂生产的大宗。时企业生产的青霉素 G 钾，填补了广东省青霉素生产的空白。然而，生产设备只有两套发酵罐，生产规模太小，加之溶媒回收设备不配套，导致生产成本过高，企业亏损严重，在连续生产半年后，企业即告停产。1982 年，广东省经委增拨企业扩建经费 98 万元，对韶关抗菌素厂进行配套平衡，建立无菌室，并按 GMP 标准新建抗生素粉针分装车间，1984 年建成投产。

在韶关抗菌素厂重建的同时，1980 年，根据广东省药材公司的要求，南雄蜡丸生产车间并入韶关地区制药厂。1981 年 3 月，南雄蜡丸生产车间搬入企业新厂房投产。当年企业产值达 118 万元，实现利润 1.2 万元；1982 年企业产值 218 万元，实现利润 16.76 万元；1983 年产值 507 万元，实现利润 16.41 万元。韶关地区制药厂成为粤北初具规模的、以生产中成药为主的综合性制药厂。1983 年地市合并后，企业更名为广东省韶关中药厂，隶属韶关市医药联合公司管辖。

1983 年，广东省利民制药厂按照 GMP 标准，对片剂、针剂生产车间扩建，通过扩大车间，增添设备，具备年产 250 万瓶大输液生产能力。至 20 世纪 80 年代初，韶关制药行业形成了以广东省利民制药厂为龙头的制药工业体系。

除制药工业外，医疗器械生产亦为韶关医药工业组成部分。经过 20 世纪 70 年代初的医药工业改造、调整，70 年代中后期，全省取消医疗器械生产计划，并由药品公司统筹安排，产品由韶关医药站负责收购包销。韶关医疗器械厂生产的医疗手术器械开始出现销量大幅度下降的趋势，库存积压大，直接影响了医疗器械的继续生产。1979 年 8 月，韶关医疗器械厂与广东省职业病防治所合作，成功研制出 LRH – 250A 型生化培养箱，该产品为企业生产转轨创造了前提条件。

（四）化工行业改造、调整

进入 20 世纪 70 年代末 80 年代初期的韶关化工行业，按照中央经济工作会议提出的"新八字方针"，对行业进行全面调整与整顿。为扩大化工行业化肥企业的产能，对新建的韶关合成氨厂、连州磷肥厂、始兴氮肥厂、翁源磷肥厂、连山磷肥厂等，继续投入建设资金，以促进企业尽快投产，与此同时，加大了对重点企业的扩建改造。1980 年，韶关化工厂通过"一转一吸"工艺流程等项目的技术改造，采用"二转二吸"的新工艺流程，使硫酸日均产量提高了 22.4%。在小氮肥生产企业中，通过节能降耗技术的推广应用，造炉自动控制机循坏时间的缩短、铁氮法脱硫、氢氮比自动调节、碳化添加剂应用、高效碳化水箱、变换和合成余热回收利用，以及第二换热网络等技术改造，一举扭转了企业生产的亏损局面。

1980 年，韶关化工行业企业由 1975 年的 55 家，迅速增加到 92 家，全行业产值增长 36.4%，平均年递增 6.4%。伴随新建化肥企业陆续竣工投产，至 1983 年，韶关化肥行业摘掉了亏损的帽子，实现了企业扭亏为盈。化工行业亦于当年摘掉了行业亏损的帽子。

广东省英德硫铁矿：企业是韶关化工行业主要原料生产基地，也是全国近 200 个化学矿山中，上缴亿元利税的中型化工矿山之一。企业始建于 1953 年，至 70 年代末，企业向国家提供商品硫铁矿石 5 906 161 吨，平均品位达 37.01%。企业硫铁矿产量直接影响着韶关化工行业生产的发展，为此，自步入"五五"计划时期，企业积极依靠科技进步，不断促进企业的生产发展。其间，企业先后成功地研发出了风钻和凿岩机焊接合金钎头剥采、电铲采装、推广机械化快速掘进一条龙作业法，并创造出应用边界向竖井后退、无底柱分段和深孔中段崩落等开采方法。1980 年企业全员劳动生产率从每人每日 0.17 吨提高到 0.2 吨。

韶关合成氨厂：1975 年 4 月，韶关市根据地方化肥生产短缺的状况，利用广东省冶金工业厅批准在韶关冶炼厂建年产合成氨 5 000 吨车间的资金，在韶关市筹建合成氨厂。经中央有关部门同意后，从 1976 年起，从韶关冶炼厂建设资金中一次拨款 550 万元和钢材 800 吨，不足部分由韶关市解决。企业于 1976 年动工兴建，当年投产。（图 3 - 2）

图 3 - 2　韶关合成氨厂

土建工程由韶关市第二建筑公司负责。设备由十六冶建设公司建安负责安装。技术工艺选用化工部第四设计院年产合成氨 5 000 吨流程。设备大部分由广东省制造。至 1979 年 1 月建成可年产合成氨 1 万吨的基础技术设备，上马 5 000 吨项目，一次试车成功，历时 4 年，耗资 874 万元，钢材 1 000 余吨。这是韶关市兴建最迟的化肥工业企业。

仁化县氮肥厂：企业自 1970 年下放到仁化县管。从 1973 年到 1982 年的十年中，企业建设先后投入了 300 多万元，对厂房、设备进行了一系列的改造、更新，企业亦更名为广东省仁化县综合化工厂。到 1982 年，企业形成了拥有 5 个生产车间的规模。然而，由于企业连年亏损，累计亏损额达到 878 万元（其中，属政策性亏损 259 万元），在 1979 年至 1981 年的国民经济调整中，被列入亏损关停并转名单，1983 年停产。

（五）煤炭行业改造、调整

步入 1979 年的韶关煤炭开采业，在经历"五五"计划头三年的拨乱反正整顿后，因煤炭开采资源枯竭，企业逐步走下坡路。伴随煤炭开采向深部发展，地质储量资源亦在逐年减少，这对煤炭矿业企业的发展造成了较大的困难。作为地方工业重要的资源产业，韶关的煤炭开采业开始全面进入企业挖潜革新、综合治理、开拓延深的发展阶段。其间，企业开始了矿山劳动工资以及人事制度的改革。

红工矿务局：1979 年，是国民经济进行三年调整的第一年。红工矿务局按照十一届三中全会精神，把工作着重点转移到以经济建设为中心，制订了三年调整计划，组织职工大打产量、开拓掘进、质量、利润、安全五个硬仗，使全矿务局自建矿以来首次完成和超额完成八项经济技术指标计划。其中，原煤产量、开拓进尺、原煤全员工效、企业坑木耗四项超历史最高水平。当年全局基本建设施工的单项工程项目 11 个，建成投产单项工程 5 个，投产率 45.5%，停建单项工程 1 个；施工单位工程 140 个，竣工 124 个，单位工程竣工率为 88.6%。全局生产能力达到 188 万吨/年。

南岭（坪石）煤矿：进入实施国民经济"六五"计划时期，企业承续前期的老矿井开采向深部发展战略，全矿通过抓企业管理，抓生产建设，加大了企业的挖潜革新与综合治理的力度。其间，企业对关

春竖井采取了边生产边治理的办法，对井田中部条带水患进行整治，同时对河床、铁路保安煤柱（三下采煤）进行可行性开采论证调查，通过对关春井田中部条带开采的可行性论证，提交了《关春竖井三下采煤调查报告和开采设计》，当年在关春三下邻区开采煤炭3万余吨。同期，企业对八字岭矿井继续深入开采－60米水平以上煤层，同时进行了深部资源勘探，为－180米水平延深提供可靠的技术保障。1984年，企业还对关溪矿井－50米水平煤层以及狗牙洞井田－100米以上煤层进行深部开采，是年12月开始进行－180米水平延深工程施工。

梅田矿务局：进入20世纪80年代的梅田煤矿承续70年代末矿区原煤生产，部分矿井开始陆续进行开拓延深。然而，在此过程中，由于当时缺乏对矿区地质条件的勘测，四矿区西二采区煤巷掘进工作面于1980年1月1日发生煤与瓦斯突出事故，突出煤量达400吨，瓦斯涌出量5.8万立方米，造成10人遇难、7人重伤的矿难。同年，经历7年建设工期的梅田矿区麻田立井建成投产，按年产能力9万吨规划，立井投产核定能力7万吨。（图3－3）

图3－3　梅田矿务局改造后的四矿区外景

伴随煤炭矿业的改造、调整，服务于矿业生产的煤炭机械行业亦逐步得到进一步发展。

广东省煤矿机械厂：企业于1971年投产后，1976年产品生产形成了规模。为不断提升和扩大企业的煤炭机械生产能力，企业内部加大了"技改"力度，积极研究新产品。1978年，企业先后投产转子II型喷射机、MGJ－I型全液压锚杆打眼安装机（同年，该项产品荣获全国科学大会奖）。1981年企业先后再投产FS－I型、FS－II型机械手、锚杆拉力计等新产品。1982年，企业将广东省煤矿设计院研究设计的 DZC 低合金窄轨整铸道岔试制成功，同年产品荣获国家优秀新产品金龙奖和广东省科技成果二等奖。企业形成了自己的产品系列。

（六）棉纺织行业改造、调整

1979 年，韶关初步形成了以韶关棉纺厂、乐昌棉纺厂，以及韶关针织厂等骨干企业为龙头的棉纺织行业。为促进、扩大和完善韶关棉纺织行业产能，在广东省政府的支持下，韶关棉纺织行业先行对乐昌棉纺厂实行 5 万锭纺纱工场扩建，以扩大企业的生产能力；同年，为提高棉纺织行业的素质，全市按照完善生产布局和产品结构调整的改造思路，在兴建韶关第二棉纺厂的同时，对传统老纺织企业韶关袜厂进行扩建，并对亏损企业韶关汽车配件厂进行转行调整、改造，新建韶关印染厂等企业。与此同时，为改变韶关棉纺织业"纺大于织"的局面，行业对一批老纺织企业进行技术改造，从而使棉纺织业的生产布局和产品结构更趋于合理，生产及配套能力有了一个较大的提高。到 1980 年底，韶关棉纺织业全行业产值首次突破亿元大关。全市纺织企业发展到 26 家，完成工业总产值 12 385 万元，比 1975 年增长 51.4%，平均年递增 8.7%，为行业进入"六五"时期打下了一个良好的基础。

韶关第二棉纺厂：企业位于韶关市西河上窑村。1980 年 10 月企业正式动工，经近两年施工，于 1982 年 5 月开始试产，1983 年 6 月正式投产。新建企业生产设备大部分是国内 80 年代初最新设备，配套成龙，能够生产纯棉、化纤、粘胶等各种纱、线产品。年产标准 30 000 件。1985 年企业经上级机关检查验收，被评为一类企业。

韶关帆布厂：1980 年为满足市场对特殊、特种布类的需求，经广东省政府批准，在韶关西河兴建专事生产帆布企业韶关帆布厂。1981 年企业建成投产，成为当时全省唯一一家专业生产工业、民用帆布的国有企业。企业投产后，主要生产工业、民用帆布，以及劳保手套和车、船码头遮盖篷布等帆布制品。进入"六五"时期后，企业发展迅速，其间，企业新增各类帆布织机 96 台和捻线、拼线、穿纬、整经等设备 30 台（套）。年生产能力为 350 万米。主要生产轻、中、重型三大类 30 多个品种规格的帆布制品，为广东省制鞋、制衣、箱包、帆革制品厂家和公路、铁路运输部门及建材单位提供帆布、坯布和帆布制品。

（七）电子行业改造、调整

韶关电子工业是广东省电子计算机产业的重要基地之一。以韶关无

线电厂为龙头，韶关电子行业企业研发生产了台式电子计算器产品，涌现出一批电子名优产品。（表3-1）1979年中央经济工作会议后，韶关电子行业全面进入企业调整阶段，对一些产品滞销的县属电子企业进行了"关、停、并、转"调整，并对一些具有潜力但效益不好或亏损的企业进行"革新、技改、挖潜"改造，通过对企业进行整顿和初步改革，促使企业产品不断更新换代，生产能力不断提高。到1980年底，全行业工业总产值达到1 045万元，比1975年增长了25%，平均年递增1.6%。

表3-1　20世纪70年代韶关电子行业主要名优产品一览表

企业名称	产品名称	研究说明	产品性能、指标与特点
韶关无线电厂	南华 $\sqrt{162}$ 型台式电子计算机	产品由韶关无线电厂与华南师范学院数学系联合研制。该计算机是带开方的16位台式机，适用于工厂、机关、学校、科研等部门进行各种计算。于1976年2月鉴定，一致认为该机达到了国内同类产品的先进水平	①整机具有两个记忆单元，运算功能较全；能进行加、减、乘、除、乘方、开方、倒数、百分数、定数加减乘除，中间存储，累加累减，四舍五入和四则混合计算等②小数点有浮点及定点两种，定点有0、2、4、8四档，并对最末位进行四舍五入，全部运算都可以是满位，并都可以得16位的结果（浮点方式）③具有全符号运算及连续运算的功能；定数运算适用于乘除和加减运算④采用电子规模MOS集成电路，整机功耗低⑤结构紧凑、体积小、重量轻、性能稳定可靠

企业名称	产品名称	研究说明	产品性能、指标与特点
韶关无线电厂	南华 Lx－121 型台式电子计算机	产品由韶关无线电厂与华南工学院自动化系联合研制。该计算机适用于银行进行各种储蓄、贷款及单位存款的利息计算及加、减、乘法运算。于 1977 年鉴定通过，已批量生产	①机器全部采用国产中、小规模 MOS 集成电路，按最优数学模型进行设计，计算顺序完全符合习惯，操作次数最简 ②统一的数学模式，结算日期开关与利率开关的设置、消零与寄存器共用、结算；日期输入、利率收入与键盘输入共用编码器，节省器件，降低成本 ③操作简便，运算快速、准确可靠，环境适应性强，外形美观大方，体积小，重量轻
韶关无线电二厂	YKC－Ⅰ电子程序遥控机	产品由韶关无线电二厂研制。该遥控机于 1977 年研制成功，是大范围矿井运输线的电子程序控制系统，用于矿山运输线调度室，实现大范围运输线的半自动集中调度。本机经用户验收，运往生产现场进行工业试验	①本机的遥控通讯装置采用陶瓷滤波器和频率编码法，工作稳定可靠，抗干扰性能好，噪音比信号大三倍仍可工作 ②自动程序控制功能较完善，采用无触点控制方式 ③有效控制距离大于 10 公里（当时国内用苏式"信集团"一般在 2 公里以内） ④主机可以向各分机发送 900 多个遥控指令，并同时接收 800 多个通讯信号 ⑤遥控通讯装置和程序逻辑装置亦可独立使用 ⑥可提高 15% ~ 30% 的运输能力

企业名称	产品名称	研究说明	产品性能、指标与特点
韶关无线电二厂	DK－Ⅰ型道岔控制器	产品由韶关无线电二厂研制。该遥控器是矿山运输自动化的一项设备，用于实现矿井运输电车司机遥控道岔，不用扳道工拉岔道。其特点是操作方便，抗干扰能力强，工作稳定可靠。于1975年5月经省级鉴定通过	①遥控器由发射机、接收机、电源和转辙机四部分组成。接收机安装在运输线的道岔附近，电车行驶过程中司机可用发射机发出的信号来操纵道岔位置 ②发射频率为10kC，发射功率为2W，发射、接收天线之间的垂直距离可大于1.5米
韶关无线电四厂	10kW脉宽调制发射机	产品由韶关无线电四厂研制。该广播发射机的主要特点有：电声指标好，可靠性强，效率高，体积小，重量轻和成本低。于1976年11月由四机部和中央广播事业局共同组织鉴定，结论是：10kW脉宽调制发射机遥控通讯主要指标达到了设计要求	①载波功率：10kW ②频响：50～16kHz 0.7Db ③杂音电平：－59Db ④失真度：2% ⑤上下调不对称度：45% ⑥残波抵制度：≥60Db ⑦调制：50～10kHz，M＝100% ⑧载波跌落：4% ⑨梯调：M≥150

注：参见《广东省科学技术成果汇编》（1949—1978）。

（八）建材行业改造、改革

1978年，党的十一届三中全会后，全市建材行业开始了满足市场需求、扩大企业生产能力的改造与改革。为提升行业产能、产量，建材工业部门采取了两项举措：首先，对韶关水泥厂、英德水泥厂等一批国营企业进行"挖潜、扩建、改造"，以促进行业走内涵扩大再生产道路；其次，大力发展乡镇建材工业（主要生产砖瓦和石灰）。通过两项举措，有效地促进了建材行业生产快速发展。到1980年，全市建材企业数量由1975年的77家，猛增至190家，行业完成工业总产值达 7 176 万元，比 1975 年增长 79.4%，年平均递增 12.4%，其中水泥产值比 1975 年增长 76%。

韶关水泥厂：企业是"五五"计划时期韶关建材业改造的大宗。经多年的开采，韶关水泥厂原有的水泥灰岩矿山，由于建筑物大量压矿而无法继续开采，急需寻找新的水泥原料基地。为满足韶关水泥厂生产发展对石灰石资源的需求，广东省冶金地质勘探公司九三二地质队派出地质技术人员在韶关市周围地区进行踏勘选点。通过两个月的地质调查，认为丘屋地区石灰岩储量丰富，矿石质量好，开采条件简单，可作为韶关水泥厂后备矿山，并编写了《韶关市丘屋石灰岩矿区初步评价工作简报》。

1979 年 1 月，经广东省建筑材料工业局同意，由韶关水泥厂成立矿山详查工作小组，对丘屋石灰岩矿区开展详查工作。野外工作从 1979 年 1 月开始到 9 月 15 日止，历时 9 个月，完成 1：2 000 地质填图 1.2 平方公里，1980 年 7 月提交了《广东省韶关市丘屋石灰岩矿区详查地质报告》。矿区由韶关水泥厂开采，设计生产能力 30 万吨/年。由此开启了企业扩大产能再生产的改造工程。

英德水泥厂：1979 年企业在创"国优"水泥品牌后，为加强企业的生产工艺管理，开始进行"改进配料，提高石灰饱和比"改造，抗压强度从 330 千克/平方厘米提高到 350～360 千克/平方厘米，严格控制细度，严格包装质量，并进一步改进煤粉制备，改进熟料冷却系统，使出口水泥强度达到"GB－175－77"标准的 625 号水泥水平。但出口计划屡屡不能完成，主要原因是运输紧张，产品难以运出，再者，广九铁路英德路段要付外汇过轨费，运输成本高，外贸部门经常减少英德水泥厂出口数量。

乐昌长来水泥厂：企业属长来镇乡属建筑企业。1980 年 12 月筹建，到 1981 年 8 月企业建成投产，年产一万吨；进入实施"六五"计划时期的 1983 年 7 月，企业扩建到两万吨；1984 年 10 月，企业再扩建至十万吨。其为广东省乡镇水泥行业最大企业之一，也是韶关市重点企业之一。

在实施"五五"计划建材行业改造期间，尽管行业产值逐年增长，然而行业生产规模小（企业大多为乡镇建材业），且生产设备简陋、工艺落后，技术水平和管理水平均较低下，因此产品产量和质量

大多比较低，加上乡镇建材业冲击，国营企业生产消耗大，成本高，经济效益差。1980 年在水泥生产行业中，国营企业有 9 家亏损，总亏损额达 113 万元。

（九）电力工业的发展

进入"五五"时期的韶关电力工业，从 1976 年至 1980 年，伴随韶关地方工业发展的需要，以农村小水电为主体的电力行业进入兴盛发展时期，电力工业全行业企业得到迅速发展。全市电力企业从 1975 年的 63 家，猛增至 1980 年的 168 家，其中水电企业 164 家，全年完成工业总产值 18 266 万元，比 1975 年增长 25.7%，平均年递增 4.7%。

（十）皮塑工业的兴起

进入"五五"时期的韶关皮塑工业，在经历 20 世纪 60 年代末至 70 年代初"小三线"建设缓慢发展后，开始呈现出兴盛发展的态势，尤其是塑料行业的逐步兴起与韶关新建的广东综合塑料厂建成投产，带动了韶关地方塑料工业的兴旺。在 70 年代的中后期，韶关市区及各县二轻集体工业和乡镇工业，均兴建了一批塑料工厂。1979 年，为加强市区塑料皮革行业的管理，韶关市组建起韶关市塑料皮革工业公司，成为省内塑料行业最早组建的几个专业公司之一。自此，韶关皮革塑料工业逐步走向兴旺发展。

广东综合塑料厂：企业自 1968 年"小三线"建设正式投产后，经过 60 年代末到 70 年代"五五"时期的发展，成为粤北地区塑料行业中，产品齐全、生产能力最大、设备最多、产值利润最高的一家骨干企业。企业生产亦由以生产工农业配套塑料制品为主，延伸至生产各种压延薄膜、吹塑农膜及塑料硬管。进入"六五"时期，伴随建筑业的蓬勃兴起，以及工业、通讯、民用住宅对电线、电缆需求量的日益增大，企业将生产精力转向了塑料电缆的生产上。其间，塑料电缆料的产量从 1980 年的 326.16 吨发展到 1985 年的 4 071.23 吨，增长了近 11.5 倍，成为最大宗的拳头产品。

为保障拳头产品的生产质量，"六五"期间，企业对生产进行了全面的质量管理，在 1981 年和 1984 年，企业生产的聚氯乙烯护层级电缆料参加了全省产品质量评比，荣获第一名；1983 年，企业生产的

聚乙烯农用薄膜产品，在参加全省评比中荣获第一名，并被广东省评定为优质产品。到 1985 年，企业产值达 1 951.09 万元，分别比 1978 年、1980 年和 1984 年增长 102%、163.1% 和 19.77%。企业经济效益显著提高，同年，企业生产实现利润 115.15 万元，分别比 1978 年、1980 年和 1984 年增长 21.12%、110.8 倍（注：1980 年是企业建厂以来创利最低的一年，只有 1.03 万元）和 5.1%。

（十一）食品工业的复兴

1978 年，韶关食品工业在经历实施"五五"计划头三年的拨乱反正后，行业开始大步迈向了新的发展道路。包括粮食食品、副食品、制糖、饮料酒、制茶、卷烟、糖果、饼干、糕点，以及果脯、蜜饯等行业，新建企业在国民经济调整的 1979—1981 年，不断涌现。大部分老旧企业亦在行业"革新、技改、挖潜"改造中，焕发出新的面貌。从 1978 年至 1982 年，全市食品行业平均产值递增 5.8%。

韶关酒厂：进入 70 年代末 80 年代初期的韶关酒厂采用优质高粱生产"北江"牌风采液，产品以"高温大曲为糖化剂，经陈年老窖发酵、蒸馏并精心勾兑陈酿而成"，酒质具有色清透明、窖香浓郁、入口绵甜、回味悠长之特点。产品在 1986 年全省饮料酒行业质量评比中，荣获行业优质产品称号；同时还荣获 1986 年韶关市一轻食品工业产品质量评比第一名。此产品产量大，质量有保证，畅销省内外。同时企业还生产"北江"牌长春露，产品属药类低度白酒，选用黄芪、人参、党参、当归等十几种名贵药材，经科学方法浸渍提露，配以党参、人参原浸液，采用传统独特工艺精制酿制而成，产品药香纯和、醇正绵甜，具有安神补气、强身健体之功效。

第二节　探索韶关工业企业改革发展之路

一、探索企业改革发展新举措

经历了从 1979 年至 1982 年初的国民经济调整，韶关工业开始全面进入探索企业改革发展之路。为搞活企业，在国民经济"六五"计

划实施后,韶关的工业企业逐步恢复了党委领导下的厂长负责制。但是,随着有计划的商品经济的发展和经济体制的改革,党委领导下的厂长负责制所存在的党政不分、以党代政、权责分离、厂长缺少必要的权力,难以形成高效率的生产经营决策、指挥系统等弊端,越来越明显地表现出来,不利于搞活企业和促进经济的发展。从 1982 年下半年开始,韶关地市根据国务院和广东省人民政府的部署,开始在部分国营企业试行领导体制的改革,直至 1984 年下半年。

1984 年 10 月 20 日,党的十二届三中全会召开,会议通过了《中共中央关于经济体制改革的决定》,明确提出进一步贯彻执行"对外开放,对内搞活经济"的方针。

承继国营企业领导体制试行的改革,韶关工业迈开了全面探索企业改革发展的步伐。在实施"六五"计划的后两年,韶关工业改革先后进行了以下四个方面的探索。

1. 全面实行厂长(经理)负责制和厂长(经理)任期目标责任制

1984 年 9 月,韶关齿轮厂作为全省首批试点企业之一,率先改党委领导下的厂长负责制为厂长负责制。随后,韶关挖掘机厂、韶关利民制药厂等企业也相继试行这一体制。

1986 年 9 月,中共中央和国务院颁发《全民所有制工业企业厂长工作条例》《中国共产党全民所有制工业企业基层组织工作条例》《全民所有制工业企业职工代表大会条例》,正式规定全民所有制工业企业的领导体制为厂长负责制,实行厂长任期目标责任制,理顺企业内部的行政、党组织、职工代表大会之间的关系。韶关市根据这些规定的精神,以韶关齿轮厂、韶关铸锻总厂、韶关针织一厂、韶关市食品厂、韶关市百货公司、英德县粮食局大湾粮管所以及仁化县(韶关市综合改革试点县)的水泥厂、农机通用厂、印刷厂、医药联合公司、制衣厂、工艺厂等企业,作为实行厂长(经理)任期目标责任制的试点。在总结试点经验的基础上,韶关市政府颁发了《韶关市推行厂长(经理)任期目标责任制试行办法》,对任期目标责任制的前提、工作程序、任期目标的内容、实施与考核、奖罚办法等,作出了具体规定,然后在全市范围内推广。

2. 探索企业经营管理中引入竞争机制和风险机制的路子

在全面经济体制改革前,全民所有制企业的所有权与经营权合

一，人财物、产供销等全由政府及企业主管部门直接掌握和决策，企业既没有自主经营权，也不承担生产经营的责任。1978 年后，韶关地市根据体制改革的要求，逐步探索扩大企业自主权、搞活企业的路子，相继实行了企业基金制度、利润留成制度、第一步和第二步利改税制度及多种形式的承包经营。

1984 年，韶关工业行业率先在韶关挖掘机厂试行"核定上缴利润基数，超基数部分由企业和财政部门按八二比例分成"的办法。这种办法给企业注入了活力，全厂上下逐级分解指标，落实岗位责任制，使各方面的积极性都调动起来。当年实现利润、上缴利润和企业留利分别比上年增长 22%、8.8% 和 40.8%。为了调动企业主管部门的积极性，1985 年将超基数利润的分成比例改为企业留七成、财政部门收二成、主管部门得一成，简称为"七、二、一"。这一办法的实施，在全市国营工业企业中产生了强烈的反响，纷纷要求仿照实行。中共韶关市委、市政府因势利导，决定从 1985 年始全面推行。

1986 年，将承包期"一年一定"改为"一定四年"，并在 187 家预算内国营工业企业中，分不同类型的企业，采取五种承包经营形式：

（1）实现利润较多、生产经营条件较好的韶关挖掘机厂、齿轮厂等 72 家企业，在利改税的基础上，核定上缴所得税的基数，超基数的利润部分，由企业、财政部门、企业主管部门按七、二、一的比例分成。

（2）韶关仪表厂等 99 家微利企业，实行上缴利润基数包干，亏损自补，超收由企业和财政按八、二的比例分成。

（3）韶关链条厂等 9 家亏损企业，实行减亏包干。核定亏损额，逐年递减，超亏不补，减亏全留，盈利由企业和财政按八、二的比例分成。

（4）韶关机床厂等 4 家经济包袱较重的企业，实行定额补贴包干。定额补贴全部用于归还专项贷款，盈利由企业和财政按八、二的比例分成。

（5）韶关第二棉纺厂等 3 家新建和技术改造贷款较多的企业，实行定额还贷包干，超定额部分由企业提留 35%，作为职工福利基金和奖励基金。

实行承包经营后，企业发展取得了较好的经济效果。1986 年，全

市预算内工业企业完成工业总产值、实现利润、上缴利税和用利润归还贷款，比上年分别增长 11.6%、9.6%、15.6% 和 27.3%；1987 年比 1986 年又分别增长 17.7%、43.9%、66.1% 和 29.4%。均高于全省平均增长水平。实行承包经营后，效果良好。1987 年同 1983 年相比，上交财政收入增长 74.18%，企业留利增长 59.40%，职工人均收入增长 28.18%。

3. 开展企业内部分配制度改革探索

1983 年，韶关市机械工业系统全面推行计件工资和超额计件工资制，激发了职工的积极性。全系统企业与上年相比，工业总产值增长 43.8%，劳动生产率提高 49.1%，产品成本下降 13.1%，减亏 158.56 万元，增盈 85.11 万元。是年，韶关市振兴面包厂实行全员风险抵押承包，使职工个人利益与企业的盛衰有机地结合在一起。1987 年，韶关第二化工厂在全市率先实行优化劳动组合。全厂原有职工 281 人，组合后精减职工 65 人，占 23%，生产不但不受影响，反而更加热火。

4. 全面实施企业质量管理，提升韶关工业生产产品质量

全面实施企业质量管理，是 1979 年韶关工业进入调整时期开始的一项企业改革措施。进入"六五"计划时期，从 1982 年始，为提升韶关工业行业产品质量与企业质量管理，各行业均把"质量信得过"活动，转化为产品创优评优活动。自此，韶关工业包括化工、机械、电子、医药、纺织等行业，先后涌现一批国家级、省级的名优品牌产品；一批企业先后入列国家级、省级质量管理先进名录，韶关齿轮厂、韶关工具厂、韶关拖拉机厂等企业，先后获广东省及机械工业部颁发的质量管理奖。

到 1985 年，全市工业行业名、优、新产品和适销对路产品大幅度增加。在新产品、新品种方面，先后开发有混凝土搅拌车、低水头发电机、铝型材、工业硅、复合肥、大理石、花阶砖、彩印油墨、茶籽洗发精、塑料玩具和日用品、高中档卷烟、OK 牌电焊条等一批适销对路新产品。名优产品亦不断增加，1985 年韶关全市工业产品质量稳定提高率达到 84%，优质品率达到 13.3%。

二、行业改革探索与实践

（一）化工行业改革与塑料工业发展

步入"六五"时期的韶关市化工行业，坚持改革、开放、搞活的调整发展方针，以提高经济效益为中心，对一批技术设备落后，无资金改造，能耗高，亏损严重，又无原材料来源，产品无销路的企业，进行了关停并转整顿。在化学工业行业，80年代初期，先后关停并转了8家化工企业。依靠技术进步，先后对英德硫铁矿、韶关化工厂，以及市、县属小氮肥厂行业进行技术改造，从而使各化工企业生产持续稳定发展。

随着企业经济体制改革的不断深入，1984年，韶关的化工企业开始分别实行厂长负责制和厂长任期目标责任制、聘任制，以及租赁承包和招标承包责任制。自此，化工企业紧紧抓住经济建设这个中心，坚持改革、开放、搞活方针，注重社会效益和自身的经济效益，进一步加强企业管理制度的建立、落实，以节能降耗为中心，狠抓技术改造、挖潜配套，引进先进技术设备，重视新产品开发和产品结构的调整，生产从求速度转向保质量，从生产型转变为生产经营型。1985年，全市的化工生产初见成效，全年完成工业总产值8 111万元，实现利润171.4万元。

时韶关化工行业生产的产品主要有氯化石蜡、锑酸钠、立德粉、氟硅酸钠、轻质碳酸钙和沉淀硫酸钡等。其中，韶关合成氨厂生产的"韶氨"牌碳酸氢铵是化工部的优质产品；韶关第二化工厂生产的"风采"牌钛白粉、韶关合成氨厂生产的"韶氨"牌液氨，以及韶关电化厂生产的"蓓蕾"牌食品盐酸等，是广东省优质产品。韶关化工厂生产的"韶丰"牌磷肥等12个品种，以及韶关第二化工厂"风采"牌搪瓷钛白粉、阳山县将军山化工厂生产的立德粉，被广东省进出口有关部门认定为出口免检产品。

韶关锑冶炼厂：企业原属韶关综合化工厂冶炼车间和硫化锑车间。1984年分出设厂。占地面积2.9万平方米，厂房面积8 180平方米。有反射炉、锑白炉和硫化锑生产线。主产锑白粉、精锑、硫化锑等。部分产品外销日本、美国、西欧。其是广东省最大的锑冶炼企业

和锑白粉唯一生产厂。曲江、仁化建有分厂。

仁化县松香厂：企业始建于 1954 年，为扩大生产，1957 年企业迁建于县城东，以生产松香、松节油为主，年产能分别为 700 吨和 100 多吨。在"六五"计划期间，企业与韶关锑冶炼厂联营，新建成两条 560 千伏安金属硅电热炉，年产金属硅 600 吨，年产值逾 200 万元。主要产品"丹霞"牌优质松香、松节油，以及金属硅远销国内外。

在实施"六五"计划的五年间，韶关化工行业经过产业调整、改革，扭转了化工行业总体亏损的局面。1985 年，韶关化工行业实现全员劳动生产率 9 149 元。同年，化工基本建设施工项目 2 个，已竣工投产项目 1 个，完成投资额 133 万元，新增固定资产 53 万元；更新改造措施完成投资额 508 万元，新增固定资产 472 万元。

从 20 世纪 70 年代初期发展起来的韶关塑料行业，在"六五"计划时期，行业发展再续建设新篇。1984 年，行业在韶关东河陵东路兴建韶关第三塑料厂，企业投产后，年产塑料软管 500 吨。1985 年，行业又在韶关市区五里亭建成大华塑料厂，企业年产日用塑料制品 800 吨。1986 年，行业再在五里亭增建韶关南洋塑料厂，企业投产后，年产塑料制品 19 530 吨，产品大部分出口东南亚国家和中国香港地区。由此，韶关塑料行业成为全市轻工业发展的龙头。行业产值、利润达到韶关塑料行业历史的高峰。以广东综合塑料厂为龙头的 6 家塑料企业，构成了全市塑料行业生产、产品体系。

（二）医药行业改革探索

从 20 世纪 80 年代开始，韶关医药行业为适应商品经济发展的需要，各生产企业注意依托技术进步，改造技术工艺和设备，积极扩大生产规模，同时注意研发新剂型、新品种，通过引进国外先进设备，提高生产药品产量和质量。

1982 年迁韶关新建的韶关利民制药厂，立足于转变经营体制与建立现代企业制度的改革，通过不断充实科研人员队伍，以及调动生产员工的积极性，实现了企业生产的创新发展。从 1983 年开始，利民制药厂就以科技研发领先，不断开发新药品种，到 1986 年，研制开发的新药种类规格达 88 种，包括脑力隆胶囊、复方当归素胶囊、当归素片、异丙肌苷片、丹参注射液、肝安注射液等新产品，疗效高、销路好，为企业赢得了市场，其中当归素片荣获广东省优秀新产品奖和卫

生部科学技术进步二等奖。(图 3 - 4)

与韶关利民制药厂改革探索并行的韶关抗菌素厂,于 1982 年新建抗生素粉针剂分装车间。1983 年为适应外贸出口的需要,企业进一步挖掘设备潜力,将两套原产 15 吨的发酵罐扩大为 18 吨。此后,又新装 2 套 30 吨发酵罐。1984 年抗生素粉针剂分装车间正式投产,企业新增生产品种迅速扩大,包括青霉素 G 钾、氨苄青霉素、先锋霉素 V、硫酸链霉素等针剂,这些都成为企业生产的主要产品。但是青霉素原料药已供过于求,故企业确定转产其他原料药。1984 年 11 月企业更名为韶关制药厂。到 1985 年,在经历一系列技术改造后,企业包括化工类制药产品生产土霉素碱原料药年产能力超过 200 吨,比建厂时扩大 3 倍。除土霉素碱、青霉素 G 钾原料,以及土霉素盐酸盐等制药原料外,与其制药原料药生产相配套,企业还生产土霉素、磷酸川芎嗪片、脑益嗪片等片剂,成为当时广东省制药业原材料生产的重点生产厂家之一。

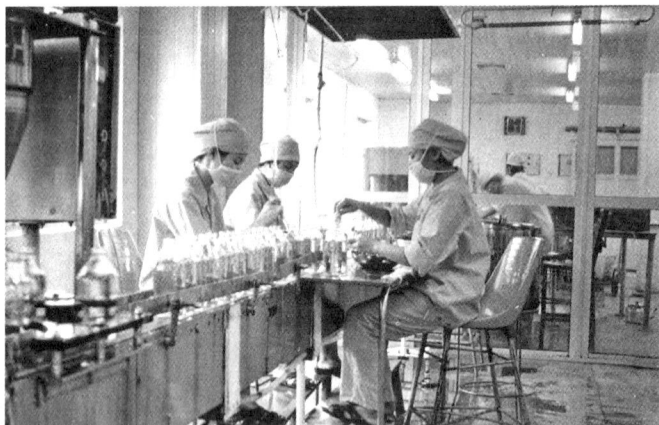

图 3 - 4　20 世纪 80 年代中期韶关利民制药厂针剂分装车间

韶关医药工业发展的另一项制药产业,是制剂药品生产产业。原料药制剂生产是韶关制药行业的重要组成部分。到 1987 年,全市医药制药工业主要化学原料药生产能力达到 240 吨,主要制剂年生产能力为:针剂 1 亿支、片剂 15 亿片、抗生素分装 2 500 万支(瓶)、输液 250 万瓶、胶囊剂 2 500 万粒。制剂生产品种规格共有 295 种,生产药品种类包括抗感染药、地方病用药、维生素类药、心血管等循环系统

药、呼吸道药、消化道药、抗过敏药等，形成门类比较齐全的制剂生产。

与制药生产行业并举，医械工业亦成为 80 年代韶关医药工业大宗。

韶关医疗器械厂自 1982 年依靠技术改造从企业亏损困境中走出来，在 1984 年至 1987 年三年中，企业坚持以开发新产品为方向，先后开发出包括 150G 型、250G 型光照培养箱，150B 型、250A 型生化培养箱，四种型号产品均为国内首创的先进产品，其功能和质量指标达到日本同类产品的水平。经过数年的产品结构调整，企业摆脱了单一生产手术器械的被动局面。到 1987 年，企业总产值年均 373.46 万元。手术器械年均产量为 125 万件；生产培养箱系列产品年均产量为 1 697 台。实现利税年均 61.87 万元，产值利税率为 14.3%。利润总额由 1980 年亏损 8.79 万元，1981 年亏损 17.77 万元，1982 年亏损 11.64 万元，至 1983 年起扭亏为盈 8.13 万元，到 1987 年实现利润 37.92 万元。

"六五"时期全市医药工业总产值增长达 88.9%，平均年递增 13.6%。其中，医药工业总产值增长 2.45 倍，平均年递增 28%。这一时期，医药行业部门开发了一批新产品，主要有中草药防臭鞋、脑力隆、甘木通片、麦迪霉素、青霉素等 30 多种。

（三）机械行业改革探索

韶关工业大户机械行业在经历 70 年代末 80 年代初期工业调整后，步入"六五"计划时期，继续按照广东省机械行业改革的要求，在立足于抓行业企业体制改革的同时，通过抓企业科技进步与新技术应用，不断促进机械行业发展。

1982 年，韶关机械工业行业生产全面回升。"广开门路、多接任务，增加服务项目、开发新产品"成为机械行业改革的工作方针。是年，韶关工具厂大胆改变主体产品方向，生产国内外市场急需的钻头，使企业从 1981 年亏损 24.4 万元转变为盈利 25 万元；韶关市食品机械厂成功试制出以意大利绞肉机、法国蛋糕搅拌机为样机的产品，市场销路喜人；同时，韶关特种汽车制造厂和韶关钢球分厂引进日本皮带运输机和西德手动切筋机样机并试产成功。是年，市属机械行业产品的设计、工艺打破几十年一贯制，品种规格由几十种发展到 266 种。

韶关机械工业亦从过去只为重工业服务，逐渐转变到比较注意为轻工业和人们日常生活服务；企业从"人、财、物、产、供、销"由国家全包，转变到注重经济效益上来。企业全面实行独立核算，自负盈亏。

为改变韶关机械行业中汽车制造业的亏损现状，1982年12月，韶关机械行业对处于亏损中的汽车制造业实行企业转型，将韶关汽车配件厂转型，组建成立韶关液压件厂，专事生产"韶液"牌液压起重汽车等；对韶关特种汽车制造厂转型，组建成立广东省韶关工程机械厂，专事生产"粤工"牌液压起重汽车（图3-5）等。但转型后的韶关汽车生产企业受条块分割、隶属于多个部门管理，这造成了其投资、生产分散，生产技术和工艺装备差，基础薄弱等问题，这些问题直接制约了韶关汽车行业的发展。

图3-5 20世纪80年代中期韶关工程机械厂生产的"粤工"牌液压起重汽车

1983年，韶关地市合并后，成立韶关市机械工业总公司，统管原韶关地市归口机械工业企业。是年，韶关市归口机械工业企业进一步落实各种形式的经济责任制，对8家企业采取自负盈亏，以税代利；对6家企业采取微利包干，超收分成；对9家企业采取亏损包干，扭亏分成、超亏不补；对3家企业采取亏损包干，节亏全留、超亏不补等措施。同期，韶关挖掘机制造厂、韶关工具厂实行车间经济承包责任制；韶关工矿配件厂实行超定额计件工资制；韶关拖拉机厂等企业对车间、班组及个人实行包干经济技术指标制。同年，行业在完善经济承包责任制的同时，还紧抓扭亏增盈工作。行业主管部门对韶关齿轮厂、韶关挖掘机制造厂、韶关水轮机厂、韶关油泵油咀厂等盈利大

户，突出抓增盈工作；对亏损 20 万元以上的韶关铸锻厂、韶关电焊条厂、韶关钢球分厂、韶关工程机械厂、韶关链条厂等企业，制定指标，限期扭亏。到 1984 年初，韶关市属归口企业亏损户由 1982 年的 10 家减为 5 家，减亏 247 万元。在归口国营机械企业 45 家中，有 39 家实现盈利（比 1982 年增加 11 家），10 家扭亏为盈（亏损户比 1982 年减少 4 家），减亏 238 万元。1983 年，机械行业还进行了全行业企业整顿验收工作，共有 16 家企业通过验收合格，占归口机械企业总数的 33% 以上。

通过企业整顿和各种经济责任制的实施，韶关机械企业由过去的"三靠"（即生产计划靠国家下发，原材料靠国家调拨，产品靠国家收购）变成"三自"（即生产任务自己找，原材料自己解决，产品自己销售），逐步做到了以销定产，产销平衡，企业基本完成"转轨"（从过去只追求产值、产量转到提高经济效益轨道）、"变型"（由单纯的生产型转变为生产经营型）。

1984 年，韶关市机械工业主管部门对归口机械企业在人财物、产供销等方面给予扩权，包括：确定机构设置和中层干部任免；干部、工人调进调出；奖惩职工；经济效益好的企业给 30% 的职工晋升一级浮动工资，利润增长 15% 以上的企业给 3% 的职工晋升一级工资；确定内部工资、奖金分配形式和管理人员的职务津贴；确定技术改造规划和购置设备计划；确定生产计划等，并对韶关铸造厂、韶关通用机械厂、韶关机床厂和韶关模具厂试行"厂长组阁制"（厂长由总公司任命，厂长提名副厂长）。实行"厂长组阁制"的企业自行支配购置设备专用资金。是年，韶关机床厂扭亏为盈；韶关模具厂实现工业总产值 99.6 万元，利润 3.4 万元，比 1983 年分别增长 58% 和 7.5 倍。

同年，为进一步完善企业经济责任制，韶关市属归口机械企业主管部门对所属企业进行分类排队：一类是"以税代利""自负盈亏"的 8 家企业——韶关齿轮厂、韶关挖掘机制造厂、韶关水轮机厂、韶关油泵油咀厂、韶关变压器厂、韶关仪表厂、韶关阀门厂、韶关工具厂，实行利税不变，以上年上缴利税为基数，按当年月递增的利润交二留八；二类是对"微利包干"的 4 家企业——韶关液压元件厂、韶关工矿配件厂、韶关粉末冶金厂、韶关配件厂，实行利润递增包干（10%），超额部分企业全留；三类是对包零（即见利二八分成法）的

4 家企业——韶关机械厂、韶关轴承厂、韶关柴油机厂、韶关模具厂，实行见利二八分成法（即上交 20%，自留 80%），亏损自负；四类是对"亏损补贴包干"的 10 家企业——韶关铸锻总厂、韶关拖拉机厂、韶关农机配件厂、韶关农业机械厂、韶关机床厂、韶关铸造厂、韶关电焊条厂、韶关链条厂、韶关通用机械厂、韶关工程机械厂，实行减亏全留、超亏自负、盈利部分交二留八的政策。对韶关齿轮厂试行工资与销售收入和利润总额双挂钩，工资总额全浮动的分配方法。

1984 年伴随我国"对外开放，对内搞活"的经济方针全面展开，依靠科技进步，进行企业生产转型改造与引进先进设备技术，成为韶关机械行业实施企业改造的重要举措之一。是年，韶关挖掘机厂在经历 80 年代初改造后，企业停产了挖掘机，转型生产混凝土搅拌机，从日本引进了具有国际先进水平的 EA－05 搅拌输送车生产技术，开发了 JC6 混凝土搅拌输送车。1985 年产品通过国家技术鉴定和质量认证后，开始投入生产。此后，企业通过"技改"消化吸收引进设备新技术，逐步实现了混凝土搅拌输送车的国产化。

韶关铸锻厂是 70 年代初期兴建的企业，到 1974 年基本形成了中等企业的生产规模，然而由于各种原因，从基建开始到 1982 年，尽管企业生产不断发展，但总体经济效益较差。1983 年为提升企业生产效益，在广东省及韶关机械工业总公司等主管部门支持下，企业进行了全面的技术改造，先后更新了 5 吨电炉、冲天炉及自由锻锤等关键设备。1985 年，企业铸锻综合产量达 1.92 万吨，各项经济技术指标达建厂以来最好水平，利润逐年上升。

广东省矿山通用机械厂，是 70 年代初期兴建的企业，在步入"五五"时期后，伴随国民经济三年调整，企业通过"革新、技改、挖潜"，成为国家机械工业委员会定点生产卷扬机、破碎机等矿山设备专业厂，由此，企业产品质量、产量直线上升，行销省内外。到 1985 年，企业形成了 JTP－1.2、JTP－1.6 矿用提升绞车，PEF 系列 150×250、250×400、400×600、600×900 颚式破碎机，YTS 圆筒筛，SZZ 自定中心振动筛和减速器等产品系列。

1985 年，韶关市归口机械行业为增强企业活力，坚持"三上一提高"（即上水平、上品种、上质量，提高经济效益）方针，对全行业施行整改，实现企业产值、销售、利润、上缴利税等 4 项主要经济指

标同步增长，行业生产形势全面好转。

这个时期，整党工作在各企业铺开，划清了奖励有贡献的领导和职工与滥发奖金的界限；划清了政策所允许的部分机械产品的价格浮动与随意乱提价损害消费者利益的界限；划清了搞活企业、广开门路扩大服务领域与不务正业搞歪门邪道的界限。整党工作促进了企业生产力的发展。到 1985 年末，韶关市机械工业主管部门根据原材料紧缺、基建速度减慢的形势，提出"改变产品布局、发展盈利产品、开发新产品、改革经营管理、争取较好的经济效益"的工作方针，在所属 60% 的企业实行厂长负责制，在 14 家企业实行计件工资或超定额计件工资制。

1985 年，市属机械企业完成技术改造投资额达 515 万元。"一业为主，发展多种经营"，实行工贸结合的服务业同时兴起。韶关柴油机厂利用富余人员和设备，组建新华工业实业开发公司，开发霓虹灯、卷闸门和装饰业，全公司 99 名职员工资奖金自负，实现利润 30 万元。1985 年，韶关市属机械行业企业与县、区、镇 14 家企业开展联营和协作，共创产值 467 万元。

在 1981 至 1985 年的"六五"期间，韶关市机械工业生产持续稳定发展，工业总产值以年均 16% 的速度递增，超过"六五"规划（12%）的要求。其中发展较快的有韶关粉末冶金厂、韶关市食品机械厂，工业总产值年递增 30% 以上；韶关拖拉机厂、韶关变压器厂、阳山县农机厂、始兴县农业机械厂、韶关减速机厂等，工业总产值年递增 20% 以上；韶关工具厂、韶关齿轮厂、韶关工程机械厂、韶关阀门厂、韶关电焊条厂等，工业总产值递增 13% 以上。年产值上 1 000 万元的企业有韶关齿轮厂、韶关挖掘机制造厂、韶关水轮机厂、韶关铸锻总厂、韶关拖拉机厂等。此际的韶关机械行业企业实现了从片面追求工业产值、产量的增长，转向以提高经济效益为中心，行业注重各方面的协调发展；从过去管得过多、统得过死的僵化体制，转向了有计划的商品经济的新体制；从半封闭、封闭型企业，转向了内联外引的开放型企业经济；变"三靠"为"三自"；注重产品以优取胜，强化产品创优升级，进行"一整四抓"（整顿企业扭亏增盈，抓市场经济，抓产品质量，抓基础管理，抓厂部方针目标管理），实现了具有历史意义的战略转变。

1986 年 3 月，广东省政府批准省机械工业厅制定的《关于机械工业管理体制改革实施意见》，要求各市（地区）及有关部门执行。根据这一意见，省机械工业厅逐步将直属企业广东省矿山通用机械厂、广东省农机一厂、广东省农机二厂、广东省机床厂和连南轴承厂下放给当地政府管理。同年，以名优产品为龙头组建的韶关食品机械总厂和韶关变压器总厂，提出了"以拖拉机、内燃机为主导，以食品机械、石油机械为两翼，力争进入全省机械行业前三名"的总体方针。由此，韶关市机械工业开始迈向行业深化改革发展之路。

至 1986 年底，韶关市属 44 家机械企业首创（自 1958 年以来）全行业无亏损户的好局面。是年，韶关市属机械企业试制新产品 109 项，产值 992 万元。其中 17 项新产品分别通过了省、部级技术鉴定，1 项产品填补国家空白，1 项产品填补广东省空白。20 家市属归口机械企业进行技术革新共 301 项，取得经济效益 104.93 万元。6 家企业 13 个项目获韶关市现代化管理成果奖，2 家企业 2 个项目获广东省机械工业厅成果奖。同期，出口产品产值达 623 万元，比上年 234 万元增长 1.7 倍。1986 年，韶关阀门厂试制出无法兰对夹式中线型蝶阀（50～300 毫米口径），其中 D71X - 10DN100 阀门经受试压（强度密封）两万次未见渗漏，扭矩、清洁度等各项指标参数达到国家一等品标准。

（四）电子行业改革探索

经历国民经济"五五"计划调整后的韶关电子工业，在实施"六五"计划头两年，伴随广东省电子行业布局的调整，驻韶省属企业广东省半导体器件厂、103 厂等电子企业相继迁往深圳、珠海特区，部分效益不好或处于亏损的企业由韶关市进行关停并转与"技改"。

为大力发展韶关电子行业的新产品，1984 年 1 月，韶关无线电厂从香港引进第一条收录机装配线，开始生产收录机；同年，韶关仪表厂与华南工学院合作，研制开发出高精度电脑连续漏斗秤，开始投产。产品精度达到 0.2%，可自动控制装卸料，静态计量性能达到国际法制计量组织的技术标准。

是年 10 月，党的十二届三中全会作出《中共中央关于经济体制改革的决定》后，韶关市属电子行业开始进入发展的快车道。按照中央"对外开放，对内搞活"的经济方针，全行业通过大量引进国外先进技术和设备，消化吸收，开发了一批新产品，扩大了企业生产能力。

其间，为加快韶关电子工业发展步伐，行业先后从日本、澳大利亚等国家引进 8 位、16 位微型计算机，收录机，袖珍计算器，铝电解电容器，检波二极管等 11 条生产线，并购置配套秤重传感器、称重显示器、电子吊钩秤等制造技术设备 830 台（套）。

至 1985 年，市属电子行业有 6 家生产企业，主要生产四大类产品：微型计算机，矿山自动化监控设备，广播电视发射、接收和音响设备，以及电子元器件等。行业拥有生产设备 1 881 台，其中从国外引进的设备占 44.1%。是年，全市电子工业完成产值 6 061 万元，比 1984 年增长 57.3%；产品销售额实现 3 868 万元，比 1984 年下降 2.9%；实现利润 111 万元，上缴利税 184 万元，分别比 1984 年下降 49.3% 和 24.6%；全员劳动生产率 17 784 元。行业主要生产产品年产量：微型计算机 201 台，袖珍电子计算器 22.53 万台，收录机 4.69 万部，无线电元件 2 500 万只，半导体器件 441 万只，工矿遥控设备 80 台。

"六五"时期，韶关电子行业通过技术改造，产品质量有了明显的提高，其中 DJS112 - A 小型通用计算机 1983 年荣获广东省科技成果奖和新技术奖；PJ - 1 型微型计算机获国家经委金龙奖，被评为 1983 年全国优秀新产品；GF20/11A 汉字微机系统 1984 年获广东省科技成果一等奖和 1985 年全国微机质量评比二等奖；PANDA - 100 型计算机被国务院电子振兴领导小组列为国家首次优选的机型之一；IN 60 玻封检波二极管被评为广东省优质产品。韶关仪表厂 1985 年用 270 万美元引进澳大利亚电测力公司的称重传感器、电子秤显示器、电子吊钩秤等 3 种制造设备，生产的产品经中国计量科研院检测，秤重传感器达到国家 OTMLC2、TMLC2　C2.5 级，精度为 0.02%；电子吊钩秤达到国家 OTML Ⅲ级；电子秤显示器为 ±0.03% F. S 标准，并领取了国家计量器具许可证。1985 年，全行业完成电子工业总产值 2 991 万元，比 1980 年增长 4.8 倍，平均每年递增 40.1%。

（五）建材行业改革探索

"六五"时期的韶关建材工业，在经历三年改造调整后，进入了加快基建和技术改造的快车道。其间，全行业投入企业基建、"技改"资金近 1.5 亿元，新建机械化立窑 39 台、预热发电及中空小旋窑 3 条、砖瓦隧道窑 12 条、人工隧道干燥室 52 条等。通过技术改造，提高了建材工业机械化程度和生产工艺水平；改善了劳动条件，提高了

产品质量。为提高企业产能，行业还先后引进了国外先进设备与技术，开发了天然大理石和花岗岩板材产品、人造大理石产品，以及锦砖、建筑塑料、内外墙涂料、拼木地板砖、珍珠岩隔热材料制品等新产品。

1985年，全市建材行业完成产值14 502万元，比1984年增长39.9%。入列地方财政预算的26家国营建材企业，盈亏相抵后，利润总额达到2 059万元，实现利税608万元，全员劳动生产率达6 826元，每百元产值提供利税47.41元。主要产品产量：水泥170.8万吨；砖4.56亿块；瓦1.95亿片。五年间，全行业工业总产值增长1.2倍，平均年递增15.1%，实现了建材业由亏损到盈利的历史性转变。

进入"六五"时期的乐昌县水泥厂，先后新增年产8万吨水泥生产线一条，新添生料磨、水泥磨生产线各一条，新增动力机械总装机容量达1 882千瓦，企业生产的"武江"牌425普通硅酸盐水泥远销深圳、珠海。通过数年努力，企业成为乐昌县经委系统盈利百万元以上大户。乐昌长来水泥厂，在步入"六五"期间，为大力开拓、发展企业产能，依赖丰厚的石灰石山1.5亿吨储量，以及百万吨黏土储量，以生产"武水"牌普通硅酸盐水泥为主，水泥产品销往广州、深圳等地；1985年5月，企业又与港商合办毛织厂，增加织机450台生产毛布。

（六）食品行业改革探索

进入"六五"时期的韶关食品行业开始进入相对稳定阶段。其间，行业通过对企业技术改造，新建了一批立足于本地特产的食品加工厂，开发了一批新产品。五年间，食品工业总产值增长47.5%，平均年递增8.1%。

在传统食品工业中，制糖业是韶关传统食品工业的大宗。翁源糖厂（图3-6）位于翁源六里镇华东乡，始建于1976年，1977年投产。

时企业属县轻工业制糖行业企业之一，也是当时粤北地区兴建的规模较大的集科研、设计、制造、生产经营为一体的综合制糖企业。进入80年代后，企业依靠技术进步，不断提升企业产能，至1985年，企业已拥有1 500吨/日亚硫酸法甘蔗制糖成套设备（含热电站），有日产18 000公升的二级酒精车间，有年产优质汽水200万支、年产高效优质复合肥5 000吨生产线各一套。年产值达2 000多万元，利税600万元。

韶关卷烟厂：进入80年代的韶关卷烟厂，经济效益逐年提高。

图 3 - 6 20 世纪 80 年代中期的翁源糖厂

1983 年，企业首先从联邦德国、意大利引进了一套世界先进水平的卷接包生产线。这套设备投产后，取得明显的经济效益。产品投放市场后，深受消费者欢迎，供不应求。1984、1985 年，企业又先后从英国、荷兰等国引进 7 条生产 84 毫米和 100 毫米长滤嘴烟卷接包生产线，使企业机械自动化程度和产品质量大大提高。在引进设备的同时，1985 年企业对全部生产设备进行技术消化改造，将 81 毫米长机改进成 84 毫米长机，使企业设备基本实现配套，技术比较先进，工艺合理，产品质量稳定，产品合格率保持在 98% 以上。其中，一类品率占 83%，二类品率占 17%，消灭了三类品。企业生产的"武江"牌和"锦秀"牌 84 毫米滤卷烟，先后被广东省评为优质产品。生产的卷烟牌子由 50 年代的两个，发展到可生产各种等级、多种规格的卷烟；由只生产普通烟发展到可生产滤嘴香烟、加长滤嘴香烟。到 1985 年，企业滤嘴香烟生产占总产量的 95%，中、高档烟占企业总产量的 75%。是年，企业工业总产值 5 147 万元，分别比 1978 年、1980 年和 1984 年增长 133.1%、89.6% 和 12.2%。上缴利税分别比 1978 年、1980 年和 1984 年增长 137.7%、99.3% 和 15.2%。

韶关粮油食品厂：1983 年，为发展韶关粮油食品加工业，韶关市委、市政府决定在北郊十里亭的粮油机械修配厂原址（企业始建于 1970 年，原厂址设在始兴，后迁韶关十里亭）筹建韶关粮油食品厂。企业贷款 130 多万元，从日本引进一条班产 5 万包的全自动油炸快食面生产线（图 3 - 7），1984 年 6 月试产，生产"丹霞"牌香菇、鸡汁等快食面。1985 年又投资 10 万元购入国产面饼烘干和冷却设备，并

利用进口快食面机头部分组成一条面饼生产线，生产波纹面，班产能力4 000千克。截至1985年，企业实现工业总产值104.85万元。

在"六五"计划时期，韶关地区包括市、县均建立起了以生产无酒精饮料为主体的汽水厂、饮料厂等。曲江汽水厂和饮料厂、乐昌坪石饮料厂、连州饮料厂、新丰食品厂以及乐昌猕猴桃饮料厂等企业，利用地方特色物产形成的饮料产品，在省内外享有一定的声誉。

"六五"时期，是韶关食品工业发展、成长的主要时期，全市食品工业形成了以粮油、烟草加工与制

图3-7　20世纪80年代中期韶关粮油食品厂快食面生产流水线

糖业为主体的，包括副食品、调味品、饮料果酒、糖果饼干、茶叶生产经营的食品行业。到1985年，全市食品工业完成总产值23 672万元（按1980年不变价格计算）。其中，在独立核算食品制造业方面，产品销售收入5 840万元，实现利润总额278万元；全员劳动生产率达16 293元。在独立核算饮料制造业方面，企业产品销售收入达2 609万元，实现利润总额288万元，全员劳动生产率达8 704元。在烟草加工业方面，企业产品销售收入达8 151万元，实现利润总额23万元。

表3-2　1985年市、县食品行业主要企业情况一览表

企业名称	主管单位	主要产品	产值情况	固定资产原值
韶关市面粉厂	韶关市粮食局	面粉加工	完成工业总产值417万元；面粉产量9 694吨	固定资产原值243万元；拥有磨粉机6台，自动、半自动化生产线2条

企业名称	主管单位	主要产品	产值情况	固定资产原值
韶关市粮食加工厂	韶关市粮食局	大米、食油加工	完成工业总产值4 064万元；大米加工产量1.27万吨，食油产量3吨，统糠产量5 304吨	固定资产原值645万元；拥有各种加工设备98台
韶关市蔬菜副食品公司加工厂	韶关市第二商业局	水豆腐、油豆腐、豆腐干加工	完成工业总产值68万元	固定资产原值5万元
韶关市食品厂	韶关市第一轻工业局	调味品、果脯、蜜饯等	完成工业总产值246万元；调味品产量2 622吨，果脯、蜜饯产量108吨，其他食品产量900吨	固定资产原值148万元；拥有各种设备422台（套）
韶关市糖果饼干厂	韶关市第二商业局	糖果、饼干、汽水	完成工业总产值350.7万元；饼干产量1 022吨，糖果产量224吨，汽水产量2 562吨	固定资产原值202.897万元；拥有各种设备108台（套）
韶关市糖烟酒公司	韶关市商业局	糕点、面包、饮料等	完成工业总产值193万元；糕点产量605吨，面包产量35吨，饮料产量824吨	固定资产原值22万元，拥有各种设备9台
韶关市乳制品厂	韶关市商业局	炼乳、麦乳精等	完成工业总产值116.4万元；炼乳产量237吨，麦乳精产量51吨	固定资产原值75.2万元；拥有各种设备12台（套）

企业名称	主管单位	主要产品	产值情况	固定资产原值
曲江粤华糖果饼干厂	曲江县经济委员会	糖果、饼干、糕点	完成工业总产值244万元；糖果产量350吨，饼干产量1 241吨，糕点产量56吨	固定资产原值52万元；拥有各种设备12台（套）
曲江马坝食品厂	曲江县第二轻工业局	豆制品	完成工业总产值15.1万元；加工豆制品产量57吨	固定资产原值3.7万元
曲江龙归日用食品厂	曲江县龙归农工商联合总公司	豆制品	完成工业总产值0.9万元	固定资产原值1.4万元；拥有各种设备7台（套）
曲江县糖厂	曲江县经济委员会	机制糖、饮料酒、硬质纤维板等	完成工业总产值255万元；机制糖产量1 790吨，饮料酒产量410吨，硬质纤维板产量1 080吨	固定资产原值456万元；拥有各种设备2 407台（套）
曲江县粮油综合加工厂	曲江县粮食局	小麦粉、面米制品、精炼食用油	完成工业总产值8.7万元；小麦粉产量1 608吨，面米制品产量427吨，精炼食用油产量1.32吨	固定资产原值91.1万元；拥有各种设备42台（套）
曲江县重阳粮油加工厂	曲江县重阳农工商联合会	三等籼米加工	完成工业总产值4.5万元；加工标准籼米产量4 333吨	固定资产原值4.7万元；拥有各种设备12台（套）
曲江樟市粮食加工厂	曲江县樟市农工商联合总公司	二等籼米加工	完成工业总产值2.8万吨，加工标准二等籼米产量1 925吨	固定资产原值6万元；拥有各种设备6台（套）

企业名称	主管单位	主要产品	产值情况	固定资产原值
始兴附城粮油加工厂	始兴县粮食局	大米、米糠、花生油加工	完成工业总产值195.6万元。大米加工产量6 295吨，米糠产量315吨，花生油产量11吨	固定资产原值56.6万元；拥有各种设备47台
始兴县食品厂	始兴县供销联社	糖果、饼干、果汁型汽水等	完成工业总产值132万元；糖果产量4吨，饼干产量32吨，果汁型汽水产量1 032吨	固定资产原值51.7万元；拥有各种设备10台（套）
南雄县副食品厂	南雄县第二轻工业局	酱油、豆豉、汽水等	完成工业总产值86.10万元；酱油产量576吨，豆豉产量80吨，汽水产量640吨	固定资产原值40.28万元；拥有各种设备37台（套）
南雄乌迳粮食加工厂	南雄县粮食局	大米加工	完成工业总产值211.1万元；大米加工产量5 230吨	固定资产原值21.3万元；拥有各种设备65台（套）
南雄黄坑粮食加工厂	黄坑区农工商联合公司	粮食加工	完成工业总产值5.1万元	固定资产原值6.6万元；拥有各种设备11台（套）
地方国营南雄县食品厂	南雄县经济委员会	饼干	完成工业总产值147.9万元；饼干产量393吨	固定资产原值60.9万元；拥有各种设备34台（套）
仁化董塘粮油饲料加工厂	仁化县粮食局	大米加工、混合饲料加工、食用植物油加工	完成工业总产值215.5万元；大米加工产量7 032吨，混合饲料产量2 190吨，食用植物油产量5吨	固定资产原值208万元；拥有各种设备17台（套）

韶文化研究丛书

第三章 改革开放初期的韶关工业兴盛

企业名称	主管单位	主要产品	产值情况	固定资产原值
仁化县副食品厂	仁化县供销社	豆制品、调味品	完成工业总产值15万元；豆制品产量232吨，调味品产量52吨	固定资产原值29.3万元；拥有各种设备29台（套）
仁化附城粮食加工厂	仁化县粮食局	大米加工、混合饲料、米糠油等	完成工业总产值265.90万元；大米加工产量8 842吨，混合饲料产量2 006吨，米糠油产量35吨	固定资产原值28.20万元；拥有各种设备61台（套）
乐昌坪石粮食加工厂	乐昌县粮食局	大米加工、面粉生产、饲料加工	完成工业总产值114.9万元；大米加工产量3 068吨，面粉产量647吨，饲料产量946吨	固定资产原值23.10万元；拥有各种设备46台（套）

注：本表据《韶关市志》及各县志整理。

（七）纺织行业改革探索

"六五"时期的韶关棉纺织行业开始步入产品不断更新适应市场需求的发展时期。时全行业以改革为发展动力，依靠强化基础设施建设与"技改"，不断提升行业产能。

在基础设施建设方面，到"六五"末期，纺织行业先后完成基建项目12项，"技改"项目17项，共完成建设投资总额5 316万元；在"技改"方面，全行业共引进国外先进生产线6条，到1985年底，投产4条，引进设备544台（套），投产375台（套），实际使用外汇达384万美元。全行业新增固定资产原值8 454万元，平均每年增加利税近250万元。

1985年，全市纺织工业总产值达21 405万元（按1980年不变价计），比1984年增长5.1%。全民独立核算纺织工业企业实现利润总额达785万元，利润和所得税845万元，产品销售税金1 508万元，分别比1984年增长1.6倍、3.5倍和19.5%。列入地方财政预算的国营

纺织工业企业全员劳动生产率 13 470 元，每百元产值提供利税 11.66 元；纺织品出口额 4 391 万元，创汇 1 372 万美元，来料加工总值 2 224万元，分别比上年增长 42.8%、28.5% 和下降 51%。在创汇方面，在"六五"计划的五年时间里，全市纺织品出口总额达12 611.7 万元，来料加工总值 12 531.4 万元，创汇 4 379 万美元。

韶关第二棉纺厂：企业自 1982 年 5 月试产，到"六五"期间，企业新装了 0.5 吨蒸炉 3 台、4 吨锅炉 1 台、精梳机 8 台，在部分槽筒机上安装了电子清纱器。为强化产品的质量检测，企业还引进了微电脑、瑞士产 USTER 条干分析仪 Ⅱ－B、USTER 纱疵分析仪等先进检验设备，保证了企业产品的质量。到 1985 年底，企业拥有固定资产 1 729 万元；同年，企业共生产棉纱 13 588 吨，实现工业总产值 7 382.79 万元。企业的各项经济技术指标分别达到或接近部颁标准，其中棉纱上等一级品率达 100%。在企业完成的五个技改项目中，1332MD 锭芯改革荣获广东省三等奖。

韶关印染厂：1981 年韶关市对机械工业门类中的汽车亏损企业进行"关、停、并、转"整顿时，对韶关市汽车配件厂进行企业整体转产改造，新组建韶关印染厂。1983 年初，企业在西河芙蓉北路韶关汽车配件厂原址破土动工。按照设计规划，印染厂建设工程分两期进行：第一期工程是上炼漂、染色、整理一条线，以色织布整理为主，总投资 822 万元，年生产能力 1 000 万米，设备全部采用国内七四型产品。第二期工程是上印花生产线，总投资 703 万元，引进奥地利圆网印花机和意大利无底蒸化机各一台，设计年生产能力 600 万米。经过近两年的施工，新建企业于 1985 年 6 月正式试产，当年完成花、色布产量 397 万米，总产值达 742 万元。其中，企业生产的"霞光"牌涤棉印花布 85095 型和 85143 型荣获广东省纺织工业公司 1985 年度花型图案设计二等奖。85095 型涤棉印花布在纺织工业部 1985 年度优秀花型图案评比中荣获三等奖。

在企业建成投产后，由于企业生产锅炉建设费用得不到及时落实，供汽量不足，设备利用率低，产量受限制，造成全年亏损 61 万元。到"六五"计划末期，企业总固定资产原值 1 525 万元。

（八）电力行业发展新变化

进入"六五"时期的韶关电力行业，在经历"五五"时期农村小

水电快速发展、增长后，全行业拥有电力工业企业 168 家，其中水电企业 164 家。电力行业成为韶关能源工业经济建设的重点。这一时期，韶关发电厂等一批大中型企业，按照广东省政府建设 500 万千瓦电力工程要求，先后实施了韶关电力增容、扩产改造工程。到 1985 年 8 月，韶关发电厂新建 20 万千瓦发电机组，顺利竣工投产，成为"六五"期间 500 万千瓦建设工程中第一个建成投产的 20 万千瓦机组。

时在韶关，全行业共有 12 项基建设施工程项目动工，其中建设竣工投产项目 8 个，完成总投资 4 601 万元，基建企业新增固定资产 16 856 万元。另在更新改造措施方面完成投资额 2 932 万元，行业新增固定资产 2 918 万。在"六五"计划的五年时间里，针对全市部分小水电处于亏损运营状态，开始对其存在的建站贷款利率、办电与供电部门的经济收益以及电价等，进行调整与整顿。到 1986 年，全市小水电装机容量只有 1.37 万千瓦，比 1985 年下降了 60% 以上。[1]

在此情况下，经历"六五"建设后的全市小水电工业逐步进入发电、供电以及电价等改革。

（九）煤炭行业发展情况

进入"六五"时期的韶关煤炭行业，承续前期企业整顿，行业建设主要集中在企业基建施工与技术改造措施等方面。其中在基础设施建设项目上，共有 8 项，至 1985 年，竣工投产项目 2 个，企业新增固

---

[1] 自 20 世纪 70 年代中期开始的农村小水电建设，按照广东省政府关于"谁办电谁受益"的方针，韶关市各地积极利用本地水资源，大力发展地方小水电。党的十一届三中全会后，全市包括乳源、仁化、阳山、曲江列入全国百个小水电试点县，小水电建设进入高潮。到 1984 年底，全市水电总装机容量达 51 万千瓦，其中省属 20.85 万千瓦，市县和乡镇属小水电有 616 座，装机容量达 30.15 万千瓦。市县和乡镇属小水电站年发电能力为 10 亿千瓦时。每年除自用外，输入国家电网超过 3 亿千瓦时。但由于过低的电价，加上贷款建站余额大、利率倍增，经济效益差，使地方小水电发展处在困难的境地。1983 年以前，国家给予韶关小水电 350 万元无息周转金作为投资补偿，从 1983 年起，周转金减为 200 万元，各县小水电的建设变为主要依靠贷款，致使全市各县向银行贷款建站余额达到了 16 417 万元，其中作为电气化试点县的乳源、仁化、阳山、曲江合计贷款余额达 7 347 万元。在 1983 年前，小水电贷款利率月息农行为 3.6 厘，工商银行为 4.2 厘。但从 1984 年起，两行利率逐年提高，从 1985 年 8 月起，农行贷款一律改为 6.6 厘（含 1983 年前的贷款），工商银行最低利率 6.6 厘，超期利率高达 8.4 厘。时全市小水电收入在 1985 年为 6 190 万元，扣除各种发电成本和费用后为 2 066 万元，要负担 1.6 亿的贷款利息 1 200 万，剩余收入即使全部用于归还贷款也只有 866 万元，还贷需要 20 年。时乐昌县小水电贷款余额 2 942 万元，1985 年扣除成本后收入为 334 万元，付息 124 万元，每年只能还贷 210 万元；乳源县贷款余额 3 628 万元，1985 年小水电收入 284 万元，付息 180 万元后只剩 104 万元，即使全部用于还本，也要 30 年才能清偿贷款。在此情况下，国民经济与社会发展"六五"计划时，全市小水电工业逐步进入依靠发电、供电及电价改革发展。

定资产 1 507 万元；更新改造措施完成投资额 1 670 万，新增固定资产 1 406 万元。通过固定资产投资，全行业新增年煤炭开采能力 25 万吨。到 1984 年全市煤炭行业完成工业总产值 12 166 万，比 1980 年增长 11.2%。1985 年行业煤炭生产完成原煤产量 540.06 万吨，与 1984 年基本持平。全年完成工业总产值达 10 767 万元，分别比 1980 年和 1984 年下降 1.6% 和 11.5%。是年，乡镇煤炭工业完成原煤产量 244.67 万吨。

在煤矿开采业方面，梅田矿务局于 1983 年 3 月经广东省煤炭工业厅批准，获得投资 100 万元，对矿区水泥厂进行改造扩建，将年产 1.5 万吨水泥提高到年产 4 万吨规模。1984 年 5 月，为扩大梅田煤炭生产规模，经广东省重工业厅批准，矿区集中招收 500 名集体所有制工人。同年 9 月，企业经广东省重工业厅批准，在矿务局以及湖南省湘潭、郴州等地区招收首批合同制工人和农民轮换工 580 人。是年，矿区通过广东省煤炭工业总公司企业整顿验收。1986 年，根据国务院对全国国营企业进行工资改革的要求，矿区实施了企业人事劳动工资改革，同年，根据国务院和广东省政府的指示，企业首次为井下职工家属办理农转非，矿区有 3 070 户，共 13 682 人迁入矿区居住。是年，企业提前 24 天超额完成年产原煤 90 万吨的任务，实现原煤产量 1 000 169 吨。

（十）冶金行业新发展

在步入实施"六五"计划的头两年，韶关冶金行业承续前期工业调整，到 1983 年全行业企业数量由 1980 年 60 家减少至 49 家。是年 9 月，广东省有色金属工业划归中央管辖，广东省成立中国有色金属工业总公司广州公司，作为中国有色金属工业总公司的派出机构，代表总公司管理在广东的有色金属企、事业单位。中国有色金属工业总公司广州公司下辖凡口铅锌矿、韶关冶炼厂等 17 家直属企业。按照广东省制定的"六五"工矿业发展计划方针，立足于以矿山为基础，重点发展优势产品铅、锌；积极发展经济效益高的钨、锡、钴和部分稀有金属产品；发展铜、铝深加工产品。从 1983 年开始，韶关有色金属冶金工业进入改革、开放探索发展阶段。1984 年党的十二届三中全会后，全市冶金工业进入全面改革开放的加快发展进程中。至 1985 年，冶金工业总产值增长 55.4%，平均年递增 9.2%。其中，黑色金属工业总产值增长 78.3% ，平均年递增 12.3% ；有色金属工业总产值增长 45% ，平均年递增 7.7% 。

"六五"时期的冶金行业建设重点，主要集中在企业的改造调整与管理体制改革上。其间，先后对钢铁业、有色金属业以及矿冶业等企业进行了基本建设完善改造，以提升行业产能、产量，实现全行业企业"扭亏""增盈"。到 1985 年，全行业共有动工改造基建设施项目 10 个，其中竣工投产项目 4 个，完成投资额达 2 360 万元，行业新增固定资产 2 627 万元；更新改造措施项目完成投资额 7 011 万元，新增固定资产 5 126 万元。1985 年，冶金行业完成工业总产值 63 727 万元（按 1980 年不变价计），比 1984 年增长 22.86% 。其中，黑色金属行业总产值 22 296 万元，有色金属行业总产值 41 431 万元，分别比 1984 年增长 27.14% 和 20.68% 。全民独立核算冶金行业企业实现利润总额 14 160 万元，实现利税费达 7 853 万元，产品销售税达 5 440 万元，分别比 1984 年增长 22% 、36.2% 和 60.5% ，行业全员劳动生产率达5 993元。

大宝山矿：企业从 1982 年开始，根据中央、国务院《关于国营企业进行全面整顿的决定》的要求，按照省、市国营企业进行全面整顿的统一部署，进行了自"文革"拨乱反正以来的第一次全面企业整顿。按照建立现代企业管理的要求，企业整顿主要从五个方面进行：

第一，调整和整顿企业领导班子。按照中央提出的干部"四化"要求，配备企业领导班子。

第二，落实经济责任制。1980 年 7 月，大宝山矿被定为广东省扩大企业自主权单位后，全矿区实施了以成本节约奖为主要内容的经济包干形式责任制，初步实现了责、权、利的结合。1982 年初，企业开始全面推行经济责任制，从企业机关到基层，从企业领导到群众，全部实行经济责任制。1983 年初，企业进一步修订了经济责任制目标，其中，经济包干主要采取 6 种形式，即成本节约提成奖、利润增长提成奖、减亏提成奖、利润包干奖、预算成本包干和管理费用节约提成奖等。按包保指标完成好坏与协作关系好坏考核。

第三，整顿企业管理，建立完善的包括台账、统计、定额管理，以及计量等基础性管理制度。

第四，整顿劳动纪律和劳动组织。1981 年 5 月，企业开始进行定员，精简机构，压缩非生产人员。清理计划外用工和混岗人员。建立、

健全劳动定员、劳动定额制度。

第五，整顿企业财经纪律，健全财会制度。实行矿、二级单位、车间三级管理与矿、二级单位、车间、班组四级核算。

经过整顿后的大宝山矿，成为广东省冶金工业一类企业，1983 年11 月，企业整顿通过广东省重工业厅验收。

凡口铅锌矿：企业在实施"六五"计划的 1982 年进入基建调整建设，按照《凡口铅锌矿年产 12 万吨金属配套方案》及《凡口铅锌矿年产 12 万吨铅锌金属配套工程修正概算的批复》投资 4 964 万元，开始矿区基建收尾配套工程建设。1984 年 3 月，由中国有色金属工业总公司与广东省政府在广州联合召开的凡口铅锌矿基建协调会上，最后核实再增加投资 400 万元，由凡口铅锌矿包干使用。至年底，25 项收尾配套工程，除采掘设备单机引进项目未完成外，其余已基本建成。至此，凡口铅锌矿采选 3 000 吨/日，年产铅锌金属 12 万吨综合生产能力始告建成。但因供电、运输、销售等外部条件尚未完善，矿山尚无法按 3 000 吨/日规模进行生产。直到"六五"后期，再次经历国有企业改革，凡口铅锌矿始有所起色。

石人嶂钨矿：企业步入"六五"计划时期后，承续调整时期的发展，进一步加大了矿冶"技改"的力度。1983 年，企业决定新建梅坑560 中段日处理合格矿石 375 吨新选厂。是年 7 月新选厂开始动工兴建。1981—1983 年，企业矿石生产保持了稳定的发展。1984 年党的十二届三中全会后，石人嶂钨矿进入全面改革、开放的新时期。

韶关锑冶炼厂：1984 年，韶关市对亏损企业韶关综合化工厂实施企业优化产能重组改造，将其冶炼车间、硫化锑车间从企业划出，重建新的韶关锑冶炼厂。企业分出新建之初，固定资产原值 357 万，设备总装机容量 500 千瓦，主要设备有 0.84 平方米鼓风炉一座，6 平方米反射炉两座，锑白炉一座，焙烧炉两座以及日处理量为 25 吨的硫化锑生产线。主要产品有锑白粉、精锑和硫化锑，年生产能力分别为3 000 吨、1 500 吨和 2 000 吨。此外，企业在曲江县沙溪区和仁化县设有两个分厂，分别生产矽铁和金属硅。

企业新建之初，为提升产能，1984 年与香港粤海公司签订了 142万美元、为期 5 年的补偿贸易合同，并从粤海公司贷款 20 万美元，用于锑白车间技术改造和开办联营企业。1985 年贷款 24 万美元引进设备，购进运输工具包装设备以及分析仪器一批，为企业生产提供了良好的条件，并取得了显著的经济效益，当年就偿还了设备贷款。是年，企业还对锑白炉进行改造试验，成功地生产出锑白粉，填补了广东省的空白。同年7月，经过改造后鼓风炉试产成功，使精锑的生产能力提高了5倍。

到"六五"末期的1985年，企业硫化锑产品产量达到1968吨，精锑产品产量达480吨，锑白产品产量达1046吨。锑品总销量达3000多吨，远销日本、美国和西欧等地。锑白粉在日本被列为免检产品。企业全年实现工业总产值726万元，比企业新建初期的1984年的413万元增长了75.79%，实现利润126万元，比1984年的57.5万元增长119%，为国家创汇590万美元。1985年人均创汇3.5万美元，全员劳动生产率达1.27万元。

广东省大岭冶炼厂：省属企业大岭冶炼厂，在经历前期的产业改革调整后，逐渐发展成为以生产电解铝（纯铝锭、合金铝锭及纯铝、铝型材）和碳素制品（人造石墨制品、糊类制品）等产品为主，拥有固定资产原值3223.25万元的国有冶金中型企业。时企业拥有设备总功率达到34750千瓦，总共有机械设备715台（套）。至1985年，企业累计完成国家基本建设投资3017万元，更新改造投资723.3万元。1985年，企业产值、产量、利润，以及全员劳动生产率等主要技术经济指标，均创造了历史纪录。企业完成工业总产值2254万元，完成年计划的143%，分别比企业调整前的1978年、调整后的1980年增长118%和51.2%，比历史最高水平的1984年的1911.7万元增长18%。1985年实现利润643万元，完成计划的160.7%，比刷新历史纪录的1984年提高129.5%。全员劳动生产率达13417元，比之前历史最高水平的1984年11586元提高15.8%。

在产品、产量及外贸出口方面，1985年，企业生产普铝45796863吨，铝合金2421657吨，铝型材393351吨（图3-8），石墨化电极17197吨。据供外贸出口电解铝达1663吨，阳极糊26745428吨。在"六五"计划的五年时间里，企业较好地完成了国家下达的任务。企业完成工业总产值达16823.27万元，实现利润1197.4万元，上缴国家利润282.45万元，税金1670.82万元。

图 3 - 8　20 世纪 80 年代中期广东省大岭冶炼厂生产铝锭

韶关冶炼厂：步入"六五"时期的韶关冶炼厂，在经历企业治污改造后，开始围绕建立企业现代管理制度改革迈进，通过完善各项现代管理的配套改革，促进企业生产由单纯生产型向开拓经营型转变。生产产品种类不断增多，包括精锌、电铅、硫酸、白银、黄金、精镉、汞、锌粉、热镀锌、压铸锌、硫酸锌、硫酸铜、硫酸铵、氧化锌、高级氧化锌、二氧化锗、锗精矿、三盐基硫酸铅、碳化硅砂及制品等 19 种产品，其中精锌为国家银牌产品；电铅、电银、精镉、锌粉为部、省优质产品。1985 年，企业工业总产值达 15 000 万元，分别比 1978 年、1980 年和 1984 年增长 172.77%、50.16% 和 0.95%。实现利润 2 805 万元，分别比 1978 年、1980 年和 1984 年增长 374.2%、132.58% 和 29.62%。

从 1975 年企业试产算起，至 1985 年，企业累计生产铅锌量达 360 000 吨；硫酸产量达 720 000 吨；白银产量达 234 吨。企业工业总产值累计达到 99 600 万元；实现利税总额达 20 300 万元，其中上缴利税 15 300 万元，占利税总额的 75.37%。

韶关钢铁厂：步入"六五"时期的韶关钢铁厂，承续前期的企业发展，围绕企业的配套、收尾、改造工程，不断提升产能。1982 年 5、6 月，企业小异型车间、三焦工程先后建成投产；1983 年 4 月和 9 月，企业新建的两座电炉车间 5 吨电炉分别建成投产；1985 年 5 月，企业从日本引进的 800 吨液压废钢剪建成投入使用，同年 10 月，企业具有

国内先进水平的转炉车间小方坯连铸机建成投入试生产。到"六五"末期，企业累计完成工业总产值71 055.92 万元；累计生产钢129.28 万吨，从 1979 年起，钢每年递增 18.67%，生铁每年递增7.87%，焦炭每年递增2.99%。除1980 年仍有政策性亏损外，共盈利 9 507 万元，累计交纳税金9 100.9万元。1985 年企业全员劳动生产率第一次突破万元大关，达到 10 553 元。(图 3 - 9)

韶关模具厂：企业始建于1966 年，进入"六五"计划时期，引进了国外铝型材挤压模具生产

图 3 - 9　20 世纪 80 年代中期韶关钢铁厂盘条轧制车间

线，主要生产铝型材挤压平模、分流模和遮盖模，是广东省乃至全国生产铝型材挤压模时间最长、技术最强、规模最大的专业生产厂。

"六五"时期，是韶关工业近现代历史进程中一个重要的阶段。其间，全市工业体系开始了企业所有制、管理体制以及经营机制的全面改革与调整，并实现了企业由计划经济体制向市场经济体制的过渡。在此阶段，韶关工业发展发生了以下五大方面的变化：

第一，韶关工业开始从近代工业迈向现代工业，并从计划经济转向以市场需求为导向的企业生产经营管理经济。

第二，韶关工业发展从中华人民共和国成立初期的公私合营工业，转为国营、集体所有制两种成分的工业体制，开始逐步迈向多种经济、经营体制并存的时代。

第三，韶关工业行业经营由半封闭、封闭型，开始逐步转变为向开放型工业发展。

第四，企业劳动生产分配制度从等级工资制，开始迈向"等级工资 + 奖励工资"制度，破除企业"大锅饭"观念。

第五，企业生产从计划效益型生产模式，开始迈向重视效益、质量型工业发展。

"六五"时期，是韶关全市工业步入全面改革开放后实施"摸着石头过河"改革探索的主要时期，在全国改革开放的大好形势下，全市工业企业发展呈现出良好的发展态势，这为实施"七五"计划的改革发展奠定了良好的条件。

第三节　深化韶关工业行业体制改革

"七五"时期的韶关工业，立足于深化工业行业体制改革，进行了新一轮的企业经营管理责任制改革。承续"六五"时期的企业经营管理责任制改革，在对企业实施"超计划利润留成"办法的基础上，进一步改为"核定上交基数，超基数企业、财政、主管部门七、二、一分成"。1987年又进一步明确为"核定基数，确保上交，超收分成，一定四年"，从而保证了政策的稳定性和连续性。

为了深化企业改革，克服承包经营中存在"一对一"谈判、讨价还价的现象，1987年3月，韶关市政府决定以亏损企业市化工机械厂为试点，对全市化工、机械厂等企业率先实行招标租赁经营。是年5月，在清产核资的基础上，按照法律程序，将韶关酒厂、橡胶厂、轴承厂等20多家工业企业，面向社会公开招标，进行公开答辩，引入竞争机制和风险机制，择优选聘企业经营者，由企业主管部门与中标者签订租赁经营合同书，并经市公证机关公证。在试点基础上，又对市轴承厂、冷饮食品厂、钛白粉厂、芙蓉山煤矿及省医疗器械厂等五家工业企业实行放开经营与企业兼并试点。是年6月，韶关市政府颁发了《韶关市小型国营工业企业租赁经营试行办法》。同年9月和10月，对韶关酒厂、韶关无线电四厂等企业实行了招标承包经营。转变经营机制的改革，有效地促进了企业经济效益的提高。

在落实企业招标租赁、招标承包的同时，厂长（经理）负责制和厂长（经理）任期目标责任制亦在企业改革中同步兴起。通过改革、调整企业领导体制，企业内部的党、政、工（工会）关系逐步得到理顺，开始出现指挥灵、决策快、办事效率高的新局面，经济指标明显提高。据对30家市属预算内国营工业企业的抽样调查，1987年1至4月完成工业总产值和实现利润分别比上年同期增长9.7%和6.2%。到

1987 年 12 月，全市 1 440 家国有企业中，实行厂长（经理）任期目标负责制的有 1 116 家，占 77.5%；与上级主管部门签订了为期 3 至 5 年《厂长（经理）任期目标责任合同书》的有 677 家，占已实行厂长（经理）负责制企业总数的 60.7%。

一、机械工业行业发展

进入"七五"时期的韶关机械工业，有企业 38 家，其中市属企业 27 家，县属企业 11 家。企业总占地面积 291.56 万平方米，企业厂房建筑面积 39.35 万平方米；企业拥有金属切削机床 3 453 台，锻压设备 532 台，固定资产原值 23 909 万元。承继"六五"时期的行业改革，全市机械企业有 18 家实行厂长（经理）任期目标责任制，其中韶关轴承厂试点招标承包制；韶关工矿配件厂等企业率先在车间实行厂内招标承包。

"七五"期间，全市机械工业坚持"三上一提高"的方针，依靠技术进步，进行技术改造，走内涵扩大再生产的道路。全市完成"技改"投资 13 392 万元，完成"技改"项目 30 项，其中引进项目 7 项，用汇 874.71 万美元。"七五"时期"技改"投资比"六五"时期增加 4.2 倍，有效地促进了机械工业的发展。在"七五"头三年，全市机械工业平均每年递增 18.52%，到 1988 年工业总产值已达 2.7 亿元（按 1980 年不变价计），提前两年实现了"七五"计划目标。生产规模不断扩大，产值超千万元企业从 1985 年的 3 家发展到 1989 年的 10 家，产值占 62.8%。工艺、技术、装备水平不断提高，"七五"期间，先后引进了高压油缸生产线、OK 牌焊条生产线、全磨制钻头生产线、荷重传感器生产技术及设备、600 吨铝型材挤压机、热处理生产线。综合技术水平达国际水平的企业有齿轮厂、工具厂、发电设备厂、挖掘机厂、电焊条厂、液压件厂等，占企业总数的 22%。国家二级企业有 2 个、省级先进企业有 7 个。

韶关铸锻厂：步入"七五"时期的韶关铸锻厂，立足于依靠技术改造大力发展铸锻业专业化生产，通过引进国外先进生产设备和技术，大规模地进行技术改造，从而使企业面貌发生显著变化。到 1987 年底，企业拥有固定资产原值 2 965.59 万元，拥有设备包括 5 吨电弧

炉、3吨自由锻、3吨模锻锤等400多台。企业完成工业总产值2 150.13万元，创利润483.06万元。年生产铸钢件1.01万吨，铸铁件2 388吨。到"七五"末期，企业拥有主要生产设备500

图3-10　20世纪80年代中期韶关铸锻厂生产车间

台（套），其中5吨电弧炉2台，3吨电弧炉1台，3吨化铁炉3台，430×4和250×5轧钢机各一套，引进日本3吨和2吨模锻锤各一台、瑞士AMP30和MP50精锻机各一套，此外还有C61160等大型金属切削机床16台。（图3-10）

"七五"时期，企业主要生产产品包括：铸钢件、铸铁件、锻钢件、轴承毛坯、集装箱角件、轧材等。新开发产品品种达30多种，产品销售拓展到全国21个省、市、自治区，部分产品远销日本、东南亚等地。产品服务对象除机械行业外，还包括冶金、船舶、交通、电力、建筑、轻工、石油化工等部门。1990年企业销售收入达1亿元，比1985年增加2.5倍。企业从原来的百万元亏损大户变为盈利企业，上缴利税820多万元，主要经济技术指标产品质量、物耗、能耗、效益等均达到全国同行业先进水平，企业先后被评为国家二级节能企业、省先进企业、国家二级企业。

韶关轴承厂："七五"时期的韶关市属机械工业企业之一，是国家机电部重点企业和轴承生产定点企业。企业自1988年实行公开招标承包，在全市率先实行全员风险抵押承包后，得到了迅速发展，先后投入556万元进行技术改造，使企业生产能力翻一番。1990年企业承包实现利税总额和出口创汇总额，分别比承包前的企业22年累计增长5.6倍和10倍；实现工业总产值1 602.4万元（按1980年不变价计），销售收入达2 014万元，分别比1985年增长2.34倍和2.76倍。其中，出口产品销售额达1 846.3万元，创汇300万美元，均比1985年增长37倍。实现利税从1985年的1.1万元，猛增至1990年的210.1万元。

自 1989 年以来，企业先后有 15 个品种获省优产品称号，并先后获省级先进企业、省出口产值超千万元先进单位、全国机电产品出口先进单位、国家二级节能企业等称号，并通过了国家二级企业考评验收。

韶关齿轮厂："七五"时期的韶关市属机械工业企业之一，是国家机电部重点生产企业，二汽集团成员厂。企业自 1985 年实施改革，立足于市场需求、技术进步及经济效益等，制定了"拖汽并重""以老养新""开拓海外市场"的策略，不断推进企业发展。在进入"七五"后，企业先后投入 1 000 多万元进行技术改造，引进了美国热处理生产线，提高了齿轮的质量，建立理化检测中心和计量站，完善了齿轮生产的理化检测和几何精度，同时，广泛采用了剃齿、珩齿工艺，提高了产品的质量、档次和水平。至 1989 年，工农－12K 手拖齿轮采用 JB179－83 国际标准生产并通过验收，实现 EQ140 变速箱生产能力达到 1 万台/年，产品质量通过二汽集团的认可，使 EQ140 后螺伞生产能力达到 1.5 万套/年，各型齿轮的生产能力亦达 125 万件/年，新开发产品的销售收入达到 1 700 多万元，创汇 30 万美元。产值从 1985 年的 1 400.07 万元增加到 1989 年的 3 050.91 万元；实现利税从 377.48 万元增加到 510.27 万元；全员劳动生产率从 10 182 元增加到 19 260.8 元。1989 年，企业被评为国家二级企业。1990 年企业产值达 2 061 万元，销售收入 2 267 万元，创利税 181 万元。

韶关工具厂："七五"时期韶关市属机械工业企业之一。承续"六五"依靠科技进步"技改"，企业投资近千万元进行技术改造与技术引进，并完成了技术、设备改造项目 160 余项，促进了新产品开发，产品品种从原来的六大类 42 个品种增加到九大类 73 个品种。其中，硬质合金齿轮滚刀（M1－5）获国优产品称号；齿轮滚刀（M1－8）、矩形花键拉刀获部优产品称号；盘形插齿刀、直柄麻花钻头、键槽拉刀获省优产品称号；立铣刀获全国同行业评比第一名。

"七五"期间，企业先后荣获国家一级计量单位、国家设备管理优秀单位、省级节能先进单位、机电部工艺工作先进单位、省技术进步先进单位、机电部质量管理奖、省级先进企业等荣誉。1990 年总产值达 1 250 万元，销售收入 1 352 万元，实现利税 207.7 万元，分别比 1985 年增长 53.8%、62% 和 18.2%；全员劳动生产率从 1985 年的 9 900 元增加到 1990 年的 12 500 元。

韶关油泵油咀厂："七五"时期韶关市属机械工业企业之一。截至 1990 年，企业拥有固定资产原值 1 742 万元，有各种设备 600 多台，其中主要生产设备 381 台。主要生产以"箭头"牌注册商标的各种型号单缸喷油泵、喷油器（年生产能力各 15 万套），三对偶件（年生产能力 200 多万件）。其间，企业开发了机车、进口汽车油泵、油嘴品种 20 多个。其中，90 系列喷油泵、喷油器及喷油嘴先后被评为省优产品；喷油器及喷油嘴还荣获 1989 年全国用户评选的金龙奖。产品畅销全国各地，其中车用偶件还远销海外。

在质量管理方面，企业相继获得国家计量二级合格证、省工业企业管理优秀单位、省质量管理奖、设备管理先进奖和国家二级节能企业等荣誉；1989 年获省级先进企业称号。"七五"期间，企业主要经济技术指标比"六五"期间有较大幅度的增长。累计产值增长 51.32%，销售收入增长 96.24%，利税增长 85.81%。五年间，产值由 1985 年的 628.2 万元增至 1990 年的 1 025 万元，销售收入亦由 645.3 万元增至 1 322.4 万元，利税由 116 万元增至 244.4 万元。

韶关挖掘机厂："七五"时期韶关市属机械工业企业之一，是国家建设部定点生产混凝土机械骨干企业。企业拥有固定资产原值 2 545.8 万元，净值 1 530.5 万元。主要产品及年生产能力：搅拌机 320 台，工矿配件 4 344 吨、建筑机械产品 7 377 吨。其中 JZC350 型搅拌机于 1988 年荣获广东省优质产品称号。

"七五"期间，企业产品年产量由 5 044 吨增加到 6 963 吨，产值亦由 1985 年的 2 238 万元增加到 1990 年的 3 997 万元，企业产品销售收入由 1 892 万元增加到 4 006 万元，利税由 344 万元增加到 464 万元；企业先后获国家二级计量单位、省级先进企业、省级节能先进单位、机电部设备管理先进单位等荣誉称号。

韶关市食品机械厂："七五"时期韶关市属机械工业企业之一。企业原系 1974 年创建的韶关第二机械厂，主要生产绞肉机、搅拌机、打蛋机等食品加工机械。1982 年，企业更名为韶关市食品机械厂，全面转产食品机械产品，为我国生产绞肉机、搅拌机、打蛋机的主要厂家之一。到 1990 年，企业固定资产为 255 万元。

"七五"期间，企业承续"六五"改革发展，依靠科技进步大力引进、吸收消化国外先进技术，开发、创新 MM 电动绞肉机（MM12、

MM22、MM32）、VFM 食品搅拌机（VFM20、VFM40）、JD 高效打蛋机（JD10、JD20）以及 MM8 绞肉机，VFM60、VFM - 20 搅拌机等，并初步形成食品机械的系列化生产。其中，生产的绞肉机、食品搅拌机通过了国家机械委第一个技术标准评定，MM 电动绞肉机被评为国家机械委的优质产品，VFM 食品搅拌机被评为省优产品，JD 系列打蛋机获省科技成果奖。产品在全国市场的占有率达 40% 以上。除西藏外，各省市的产品经销点共有 220 多家。五年累计工业总产值 3 325 万元，产品销售收入 3 837 万元，实现利税 312 万元，年均递增速度分别为 16%、21.5% 和 52%。

二、纺织工业行业发展

"七五"时期的韶关纺织工业，已形成包括纺织、印染、服装加工配套的比较完整的纺织工业体系，是广东省重要的纺织生产基地和韶关市重要的骨干行业之一。时韶关纺织行业有国营企业 12 家，集体企业 1 家，共有职工 15 000 人，拥有固定资产 23 995 万元；主要产品有棉纱、麻纱、棉布、色布、花布、帘子布、帆布、针棉织品、毛巾、服装等十多大类产品、上千个品种。立足于企业产能与产量的提高，依靠技术进步，全行业共完成了 3 个重点项目和 7 条生产线，从国外引进了环锭纺纱机、圆网印花生产线、针织大圆机等一批具有国际水平的先进设备，总投资 2.73 亿元，其中使用外汇 2 526.69 万美元。

纺织工业在韶关市产品出口创汇中具有举足轻重的地位。"七五"期间，韶关纺织行业抓好产品开发和质量创优，不断提高产品的市场竞争能力，开发新产品 42 个，新花色品种 2 921 个，有 15 个产品被评为部优奖，有 27 个产品被评为省优奖，有一棉厂、二棉厂、乐棉厂等企业先后获得省级先进企业称号，还有袜厂获部级质量管理先进企业称号。"七五"期间，全市纺织工业产品出口逐年扩大，共完成出口交货值 5.81 亿元，比"六五"期间增长 4.68 倍，纺织印染总厂、一棉厂、二棉厂、乐棉厂、一针厂、织布厂、二针厂等 7 家企业成为年创汇超百万美元的厂家。到 1990 年，全市纺织工业完成工业总产值 12.82 亿元，比"六五"期间增长 1.7 倍，完成利税 1.56 亿元，比"六五"期间增长 60.6%。

韶关第一棉纺织厂：步入"七五"时期的韶关第一棉纺织厂，已成为粤北地区集纺纱、织布、制衣为一体的综合型纺织大企业，拥有固定资产5 500万元。依靠科技进步，企业先后从西德、瑞士引进具有国际先进水平的万锭棉纺设备和216头气流纺纱设备；从美国、意大利等国家和我国香港地区引进全套服装生产线。企业主要产品有各类纯棉、化纤、混纺普梳和精梳纱、气流纺纱、橡筋纱、空气变形丝、纯棉股线、涤纶线；各类坯布、色织布、高级府绸、牛仔布、针织布；各款西装、时装、羽绒服、牛仔服等。

"七五"期间，企业依靠质量管理，创立了"北江"牌，其纱、线、布畅销国内和欧美市场。其中，企业生产的精梳纯棉tex、普梳纯棉27.8tex、36tex及AEOI提花高级装饰丝绒布等四个品种，荣获部优产品称号；涤纶线T11.8×2等18个品种获省优产品称号；滑雪衫、变形纱等获省"四新"产品称号。1990年，企业总创汇产值达45 211万元，销售收入实现44 119万元，利税达4 884万元，出口创汇2 100万美元。自1988年始，企业先后被评为省级先进企业、国家计量二级企业。

韶关第二纺织总厂：韶关市属纺织工业骨干企业之一。企业系由原韶关第二棉纺厂和韶关第二针织厂合并组建的，企业拥有固定资产13 670万元。"七五"期间，企业致力于增强发展后劲，通过吸收与利用外资近1 800万美元，并配套人民币4 000万元，与港商合作经营，先后成立了"韶关中联纺织有限公司""亨联纺织有限公司""新联针织有限公司""威联毛纺厂有限公司"四家企业，并分别引进西德、瑞士、意大利、日本等国制造的具有世界先进水平的棉纺、毛纺、针织设备；增加2.4万锭的棉纺、抟纺、针织设备；添置2.4万锭精梳棉纺、20台针织大圆机和4 800锭毛纺规模的设备，使企业达到可年产纯棉、纯化纤和混纺普精梳纱线8 400吨，针织坯布1 500吨，毛纱910吨，棉毛衫裤和汗衫背心320万件的能力。

到1990年底，企业生产纱线、坯布26 311吨，产值17 515万元，销售收入23 035万元，利税1 717万元，出口交货量9 000吨，出口创汇2 152万美元，均比"六五"时期有大幅度增长。其中，各项经济指标创企业历史最高水平的是棉纱的产销，1988年棉纱产量达5 831吨、利税414万元，1989年销售收入5 525万元，1990年产值4 735万元，分别比1985年增长30%、35%、90%和81%。

韶关印染厂：进入"七五"时期的韶关印染厂，为促使企业快速摆脱亏损，1986年进行重组并更名为"韶关纺织印染总厂"。经纺织工业部批准，总投资550万元进行技术升级改造，其中用汇（中央结存外汇）148万元，建设"填补仿毛中长染整线"，新建生产厂房1 000平方米，引进退煮漂染联合机、热定型机、溢流染色机、罐蒸机和印花照相机，项目于1986年建成投产后，产值以每年40%的速度递增。到1990年，企业利税实现1 555.64万元，创外汇3 605.15万美元，成为广东省最佳创汇企业和韶关市属纺织工业集纺、织、印染及整理、制衣为一体的外向型骨干联合企业之一。

借助于技术改造，1987年，企业生产的涤棉绉条呢印花布荣获纺织工业优质产品称号；云裳绸和大提花阻燃布被评为轻纺"四新"产品一等奖。1988年，"霞山"牌10×10纯棉纱卡和T/C45/2×25涤棉卡其色布荣获广东省优质产品称号。1989年，企业生产的纯棉阻燃装饰布获国家级重大新产品称号；纯棉纱卡获部优产品奖；涤麻棉印花布、麻棉印花布等产品荣获全国苎麻新产品开发创新一等奖和开发奖。1990年水洗绉布获全省同行业优质产品奖。

乐昌棉纺厂：进入"七五"时期的乐昌棉纺厂是乐昌县属外向型国营纺织工业中型骨干企业之一，集纺、织、染、制线等为一体，拥有固定资产5 300万元，纱锭62 000枚，线锭16 000枚，布机164台，高温高压筒子染色生产线2线。能生产从普梳到精梳的纯棉、化纤、混纺的单纱、股线、色线、缝纫线和民用、工业用布等几十个品种。

"七五"期间，企业各项经济技术指标都达到了国内同行业先进水平。总产值达28 457万元，同比"六五"时期增长30%；利税达4 669万元，增长45%；创汇1 006万美元，增长27%，年均创汇200万美元。棉纱一等一级以上品质率平均达99.6%，提高2%，创造了较高的经济效益。企业先后荣获广东省重点盈利大户、广东省创汇超百万美元企业、广东省文明单位等称号，1990年企业被评为广东省级先进企业。

韶关织布厂："七五"时期的韶关市属纺织工业骨干企业之一，是韶关市一家综合性中型色织布企业。总固定资产净值达1 138万元，拥有各种织机300多台，年创汇能力达200多万美元，是全省百家创汇超百万美元优秀企业之一，被授予广东省先进企业称号。企业入列

广东省纺织品重点企业出口生产基地。

"七五"期间，企业投资近2 000万元全面进行技术改造，其中新建厂房12 000多平方米，新购织布机256台，各种配套设备近百台（套）。1987年与香港裕富纺织有限公司合作经营，成立韶裕染织有限公司，引进了44台剑杆织机和一台联合浆染机等主要设备，新增加了一条牛仔布生产线，使企业的生产规模和生产能力以及产品档次得到长足发展。"七五"时期，企业共配置有色织布、原色布和牛仔布三条生产线。

凭借产品花色新、品种多、质量好的特点，企业多次获得"部优""省优""市优"称号和"四新"产品奖励。产品包括：印地科牛仔布，纯棉和化纤色织条布、格布、提花布、青年布、纯棉坯布、印染布、

图3-11 20世纪80年代中期韶关织布厂生产车间

涤棉布、麻棉布、人棉布，销往日本、美国、加拿大、西欧、北欧、中东及国内20多个省市和港澳地区，出口量占总产量的80%以上。1990年，企业完成工业总产值957万元，利税48.8万元，分别比1985年下降26%和71%；销售收入2 560万元，增长77%。（图3-11）

韶关针织一厂："七五"时期韶关市属纺织工业骨干企业之一。承续"六五"时期韶关工业改革，企业在大规模技术改造中，先后引进了香港高温高压机、筒子染纱机，日本缝纫设备，西德纬编大圆机，拥有全省仅有的10台K-10定型机，使企业生产能力和产品质量大幅度提高。在产品品种方面，开发有棉毛服装、绒布服装、汗布服装及各种针织面料，其中"力士"牌32支棉毛衫两次获得省优产品称号，"金星"牌浙棉套装获省"四新"产品奖，色织随意T恤获省优产品奖，腈纶卫衣获广东省第二届"四新"产品优秀奖，"金星"牌涤棉格仔T恤、全腈卫衣和"力士"牌全棉士林兰运动衫等于1988—1990年先后获部优产品称号。产品远销美国、加拿大、西欧等国家和地区，

为国家创造了大量外汇，荣获广东省颁发的出口创汇百万美元生产基地荣誉证书。年生产各类针织服装900万件。

"七五"时期是企业发展最好的时期，时企业固定资产原值2 186万元，拥有从织布、漂染到成衣的成套设备。企业总产值达8 015万元，销售收入10 891万元，分别比"六五"时期增长37%和99%；利税684万元。其中最好年份为1988年，工业总产值1 591万元，销售收入2 866万元，利税246万元，分别比1985年增长15%、78%和23%。

曲江缫丝厂：企业系"七五"期间兴建的一家外向型国营企业，曲江县属纺织工业丝织品加工企业之一。企业于1986年筹建，1987年试产，正式投产被核定为三级计量企

图3－12 20世纪80年代中期曲江缫丝厂生产车间

业。固定资产达1 000多万元，拥有立缫机120台（2 400绪）、自动缫丝机80台（1 600绪）等主要生产设备。（图3－12）主要产品有"梅花"牌GD20/22D白厂丝、丝绵片、长吐等。年产能力：白厂丝120吨、丝绵片12张、长吐16吨，还生产"双喜"牌丝绵被。生产达标，年产值可达1 800万元，创汇300万美元。

1990年，企业生产白厂丝87吨，同比上年增长40.3%，白厂丝正品合格率已达74%，平均等级为A＋28；生产丝绵片7.57吨，长吐11.7吨。全年实现产值431万元，同比增长35.5%；税金达92万元，同比增长31.4%。企业于1990年10月获得国家出口纺织品质量许可证。

三、电子工业行业发展

"七五"时期的韶关市电子工业，是全市工业行业技术力量比较强的一个新兴行业。全行业有韶关无线电一、二、三、四、五、六厂等七厂，一所，三公司和两个中外合资企业。全行业有工程技术人员

293 人，占职工总数的 14.4%，行业固定资产原值 2 789.4 万元。到 1990 年行业完成工业总产值（按 1990 年不变价计，下同）6 372.22 万元，产品销售金额 4 444.6 万元，产品出口创汇 1 267.43 万元，全员劳动生产率 31 145 元。

依靠科技进步，全市电子工业企业积极引进新技术、新设备，进行技术改造。其间，企业先后从国外引进十多条具有国际先进水平的生产线，加速了企业新产品的开发。到 1990 年，全行业安排科研试制计划 82 项，其中通过省级鉴定 18 项、获省级科技成果奖 6 项，产品获省优 6 项、部优 3 项。

韶关计算机厂："七五"时期韶关市属电子工业骨干企业之一，是机械电子工业部、广东省电子工业局计算机定点企业，在国内外享有较高的声誉。（图 3 – 13）

图 3 – 13 20 世纪 80 年代中期韶关计算机厂检测车间

"七五"期间，企业先后开发了具有国内先进水平的新产品粮油购销计算机、TP – 180 单板计算机、5.25 英寸软盘驱动器、GS80 型光栅数显仪、32 位微机内存板和通讯处理板、线位移传感器、薄膜测厚仪、CB – 8A 超级铅笔刨等。特别是 1986 年间，在国内率先引进了 32 位超级微机进行消化吸收和推广应用，并与中科院软件所合作，对全部软件进行了汉化，使 32 位超级微机成为企业的主导产品，从而提高了企业的经济效益。1990 年，企业工业总产值 2 400 万元、销售收入 3 382 万元、利润 71.5 万元，比 1986 年分别增长了 2.43 倍、2.07 倍和 57.4%。其中，企业产值、销售收入均创历史新高。

韶关无线电五厂："七五"时期韶关市属电子工业骨干企业之一，是全国最大的锗检波二极管生产厂家。（图 3 – 14）

图 3-14 20 世纪 80 年代中期韶关无线电五厂锗检波二极管生产车间

"七五"期间，企业从日本引进具有国际先进水平的整套生产线和技术。主要产品有 IN60 玻封二极管、ZAP 系列检波二极管。年产二极管达 1.2 亿只。产品质量可靠性达到电子元器件的最高等级。1987—1990 年 IN60 玻封二极管先后被评为省优、部优产品。企业产品行销全国 150 多个彩电、收录机生产厂家，在香港市场的覆盖面也达 60% 以上，远销东南亚、西欧等地。1990 年，企业产品产量达 6 838.21 万只，创汇 103 万美元，实现产值 1 403.36 万元（按 1990 年不变价计）。全员劳动生产率 46 623 元，实现利税 31.8 万元。

四、建材工业行业发展

"七五"期间，韶关市建材工业立足于行业生产布局与产品结构调整，在完善和全面实行厂长（经理）任期目标责任制的同时，进一步强化了企业"技改"，通过加速新技术、新产品的开发，促进建材工业新发展。到 1990 年，全行业完成"技改"，开发项目 27 个，总投入 1 719 万元，先后有 26 个项目投产。新开发产品有：膨胀珍珠岩粉及其制品、水玻璃、不锈钢饮料机械、管道伸缩节、黏土空心砖等。全行业 8 家企业，有固定资产原值 5 603.2 万元。

在"七五"时期头三年，全市建材工业发展迅速，1988 年行业实现工业总产值 2 267.3 万元，比 1986 年的 1 753.3 万元增长 29.32%。1989 年后，行业生产开始呈现下滑趋势，到 1990 年底，总产值为 1 612.8 万元，比 1988 年下降了 28.87%。

广东省黄岗水泥厂：企业是 1987 年为扩大全市水泥工业产能，经广东省政府批准，对原广东省煤灰制品厂实行整体转制重组改建而成。重组之初，企业设计年生产水泥能力 28 万吨。是年 10 月，企业建成正式投产。时仅有一条 4.4 万吨立窑水泥生产线，拥有固定资产 1 153 万元。注册生产"裕立"牌 425R 普通硅酸盐水泥。到 1989 年，企业扩建，增建年产 6 万吨立窑生产线，年生产水泥能力仅为设计产能的 40%。

韶关水泥厂："七五"时期韶关市属建材工业生产骨干企业之一，粤北地区最大的水泥生产企业，居全省同行业先进水平。企业生产的"北江"牌水泥成为国家建材局优质产品，其中"北江"牌 425R、525R 在粤北地区和珠江三角洲地区备受欢迎。"七五"初期，产品远销到泰国、新几内亚、朝鲜等国家和地区。为扩大企业产能，企业先后在韶关武江区、增城联合新建"武江水泥厂""韶关水泥厂增城分厂"，企业固定资产原值达 4 522 万元，形成了以"北江"牌水泥为龙头的横向经济联合，经济效益、社会效益不断提高。1987 年企业被评为省级先进企业。

1990 年，企业生产水泥累计达到 99.9 万吨，完成工业总产值 5 582.42 万元，销售收入 16 374 万元，上缴利税 4 923.3 万元，分别比"六五"期间增长 44%、51%、168% 和 117%。其中 1988 年为生产最好年份，水泥产量达 24 万吨，产值 1 344.2 万元，销售收入 4 378 万元，利税 1 418.9 万元，分别比 1985 年增长 47%、47%、154% 和 117%。

仁化水泥厂：仁化县属建材工业骨干企业之一，亦是国家二级计量企业，还是仁化县首批推行厂长（经理）任期目标责任制企业之一。在实施"七五"计划后，企业开始全面推行质量管理体系，通过企业"技改"，引进了电子配料、微机包装等先进生产设备及产品检测设备，并推广应用了华南理工大学铅锌尾矿—萤石作复合矿化剂煅烧水泥新技术，产品获得韶关市星火科技一等奖和省星火科技奖。产品出厂合格率连年达到 100%。企业生产的"霞山"牌 425R 普通水泥荣获省优质产品称号。产品畅销深圳、广州、东莞、佛山，525R 普通水泥还出口到意大利等地。

1990 年，企业固定资产净值 1 200 多万元。年生产能力：水泥 16

万吨、金属硅 1 600 吨，工业总产值为 2 700 万元。

乐昌县水泥厂：企业始建于 1970 年，以生产普通硅酸盐水泥为主。步入"七五"时期，企业拥有固定资产 692 万元，有年产 8 万吨水泥生产线，机械总装机容量为 1 964 千瓦。企业生产工艺先进，设备齐全，检验手段完善，是全省实行工资总额和实现利税挂钩的试点改革企业之一。企业主要生产产品 425#、525#、425R、525R 型普通硅酸盐水泥，被广泛应用于工业、农业、交通、民用和国防建设工程，其中"武江"牌 425#普通硅酸盐水泥被评为广东省和韶关市优质产品。产品销往广州、深圳、珠海等地。

南雄县水泥厂：企业始建于 1970 年，始建之初年产水泥仅有 0.313 万吨，经历 70 年代的整顿与调整，企业水泥产量逐年增加，至 1984 年，企业扩建 3.2 万吨水泥生产线并投产后，生产形势日趋渐好。"七五"期间，企业立足于坚持改革开放政策，通过逐步引入先进技术和设备与企业挖潜、革新，产值亦由 1986 年的 411.2 万元增至 1990 年的 709.13 万元，增长 72.4%，年产能达 5 万多吨。1988 年企业应用铅锌尾矿—萤石作复合矿化剂煅烧水泥，荣获国家星火科技奖。企业产品主要销往江西赣南地区和本县市场，1991 年企业被评为省级先进企业，通过省优产品考评验收。

韶关水泥制品厂："七五"时期韶关市属建材工业生产水泥制品的骨干企业之一，亦是省内同行中生产产品品种、规格较多的企业之一。

"七五"时期，企业在立足于深化内部管理改革的同时，进一步加大了企业产品质量技术的改造，促进企业产品质量的提升，1988 年产品水泥电杆获省优质产品称号。1990 年水泥压力管产品通过省试点验收，并领取生产许可证。企业产值由 1985 年 96.8 万元增至 1990 年的 137.5 万元，销售收入达 272.8 万元；实现利税 40.6 万元。企业固定资产净值达到 200 多万元。企业产品除在粤北地区销售外，还销往珠江三角洲，以及湖南、江西等地。

韶关市钢窗厂：企业原系韶关黄岗钢铁厂的一个钢窗车间，1982 年 6 月从钢铁厂划出独立建制，隶属韶关市建材局管辖，成为韶关市属建材工业企业之一。"七五"时期，企业成为韶关市建材工业专业生产建筑钢门窗骨干企业之一。企业主要生产的产品包括：钢门窗、

机制瓦及特殊窗（包括铝合金和各种铆焊件）等，其中生产的 32mm 实腹钢门窗于 1988 年获得国家建设部颁发的生产许可证，产品注册商标为"风采"牌。

1990 年，企业拥有固定资产原值 161.7 万元。产能达到年产钢门窗 10 万平方米、机制瓦 25 万～30 万件，年产值为 150 万～200 万元。1990 年底，企业完成工业总产值 221 万元，销售收入 405 万元，实现利税 29 万元，分别比 1985 年增长 65%、126% 和 71%。

五、森林工业行业发展

森林工业是韶关传统老工业，"七五"期间，行业通过采取积极筹集资金的办法，先后新建了年产 2.8 万立方米的刨花板厂、年产 1.3 万立方米的胶合板厂和 1 万吨的造纸厂等。这些企业的建立，为韶关全市合理利用森林资源，发展木材综合加工工业奠定了基础。

至"七五"末期，全市主要工业企业包括：省属韶关木材厂、韶关刨花板厂、韶关胶合板厂、乳阳林业局、天井山林场、乐昌林场等 8 家木材加工企业。1990 年，韶关市森林工业完成总产值 9 884 万元。

韶关木材厂：省级木材工业企业。"七五"期间，伴随木材经营由国家统一计划调配改为放开市场经营后，企业开始实施产供销及人财物的全面管理。由此，企业改造以木材贮调为主的贮木场，逐步发展为木材加工业企业，加工的产品包括胶合板、纤维板及木质卫生筷等。通过数年的努力，企业成为年产 4 000 立方米胶合板、3 500 立方米纤维板、9 000 箱木质卫生筷和 500 吨脲醛树脂胶等产品的综合企业。

为扩大和提升企业经营的经济效益，立足于企业产品的深开发，企业通过狠抓新产品开发，先后研发出胶合板门板、异型胶合板及 18mm 胶合板等产品。产品投放到市场后，深受海内外客户的欢迎，成为企业出口台湾、香港等地区的大宗。1987 年，企业完成工业产值 569 万元，实现利税 364 万元，分别比 1985 年增长 27% 和 90%，创企业历史最高水平。1990 年工业总产值 442 万元，销售收入 1 128 万元，利税 35.7 万元，分别比 1985 年下降 1.5%、45% 和 80%。

韶关刨花板厂：企业系 1984 年动工兴建，于"七五"期间的

1987 年 4 月正式投产。系韶关市属国营木材加工业骨干企业之一，固定资产投资 3 263 万元，拥有引自联邦德国具有国际先进水平的刨花板、三聚氰胺贴面板、脲醛树脂的生产设备、生产工艺和检测技术，年产刨花板 2.8 万立方米、脲醛树脂 5 600 吨。

自企业建成投产到 1990 年底，共生产刨花板 74 325 立方米、三聚氰胺贴面板 2 973 立方米、脲醛树脂 7 597 吨，总产值 2 723 万元（按 1980 年不变价计），上缴利税 1 190 万元。1990 年企业完成工业总产值 939 万元，销售收入 2 065 万元，实现利税 416 万元，开创企业历史最高水平。几年来，企业坚持抓好以产品质量为中心的全面质量管理，积极推进企业上等级。产品荣获"省优""部优"称号，生产的"金韶"牌刨花板是广大用户信得过的名优产品，畅销全国各地，企业经济效益和社会效益逐年提高。1990 年，企业被评为省级先进企业和国家二级计量企业，并通过了国家二级企业验收。

韶关胶合板厂：是"七五"期间，由国家林业部利用粤北森林资源向世界林业发展协会贷款兴建的企业之一。企业于 1990 年通过国家验收，正式投产，系韶关市属国营大型木材加工业骨干企业之一。（图 3 - 15）

图 3 - 15　20 世纪 80 年代末期新建的韶关胶合板厂生产车间

时企业下设 6 个生产车间，总投资 5 000 万元，生产设备引进了 3 条具有 80 年代国际先进水平的生产线。年产胶合板 1.3 万立方米，细木工板 7 000 立方米，树脂胶 3 000 吨。其中，采用西德全套设备和配方生产的酚醛树脂胶，质量达到国际先进水平。

1990 年，企业实现工业总产值 714.4 万元，销售收入 705 万元，全员劳动生产率达 24 777 元，为企业开局打下了良好的基础。

"七五"时期是韶关市木材工业形成和发展的重要时期。这一时

期，全市的木材行业在改革中快速崛起，促进了产业从传统的手工业，发展成为具有一定规模的工业，并形成了产业工业体系。

六、化学工业行业发展

"七五"时期的韶关化学工业，全行业在实施厂长（经理）任期目标责任制的基础上，把竞争机制、风险机制引入企业管理中，企业内部全面推行厂、车间、班组的三级承包责任制，有效地调动了全行业广大职工的积极性。

在调整产业结构、提升企业产能方面，行业立足于企业技术改造，提升产品、产能。在"七五"期间，全市化工行业先后实施10万元以上的"技改"和引进项目46项，共投入资金9 768万元；加上4项基建项目投入资金8 552万元，全行业共投入资金1.832亿元。化学工业产品品种亦由1985年的19种增加至1990年的38种，其中市优产品10项、省优产品4项、部优产品1项、省优秀新产品2项，市科技进步奖8项、省石化厅科技进步三等奖2项。依靠科技进步，全行业有7家企业达到"无泄漏工厂"标准，2家被评为省级先进企业。

1990年，全市化工行业完成工业总产值25 408万元，年均递增11%；实现利润总额1 806万元，已缴利税3 092万元，产品销售税金2 912万元，列入地方财政预算的国营化工企业每百元总产值提供利税18.6元，实现全员劳动生产率13 910元。

韶关电化厂："七五"时期韶关市属化学工业骨干企业之一。其间，企业先后投资1 000多万元进行企业的技术改造和新产品开发，先后完成烧碱扩建和锅炉、蒸发、氯系统的改造，装备了金属阳极电解生产线，并研发了氯化石蜡－42、发泡剂、AC锑酸钠等新产品，其中锑酸钠产品荣获广东省1989年度优秀新产品奖，并获省优产品称号。

1990年，企业拥有固定资产原值1 130万元，有专业生产设备146台（套），年产烧碱生产能力达13 000吨。（图3－16）主要产品包括：烧碱、液氯、盐酸、氯化钙、次氯酸钠、氯化石蜡、锑酸钠、发泡剂AC等。产品主要销往粤、湘、赣三省及台湾地区，部分出口日本、欧洲、东南亚等国家和地区。到"七五"末期，企业累计完成工业总产值3 712万元（按1980年不变价计），比"六五"期间略有下

图 3 - 16　20 世纪 80 年代末期的韶关电化厂生产车间

降，企业实现了从速度型向效益型的转变。销售收入 8 480 万元，利税 1 394 万元，分别比"六五"期间增长 78.5% 和 11.9%。其中 1989 年完成产值 946.1 万元，销售收入 2 471.8 万元，利税 351.3 万元，为历史最高水平。企业先后获化工部 1986—1988 年度全国化工安全生产先进单位、国家计量三级企业、广东省石化厅全面质量管理合格、韶关市文明建设先进单位称号。

韶关合成氨厂："七五"时期韶关市属化学工业骨干企业之一，亦是粤北地区生产氮肥的主要基地之一。立足于技术改造，产品质量一级品率从 1985 年的 65.99% 提高到 100%。企业首创飞灰回收再燃技术，并引用福建省石化设计院第二换热网络新技术，使每吨氨总能耗从 7 041 万焦耳，下降到 6 421 万焦耳，下降了 620 万焦耳。企业主要产品"韶氨"牌碳酸氢铵、液氨，先后获评省优、部优产品称号；企业下属华德公司生产的精细化工产品打入香港市场，太古油、净洗利、柔软剂等产品在国内占有一定的市场。

"七五"期间，企业产品年产量由 1985 年的 6.4 万吨增至 8.36 万吨，产值亦由 959.85 万元增加到 1 253.68 万元，总销售亦由 995 万元增加到 3 130 万元，利税由 60.4 万元增加到 185.24 万元。1990 年，企业拥有固定资产原值 3 121 万元，拥有年产 3.5 万吨合成氨生产能力的整套设备。

韶关化工厂：市属化学工业骨干企业之一。"七五"时期，企业

依靠科技进步，大力推动企业"技改"，共投入316万元，用于硫酸、磷肥两大车间改造，使生产设备配套，走内涵扩大再生产的道路；又投入699万元，开发复混肥、氟硅酸钠、锐钛型钛白粉等三种新产品，实现由单一化肥产品型向化肥、化工原料多产品型的过渡。到1990年，企业拥有固定资产增至846万元，年产过磷酸钙由原来的1.5万吨扩大到10万吨，硫酸由原来的0.55万吨扩大到3万吨，还新增复合肥1万吨、氟硅酸钠200吨。

经过不懈努力，企业产量、产值、利润、全员劳动生产率等得到了大幅度的发展和提高。1985年至1990年产量由3.5万吨增至7.5万吨；产值由406万元增至1 061万元，利税由4.4万元增至150万元，全员劳动生产率由11 063元增至24 898元。"七五"期间总产量：普钙28.2万吨，硫酸8.8万吨；总利润542.38万元，比"六五"时期51.38万元增长近10倍；全员劳动生产率18 176元，增长111.7%。

韶关第二化工厂（韶关钛白粉厂）：市属化学工业骨干企业之一。1988年，经广东省批准，企业扩大钛白粉生产和开发钛白颜料列入省技术进步项目，由省政府投资700万元，将钛白粉的生产能力从原来1 000吨/年扩大到3 000吨/年，其中颜料钛白500吨/年。同年6月，企业由韶关第二化工厂正式更名为"韶关钛白粉厂"。经过"七五"时期的努力，企业越办越活。1985年至1990年，企业产品产量由1 050吨增至2 183.5吨，产值由367.5万元增至830.5万元，全员劳动生产率由15 705元增至29 140元，销售收入由352.8万元增至1 491.7万元，利税由44万元增至163万元。到1990年，企业拥有固定资产净值850万元，钛白粉年生产能力3 000吨。（图3-17）主要产品包括：以"风采"牌为注册商标的搪瓷型、陶瓷型、焊条型、CTA-100型、BA01-01型钛白粉，硫酸亚铁（青矾），三氧化二铬。其中，搪瓷型钛白粉于1988年被评为省优产品。为了增加企业

图3-17　20世纪80年代末期韶关钛白粉厂生产车间

225

发展后劲，企业于1990年同台商签订了合作合同，引进资金和技术，筹建CTR－300金红石型钛白粉生产线。

粤北无机盐厂："七五"期间新建矿冶化学工业大型企业之一。企业于1987年11月破土动工，1989年4月正式投产，拥有固定资产2 750万元，年产重铬酸钠（又名红矾钠）7 000吨，是广东省当时唯一的铬盐定点生产厂。

"七五"时期，企业立足于可持续发展，在新建初期就采取了高起点规划，通过选用安装悬辊式磨粉机、回转窑、焙烧干燥设备、熟料冷却装置，以及移动式单盘熟料浸取装置、空压机真空泵、含铬废水处理装置等，采用具有国内外先进水平的化验检测仪器设备，提升企业产品的品质。时企业生产的产品主要有重铬酸钠、铬酸酐以及含铬无水芒硝、硫酸氢钠、玻璃着色剂等铬盐系列产品。经历九个月的试产，产品全部符合国标要求。至1990年12月，企业共生产重铬酸钠1 253吨，铬酸酐283.5吨，副产品芒硝1 105吨。铬酸酐产品远销西欧、日本、土耳其、美国等地。

"七五"时期韶关化工行业，在经历80年代的发展后，形成了化工企业门类多样、技术性强的特征，其生产产品包括硫铁矿、烧碱、盐酸、碳酸氢铵、磷肥、钛白粉、胶鞋、胶管、肥皂、油漆、松香、炸药、雷管等。其中企业生产的优质品牌、获奖产品有："韶氨"牌碳酸氢铵；"风采"牌钛白粉；"蓓蕾"牌烧碱、食用盐酸、氯化石蜡；"韶丰"牌硫酸、磷肥等。行业步入最为辉煌的发展时期。

七、医药工业行业发展

"七五"时期的韶关市医药行业，隶属韶关市医药联合总公司统一管辖。时全市有医药工业企业8家（总公司直属管理的6家），商业公司14家，基层购销网点270个。医药工业企业有：广东省利民制药厂、韶关制药厂、广东省医疗器械厂、韶关中药厂、广东省血站、中韶制药有限公司（韶关制药厂与台湾中国化学制药股份有限公司合资创办）、韶关生化制药厂、新韶医药综合化工厂。

在医药产品生产上，行业生产门类较全，主要生产化学原料药土霉素碱、麦迪霉素、脑益嗪、当归素、氨基酸、食用天然色素、卡那

霉素，片剂、胶囊、水针、粉针、大输液、冲剂药品、中成药、血液制品、生化药品、卫生材料、医疗器械、医用冰箱、环保仪器等 400多个品种。"七五"期间，医药工业固定资产原值是 1985 年 2 617 万元的 1.6 倍；工业总产值从 1985 年 4 895 万元上升到 1990 年的11 389.3万元，年均增长 17%；医药商业纯销从 1985 年的 5 020 万元上升到 1990 年的 10 287 万元，年均增长 20.93%；工商利税抵销1990年亏损额后，仍平均每年实现 721.1 万元，出口创汇从 1985 年的 150万美元上升到 1990 年的 300 万美元。

韶关制药厂：市属医药工业骨干企业之一，又是国家定点生产抗生素药物重点企业，入列广东省医药原料生产和出口基地。时企业已有 5 个生产车间和 1 个研究所，拥有生产设备 670 台（套），其中引进的美国 INGEROLL - RAND 大型离心式空压机和高精度的西德 BOSCH抗生素粉针分装设备，均为当时世界最先进的设备。按 GMP 设计的多功能新型抗生素发酵提炼车间、粉针分装车间、片剂车间及研究所均具有 80 年代先进水平。企业生产产品主要有抗生素医药原料、粉针剂、片剂和生化剂 10 多个品种，产品注册商标"风采"牌。主导产品土霉素碱按国际通用标准生产，年产规模 400 吨，居全国第二位，是省优质产品，80% 提供出口，销往美国和西欧各国。企业享有自营进出口权，年创汇额达 200 万美元以上。

"七五"期间，企业产品年产 334 吨；实现产值 3 701 万元；销售收入达 2 382 万元，利税 318 万元。1990 年，企业与台湾中国化学制药股份有限公司合资开办了中韶制药有限公司，企业总注册资金 200万美元，主要生产经营金霉素、土霉素及其他抗生素类品种和饲料添加剂等。产品 80% 以上外销。

韶关中药厂："七五"时期韶关市属医药工业骨干企业之一。立足于科技进步，企业先后投入 134 万元实施技术改造，新增两条具有国内同行业先进水平的生产线，使生产能力翻了一番。企业还与中国医学科学院药物研究所共同研制、开发了新产品"虎杖片"，治疗有效率达 94%，成为企业独家生产的拳头产品。（图 3 - 18）

1988 年企业实现销售收入 558 万元，实现利税 61 万元；到 1990年，实现工业总产值 500 万元，创企业历史最高水平。时企业固定资产原值达 332 万元，拥有 5 条生产线，有 50 多台先进的设备及检测仪器，中成药年生产能力1 000多吨，主要产品剂型12个，品种80多个，其中川贝止咳糖浆于1990年荣获省优产品称号，产品销往全国各省市和港澳地区及东南亚。

图3－18　20世纪80年代末期韶关中药厂生产车间

八、一轻工业行业发展

"七五"时期的韶关一轻工业行业主要包括：制糖、造纸、食品、印刷包装、日用化工、陶瓷、家具、制革等11个行业。时一轻工业行业共有41家国营企业。其中，产值1 000万元企业有韶关啤酒厂、广东洗涤用品厂、韶关市粤北印刷厂、韶关市新华印刷厂、翁源县糖厂、始兴县造纸厂、南雄县造纸厂、乐昌县饮料厂等8家。到1990年，一轻工业行业拥有固定资产原值2 085.2万元。

"七五"期间，行业依靠企业基础设施建设与技术改造，共完成企业改造49项，其中市直属企业30项，总投资共计17 090.61万元，市、县属企业6 069.51万元。先后改造、扩建了韶关市粤北印刷厂、韶关市新华印刷厂、翁源县糖厂、始兴县造纸厂、南雄县造纸厂、乐昌县饮料厂等。到1990年，一轻工业总产值增至29 657万元（按1990年不变价计），销售收入实现29 040万元，利税达2 249.7万元；全员劳动生产率增至15 318元。其中，最好的年份是1990年，行业完成工业总产值14 618万元，销售收入25 900万元，利税693万元。到1990年，全行业主要产品质量稳定提高率为93.75%，其中，获省一

轻厅优秀二等奖 5 个，韶关市粤北印刷厂有 11 种产品荣获广东省优质产品奖，韶关啤酒厂生产的十二度"活力"牌啤酒荣获轻工业部优质产品称号，广东洗涤用品厂生产的"中意"牌强力加香洗衣粉荣获广东省优质产品称号。

韶关啤酒厂：企业是"七五"时期，由国家计委、轻工业部、中国人民建设银行等确定新建的国家定点生产啤酒骨干企业之一。企业于 1986 年 3 月破土动工，1987 年 12 月建成投料试产，概算总投资 4 500 万元，设计年产啤酒 3 万吨，1988 年 5 月产品正式投放市场。（图 3 – 19）

图 3 – 19　韶关啤酒厂生产车间

投产之初，企业拥有国内全新不锈钢成套设备和联邦德国、瑞士的先进制啤设备，生产过程由全自动化仪表和电脑控制。工艺流程采用比利时阿托瓦工艺；企业生产酿造用水为紫薇岩（大涌泉）矿泉水，含有锶、锂、锌、溴、碘、硒、硅等对人体有益的多种微量元素，在全省啤酒行业中具有独特优势。

企业自产品正式投放市场后，产销量年平均以 30% 左右的速度持续上升，到 1990 年产销量达到 15 080 吨，产值 679 万元（按 1980 年不变价计），利税 377 万元，销售收入 1 869 万元。产品在 1988 年广东省啤酒行业检查评比中总分名列全省第一；1989 年全国啤酒分类定级中获"A"级；1990 年被评为轻工业部优质产品，为世界女排四强赛指定啤酒。产品以质优价廉畅销全国 10 多个省市，部分产品还通过边境贸易出口东南亚等地区。

韶关市新艺家具厂："七五"时期韶关市属一轻工业家具生产企

业。其由韶关市家具二厂、省工艺品进出口（集团）公司与韶关市工艺品进出口公司三方，以联合投资形式共同组建的外向型生产经营企业。

企业固定资产685万元，主要产品有各式实木工艺拆装家具和板式家具。"七五"期间，企业投入"技改"资金555万元，扩建厂房面积4 150平方米，引进国外先进设备33台（套），购置国内设备和自制设备189台（套），形成实木、板式、车木3条家具生产线，具有年产值1 500万元的生产能力。产品销往美国、西欧、东南亚等10多个国家和地区。企业生产的拳头产品——电话架被评为省优秀"四新"产品。1990年完成工业总产值547万元，销售收入551万元，利税23万元，分别比1985年增长355％、330％和157％，开创了企业历史最高水平。1990年，企业出口创汇达113万美元，成为广东省木家具出口的骨干企业之一。

广东洗涤用品厂：企业是"七五"时期韶关市重点技术引进建设项目。于1986年开始动工兴建，1989年底投产。建设总投资达4 300万元，设计生产能力为年产洗衣粉4万吨，产值可达1亿多元。其是广东省最大的生产洗涤用品现代化企业之一。（图3-20）

图3-20 广东洗涤用品厂

兴建之初，企业从意大利引进具有世界先进水平的成套生产设备，并采用先进的集中监控系统，全自动流水作业；设备适应性极强，可根据客户要求生产优质磺酸、单体、AES，以及增白、加香、加非离子、加酶、高效浓缩等各种档次、各种特殊要求的洗衣粉。企业主要生产以"中意"牌系列洗衣粉、去污粉为主的各类日用洗涤产品，

其中"中意"牌强力加香洗衣粉接连获得省"四新"产品优秀奖、省优产品奖和首届全国轻工博览会最受欢迎产品奖等殊荣。产品销往广东、四川、贵州、广西、湖南、江西、福建、海南等省、自治区，尤其是在广东省珠江三角洲一带具有广阔的市场。投产一年，生产洗衣粉1.6万吨，实现工业总产值4 400多万元，创利税280多万元。

南雄县造纸厂：企业始建于1951年，随着南雄经济支柱——卷烟工业的发展，1984年开始承接卷烟包装、商标印刷工作，但由于设备简陋，只能承担简装"雄叶"牌包装商标工作，到1985年，产值也没有达到100万元。

"七五"期间，为了适应卷烟工业发展的需要，企业引进了联邦德国海德堡全自动四开印刷机8台，罗兰R2K对开双色胶印机2台，工艺水平大为提高。由此，企业生产结构发生了根本变化，生产能力大大增加。其间，企业先后开发了塑料包装印刷、精装卷烟商标印刷，结束了精装卷烟商标靠外地承印的历史，经济效益连年出现新气象。1990年完成工业总产值736.3万元，销售收入1 019.4万元，实现利税110.4万元，全员劳动生产率达到5.88万元，分别比1985年增长683%、549%、884%和332%。单印刷卷烟商标的产值就达600多万元，占全年总产值的82%。1989年经省检查评比验收，实现了企业管理达标、三级计量单位达标，被评为省级先进企业，连续4年被评为县文明单位。

始兴县造纸厂：企业始建于1971年3月，是当时全国14间生产纸袋纸专业厂之一。"七五"时期，企业发展成一家中型制浆造纸企业，下设一分厂、二分厂、三分厂，以及中外合资兴发纸制品有限公司；有3条造纸生产线和1条纸袋生产线。拥有固定资产原值6 200多万元。企业设计年生产能力为1.3万吨，年产值7 000多万元，年利税2 600多万元。企业年产牛皮卡纸8 000吨、纸袋纸3 000吨、卷烟盘纸2 500吨、纸袋1 610万个。企业生产产品包括：纸袋纸、底层纸、塑料装饰板浸渍原纸、牛皮卡纸、全麻卷烟纸和特号卷烟纸、水泥袋和复合包装袋等多种产品。其是广东省行业优质产品企业，其中底层纸和卷烟盘纸填补了广东省的空白。其产品销量大，在用户中享有较高的信誉。产品牛皮卡纸销至香港、澳门，广受客户的好评。

九、二轻工业行业发展

"七五"时期的韶关二轻工业行业，主要包括服装、家具、美术工艺等行业，时全市二轻工业有独立核算企业 86 个，其中县属企业 69 个，市属企业 17 个；行业以服装、家具、美术工艺为支柱产业。"七五"期间，行业先后完成固定资产投入 4 700 万元，到"七五"末期，行业拥有固定资产净值 5 353 万元。

到 1990 年，行业总产值由 1985 年的 8 667 万元增至 18 018 万元（按 1990 年不变价计，下同），年均递增 15.8%，实现利税总额 3 795 万元；全员劳动生产率从 8 655 元增至 17 118 元。出口企业亦由 12 个增加到 32 个，五年累计为国家创汇 6 000 多万美元。其中，年创汇超过 100 万美元的有 5 家企业——曲江服装一厂、仁化县制衣厂、乐昌制衣厂、始兴康雅保健厂、韶关市南方服装厂，均为省级先进企业。全行业部优产品 1 个、省优产品 4 个、市优产品 34 个，市玩具童车厂的婴儿童车获全国首届轻工博览会铜牌奖。

韶关市南方服装厂："七五"时期韶关二轻工业市属纺织行业出口服装外向型企业之一。企业固定资产净值 192.6 万元，有各类配套设备 467 台，企业下设有洗衣分厂。

"七五"期间，企业"技改"投入 260 多万元，扩建生产楼，并购置设备 180 台（套）和货柜车、电梯、发电机，形成 14 条流水生产线，产品向着中、高档和款式多样化发展。主要产品有碧纹洗衣、石磨洗衣、雪花洗衣的西牛仔裤、多袋裤、长短运动衣、各式睡衣等花色品种 90 多个，企业年生产能力达 100 多万件，产品获得商检局颁发的《出口产品质量许可证》。产品远销美国、日本、加拿大等国家。

到 1990 年，企业年产值由 1985 年的 380 万元增至 1 168 万元，产量由 39 万件增至 76 万件，创汇由 100 万美元增至 325 万美元，利税由 6.85 万元增至 20.9 万元。1986 年企业被省外贸委员会授予创汇超百万美元企业称号，1988 年被国家轻工部授予创汇企业"金龙腾飞"铜牌奖。

仁化县制衣厂：企业始建于 1956 年，1978 年企业扩建后，成为县属来料加工企业，是县轻工纺织工业骨干企业之一。20 世纪 80 年

代初，企业成为仁化县首批推行厂长（经理）任期目标责任制改革企业之一，到"七五"时期，立足于"以质量求生存、以质量求发展"治厂方针，在完善企业各项管理制度基础上，大力进行企业技术改造，先后投资近100万元，对企业生产设备进行改造，先后引进了日本、中国香港等地服装生产的缝纫、整烫等先进设备500多台（套）。企业生产的主要产品有"燕霞"牌牛仔裤、出口挂装、衬衫、尼龙绸布运动装以及内销T恤等系列产品，产品合格率保持在98%以上，出口产品合格率达100%。企业产品主要销往美国、加拿大、日本等国家及中国香港地区，年创汇超百万美元，成为广东省纺织品进出口公司出口服装生产、加工基地之一。1988年企业产品获国家轻工部颁发的"金龙腾飞"铜牌奖，企业被韶关市评为园林式企业；1989年在韶关市二轻制衣行业中率先跨进省级先进企业行列，被评为国家三级计量企业。

始兴家私厂：企业始建于1954年。"七五"期间，企业进行了较大规模的技术改造，引进了一大批国内外先进木工机械设备，成为县属二轻工业全省较大型家具生产企业之一。时企业拥有固定资产62万元，年产值从1985年的140.5万元增至606.1万元，年销售收入亦由112.4万元增至517.0万元，利税从13万元增至34万元。1990年企业创汇80.3万美元。企业生产产品先后荣获三级计量合格证、统计工作规范化合格证；企业SX牌909型转角沙发、2号办公台、2381和2384杂志架等产品，先后被评为韶关市优质产品；1989年企业被评为省级先进企业，并被广东省工艺品进出口公司列为生产远洋出口产品重点企业。

十、皮塑工业行业发展

"七五"期间的韶关塑料、皮革行业，在韶关市委、市政府实行的对企业给予税前还贷、贴息贷款补助技术改造等优惠政策扶持下，得到了快速发展。时全行业新投产的企业有华新塑料公司、南洋塑料有限公司（合作企业），新建了塑料化工材料厂，塑料加工产能达到13 000吨。皮塑工业公司下属共有生产企业11家，到"七五"末期，行业累计完成工业总产值15 927万元，实现销售收入19 173万元，上缴税金 661 万元，出口创汇 512 万美元。

"七五"期间，行业累计实施较大技术改造项目 20 多项，完成技术改造投资 1 900 多万元；其中，新建、改建厂房 12 000 平方米；引进国外先进技术设备 100 多台（套），加快了塑料皮革行业由传统手工业向机械化现代工业演进的步伐。企业先后开发出近 60 个新产品，其中 70℃ 绝缘级软 PVC 电缆料获得部优产品奖、省优产品奖，PE 农膜、105℃ 阻燃绝缘级软 PVC 电缆料荣获省优产品奖。

广东综合塑料厂：广东省二轻工业厅直属综合性塑料加工行业企业之一。拥有固定资产净值 371 万元。企业主要产品包括：PVC 电缆料，PVC 压延薄膜，PVC、PE 吹塑薄膜，PP、PE 软硬管以及各种工业、民用注塑制品等，年生产塑料制品 15 000 吨。

"七五"期间，企业立足于"技改"，以增加产品花色品种和提高产品质量为目标，先后投入 130 万元新建了 PVC 电缆料生产线，使电缆料年产能力扩大到 6 000 吨；在耐热 170℃ 电缆料 3 个品种基础上，研制增加含有耐热 70℃ 阻燃系列品种 5 个、90℃ 阻燃系列品种 2 个，填补了国内耐热电缆料的生产空白，获轻工部科技进步"金龙腾飞"奖；PE 农用薄膜、70℃ 绝缘电缆料、105℃ 阻燃电缆料等，荣获 1990 年全国同行业评比第二名，获轻工部优质产品称号。到 1990 年，企业完成产品产量 22 317 吨，工业产值 8 264 万元，销售收入 12 054 万元，实现利税 657 万元。

十一、煤炭工业行业发展

"七五"时期的韶关是广东省重要的煤炭工业基地，煤炭产量占全省的 60% 以上。在"七五"计划实施期间，立足煤炭产能的提升，韶关煤炭行业共投资 5 666.31 万元，其中，曲仁、坪石、梅田三个矿务局共投资 4 542.91 万元；韶关市地方小煤矿投资 1 123.4 万元。

1986 年，全市对地方小煤炭企业进行改造，在新建、扩建曲江县新桥煤矿，延深仁化麻塘煤矿的同时，全市地方小煤矿推进产煤的半机械化改造。到 1989 年，经过改造后地方小煤矿原煤产量创历史最高水平，年产原煤达到 281 万吨，占全省地方小煤矿原煤产量 47.3%。1990 年，全市地方小煤矿建成半机械化提升运输重点骨干矿井 310 对，

年生产原煤能力达到 200 万吨以上，其中年生产能力达到万吨以上的矿井有 77 对。在"七五"的五年间，地方小煤矿原煤生产贡献量达 1 237.3 万吨，曲江、仁化两县分别入列全国 100 个重点产煤县之一。

在地方小煤矿生产发展的同时，韶关的省属三大煤矿——梅田、坪石（南岭）、曲仁三个矿务局，安全生产形势通过技术改造亦有所好转，年百万吨死亡率由 1983 年的 60 人，下降到 1989 年的 1.7 人。1988、1989 连续两年，企业百万吨死亡人数低于国家能源部、广东省规定的安全控制目标，企业被评为广东省安全生产先进单位。到 1990 年底，省属曲仁、坪石（南岭）、梅田三大矿务局生产原煤达 1 323.2 万吨。"七五"末期，全市共生产原煤 2 560.5 万吨。

梅田矿务局：步入"七五"时期的梅田矿务局，在经历 80 年代初期改革后，开始步入多元化生产阶段。按照"以煤为主、多种经营"的发展生产方针，企业立足于技术进步，积极、大力地促进煤炭生产。五年中，企业先后有 5 个科技项目获广东省煤炭系统科技进步奖。其中"石门煤突出预测试验研究"获一等奖，"滑移支架的应用"和"锚喷支护技术的推广和应用"获二等奖。这些技术为提升企业煤炭产能、产量，发挥了积极的作用。1989 年企业核定生产能力为 82 万吨，1990 年矿井产量达 91.4 万吨。"七五"期间，企业共生产原煤 460.54 万吨，创工业总产值（按 1980 年不变价计）14 683 万元，上缴税金 1 425 万元，到 1990 年，企业新增固定资产 5 298 万元。

曲仁矿务局：步入"七五"时期的曲仁矿务局，立足于深化企业改革，在企业经济结构调整中，坚持以煤为主，确立了"多元化、多层次、分阶段、外引内联"逐步推进的多种经营发展战略，并提出以广州为中心，以韶关为依托，以矿区为基地，以深圳、珠海为出口，辐射南北，走向全国的目标。其间，企业先后投入了 7 000 多万元用于发展多种经营。五年中，企业新增固定资产达 4 650 万元，累计产值 5 亿元，实现利润 4 590 万元，上缴税金 1 240 万元。

在企业改造中，矿务局还积极依靠技术进步办企业。在实施"七五"计划的五年中，企业取得的主要科技成果有 71 项，其中获省优产品奖 1 项，获省煤炭系统科技成果一等奖 1 项、二等奖 3 项、三等奖 6 项。企业"技改"推广了采煤新法、支护工艺、电脑安全监控等先进技术，大大促进了生产。五年来，共产原煤 681.1 万吨，工业总产值

13 652.58 万元，均比"六五"期间有较大增长。

到"七五"末期，矿务局先后新建了茶园、砖厂、水泥厂、水泥制品厂、建筑工程公司机械厂以及深圳越华公司等一批工贸企业。其中，深圳越华公司已发展成为拥有 8 个下属企业，职工 1 388 人的外向型企业。除广东省外，海南、辽宁、江西、浙江、河北、新疆等地都设有经营网点，为企业建立"以煤为主、多种经营"的经济格局，迈出了新的一步。

芙蓉山煤矿："七五"时期韶关市属国有煤矿生产企业之一。企业矿区共有两个：一矿区是 1977 年建成投产，年产原煤能力 3 万吨；二矿区是 1989 年建成投产，年产原煤能力 9 万吨。至 1990 年，两矿区共完成国家基本建设投资 1 506 万元，完成井巷进尺 11 398.8 米。企业固定资产原值 790.2 万元，拥有生产矿井 1 对、各种设备 245 台，同时兴建有一间年产砖 300 万块的砖厂。

"七五"期间，两矿区原煤年产量由 1985 年的 1.52 万吨增加到 4.21 万吨，年产值由 33.5 万元增加到 92.35 万元，年销售收入由 45.94 万元增加到 203.96 万元，实现利税由亏损 14.19 万元增长到盈利 10.29 万元。

广东省煤矿机械厂："七五"时期广东省与国家能源部技术骨干企业之一。时企业承续 80 年代初的"技改"，立足于引进国外先进生产线后，于 1986 年，与洛阳矿山机械研究所合作试制成功 X3532 型筛下空气室跳汰机。1989 年，企业再与能源部加工利用局联合，引进澳大利亚高频振动筛技术，开拓国际市场。然而，由于电机及聚氨酯筛板等技术产品实现国产化困难，未能实现开拓国际市场目标。到 1990 年，企业拥有各种生产设备 248 台、精密检测仪器 20 多台，固定资产原值 2 107 万元，净值 1 002 万元。企业生产仍以生产传统产品为主，部分车间转产建材行业，组建广东省黄岗水泥厂。

十二、冶金工业行业发展

"七五"时期的韶关冶金工业，通过努力开拓国内外市场，促进了行业的迅速发展，包括铅、锌、钨、锡、锑矿，以及钢铁等产品产量得到了较大的增长。在铁合金、工业硅的生产方面，在以市场为导向

的作用下，行业生产快速增长。其中，铁合金产量达 3.37 万吨，最高年产达 1.26 万吨。在钢铁生产方面，到 1990 年累计完成钢产量 238.38 万吨，年均增长 12.43%，其中成品钢材生产达 206.94 万吨，年均增长 11.70%。在十种有色金属生产方面，达到年产 40.97 万吨，年均增长保持在 8.2%。其中，铅精矿 17.59 万吨，年均增长 14.29；锌精矿 37.18 万吨，年均增长 9.69%；钨精矿 2.12 万吨，年均增长 6.4%。

各冶金工业企业通过全面实行厂长（经理）任期目标责任制和承包经营责任制，扩大了企业自主权，增强了企业活力。在企业设施建设方面，立足于基建与"技改"，"七五"期间，共完成基建投资 8 364 万元，用于"技改"投资 40 929.6 万元，到 1990 年，行业固定资产净值达 458 206 万元，累计完成工业总产值 425 872 万元，销售收入达 723 205 万元，实现利税达 177 682 万元，上缴利税 66 290 万元。

凡口铅锌矿："七五"时期的凡口铅锌矿，是中央、省属有色金属矿重点生产企业之一。按照国家重点发展铅、锌、银产业，广东省对凡口铅锌矿年产铅、锌产能，采取重点扶持发展措施，投入资金提升企业产能，由 12 万吨改造扩至 15 万吨，并规划韶关冶炼厂 10 万吨改造及 8.5 万吨第二系统建设项目。行业亦在全面推行厂长、矿长负责制，在厂长、矿长任期目标责任制的基础上，提出"达产、改造、创一流"的目标。凡口铅锌矿以经济效益为中心，坚持依靠科技进步，先后完成了"FDQ 采矿法""高碱细磨丁黄药优先浮选"新工艺等 114 项科研项目，其中两项获得国家科技进步二等奖，一项获一等奖。1990 年企业再完成国家"七五"重点攻关项目"高阶段深孔采矿法"和"全尾砂胶结充填"，依靠科技进步，企业效益增速达 8.47%，科技创新在全矿经济增长中所占比重高达 80.98%，矿业发展进入世界有色金属矿山的先进行列。

大宝山矿："七五"期间的大宝山矿，是中央、省属有色金属重点企业之一。从 1985 年至 1990 年，企业连续 6 年实现总产值、主产品铁矿石销量、利润总额、上缴利税、全员劳动生产率、职工人均收入同步增长。1990 年完成铁矿石产量 135 吨，销量 144 吨。实现工业总产值 4 609 万元（按 1980 年不变价计），利润总额 2 049 万元。1989 和 1990 年连续两年进入中国 500 家最大工业企业行列，居同行业经营规模第五位、经济效益第三位。1989 年晋升为省级先进企业，1990 年晋升为国家二级企业。

石人嶂钨矿：进入"七五"时期的石人嶂钨矿，承续"六五"计划时期的企业发展，生产逐步趋于稳定。企业由于坑口开采历史悠久，包括小河口山、师姑山两个坑口因资源枯竭相继闭坑，但因加强了"技改"，并陆续提升了企业矿冶、矿选能力，仍保持了稳定的产能。1986年，石人嶂钨矿、钨精矿产量达到了年产1 454吨的历史最高值。是年起，按照中国有色金属工业总公司广州公司企业改革的部署，石人嶂钨矿开始实施矿长负责制改革，实行企业定额亏损包干责任制。1987年7月，1983年动工兴建的梅坑560中段新选厂正式建成投产，日处理合格矿石375吨。1988—1989年，石人嶂矿区为改变矿山长久以来只能生产钨中矿的历史，决定兴建直属选厂精选车间。按照建设计划，新建工程分两期，资金采用职工集资筹措方式，总投资115万元，项目建成投产后，一年内收回全部投资，偿清所有职工集资、红利。经过两年边施工、边生产，1990年新建车间顺利投产。

东南钨冶金企业有限公司：系"七五"时期新组建的中外合资企业，是韶关市属国有冶金工业有色金属加工重点企业之一。企业筹建于1985年底，占地面积为2.7万平方米，投资总额超过2 400万元。1989年9月企业建成投产，拥有APT（仲钨酸铵）生产线，生产线年产能力可达1 500吨的规模。时企业下属有东南钨公司钨制品厂、东南钨公司新金属厂、东南钨公司冶金研究所等，拥有固定资产原值2 120万元。企业投产后，可根据市场需求，生产各种优质钨制品；以钨制品系列产品（仲钨酸铵、偏钨酸铵、钨酸钠、三氧化钨、蓝色氧化钨等）生产为主，总注册资本为1 200万元。至1990年底，企业共生产仲钨酸铵230吨，产品一级品率达到80%以上，合格率100%。出口85吨，创汇38.69万美元。

韶关冶炼厂：系"七五"时期中央、省属有色金属冶炼重点企业之一。立足于坚持依靠技术进步与建立现代企业管理，从1988年到1990年，企业连续三年入列中国500家最大工业企业，以及500家最佳经济效益企业行列。企业先后被授予国家一级计量单位、全国有色金属工业先进单位、中国有色金属工业总公司质量管理奖企业、有色总公司先进企业、广东省文明单位、国家二级企业等称号。

"七五"期间，根据广东省发展有色金属矿业的规划，由省政府

投资，扩建韶关冶炼厂 10 万吨改造及 8.5 万吨第二系统建设项目；到 1990 年，企业主产品铅锌产量达 8 万吨，产值 2 亿多元，销售收入 4 亿多元，利税 1 亿多元，分别比 1985 年增长 38%、48%、157%、216%。同年，企业入列国家一级企业、国家一级节能企业行列。先后被评为全国设备管理优秀单位、全国环境保护先进单位、全国思想政治工作优秀单位。

广东省大岭冶炼厂："七五"时期广东省属有色金属重点冶金企业之一，亦是广东省唯一的铝厂和最大的碳素厂。"七五"期间，为提升企业产能，在广东省政府的支持下，企业共集资 4 000 多万元，对企业进行三大技术改造。一是铝电解二期扩建改造，使企业铝生产能力由原来的 5 000 吨扩大到 11 000 吨；二是碳素石墨化交流改直流的节能改造，单项产品年节电达 400 多万千瓦时；三是碳素二期扩建改造。计划改造完成后，企业的碳素品种由 350mm 以下的石墨电极发展到 600mm 以下普通及高功率石墨电极，年产量也由 3 800 吨发展到 1 万吨，以满足广东钢铁工业大规格电极的需求。到 1990 年，企业实现工业总产值比 1985 年增长 76.6%，全员劳动生产率亦提高 59.3%，利税增长 234%。

韶关锑冶炼厂："七五"时期韶关市属冶金工业重点化工企业之一。企业前身为韶关综合化工厂的一个车间。1984 年车间独立建立企业后，成为专业生产锑锭、硫化锑企业。1988 年企业与香港志龙有限公司合资，在韶关兴建了广龙锑冶炼厂。同年，与泰商、港商和广东省冶金进出口公司在泰国兴建了华泰冶金有限公司，生产锑锭、硅铁等。此后，企业走横向联合道路，先后兴办仁化县金属硅厂、曲江县沙溪铁合金厂，并新办韶陵进口汽车修理厂、韶新塑料制品厂、北江机械件加工厂、铁合金公司、冶金化工公司等企业。到 1990 年底，企业以设备齐全、技术力量雄厚、检测手段完善等优势，成为韶关冶金工业龙头企业，企业固定资产净值 1 259 万元。在产值方面，从 1985 年至 1990 年，企业总产值由 276 万元增至 658 万元，最高年产值是 1988 年的 711 万元。销售收入由 2 012 万元增至 3 925 万元，最高是 1990 年。1990 年利税为 147 万元，比 1985 年减少 67 万元，最好年份是 1986 年，达 428 万元。1988 年被评为省先进企业，中外合资企业广龙锑冶炼厂荣获中国外商投资企业协会授予的 1989 年出口创汇先进企业和 1990 年"双优"企业的光荣称号。产品包括锑白粉、锑锭、硫化锑、硅铁、金属硅、硅锰等，产品 98% 供出口，远销中国香港和台湾，以及日本、美国等地，年创汇 400 万美元以上。其以"星牌"为商标生产的锑白粉、锑锭都被评为省优质产品，深受国内外用户好评。

乳源云门锑粉厂：企业筹建于 1981 年，1982 年建成投产，是当时韶关地区锑粉生产规模较大企业之一。"七五"时期，企业成为广东省有色金属公司锑粉生产基地，属乳源县冶金有色金属企业之一。其间，企业全面实行承包责任制，以创优质、增效益为目标，先后集资扩建企业厂房，增加生产设备，从而使企业产值、产量、利税呈显著增长。企业产品以硫化锑粉为主，产品指标超过国家出口标准，产品实现全部出口。1988 年企业创汇达到 100 万美元，1989 年企业被韶关市评为一级信用企业，连续几年被市、县评为双文明建设先进单位。

韶关钢铁厂："七五"时期广东省属钢铁冶炼重点企业之一，时企业产品瞄准国内外先进标准生产，质量达到国内同类产品先进水平，其中有 8 个省优、部优产品。新开发品种规格 11 个，其中 ø10 ~ 32 毫米圆钢、螺纹钢已形成系列建材产品；16MnL、16MnR 新产品填补了广东省钢材产品的空白；其中，16MnL 被评为省优秀新产品。产品畅销全国 20 多个省、市、自治区，有部分出口到海外市场。

到 1990 年，企业实现了广东省政府提出年产钢 50 万吨的目标，累计工业总产值 27 676 万元（按 1980 年不变价计），销售收入达 71 939 万元，利税 1 199 万元。1989 年跻身全国 500 家最佳经济效益企业行列。1990 年企业再荣获"国家二级计量企业""国家二级节能企业""省级先进企业"称号，先后被评为省一级质量管理、设备管理、技术进步和重合同守信用等先进单位。

韶关特殊钢厂：企业系"七五"期间曲江县与国家、省有关部门联合投资近亿元兴建的股份制企业。企业于 1986 年 7 月动工兴建，1987 年 7 月炼钢分厂试产出钢，1990 年 11 月完成第一期工程，建成炼钢、轧钢、机动三个分厂，以及与之配套的全套公辅设施。企业拥有固定资产 6 730 万元。企业主要产品有轴承钢、弹簧钢、碳结钢、碳工钢、合结钢等，企业还可根据客户要求，提供异型材产品，填补了华南特钢生产的空白。

自 1987 年试产以来，企业立足于"开发稀缺产品适应市场，生产

高效产品促进企业发展"生产方针，坚持重合同、守信誉，严把产品质量关，到1990年底，企业先后取得统计基础工作规范化合格证书、三级计量企业证书和螺纹钢生产许可证。企业累计年产值达2 700多万元；其中产钢6 142万吨，轧材1.64万吨，销售收入7 058.8万元，实现利税289万元。

十三、电力工业行业发展

"七五"时期的韶关电力工业行业，进一步加大了水电、火电的建设开发力度。从1986年至1990年，全市共建成投产小水电5.76万千瓦，全市小水电总机容量达到24.18万千瓦，年发电量8亿~9亿千瓦时。为解决小水电站在枯水期发电少或不发电的问题，韶关市电力工业部门积极参与火电建设。其间，市电力工业部门与省电力局合资，于1987年共同建设韶关电厂九号发电机组（20万千瓦），其中，由韶关市投资30%、曲江县投资10%、仁化县投资10%。1990年底，九号机组投产发电，全市新增10万千瓦的火力发电能力。此外，为解决全市用电高峰期超负荷造成频繁停电的问题，韶关市、县政府还通过招商形式，大力吸引港商投资建设柴油机发电厂。1989年，由东南冶金矿产（香港）公司独资兴建，引进法国SULZER公司两台1.02万千瓦柴油发电机组，于1990年5月正式破土动工，到1990年12月，企业正式并网发电。

韶关发电厂："七五"时期广东省电力工业局的大型火力发电厂，省属电力工业重点生产企业之一。为适应工农业生产发展需要，企业在"七五"期间不断扩建改造潜能发展。其间，企业新上20万千瓦九号发电机组，于1990年正式建成投产，使企业形成固定资产原值57 202万元，拥有发电机组8台，总装机容量62.4万千瓦，年发电量达38亿千瓦时，年产值4.9亿元。企业除供韶关市用电外，还由电网统一供应全省各地，以及江西赣南，湖南宜章、临武等地，为发展全市乃至全省、邻省的社会经济作出了积极的贡献。

韶关市十里亭发电厂：企业是"七五"时期市属电力工业通过招商引资新建电力企业之一。企业于1989年由香港DongNan Metallurgi-calinerals（HK）Co. Ltd独资兴建。企业于1990年2月领取营业执照，

5月中旬完成设计图纸，9月完成主体工程，12月完成首期2台（套）16ZAV40S机组的安装试车；1990年12月15日电厂正式并网发电。建成投产后的企业，承担粤北地区三资企业及工农业生产、人民生活供电和调峰发电重任。时企业规模为6台（套）法国SULZER公司16ZAV40S柴油发电机组，设计装机容量6万千瓦。（图3-21）

图3-21 韶关市十里亭发电厂

1992年企业完成另外4台（套）发电设备的安装，并开始投产。建成后的企业，厂区面积39 000平方米、建筑面积8 000平方米。企业生产监管采用探测器组成的闭路电视监控系统，并在国内首次成功使用电子调速器。企业首期建设投入资金1.1亿元人民币，扩容配套工程完成之后达2.3亿元人民币，工程建设速度之快、资金投入之大、效益之好、技术起点之高均系韶关解放以来所未有，在全国同类型工程项目中亦屈指可数。

仁化锦江电站："七五"时期新建电力工业企业之一。1987年经广东省政府批准，企业列入省"七五"计划动工兴建项目。1989年，省政府颁布《关于加快电力建设的若干措施的决定》，制定了鼓励办电的优惠政策。仁化县委、县政府抓住有利时机，一次性投入300万元作为启动资金，将锦江电站及下游建成4个梯级电站。到1992年，广东省计委审批了锦江电站下游4个梯级电站设计并安排了基建计划，锦江龙头电站经3年多时间施工，比计划提前11个月建成并网发电，提前投产效益达4 000万元，为下游梯级电站开发积累了资金。从1993年8月锦江电站1号机组发电至1996年底，锦江电站累计上网电量3.73

亿千瓦时，售电收入达 1.13 亿元。除用于偿还到期贷款本息外，其余全部用于下游梯级电站的建设，实行"以电养电，滚动开发"。

韶关发电设备厂："七五"时期韶关市属电力工业重点设备生产企业之一。企业在经历"六五"时期的整顿验收后，确定了"以科技为先导，一业为主，多种经营"的发展战略，立足于实现"成为生产水轮发电机组、潜油电泵和汽轮发电机三产品系列的综合性电工企业"发展目标，先后研发出新产品 62 个，其中 6 种产品获省优产品称号。1987 年企业获国家计量二级单位称号；1988 年企业再被评为广东省先进企业，1990 年企业被批准成为国家二级企业。到 1990 年，企业工业总产值、利税和全员劳动生产率年递增率分别达 26%、17.3% 和 21%，已实现工业总产值 4 656 万元，利税 395.7 万元，全员劳动生产率 29 009 元，企业固定资产以年均 11.9% 的速度增长。

韶关变压器厂："七五"时期韶关市属电力工业设备生产企业之一，是国家机械电子工业部和广东省机械工业厅专业定点生产厂。其间，企业依靠科技进步，先后投入 350 万元，用于企业"技改"与新产品开发，完成 120 立方米大型真空烘房、绝缘绕线车间密封、电脑控制硅钢片自动横剪线，以及 S9 系列节能变压器、SF7 型低耗大型电力变压器等项目改造，使企业生产的 S7、S9 系列产品符合国家技术标准，S9 系列产品达到国际先进水平，获省优质产品称号。到 1990 年，企业完成工业总产值 5 020.4 万元，销售收入 6 928.9 万元，实现利税 417.32 万元，分别比"六五"期间增长 150%、229% 和 174%。

十四、烟草、粮油食品加工行业发展

步入"七五"时期的韶关烟草、粮油食品加工业，隶属韶关轻工行业系统。在经历"六五"全市工业改革后，行业生产开始步入全盛发展时期。

韶关粮油食品厂：进入"七五"时期的韶关粮油食品厂是韶关食品工业的龙头骨干企业。企业承继"六五"时期的发展势头，积极加大企业"技改"力度，并通过引进先进的技术设备，不断扩大和增加企业的产能与产品品种。1988 年 5 月除购入烘干、冷却设备外，另购置了班产 2 500 千克的波纹面生产设备，并于 1989 年 9 月改造成生产

排面的设备，生产各个档次的精面和花色面饼。1988年还自制了米粉生产设备，生产方块米粉。1990年12月添置一条腐竹生产线，生产腐竹等豆制品。到1990年，生产的粮油食品有"丹霞"牌各种快食面、精标波纹面、银丝米粉、米排粉、腐竹等系列产品。"丹霞"牌快食面，1986年获省优、1991年获部优称号；波纹面也于1987年被评为省优产品。到1990年职工有150人，固定资产300万元，当年快食面产量1 781吨，波纹面产量641.7吨。

"七五"期间，企业总产值由1985年的104.85万元增至480.26万元，利税由20万元增至82.4万元，分别增长3.58倍和3.12倍。全员劳动生产率由1985年的1.52万元/人增加到1990年的4.66万元/人，1990年被授予广东省省级先进企业称号。

南雄卷烟厂："七五"时期南雄县属烟草生产重点企业之一，列入国家卷烟生产定点企业。企业自1983年纳入国家计划后，先后从意大利、法国、英国、日本等国家及我国香港地区引进了较先进的制丝、卷接包装以及配套设备，新建了现代化的厂房。本地优质烟叶生产的"百顺""雄叶"牌香烟，醇香可口，价格适中，深受广大消费者的欢迎，行销广东及辽宁、北京、江西、湖南等地。企业生产的卷烟全部达到甲、乙级卷烟标准。1990年，各项主要经济技术指标创历史最高水平，实现工业总产值1.84亿元，实现利税总额9 008万元，产品质量经省烟草公司二级站抽检，合格率为100%。在广东省统计局排列的《1990年广东工业100强》上，企业利税总额和资金利税率分别排第14位和第10位，工业总产值和利税总额在韶关市工业企业中分别排在第6位和第5位。

韶关卷烟厂："七五"时期，企业入列广东省属烟草重点生产企业之一。为扩大生产产能，企业重点抓好技术改造，先后引进10条卷接包生产线和一条具有世界先进水平制丝生产线。（图3-22）产品质量不断提高，"红玫"牌香烟于1986年和1990年被评为省优产品，1988年全国首届食品博览会获铜牌奖；"锦绣""福加利""红金花"牌香烟先后被评为省优产品、省优秀新产品和市优产品。企业经济效益也迅速提高，产量1985年为56 645箱，1990年172 314箱，增长204%；产值（按1980年不变价计）1985年为5 147万元，1990年19 985万元，增长288%；利税1985年3 340万元，1990年16 428万

元，增长392％；销售收入1985年为6 365万元，1990年31 096万元，增长389％。1990年成为全国500家大企业之一、韶关市的利税大户，并被评为省级先进企业。

图3-22　韶关卷烟厂生产车间一角

韶关市面粉厂："七五"时期韶关市粮食加工业中型企业之一。企业拥有固定资产净值600多万元。年生产面粉24 000吨，挂面7 830吨。生产"粤北"牌挂面系列五个品种。企业生产的"杜鹃花"牌特级高筋精面粉、普通精面粉，荣获1990年度全省粮食行业优秀产品奖，产品出厂合格率达98％以上，本地市场的占有率也由1989年以前的30％上升到1990年的50％。"七五"期间，企业注重技术改造和工艺改进，投入"技改"资金近200万元，改造了原有的面粉生产线，生产出精粉和专用粉；建成了一条消化、吸收日本先进技术，具有国内先进水平的挂面生产线，使产品开发和质量跃上新的台阶。1990年完成工业总产值1 831.4万元，销售收入893万元，实现利税74.8万元，分别比1985年增长3.4倍、8.1倍和3.3倍，达到了企业历史的最高水平。

十五、军工企业转制调整

按照国务院提出的"小三线主要搞民品，体制问题要纳入各省企业体制里去"的指示，在韶的军工企业划入省属工业行业管理体制；后按照中共中央关于"调整的目的，在于把小三线搞活"和"主要搞民品"的指示精神，对在韶的军工企业生产转民品改造、调整。1985年，由广东省政府批准，省财政拨款解决军工企业问题。1986年10月，广东省国防科学技术工业办公室组建地方军工企业调整领导小组，对在粤北山区兴建的地方军工企业采取调整措施，逐步将各地方军工企业迁出山区，下放到所属地方管理。按照广东省地方军工企业调整所采取的三种办法①，广东省机械工业厅（省国防科学技术工业办公室）保留明华机械厂、岭南工具厂和长征机械厂。星光工模具厂、北江机械厂、光华机械厂、利华加工厂搬到珠江三角洲地区，下放地方管理，均不保留军品生产。至1995年，在韶的地方军工企业基本搬出山区，军工产业全部调整为民营工业企业。

韶关长乐化工厂：脱胎于1980年广东省军工重点企业之一的缓建企业，于1984年宣布下马，移交广东省司法厅接管，1985年底广东省人民政府决定将企业下放给韶关市管理，1986年底企业划归韶关市化学工业总公司管理后，企业进行改造，建设年产1 000吨钛白粉生产线和8 000吨复合肥生产线。企业固定资产原值达2 203万元，净值1 697万元。到"八五"时期，企业重点抓生产自救，经过技术改造，1995年末具有2 000吨/年钛白粉、10 000吨/年硫酸、10 000吨/年浓硝酸设备生产能力，还新上了一条10万条/月编织袋的生产线。1995年生产钛白粉1 584吨，完成工业总产值1 283万元，上缴税金73.6万元。

"七五"时期，是韶关近现代工业进程中发展最好的一个时期。依靠企业经营管理体制改革，以及科技进步和产业、产品结构调整改革，全市工业累计完成总产值156.93亿元，其中1990年全市完成工业总产值64.46亿元（按1990年不变价计），比1985年增长71.9%。全市实现利税累计达到33.9亿元，年均递增20.3%，其中地方企业11.3亿元，中央、省属企业22.6亿元。全员劳动生产率达到13 900元，比1985年提高55.5%。全市工业发展达到历史最高水平。

---

① 三种办法：一是先办分厂，逐步"出山"（从山区搬出），从事民品生产；二是易地改造，进行一次性"出山"调整；三是原地生产军品，民品"出山"，联合办点，增强企业活力。

第四章　探索市场经济中的韶关工业改革

第一节　全民所有制工业改革

步入"八五"计划时期的韶关工业发展，开始迈向探索、建立社会主义市场经济体制的改革时期。1992 年 7 月 23 日，国务院以第 103 号令发布实施《全民所有制工业企业转换经营机制条例》（以下简称《条例》）。由此，以三项制度改革为突破口的全民所有制工业改革开始在韶关市展开。转换企业经营机制，逐步实行放开经营，市属预算内国有工业企业全部实行承包责任制等一系列市场经济工业体制改革、探索，在全市工业行业全面启动。

一、国有工业经济体制的改革

自"七五"计划推行的厂长（经理）任期目标责任制，以及企业目标责任制等一系列的工业改革和调整后，韶关的国有工业企业发展呈现出了前所未有的变化，企业生产经营亦展现出了活力。为此，到了实施"八五"计划后，韶关市将国有企业改革、发展的重点放在全面推进企业内部三项制度（用工、分配、人事）改革，开展以企业制度创新为主要内容的改革试点上。1990 年，全市国有企业开始实施第二轮的企业承包经营责任制。本期承包均为 3 至 5 年期。改革的重点放在了促进企业自主经营权的落实上，调动了经营者和企业的积极性，使企业稳步发展。二轮承包结束后，对全面完成承包指标的 30 名

247

厂长（经理）给予晋升一级工资的奖励。

在完成国有工业第二轮企业承包经营责任制落实工作后，为促进企业自主经营权的落实，韶关市委、市政府按照《条例》，于1992年开始对市属工业企业实施转换企业经营机制改革。

（一）探索企业股份制改革路子

实施企业股份制改造，是韶关市20世纪90年代初期工业体制改革的一项主要举措。从1992年下半年开始，全市工业企业改革开始全面进入股份制试点，到1994年底，先后成立了广东明珠实业股份有限公司、广东活力股份有限公司、广东力士通机械股份有限公司、广东亿能电力设备股份有限公司、广东北江实业股份有限公司、广东韶能集团股份有限公司等12家股份制企业。这些股份公司股本总额9.87亿股，总股金13.39亿元，其中新募股金10.59亿元。1994年3月市政府批准成立韶关市证券委员会后，广东广建集团股份有限公司的法人股于1993年6月在NET系统上市交易，广东明珠实业股份有限公司、广东力士通机械股份有限公司、广东活力股份有限公司、广东金达股份有限公司的法人股先后于1994年下半年在NET系统或STAQ系统上市交易，广东北江实业股份有限公司的法人股在广东南方证券交易中心上市交易。

广东亿能电力设备股份有限公司：企业是经广东省人民政府批准的韶关市首批组建的股份制试点企业之一。企业前身是韶关变压器厂，1992年12月，企业以注册资本5 500万元，组建成立股份制公司，经营电力变压器及配套设备，兼管机电产品、建筑工程及材料、装修工程及材料、轻工产品、化工产品、家电、证券、财产租赁、咨询服务业等。公司下属企业有：韶关变压器厂、物资公司、装潢分公司、韶关东能电力设备（中外合作）有限公司等。

1993年企业迈上了新台阶，在全国变压器行业评比中，其经济效益综合指标总评排名第一，人均实现利税、全员劳动生产率、资金利税率排名第二。企业被国家统计局列为中国500家最大电气机械及器材制造企业之一。1994年企业被评为广东省首批全省转换经营机制典型企业。到"八五"末期，企业完成产值2.066 7亿元、产量361.9万kVA，分别比企业股份制改造头三年增长83.32%、102.55%；实现销售收入2.387 9亿元、利润2 875.9万元，分别比企业股份制改造

248

头三年增长 132.8%、785.5%。到 1995 年底，企业总股本 5 500 万股，其中国家股 1 807.22 万股，法人股 2 788.58 万股，内部职工股 904.2 万股，每股面值 1 元，每股净资产 1.25 元。

广东力士通机械股份有限公司：企业是由中国工商银行广东省信托投资公司、广东发展银行韶关分行、中国农业银行广东信托投资公司、中国建设银行广东信托投资公司、广东南粤投资公司、韶关市物资总公司、韶关市建设开发总公司、广东省韶关化工机械进出口公司共同为发起股东，对韶关工程机械厂进行全资改造，组建成立的股份制企业。企业注册资本 1.2 亿元，于 1992 年 10 月 28 日成立，下辖韶关工程机械厂、韶关机床厂、中外合作东力机械有限公司、通建房地产开发有限公司、韶关机床供应有限公司、力士通（广州）机械有限公司等企业，形成有 2 个生产基地、4 个子公司的综合实体。企业总资本 1.3 亿元，主要生产设备有：金属切削机床及铆焊冲压设备、二氧化碳保护焊机、数控切割机等新引进的一批先进设备。

成立后的股份制企业，"八五"期间，先后对属下企业、子公司共注入生产发展资金 5 000 万元，新建厂房、车间共 5 座，建筑面积 3 万平方米。为提升生产能力和产品质量，企业购置一批先进设备，到 1995 年，企业主体工程机械产品具备年产量 400 台的生产能力。产品不断更新，液压汽车起重机已从 2.5 吨增至 25 吨系列；高空作业车从 12 米增至 18 米，还有 6 米、8 米、10 米高空平台车系列。QY8 型液压汽车起重机为广东省优质产品，产品远销全国 20 多个省、市、自治区。交通救援车系列产品达到国内先进水平，其中 JYD10 交通救援车获省科技进步三等奖，且荣获广东省优秀新产品奖，产品价格远远低于进口同类产品，工艺优于进口产品，填补了国内的空白。（图 4-1）

图 4-1　荣获 1996 年广东省优秀新产品奖的 JYD10 交通救援车

1995 年，企业完成销售收入 13 816 万元；实现利税总额 3 935 万元，利润 3 407 万元；上缴国家所得税、国有股分红，两年共 391 万元；完成工业总产值可比价计 9 815 万元；企业固定资产净值达 4 119 万元；年实现全员劳动生产率 40 920 元。

广东韶能集团股份有限公司：企业创建于 1993 年 6 月，由韶关市电力开发公司等 9 家全资企业联合共同发起改组、组建的股份制企业。企业主营能源开发、交通设施建设、工业原材料的生产。属下有一家全资分公司和两家控股子公司，拥有电力总装机容量 24.1 万千瓦，年经营电量达 14 亿千瓦时，还拥有年产 20 万吨水泥节能型生产线的三江水泥厂 88% 的股权。经营领域涉及电力、建材、贸易及第三产业。1993 年度企业实现净利润 4 491.6 万元，净资产利润率为 13.3%；1994 年度实现净利润 5 188.9 万元，净资产利润率为 14.65%；1995 年度实现净利润 5 720.96 万元，净资产利润率为 15.24%，是广东省韶关市的利税大户和明星企业。

企业于 1996 年 8 月 9 日经中国证监会复审通过，同意其向社会公开发行人民币普通股（A 股）2 500 万股；1996 年 8 月 20 日，2 500 万股韶能股份 A 股利用深圳证券交易所网络系统发行；8 月 30 日在深圳证券交易所正式挂牌上市，成为韶关市第一家普通股股票上市公司。公司股权结构为：国有股占 20.3%；法人股占 51.32%；内部职工股占 3.38%；公众股占 25%。公司发行公众股后，资产总额达到 107 238.2 万元，净资产达到 68 879.94 万元。

广东北江实业股份有限公司：企业前身是创立于 1958 年 8 月的韶关水泥厂，是粤北地区创建最早、规模较大的地方水泥企业之一。企业步入实施"八五"计划时期后，经省、市两级政府批准，按照国务院第 103 号令《条例》精神，实施企业股份制改革。1992 年 12 月，企业改组成立北江实业股份有限公司。改组后的企业在"八五"期间完成水泥产量 115.58 万吨，实现工业总产值（按现行价计）33 314 万元，分别比"七五"时期增长 16.3% 和 102%；企业水泥生产能力提升至年 37 万吨，比股份制改造前的年产 25 万吨，提高了 48%；水泥品种实现了升级换代，主导产品正逐步从立窑 425 号水泥过渡到转窑 525 号水泥。实现利税总额 8 741 万元，其中利润 5 070 万元，分别比股份制改造前的"七五"时期增长 77% 和 55%。到"八五"末期，

企业拥有水泥生产转窑 2 条、立窑 4 座，以及磨机 9 台。总固定资产净值达 13 586 万元，企业经营亦从单一的水泥生产拓展到房地产、航运等领域。

（二）开展现代企业制度试点

步入"八五"时期，在实施企业股份制改革的同时，韶关部分工业企业实施了厂（矿）长任期目标责任制与承包经营、管理改革，立足于建立市场经济体制下的现代企业制度探索，全面铺开了行业企业集团式经营重组与现代企业制度试点改革。

围绕促进和推进企业产权流动，努力调整与优化资产存量结构、企业组织结构和产品结构。全市产权转让和引资参股的企业共有 16 户，涉及资产总额约 4 亿元。韶关挖掘机厂、广东洗涤用品厂、南雄县通用机械厂、新丰县交通水泥厂、新丰县棉织厂出让了全部或部分企业产权。韶关制药厂、韶关胶合板厂、南雄县化工厂、始兴县造纸厂、始兴县食品厂、乳源县造纸厂、新丰县陶瓷厂、新丰县淀粉厂等出让了经营权。

1994 年底，市属工业企业韶关铸锻总厂等 8 家企业和韶关工具厂等 2 家企业，分别被确定为省、市现代企业制度试点。各县（市）也各自选择了一批试点企业。韶关挖掘机制造厂和韶关市面粉厂成立了有限责任公司；韶关铸锻总厂进行了以组建企业集团、国有资产授权经营和建立现代企业制度为主要内容的三项体制改革，被省政府确定为全省 70 家企业集团第一批重点之一。

韶关新世纪机械企业集团：企业是从原市机械工业总公司分离出来成立的经济实体，1993 年 8 月 25 日经韶关市政府 92 号文批准成立的工业企业集团公司之一，是年 11 月 18 日挂牌运作。企业成立后，旗下有广东省农机二厂、韶关市食品机械厂、韶关钢板弹簧厂等企业。另有直属企业韶关市机械供销公司、韶关市机械物资供应公司、韶关市机械设备进出口公司、韶关亿利达机器有限公司（合资），以及房地产开发公司、新世纪机电工程配套公司等。企业正式运作后，大力发展自己的新产品——车道开闭微机控制系统。产品属于全自动高新技术，国内首创，广泛运用于公路收费站、检查站、大型仓库、金库等。广深珠高速公路、安徽铜陵大桥等处，均安装、使用此套控制系统。"八五"期间，共安装设备 103 台（套）。

广东省农机二厂是新世纪机械企业集团成员企业，位于乐昌乐城镇。到 1995 年企业拥有固定资产原值达 1 018.5 万元、净值 539 万元。设备有金属切削机床 142 台，锻压设备 14 台，汽车 11 辆。企业有 7 个生产车间，生产产品包括齿轮、花键轴、各种齿轮箱、汽车和拖拉机轮胎钢圈、石油机械抽油机零部件等。主导产品是齿轮、花键轴，年生产能力为 50 万件。

韶关市食品机械厂是新世纪机械企业集团成员企业。到 1995 年，企业固定资产原值达 987.7 万元。拥有主要生产设备 73 台。生产产品包括 C 型系列绞肉机，B20、B40 多用食品搅拌机等。产品远销广州、北京、上海、济南、南京、香港等地，并进入东南亚市场。

韶关钢板弹簧厂是新世纪机械企业集团成员企业。企业前身为韶关标准件厂，早期生产紧固件及铆焊件产品。20 世纪 80 年代企业转产，专业生产国内外轻、中、重型汽车钢板弹簧总成和散片，是广东省汽车工业公司汽车配件定点生产企业。"八五"期间，企业通过市场经济体制改革探索，企业规模固定资产原值达 496 万元，有各种生产设备 87 台。企业内部分设扳簧、铆焊、紧固件、工矿锻件、金工 5 个生产车间。至 1995 年，企业完成工业总产值 1 012 万元。

韶关新宇建设机械有限公司：建设部定点生产混凝土机械的骨干企业，原韶关挖掘机制造厂组建而成。步入"八五"时期，企业承续 20 世纪 80 年代的改革发展，先后从美国、意大利、日本、芬兰等国引进多工位步进冲床、四辊卷板机、光电跟踪切割机等数控先进设备，面向市场，不断扩大和提升企业产能，到 1992 年，企业实现工业总产值、销售收入两个超亿元，实现利税超千万元。1993 年企业跨入中国 500 家大型机械工业企业行列，位居第 275 位。是年，企业完成工业总产值 1.5 亿元，销售收入 2.4 亿元，实现利税 1 332 万元，销售产值在全国建筑机械行业排第二名。企业生产的 HZS25，EMC45、60、75 型混凝土搅拌站，SGW260GJB（EA05－60）搅拌机输送车，JZ200、350、500、500A 和 JZM750 型锥形反转出料混凝土搅拌机，EMS350、500、750、1000 型单卧轴强制式混凝土搅拌机，JS500、750、1000、1500 型双卧轴强制式混凝土搅拌机，HBT50 型混凝土泵和 WY1.5 微型挖掘机，以及 QTZ63、100、125、125B、160 型塔式起重机等，被认为是具有当代国内外先进水平的新产品。从 1990 年到 1995 年，企

业先后被韶关市评为利税明星企业、广东省省级先进企业、广东省机械工业企业管理优秀单位、建设部基本建设先进单位。1993 年，企业被中国质量协会用户委员会认定为用户满意和满意服务单位企业。

1995 年 8 月，为配合企业进行现代企业制度探索与建设，经改革后的韶关挖掘机制造厂，改名为韶关新宇建设机械有限公司。此时的企业已形成拥有机加工、铆焊、装配、微挖、塔机、热处理等 8 个生产车间及 1 个分厂的中型企业规模，有主要生产设备 345 台，并形成了多品种、系列化，以建筑工程机械为主体的产品生产格局，成为粤北地区机械制造业规模最大、实力较强、专业配套齐全的企业。企业凭借开发的高科技、高质量、高效益的产品，实现了企业产品的更新换代，产品畅销全国 20 多个省、市，远销德国、意大利、荷兰、瑞典、芬兰、新西兰等国家和东南亚地区。

凡口铅锌矿：步入实施"八五"计划时期的凡口铅锌矿，在经历 20 世纪 80 年代的企业改造、改革后，奉行企业"改革、求实、奉献、创一流"的精神，全面走向了探索市场经济改革，企业转换经营机制，建立现代企业制度的道路。围绕三项制度改革，企业推行了全员劳动合同制，实现了由职工选择企业到职工与企业双向选择的转变，90% 以上职工与企业签订了长期合同，稳定了职工队伍，理顺了分配制度和人事管理制度的各种矛盾。其间，企业认真总结了"七五"时期建立的以吨矿工资为主体的计件承包经验，全面推行了工资总额与经济效益（利润或成本费用指标）挂钩承包制度，改革推动了企业的增收节支，使生产成本得到了有效的控制。

在坚持走科技兴矿之路方面，企业围绕采选工艺关键技术难题，积极与科研院校密切合作，开展科技攻关，共完成了 71 项生产中急需解决的重要课题，有 26 项具有全行业推广价值的重要科技成果。其中"混合用药快速浮选新工艺"和"高浓度全尾砂胶结充填新工艺和装备研究"两项获得国家科技进步奖，13 项获得直接经济效益 2 600 万元。采选工艺和产品质量均达到国内先进水平。铅锌金属量生产占全国的六分之一。产品销往全国各地近百个厂家，并出口日本、朝鲜、俄罗斯等 10 个国家。综合经济效益在全国有色金属行业中名列榜首。

1994 年 2 月，凡口铅锌矿投资 2.83 亿元启动被誉为"再造凡口"的深部开拓工程，历时 11 年。其工程量之大、建设工期之长、工程造价之高、施工难度之大，为中国有色矿业史上罕见，为矿山的长期发展奠定了坚实的基础。工程建设区域主要集中在井下－320米～－750米，有20多个子项。工程采用的充填减压技术、深井微震监测技术和6千伏风机直接变频技术等属国内首次采用。主井单双斗、新副井、老副井、盲副井的提升机电控系统均改用先进的全数字式直流调速控制系统。到"八五"末期，企业完成工业总产值203 280万元（按1990年不变价计），实现利税52 705万元。五年中，企业生产铅锌金属601 933吨，35%硫精矿1 842 900吨，精矿含银351.62吨，普通水泥469 430吨。

二、依靠企业"技改"，增强企业竞争能力

"八五"期间，全市工业企业发展遵照国家和省的产业政策和发展方向，从全市优势工业出发，以市场为导向，集中有限资金，优先安排重点项目建设，促进重点行业、重点产品上规模、上档次发展。建成了在全省有优势的冶金、机械、铸锻、建材等生产基地，主要产品产量有了较大增长。1995年与1990年相比，全市产成品钢材由12万吨增加到78.5万吨；年发电量由23亿千瓦时增加到58.9亿千瓦时；年产水泥由40万吨增加到290.7万吨；10种有色金属由4.5万吨增加到11.4万吨。

"八五"期间，为加快工业企业的"技改"，韶关市经委通过内引外联，累计完成"技改"投资13亿元。"技改"提高了全市工业的技术装备水平，形成了一批在国内同行业中名列前茅的骨干企业。如，韶关铸锻总厂通过"技改"，使企业在全国专业化铸造行业中排名第一；变压器厂的综合经济效益在全国同行中排名第一；挖掘机厂销售总额在全国同行业中排名第二。通过"技改"、开发、抓质量、抓品种，五年间，韶关铸锻总厂共研发新产品338项，增加各类品种1 595种。其中，获省级优秀新产品项目26项，创部优产品61个，省优产品201个，国优产品4个，优质产品产值率从1990年的12.3%，提高到1995年的24.5%，极大地提高了韶关工业产品的市场竞争力。

三、形成新的工业发展格局

"八五"期间，韶关市作为广东省重要的工业基地，全市工业形成了一个以重型工业为主，轻工业并举的发展新格局。支柱型工业行业包括：冶金、机械、煤炭、能源、电子、建材、森工、纺织、医药、化工、食品等十一大行业。

（一）冶金工业

"八五"期间的韶关冶金行业，已形成了包括采选、冶炼、加工配套的冶金工业体系。铅、锌、锑、钨等10种有色金属产量占全省的90%以上；钢、钢材、生铁、焦炭产量占全省50%左右。全行业在省内占有重要地位。

在实施"八五"计划期间，韶关有色金属工业行业发展方针的重点是发展铅、锌，积极开发稀土适销产品，积极创造条件发展铜、铝，稳定钨、锡生产。至1995年底，在全省10种常用有色金属产量达到20万吨的计划下，全市有色金属精矿产量达到21万吨，其中，稀有矿产品和冶炼产品分别达到6万吨和6 000吨，工业总产值24亿元（按1980年不变价计），实现利税4亿元。为保障重点企业生产，根据广东省对重点企业采取措施，至1995年底，韶关冶炼厂第一系统10万吨产能改造任务完成；第二系统8.5万吨企业扩建项目开工，并接近完成。对国家列入保护性开采的特定矿种钨、锡、锑、离子型稀土矿产，实行分量计划生产，1995年，韶关稀土分离能力扩大至年产3 500吨。

广东省大宝山矿业有限公司："八五"时期的企业在承续"七五"改革发展的基础上，开始了以建立现代企业制度、转换经营机制为主的企业改革。按照三项制度改革的要求，企业认真加强了企业管理，1990年企业在晋升为国家二级企业基础上，进一步完善了企业各项专业管理；1991年，计量、档案晋升为国家二级，同年，企业荣获冶金工业部质量管理奖，被广东省工商行政管理局授予"重合同、守信用"光荣称号，被韶关市授予文明单位、利税大户等称号。是年，企业开始工资分配关系改革，实行了岗位技能工资制。1992年，企业入列广东省综合改革试点企业；1994年企业成为广东省建立现代企业制度试点企业；1995 年 8 月，经广东省经济委员会批准，企业由广东省大宝山矿改制为广东省大宝山矿业有限公司，成为省属国有独资有限责任公司，是年 12 月 28 日，企业正式挂牌，按公司制运行。

"八五"期间，企业为扩大产能、发展生产，同时提高矿山资源利用率和保护环境，于 1992 年相继投资 2 200 万元，建成年处理量 80 万吨强磁选厂；投资 2 000 万元动工槽对坑尾矿坝加固加重工程；投资 1 300 万元组建土石方工程公司，参与台山电厂建设；1995 年 6 月动工改造、扩建日产 1 000 吨铜采选厂。其间，为有效保护企业矿产资源，企业还针对非法民采严重现象（致使企业铜硫矿体破坏达千万吨，铜金属量损失近 2 万吨的现象），进行了有效整治。从 1995 年 2 月起，对 1994 年矿区周围多达 103 条民采矿窿进行集中清理，资源保护工作取得了实质性进展。

至 1995 年底，企业共生产成品铁矿石 613.75 万吨、电解铜 3 501.08 吨、硫酸（100%）14 006 吨、硫精矿（35%）144 574 吨。完成工业产值（按 1990 年不变价计）53 636.52 万元，税金 11 799.8 万元，利润 5 659.8 万元。在税制改革后，企业百元销售产值负税率 19.28%，比社会平均负税率高 2 倍。到"八五"末期，企业总有固定资产原值达 26 856.7 万元，净值 14 848.6 万元。生产设备 1 385 台（套）。企业设计年产能：成品铁矿石 140 万吨；电解铜 800 吨；硫酸 4 000 吨；硫精矿（35%）40 000 吨。在全国 500 家最大工业企业及行业企业评价排序中，企业位列中国黑色金属矿采选业规模第三，最佳经济效益工业企业第一。

石人嶂钨矿：进入"八五"时期的石人嶂钨矿，面临矿产资源储量逐步减少、矿区生产产品品位下降等问题，加上钨矿产品国内、外市场需求的变化，产品销价下跌，以及企业生产原材料和动力大幅涨价，造成了企业周转资金严重不足，企业面临的困难越来越大。从 1991 年开始，国家财政开始对企业实行年度政策性定额亏损补贴。同年，中国有色金属工业总公司广州公司下发大幅压减钨精矿产量通知，企业原定执行的"八五"计划被中断。1992 年，为使企业实现转产，中国有色金属工业总公司重新制订了《三年转产求生存，五年翻身求发展》的计划，按照计划提出的主业生产—多种经营—筹备转产三个层次的思路，企业开始了转制改革。是年 11 月初，中国有色金属

工业总公司下发《关于钨矿山全面停止采选生产的紧急通知》，要求所属钨矿山全面停止正规化采选作业，转为用民采方式回收残矿。自此，企业全面走向转产改革。

为改变主业的生产方式，企业根据市场变化，遵循以销定产的原则，采用正规生产和民采回收相结合的方式组织生产。到1995年，企业累计完成掘进进尺14 272.6米，采矿量582 014吨，清理残矿159 983吨，出矿量783 812吨，处理量773 315吨，生产钨精矿3 691.23吨。主产品销售收入共计4 807.58万元。

在发展多种经营方面，企业对外承包了总投资420多万元的龙门上仓铅锌矿挖进工程；开放了机修厂、炸药加工厂、矿驻广州招待所、矿驻始兴汽修厂、职工医院始兴门诊部等辅助、服务单位，实行对外营业；同时通过上级主管部门扶持和自筹资金办起了石峰饮料厂；因地制宜办起了毛织厂。多种经营项目的巩固和开发，为该矿求得生存探索了路子，积累了经验。在筹备转产方面，从1993年起，在转产思路的指导下，企业先后办起鱼腥草饮料厂、空调机配件厂、建筑装修材料厂、毛衣织造厂和种养项目等小型转产企业、项目。其间，企业还积极主动分流富余人员。五年来，通过放宽外调条件和积极联系外调，按政策规定及时办理退休等途径，分流了一批富余职工。到1995年底，全矿在册职工总数由1990年末的2 459人减为1 199人，五年累计净减员1 260人，减幅为51.2%。

此外，企业坚持走科技兴矿的路子。"八五"期间，继续推广应用该矿与科研院所共同实验成功的倾斜矿脉分层胶结充填底板采矿、震动放矿、平巷掘进垂直深孔螺旋拉槽凿岩爆破、井下推广爬罐打天井等先进采矿技术，完成了直属选厂工业焙烧炉系统的技术改造，在尾矿砂综合利用、食用菌栽培等方面，取得初步进展。到1995年末，企业拥有固定资产原值2 722万元、净值1 652万元，比1990年新增固定资产580万元。

瑶岭钨矿："八五"时期，企业开始大幅度地精简机构和分流人员，尤其是在1992年被列为有色系统转产矿后，全矿在职人员由1 659人减至694人。至1993年下半年，企业建成简易精选流程后，企业全部生产自选钨精矿。1994年10月，企业建成年产1万吨轻质碳酸钙厂1座；1995年10月，企业再建成年产3 000吨活性钙生产

线。轻钙、活性钙生产厂的建成，改变了瑶岭钨矿单一产品的局面，使企业增强了适应市场竞争的能力。到 1995 年末，瑶岭钨矿全矿拥有日处理合格矿 375 吨能力；重选厂 1 座，年采选能力达到 20 万吨；有年产 1 万吨轻质碳酸钙厂 1 座、机修厂 1 座，生产设备 387 台（套）；企业固定资产净值达到 1 671 万元。到 1995 年，企业累计生产钨矿产品（金属含量）2 295.9 吨，年平均产量达 459.2 吨，其中，企业生产轻质碳酸钙产量累计达 3 323 吨，生产活性碳酸钙产量达 20 吨。企业累计完成工业总产值达 4 833.75 万元，全员劳动生产率达 22 110 元。共缴纳税金累计 254.8 万元。税制改革后，1995 年缴纳税金 122.2 万元。职工年均收入达 3 143 元。

广东省韶关钢铁集团有限公司（韶关钢铁厂）："八五"期间，企业承续"七五"计划时期的各项改革，全面进入以建立现代企业制度、适应市场经济发展为主的企业改革时期。按照广东省政府对韶关钢铁厂实施的第三轮企业承包经营改革要求，企业实行了投入与产出的包干政策。为了加快韶关钢铁厂利用外资进行改造和发展的步伐，1990 年 12 月广东省政府正式批准韶关钢铁厂与香港粤海企业（集团）有限公司实行合资经营，规划到 1995 年，企业钢产量达到 65 万吨。从 1991 年开始，韶关钢铁厂共筹资金 8.17 亿元，先后在提高技术装备水平、综合生产能力方面，进行了多个项目改造；企业还进行了以完善厂长责任制为主体的、改进和规范企业承包经营责任制，以及劳动人事制度、分配制度、社会保障制度等方面的改革，并发展和拓展了企业的第三产业。1993 年，企业钢产量达 66.5 万吨，提前两年实现了广东省政府对韶关钢铁厂 65 万吨钢生产承包的目标。同年 12 月，被列入广东省"三大试点企业"[①] 之一，经广东省政府批准，韶关钢铁厂正式更名为"广东省韶关钢铁集团有限公司"，并以此为核心，组建成立了广东韶钢集团。集团下设紧密企业 10 家、半紧密企业 5 家、松散企业 19 家，共有 34 个成员企业。到 1995 年，韶钢集团生产钢、铁、材、焦等主要产品产量，分别由 1990 年的 50.11 万吨、41.9 万吨、46.15 万吨、28.62 万吨，增长到 1995 年的 80.4 万吨、64.1 万吨、71.12 万吨、32.53 万吨，分别增长了 60.45%、52.98%、

---

① 三大试点即广东省对部分企业实行大企业集团试点、现代企业制度试点、国有资产授权经营试点。

54.11%、13.66%。1995 年企业实现销售收入 19 亿元，完成工业总产值 9.62 亿元，实现利税 2.46 亿元（其中上缴税金 1.1 亿元）。

黄岗轧钢厂：企业于 20 世纪 70 年代从黄岗钢铁厂分出后，在 80 年代改革发展中，生产陷入亏损状态。实施"八五"计划期间，企业依靠科技进步，大力进行企业技术改造，不断提升企业生产产品的质量。1991 年 12 月，企业取得螺纹钢生产许可证。

1992 年，国务院发布实施《全民所有制工业企业转换经营机制条例》后，企业开始进行转换企业经营机制改革，企业生产实行承包经营责任制。到 1994 年，企业实行"产量风险金"考核方案，企业全年生产轧材 2.30 万吨，各项技术经济指标达到了企业历史最好水平。然而，到 1995 年，由于企业生产再次出现严重亏损，企业停产整顿。

广东铝厂（广东省大岭冶炼厂）："八五"时期的广东省大岭冶炼厂成为广东省重要的工业原材料生产基地。承续"七五"计划时期企业兴起的改造建设，企业开始了以适应市场经济建设需要的内部改革，并在完成企业碳素第一期建设改造后，开启了碳素二期总体改造和铝型材氧化着色生产线的改造建设。根据规划，二期改造项目包括实现年产 600mm 以下各种规格的石墨电极 10 000 吨（其中高功率电极 6 000 吨、普通电极 4 000 吨）项目，以及阳极糊 10 000 吨建设项目。

1992 年，广东省大岭冶炼厂正式更名为"广东铝厂"。自此，企业改革逐步走向了转换经营机制方面。为拓展、增强企业活力，广东铝厂积极引进外资，进行产品深加工，通过发挥企业设备生产优势，发展多种经营，先后开拓了包括摩托车轮毂等产品生产。1995 年，企业生产电解铝产品产量达到 11 908 吨，石墨电极产量达到 4 020 吨，实现利税 970 万元，其中利润达到 220 万元。企业生产的主产品"梅花"牌普通铝锭、石墨电极，均是省优质产品，畅销我国中南、华东、西南地区及香港，部分优质石墨电极远销东南亚、南美，产品深受用户的好评。

到"八五"末期，企业累计生产电解铝 59 292 吨，石墨电极 17 944 吨。工业总产值累计达到 69 090 万元，实现利税 4 322 万元。企业连续多年被省、地市、县政府评为"重合同、守信用"单位。

（二）机械工业

步入"八五"时期的韶关机械工业，行业实力雄厚，企业拥有各

种机床 16 800 多台，仅次于广州。包括韶关齿轮厂、水轮机厂等在内的 10 多家企业，成为国家有关部委的定点厂家。

"八五"时期，全行业为提升产业发展能力，先后安排"技改"项目 37 项，计划总投资 35 990 万元，其中，银行贷款 27 001 万元，自筹 8 989 万元。在这 37 个项目中，其中，国家级项目 7 项，省级项目 17 项，市级项目 13 项。经过技术改造后的机械工业，实现了行业发展的三个目标：①农机产品向农机与汽车配件共营方向转变；②从零部件基础件为主向配件和主体的格局转变；③从重型产品结构向轻重结合的产品结构转变，实现了产品结构的合理化。在实施"八五"计划的第一年，行业就实现工业总产值 51 445 万元，比 1990 年的 38 100 万元增长 35%，实现利润 73.9 万元（1990 年亏损 40.7 万元），行业初步实现扭亏为盈；在此后的两年中，机械工业高速发展，工业总产值平均增长 37.88%。至 1993 年，工业产值超亿元，实现 17 360 万元；行业利润达 8 240 万元，出口产值由 1990 年的 4 336 万元，发展到 1994 年的 14 309 万元，行业亦达到机械工业发展的鼎盛时期，超过"八五"规划发展目标。机械工业实现了总产值翻番的目标，达到 76 200 万元，其中出口总产值占 9.7%，即 7 391 万元。1994 年，企业实现利润 2 000 万元，实现亿元企业 2 户，5 000 万元企业 5 户。

然而，在实施"八五"规划的后两年，伴随机械产品需求量的大幅减少，机械生产产品滑坡，效益下降。到 1994 年底，机械工业产值下降至 93 608 万元，亏损达 2 281.6 万元，1995 年机械工业产值更下降至 71 383 万元，亏损额升至 4 965 万元。

广东省韶关铸锻总厂："八五"时期，企业承续前期的技术改造，在引进、吸收、消化先进生产线后，自制了一批具有国际先进水平的自动生产线，以及数控机床等设备。到"八五"期末，企业固定资产原值达到 34 709 万元，净值 28 475 万元，并拥有各种设备 997 台（套）。

"八五"期间，企业先后采用新技术、新工艺 10 项，开发了 7 个系列的新产品，其中 2 个系列达到国际水平，1 个系列达到了国内先进水平。1995 年，企业新产品销售收入达 8 700 多万元，出口创汇 640 多万美元。企业主要产品包括：铸钢件、铸铁件、锻件，以及破碎机、搅拌机、切石机、钢筋弯切机等建筑机械，其中精锻件、船用集装箱

角件、大型铸钢件、破碎机和"宇航"牌吊钩等是其五大拳头产品，在国内市场有较高占有率。企业成为全国规模最大的铸锻件专业生产厂家，并入列国有大型一档企业。1994年，企业在中国普通机械制造业百家最大企业中排第29位；在中国铸造协会按行业指标评定中，企业在专业铸造行业中名列榜首。

韶关轴承厂："八五"时期国家电子机械部轴承行业100家重点企业之一，广东省轴承行业骨干厂，广东省轴承行业和韶关市机械行业第一家通过ISO9001国际质量管理体系认证的企业。

"八五"期间，企业立足于建立适应市场经济的发展目标，积极依靠科技进步，投入人力、物力及资金，大力开展产品技术研发。到1995年底，企业开发出了近30个品种，销售量超过40万套。企业生产的SZF牌汽车轮毂轴承，通过专家鉴定，一致认为产品结构紧凑，技术含量高，性能良好，填补了广东省空白，处于国内领先水平。在大规模实施汽车轴承开发的同时，企业还先后投资2 061万元，新建和扩建一批技术项目。其中，正式建成投产的项目有1 000万套车削热处理中心、从日本引进热处理生产线、车加工自动生产线，项目大大提高了全员劳动生产率。到1995年，企业完成工业总产值7 660万元，产量384.6万套，完成销售收入6 789万元，出口值5 973万元，全员劳动生产率7.3万元，利税358.4万元，其中利润160万元，除利润下降外，其余各项分别比1994年增长25.5%、15%、38.1%、55.7%、26.9%，达到了企业增产、增值、增收、扩大出口的目的。

到1995年，企业拥有12家分厂，固定资产原值达4 746.5万元，净值3 264.9万元；企业拥有国内外现代化设备398台，年轴承生产能力500万套。产品均按ISO国际标准生产，主导产品为深沟球轴承、外球面轴承和汽车轴承等，IB牌、SZF牌产品远销欧美、东南亚地区，80%以上产品供出口。其成为年创汇700万美元的外向型企业。

广东省矿山通用机械厂："八五"时期粤北地区唯一持有一、二类压力容器产品设计与制造资格的企业。时企业拥有广东省矿山通用机械厂、广东广通汽车厂、韶关正六机械有限公司、韶关市石油化工机械厂四块牌子。立足于依靠科技进步，企业大力开拓产能，并加强新产品研发，先后开发与发展出PEF破碎机系列、PEX细碎机系列、胶带输送机系列、振动筛等系列产品。在锅炉生产中，企业还引进日本先进锅炉技术，结合国家锅炉标准研发、优化而成正六锅炉系列产品，并取得国家级锅炉制造许可证，定型产品包括 0.1 吨/时 ~ 1.5 吨/时共 7 种，另有 2 吨/时和 4 吨/时两种，产品入列 795 和 796 国家级火炬计划产品，并获广东省 1996 年度优秀新产品奖。1994 年 3 月，企业被批准为国家汽车定点生产企业后，先后投资兴建了 1 万平方米的汽车生产厂房，年产 3 000 台能力的总装生产线和检测线。成品汽车以 GTQ5010×A 型厢式小汽车为主导产品，企业形成滚动发展态势，走向合作化和集团化生产经营；企业研发的破碎筛选设备，获得了较大的发展，并形成年产 1 000 台、10 000 吨的生产能力。产品主要销往广东省及国内各省，有少量出口东南亚国家。在锅炉生产方面，企业研发生产发展起来的压力容器产品，年生产能力达 5 000 吨。企业研发试制成功的铣磨机，填补了国内空白，机种主要用于高级建筑材料的磨光。

到 1995 年末，企业固定资产近亿元。除拥有设备 210 台，大型、重型、稀有设备 24 台，企业还拥有锅炉生产线一条，年产 3 000 辆汽车装配、检测生产线一条，企业生产的设备汇集了破碎筛选设备、汽车改装、锅炉、压力容器制造于一体。

广东省煤矿机械厂：企业在经历 20 世纪 80 年代改革发展后，其产品成为国家科委、建设部科技局、机械部重大装备司、国家技术监督局等单位技术评估的推荐产品，并获得国家环保局产品认定。

为适应市场经济的要求，企业调整了产品结构，淘汰传统的煤机产品，转为以 CPF 带式压滤机为主导产品。设备不仅适用于煤炭、化工、冶金、建材、食品、造纸、制药、纺织印染、矿山、石油化工等企业，同时适合于城市给排水行业的污泥（物料）的脱水，成为资源回收、环境治理的理想设备。其产品质量、技术水平居全国领先地位。产品销往全国，并有部分出口，到 1995 年，企业累计生产、销售 163 台（套），产值达 3 637 万元。除生产 CPF 带式压滤机系列产品外，企业还生产输送、气浮、曝气、排泥、搅拌，以及拦污、污水处理设备等各种非标产品。

（三）煤炭工业

进入"八五"时期，地方煤矿发展过于泛滥，管理上不去，无证办矿，争抢资源，威胁着国有矿山的安全，矿山伤亡事故频发、多发，

对行业的发展造成了极坏的影响。为此，国务院发出"立刻整顿国有矿山范围内各种小矿的意见"，结合贯彻《矿产资源法》《矿山安全法》和《乡镇煤矿安全规程》，韶关市对地方煤矿进行了全面整顿。为加强煤炭行业的管理。韶关市煤炭总公司将主要精力放在了改造矿井、办安全学习班、培训职工方面，对矿长到安全员及煤炭从业人员，实行全员培训，持证上岗，并对那些无办矿手续、安全条件不好、达不到"五消灭"的矿井予以关闭。通过数年的整顿，取得较好的效果，获得了不合规矿井关停、产量保持原有水平、伤亡事故减少的好成绩。到1995年底，全市煤矿有1 011个，年产量214万吨。

梅田矿务局："八五"时期，企业开始进入自建矿以来最困难的时期。面对煤炭产品经营的不景气，加上企业矿山资源的枯竭，企业生产遭遇了发展史上最困难的时期。面对困境，企业在煤炭生产上仍保持了较好的产量。依靠雄厚的技术力量，在大多数矿井属超级瓦斯矿井开采的情况下，企业积累了一整套瓦斯监测排放技术经验，岩巷光面爆破技术也处于领先地位。至1995年，企业累计生产优质煤炭442.15万吨，创产值31 078.86万元，并实现上缴国家税金3 252.16万元。

曲仁矿务局："八五"时期，曲仁矿务局面对地下资源储量开采逐年减少状况，在抓好企业煤炭生产的同时，开始从抓多种经营着手，采取多元化、多层次，分阶段发展策略，开辟了建筑、建材、机械、加工等10多个行业，解决煤矿富余人员的再就业问题，逐步形成了一个工、农、商、学、兵（公安）结合的综合型企业。

1991年企业矿井核定产能为100万吨/年，然而，到1995年，企业累计实际生产原煤96.95万吨，水泥核定生产能力15万吨/年，实际生产11.10万吨。到"八五"末期，企业原煤生产累计达463.92万吨，工业总产值累计56 327.83万元，亏损额达11 233.02万元，税金2 885.93万元。企业共有6个原煤生产矿和1个基建矿、4个厂队、16个公司。"八五"期间，企业新建、扩建项目投产3个：格顶矿东扩工程、综利电厂和红尾坑水泥厂。到1995年底，全矿区固定资产原值45 618.27万元，净值26 644.14万元。

坪石（南岭）矿务局："八五"时期，企业与其他煤炭企业相似，因煤炭产品经营的不景气和企业矿山资源的枯竭，原煤生产处于最为

艰难的时期。为适应市场经济的变化，企业在巩固主导产品、发展多种经营的同时，进一步加强了企业内部管理，并努力寻求发展的新路子。其间，企业建成年产 13 万吨的第一水泥厂，并对原南岭水泥厂进行了扩建，使建筑水泥生产能力由 2 万吨提高到 10 万吨，煤炭和水泥已成为矿务局企业生产的两大支柱产品。到 1995 年，企业资产总量达到 14 745 万元，其中流动资产 4 748 万元，固定资产 9 811 万元。到"八五"末期，企业属下有 3 个矿、4 个厂、6 个大公司及 5 家附属企业等 18 个二级单位，设备 1 543 台（套），其中进口设备 8 台（套）。

面对煤炭市场的不景气，企业的负债总额亦达到 11 095 万元，总负债率为 75.25%。年销售产值（按现价计）7 625 万元，现价工业总产值 7 842 万元，工业产品销售率为 97.23%。年税金 713 万元，1995年亏损 1 492 万元。

（四）能源工业

步入"八五"时期的韶关能源工业，承继"七五"时期的行业发展，在探索建立能源工业与市场经济相适应的行业体系与企业管理体制中，全市包括省、市、县三级电力企业，以及省、市属电力设备制造业，实行火、水发电与设备生产制造并举，成为广东省重要的能源工业供应基地。到"八五"末期，韶关市电力能源发电企业达 500多家。

韶关发电厂：步入"八五"时期，承续"七五"时期制定的企业发展规划，企业开始了由计划经济向市场经济的探索历程。其间，企业加大了提升产能效益的力度。1990 年 12 月，企业投产运行的 9 号机组（容量为 20 万千瓦），由省电力开发公司与韶关市、曲江县、仁化县人民政府按 5∶3∶1∶1 比例合资共同建设，机组投产后，按比例分配电力与利润。1994 年 9 月，经省人民政府批准，又将包括 5、6号（单机容量 5 万千瓦）和 8 号（容量 20 万千瓦）3 台机组，共 30万千瓦装机容量发电机组改组成中外合资企业，成立韶关发电厂有限公司。1995 年 9 月，企业又将省电力局停产下马的坪石发电厂收归企业管理。在探索、建立与市场经济相适应的现代企业管理方面，从1993 年 8 月开始，企业开展了劳动、人事、工资三项制度改革，到1995 年 3 月，经广东省电力局考核，企业通过了"三改"验收，落实"四定"工作，精简了机构，压缩了主业人员，极大地调动了员工的

劳动积极性，取得了前所未有的经济效益，创造了连续安全生产911天的纪录，创建厂以来的最好成绩。

到"八五"末期，企业固定资产原值达10.569亿元，净值为9.932亿元（不含集体企业的资产）。实现工业总产值累计达到135 476.78万元（按1990年不变价计），比"七五"期间增长113%；企业全员劳动生产率增长将近1倍，上缴税金1.897亿元。"八五"期间，企业累计发电约187亿千瓦时（不含调峰电量），发电量比"七五"时期增长36%左右。企业通过"八五"时期的建设发展，实现了由计划经济向市场经济的过渡，亦由单一的全民制企业转变为集多种经济成分的企业。

（五）电子工业

"八五"时期的韶关电子行业，是广东省电子工业生产的重要基地。行业在探索建立与市场经济相适应的企业体系中，通过积极引进CD、彩色显示器、空调机、微型电子计算机等先进生产线，从而使企业新产品的生产不断扩大。伴随产能的提升，行业电子产品生产与技术水平，以及企业的发展，亦步入快速发展轨道。

韶关计算机厂："八五"时期电子工业部计算机定点生产企业，亦是广东省首家专业从事计算机生产的企业。"八五"期间，企业积极依靠科技人才的优势，在探索、建立与市场经济相适应的企业发展管理体制中，立足于新产品的研发，从而使企业保持了与"七五"时期相对稳定的产能。其间，企业以引进关键件与国产件配套，组装生产和经营32位、64位微电脑，以研究发展软、硬件国产化为主，并研制开发其他电子产品。

到"八五"末期，企业拥有固定资产原值达1 260万元，净值660万元。各种先进的电子测量仪器以及机械加工设备共有500多台（套），企业形成了能够自成的生产体系，并具有较强的开发、试制、生产和经营能力。

韶关无线电二厂：系"八五"时期韶关市电子工业的骨干企业之一。企业在探索、建立与市场经济相适应的现代企业改革中，立足于研制和开发工矿企业使用的自动控制设备、遥控设备，以及家用电器，先后开发研制出了黑白电视机、收录机、电子玩具、铁道司控道岔遥控系统、电机车等产品，以及运输集中自动调度系统、数字化遥控、

遥测、遥调大型电子自控装置等，一系列矿山设备和自控仪器。产品被广泛运用于冶金、矿山、水利电力、选矿、化工等部门，产品畅销国内 17 个省、市。1992 年，企业与港商合作，由港商注资 300 万元，扩大企业生产规模与产能，承接日本爱华及法国汤姆逊公司的生产任务，实现年产值 6 000 万元，产品全部返销出口。

到"八五"末期，企业固定资产原值达 223 万元，净值 123 万元，拥有机械、电子等生产加工设备 200 多台。

韶关无线电三厂："八五"时期电子工业部定点生产电容器企业之一，亦是韶关电子工业骨干企业之一。承续"七五"计划时期发展，企业在探索、建立与市场经济相适应的企业经营机制中，与外商合资先后办起了亿利、丰汇两家电子有限公司，通过利用外资，引进先进生产设备，提升企业铝电解电容器、聚丙烯薄膜电容器等产品质量，到"八五"末期的 1995 年，企业拥有固定资产原值 530.5 万元，资产净值 434.7 万元，企业注册资金 257 万元。在设备方面，通过利用外资，引进生产设备 278 台（套），其中检测设备 80 台（套）。1995 年企业工业总产量 1 708 万元，上缴税金 32.6 万元，利润为 1.09 万元。企业产能达到年产 8 400 万只铝电解电容器，年产 5 400 万只聚丙烯薄膜电容器。企业主要产品包括：CD11 全系列，薄膜电容 CB11、CB12、CBB12、CL12 系列。

韶关无线电四厂："八五"时期韶关市电子工业骨干企业之一。承续"七五"时期韶关工业的改革发展，在探索、建立与市场经济相适应的企业经营机制中，企业立足于"技改"，大力引进先进生产线，提升企业产能与增加产品品种，到 1995 年，企业具备了年产收录机 10 万台的生产能力；生产各种"风采"牌单卡、双卡收录机，汽车收音机，音响设备及调频、中波、短波袖珍收音机。"八五"末期，企业固定资产原值 180 万元，净值 140 万元，拥有两条进口收录机流水生产线，以及各类无线电专用仪器、设备。

韶关无线电五厂："八五"时期，企业成为国内最大的锗检波二极管专业生产厂家，亦是韶关市电子工业骨干企业之一。承续"七五"计划时期的发展，在探索、建立与市场经济相适应的企业经营机制中，企业与港商合资，先后成立了"中强""华成"两家电子有限公司，开发企业新产品、新项目。至实施"八五"计划末期，企业形

成以锗检波二极管为主的产品系列，产品年产量达 1 亿只左右。企业固定资产原值近 1 020 万元，净值约 715 万元。

韶关无线电六厂："八五"时期韶关市电子工业骨干企业之一。企业在探索、建立与市场经济相适应的企业经营机制中，先后从美国、德国和日本等国家引进关键设备，并建立起了具有先进水平的变压器和铁氧体磁芯生产线。企业生产技术先进、检测手段齐全，实现年产电感器、变压器 600 万只，以及各种锰锌铁氧体磁芯 300 吨的企业产能。企业生产的各种变压器和电感器，软磁铁氧体的各种 U、E 型磁芯等产品，均采用国际标准组织生产，除国内配套外，全部出口。到 1995 年，企业共有 6 项产品获优质产品称号，其中 BCK - 85 - 3、BCK - 85 - 4 开关电源变压器，P - 3D、B - 3D 电源滤波器和 P - 4H 行激励变压器获得省优产品称号，P - 4H 行激励变压器还获得部优产品称号。企业生产的电子变压器、电感器，在全省电子行业率先获得生产许可证和国际标准认证，企业获得广东省电子行业质量管理先进企业称号。1995 年，企业实现工业总产值 2 765 万元，销售产值达 1 958 万元。企业拥有固定资产原值达 3 000 万元。

韶关无线电八厂：企业是"八五"时期新组建的国有电子工业企业，以生产电解电容器产品为主。"八五"期间，立足于建设与市场经济相适应的现代电子企业，企业先后从中国台湾和日本引进具有先进技术的全部生产设备生产线，企业产能达到年产 8 000 万只，产品质量一次合格率达到 90% 以上。1992 年，企业荣获全国出口产品质量保证企业称号。1995 年，企业拥有固定资产 540 多万元，产品形成了高、中、低压电解电容器全系列，产品远销中国香港、东南亚等地。

（六）建材工业

"八五"时期的韶关传统建材工业，在经历20 世纪80 年代末期全行业改革发展后，基本形成了较为完善的行业体系。企业在坚持以水泥生产为主体的基础上，通过不断扩充、拓展建材行业新材料的运用，以满足与适应建筑行业对新建材使用的要求。韶关建材业形成了大理石、花岗岩板材，以及建筑塑料、内外墙涂料、珍珠岩隔热材料等新型建材行业体系。然而，到"八五"末期，由于传统建材市场的不景气，行业生产开始出现亏损。

广东省黄岗水泥厂："八五"时期韶关市建材行业的骨干企业之

一。承续 80 年代末期的企业发展，立足于企业产能扩大目标，1993、1994 年，企业分别扩建了两条 10 万吨立窑水泥生产线，实现工业总产值达 4 939 万元，创利税 920 万元。依靠科技进步，企业还与多家高等院校建立了技术合作关系，聘请知名专家教授充当企业技术顾问，从而使企业产品质量不断提高。企业生产的"裕立"牌 425 型普硅水泥，出厂合格率达 100%，产品主要销往珠江三角洲，企业被国家质量技术监管部门认定为产品质量可靠企业。到"八五"末期的 1995 年，企业年工业总产值上升至 5 190 万元，创利税 256 万元。受水泥市场不景气影响，企业利税大幅度下降。

（七）森林工业

"八五"时期的韶关森林工业，仍然保持着韶关传统工业大宗的发展态势。伴随国家林木管理政策与市场的逐步放开，全行业初步形成了板材、造纸、林产化工、防水地板、竹木家具和工艺品等综合利用的生产系列。行业在探索、建立与市场经济相适应的企业管理机制中，逐步走向了兴盛发展。

广东省韶关木材厂："八五"时期广东省属木材综合加工业骨干企业之一，亦是韶关市林木加工业龙头企业。企业立足于调整产品结构和提升企业产能与效益，先期投资 200 万元，用于企业新增胶合板配套生产设施，使企业各类胶合板生产能力达到年产 10 000 立方米；此后，再投资 30 万元，用于完善"七五"期间纤维板生产线改造收尾工程，从而使企业纤维板双机双线生产能力达到年产 6 000 立方米的设计要求；后再投资 40 万元，用于提升企业的胶料生产能力，在此期间企业还成功地试制出了酚醛胶及具有防水性能的改性脲醛胶。到 1995 年，企业生产主要产品包括胶合板、纤维板、胶料等；实现工业总产值达 7 305.17 万元，比 1990 年增长 200.4%。其中，完成纤维板产量累计 17 923 立方米，胶合板产量累计 15 655 立方米，胶料产量累计 2 717 吨，企业经营木材达 169 738 立方米。到"八五"末期，企业拥有固定资产原值达 6 985 万元，净值 5 695 万元。

韶关刨花板厂："八五"时期韶关市属国营木材加工业骨干企业之一。企业立足于探索、建立与市场经济相适应的经营机制，积极发展、提升企业产能与产量。1995 年，企业生产刨花板达 2 829.5 万立方米，达到了企业历史的最高水平。在实施"八五"计划的五年中，

企业生产刨花板产量累计达 11 976.6 万立方米，实现工业总产值 16 111万元；利税达 2 588 万元，上缴税金 1 438 万元，企业利润 1 150 万元。企业拥有固定资产原值 642 万美元（进口设备资产价值）和 490 万元人民币（国产设备资产价值）。1995 年，企业被国家林业部评为达产达标先进单位。（图 4 - 2）

图 4 - 2　韶关刨花板厂生产车间

金韶家具有限公司：企业是"七五"末期韶关刨花板厂与香港金田木业机械有限公司合资经营的中外合作企业之一。于 1989 年创办，注册资金 200 万美元。1990 年试产，1991 年投产。

企业租用刨花板厂生产厂房 28 060 平方米进行生产经营。在生产设备方面，企业拥有国际先进家具生产设备 80 台（套）。主要生产产品包括：名贵薄木饰面拆装各式系列；茶几、实木结构玻璃面各式系列；茶几、实木餐台餐椅、套房家具，以及地柜、电视柜、酒柜、办公家具、宾馆家具等。在产品销售方面，企业具有直接进出口权。产品外销，兼顾内销，外销产品以茶几为主，包括企业生产的 3000 - 3、3100B - 3、1700 - 3、114 系列、768 系列等，外销出口到美国、加拿大、欧洲以及中国港澳地区；内销产品面向全国，并在各省大中城市设置销售网点。到 1995 年，企业拥有固定资产原值达 980 万元人民币，净值 659 万元人民币。企业完成产品产量 34 100 件，实现工业总产值 1 270 万元，上缴税金 35.62 万元，实现利润 80.78 万元。

韶关胶合板厂："八五"时期的韶关市属国营大型木材加工业骨

干企业之一。企业拥有固定资产原值 3 790 万元、净值 3 388 万元。企业立足于探索、建立与市场经济相适应的经营机制，提升企业产能与产量，积极依靠科技进步，大力引进国内外先进生产技术与设备。到 1995 年底，企业拥有各类现代化生产胶合板设备 103 套，年生产胶合板能力达 1.7 万立方米，其中细木工板 7 000 立方米。到"八五"末期，企业合计生产胶合板 1.76 万立方米，完成工业总产值达 4 575 万元，上缴利税 142 万元。

（八）纺织工业

"八五"时期的韶关纺织工业行业，纺纱业能力占据了广东省纺纱产量的三分之一，并形成了包括纺织、印染，以及服装加工的工业配套，是广东省纺织工业基地之一。承续"七五"时期的工业发展，行业坚持立足于依靠科技进步，积极引进、采用先进棉纺、织布、针织、印染和服装生产设备与技术，形成了完整的纺、织、印染、服装生产加工配套的纺织工业体系，具有生产加工各类高、中、低档纺织产品的能力，成为韶关市工业支柱和产品出口创汇主要行业之一。时隶属韶关市纺织工业总公司的企业包括：韶关第一棉纺织厂、韶关第二纺织总厂、韶关纺织印染总厂、韶关织布厂、韶关毛巾厂、韶关景发针织服装厂、韶关袜厂，以及韶关帆布厂、韶关捻线厂等 9 家国营企业。

在实施"八五"计划的五年中，行业共投入企业"技改"项目资金 8 319 万元，完成"技改"项目 5 项。到"八五"末期，韶关纺织工业企业形成的生产能力包括：年产各类纱、线 21 600 吨；布 3 170 万米；毛纱 1 400 吨；毛衫 58 万件；针棉织品（含各类毛巾、针织品）折用纱量 9 400 吨；袜子 900 万双；印染布 2 500 万米；服装 50 万件等。

在新研发的纺织新产品方面，行业拥有"霞山"牌印花布等 3 个部优产品；有"群岭"牌精梳 29TE×纯棉纱、"北江"牌 58TE×气流纱等 5 个省优秀新产品。另有韶关第一棉纺织厂 40S×2 纯涤纶股线被评为省轻纺行业名牌产品。到"八五"末期，全市纺织行业产品远销欧美、东南亚等十几个国家和我国港澳地区，产品出口交货值年超 1.5 亿元，成为韶关市出口产品最多的行业之一。韶关第一棉纺织厂、韶关第二纺织总厂、韶关织布厂、韶关毛巾厂、韶关纺织印染总厂等

企业，成为出口创汇超 100 万美元企业。1995 年，韶关第一棉纺织厂、韶关织布厂被省、市相关部门授予企业技术进步先进单位、省先进企业、韶关市产品可靠企业等称号。1995 年，韶关纺织工业企业累计完成各类纱线 63 088 吨、布 7 576 万米、印染布 7 482 吨；针棉织品（含各类毛巾、针织品）折用纱量 14 941 吨；针织用丝 174 吨；服装 197 万件。累计完成工业总产值 181 005 万元，出口交货值 883 814 万元，上缴税金 4 404 万元。

韶关纺织印染总厂：1988 年通过企业重组而组建的集纺、织、印染、制衣为一体的市属国有企业集团。企业辖有韶关印染厂、韶关明华纺织厂、韶关明美制衣厂、韶关新伟印染厂有限公司（中外合资）、柬埔寨金韶集团有限公司等。重组后的企业，拥有从我国香港以及德国、意大利、日本等地引进的连轧机、印花机、联合退煮机、门富士拉幅机、丝光机各 1 台，织布机 259 台、棉纺细纱机 1.5 万锭、缝纫机 60 台等设备，形成了年产纯棉、涤棉染色布 600 万米，印花布 960 万米，坯布 400 万米，棉纱 2 200 吨，服装 5 万件（套）的产能规模。到 1995 年，企业拥有固定资产原值达 17 021 万元、净值为 14 917 万元。

韶关景发针织制衣厂："八五"时期韶关市属地方国营纺织工业骨干企业之一。企业拥有固定资产原值 4 351 万元（重估值），净值 2 527 万元。拥有从织布、染整到成衣的整套生产设备，计有针织机 142 台、缝纫机 200 台（套）、染色机 15 台、后整理机 5 台（套）。设备先进，技术力量雄厚，年生产针织服装 800 万件。主要产品包括棉毛衫裤、汗衫背心、绒布产品，涤棉交织、色织运动服等，质量达到或超过国内同行业水平。

1992 年 6 月，经市政府批准，企业由韶关纺织印染总厂承包，期限 3 年，企业更名为韶关明新针织厂。到 1995 年承包期满，企业累计完成工业总产值 12 706 万元，税金 310 万元，利润亏损 1 593 万元。1996 年初，企业由纺织工业总公司收回，聘任新法人代表，改名为韶关景发针织制衣厂。

韶关第一棉纺织厂："八五"时期成为韶关市纺织工业一家集纺纱、织布、制衣为一体的综合实体企业。时企业有纱锭 5.5 万锭，气流纺 1 104 头，线锭 2.8 万锭，喷气织机 120 台，制衣制备 230 台。年生产能力：棉纱 10 000 吨，涤纶缝纫线 4 000 吨，棉坯布 1 200 万米，服装 20 万套，产品 80% 以上出口外销。企业年产值 1.5 亿元，销售收入 2 亿元，出口创汇 500 万美元。产品主要包括：棉纱、混纺纱、精梳纱、普梳纱、OE 纱、氨纶纱；纯棉线、涤纶线、缝纫线；各种牛仔布、弹力橡筋布、羽绒布、色织布、针织布；时装、西装、T 恤、羽绒服等。产品远销港澳及东南亚和欧美市场。

"八五"期间，企业共投资 8 000 万元进行技术改造。经过技术改造的企业，产品质量、花色品种、技术装备都上了一个档次，技术水平处于国内同行前列，涤纶线为广东省名牌产品，高档纯棉坯布以其花色品种多、质量好处于国内同行之首。1993 年企业先后引进日本丰田喷气织布机 120 台，成为企业生产主要效益的支柱。1994 年企业被列为广东省百家技术先进跟踪企业之一。

韶关第二纺织总厂：1989 年韶关市纺织工业企业重组，由原韶关第二棉纺厂与韶关第二针织厂组成企业集团。时企业拥有从德国、瑞士引进的 2.4 万锭棉纺锭；意大利气流纺机；意大利、法国、波兰粗精毛纺 4 800 绽；日本、韩国针织大圆机 11 台；台湾横织机 250 台（套）。企业拥有固定资产达 3.3 亿元；可年产纯棉、纯化纤和混纺普精梳纱线 9 000 吨，针织坯布 5 000 吨，毛纱线 950 吨，棉毛衫背心 350 万件；是集棉毛纺、针织、印染、制衣于一体的综合外向型企业。1992 年 8 月经国务院生产办公室批准，企业被评为纺织行业大二型企业，跻身于我国大型企业之列。

"八五"期间，企业生产产品包括：各类纯棉纱、线；涤棉和纯涤纱线；单面、双面、螺纹、卫衣针织坯布；色纱、色布；针织成衣等棉纺产品和各类羊毛纱、兔羊毛纱、腈纶、雪兰毛纱线、精纺针织绒线；精粗纺羊毛衫等毛纺产品。产品畅销各省市和港澳地区，远销欧美、东南亚。到 1995 年末，企业实现工业总产值 10 090.87 万元，销售收入达 6 553.17 万元。企业连续多年荣获广东省创汇超百万美元企业、广东省出口创汇优秀企业、省市先进企业等称号。

韶关织布厂：系"八五"时期韶关纺织工业织布行业骨干企业，韶关纺织业的一间中型织布厂。企业于 1987 年组建成立韶裕染织有限公司，1992 年再次组建成立韶关织达纺织有限公司。时企业拥有各类进口先进织布设备 400 台（套），固定资产原值达 6 000 多万元，有浆

染、漂染、后整理等一条龙配套设备。拥有三大类产品数十个品种，主要产品包括各类纯棉布、涤棉布、麻棉布、人棉布、印地科牛仔布、青年布、色织布、弹力布等。年生产能力达到 750 多万米，年出口量占总产量 95%，产品远销美洲、欧洲、非洲。从 1991 年至 1995 年，企业生产各类布 3 000 多万米，创汇 3 000 多万美元，实现工业总产值 14 991.13 万元，税金 182.8 万元，利润达 315.8 万元。

韶关毛巾厂："八五"时期韶关市纺织业毛巾生产大户。时企业拥有 20 世纪 90 年代先进水平的德国喷气织机 8 台（套），后通过投入 875 万元进行企业技术改造，企业产能有了大幅度的提高。时企业拥有 168 台毛巾织机，形成了以毛巾系列产品为主的外向型国有企业。企业固定资产值 2 100 万元。到"八五"中期，企业生产累计完成产量毛巾 3 226 吨，产值 6 588 万元，实现税金 353 万元。在产品品种上，企业生产印花毛巾、彩条毛巾、提花毛巾、断档毛巾、绣花毛巾、割茸毛巾、螺旋毛巾等各种规格系列毛巾，其中 206、202"青松"牌毛巾荣获部优产品称号，9833 印花毛巾等多个产品获省纺织行业"四新"奖，产品除销售国内市场外，还出口销往欧美、东南亚等地区，出口创汇超 1 000 万美元，是广东省毛巾行业的骨干企业。到"八五"后期，由于污染严重，企业逐步处于半停产、停产状态，企业效益呈现下滑趋势。

韶关帆布厂："八五"时期，全省唯一一家专业生产工业、民用帆布的国有老企业，韶关市纺织工业行业骨干企业。企业立足于建立与市场经济相适应的发展机制，瞄准市场，不断努力提升企业产能和开发新产品。到 1995 年，企业形成了生产轻、中、重型三大类 30 多个品种规格的工业、民用帆布，劳保手套，车、船码头遮盖篷布等帆布制品，为全省制鞋、制衣、箱包、帆革制品厂家和公路、铁路运输部门及建材单位提供帆布、坯布和帆布制品。到"八五"末期，企业拥有各类帆布织机 96 台和捻线、拼线、穿纬、整经等设备 30 台（套），年生产能力达到 350 万米。企业固定资产原值 302 万元，净值 199 万元。"八五"期间，企业实现工业总产值 4 835 万元（按 1990 年不变价计），上缴税金 124 万元，各种帆布生产总产量为 958 万米。

（九）医药工业

"八五"时期，韶关医药工业行业拥有制药企业 11 家，以生产抗

菌素和中成药为主，针、剂、散、片、丸药生产配套，是广东省最大的药源生产基地。立足于探索、建立与市场经济相适应现代企业发展机制，全市形成了由韶关市医药工业总公司直辖的韶关利民制药厂、广东省医疗器械厂、韶关制药厂、韶关中药厂4家生产企业，以及1家联营单位（广东省血站）与韶关药业集团公司。

20世纪90年代初期，韶关医药工业发展承续"七五"规划改革发展，确定了韶关医药企业改革着重抓三个方面进行改革：一是改革劳动用工制度，实行劳动合同制，打破固定用工制，按劳动合同明确规定企业与职工双方的责任、权利和义务。二是组建企业集团，理顺管理体制。1992年11月，经市政府批准，把原市区6个医药商业公司联合组建成韶关药业集团公司，下属各企业对内部机构设置进行调整，理顺劳动关系，明确责任、权利、义务。三是改革分配制度，转变经营机制。到"八五"末期的1995年，韶关医药工业完成总产值13 373万元，实现利税582.7万元。

韶关中药厂："八五"时期韶关市医药工业行业骨干企业之一，也是粤北地区重点中成药生产企业。时企业拥有固定资产原值618.8万元，净值347.4万元，主要生产设备130台（套）。企业生产工艺完善，产品质量稳定，能生产片剂、糖浆剂、酊水剂、冲剂、大蜜丸、小丸、胶囊剂、散剂等80多个品种，年产量约600吨。虎杖片、甘木通片为企业独家研究开发生产的产品，获列国家医药生产名录，是企业医药生产拳头产品。1995年企业与广州创新有限公司开展合作经营。

韶关制药厂："八五"时期韶关市医药工业行业骨干企业，也是国家重点生产抗生素类药物的厂家之一，广东省医药原料生产和出口基地。时企业配套有年产土霉素碱400吨和200吨生产线，年产5亿片片剂生产线，年产5 000万支粉针剂盒生产线，年产400万人份鼻咽癌免疫测定试剂盒生产线，年产1.8亿只口服液瓶用易刺穿铝盖设备6台（套）。到1995年，企业拥有机器设备670台（套），包括供水、供电、冷冻、压缩空气、蒸汽等系统的配套机器设备。企业总有固定资产原值达4 621万元，净值4 052万元。

企业生产的主要产品，以"凤采"牌注册商标为主体，包括抗生素医药原料、粉针剂、片剂、生化制剂和保健口服液等5类27个品

种，口服液瓶采用易刺穿铝盖包装材料。其中，主导产品土霉素碱按国际标准生产，是省优产品，于1992年6月通过美国FDA验证。80%产品提供出口，销往欧美和东南亚等地。经广东省人民政府批准，企业享有自营进出口权。

韶关利民制药厂："八五"时期广东省属医药工业骨干企业，国家统计局确认为中国最大的五百家医药工业企业之一。时企业拥有输液、片剂、针剂、原料4个制药车间，1个辅助车间，以及医药研究所和中心检验室，是广东省内综合性制药骨干企业。企业水、电、气、冷冻系统齐全，有各类生产设备1 273台。固定资产原值3 025万元，净值2 215万元。企业生产主要产品包括：输液、合成原料药、片剂、针剂、胶囊剂、冲剂、抗生素以及天然食用色素等185个品种。其中，氨基酸输液系列、防治心脑血管病药物系列是企业主导产品。企业的原料药年生产能力达40吨以上，品种主要有脑益嗪原料、川芎嗪原料；大输液年生产能力1 000万瓶，生产品种包括17种3%氨基酸、18种氨基酸、3.04%氨基酸等三大氨基酸系列；片剂（包括胶囊剂）年生产能力10亿片，生产品种112个，包括国内、省创、独创新药：利脉胶囊、当归素片、脑力隆胶囊、磷酸川芎嗪片等；针剂年生产能力1亿支，主要生产血栓通针、磷酸川芎嗪针、板蓝根针等品种31个。到1995年，企业完成工业总产值7 712万元，销售收入6 256万元，实现利税405万元，全员劳动生产率实现12万元。

广东省医疗器械厂（广东省环境保护仪器设备厂）："八五"时期，企业下设培养箱分厂、机械修造分厂、电镀中心、电脑冷气工程公司，隶属韶关市医药联合总公司。企业固定资产原值600万元，净值330万元。企业拥有设备93台（套），生产产品以培养箱系列为主，年生产能力3 000台。

"八五"期间，企业先后开发了250Z振荡培养箱、COD消解装置、蔬菜保鲜柜、低温培养箱、电脑型培养箱、霉菌培养箱和电热恒温干燥箱等产品。其中，培养箱系列产品是国内首创、唯一的部优产品。产品销往全国各省市，以质量稳定、信誉好、售后服务佳，在国内同类产品的销售中独占鳌头，在国内外有关项目的招标中多次中标，企业被省、市授予产品质量可靠企业、优质服务先进企业的光荣称号。

企业机械修造分厂，以生产卷烟机配件为主，生产近300种产品，

产值、销售近 300 万元。企业电镀中心，是"八五"期间与香港宏川五金表业有限公司合资成立的企业，主要生产经营电镀、五金工艺制品、钟表及其零配件。除上述企业，还有与红星工艺公司合资成立的韶关中日热镀锌有限公司等企业。

（十）化学工业

步入"八五"时期的韶关化学工业，共有省、市所属化工企业 74 家，主要生产硫酸、化肥、无机酸、碱等。

韶关合成氨厂："八五"时期粤北化肥行业的龙头骨干企业，国有中二型企业。企业固定资产原值 6 057 万元，净值 3 930 万元。拥有年产 3.5 万吨合成氨生产设备 1 套，年产 4 万吨尿素生产设备 1 套，以及 3 000 千瓦时热电站 1 座。企业生产产品包括尿素、碳酸氢铵、液体氨等。其还是韶关市区民用管道煤气气源厂。

在"八五"期间，企业曾因生产亏损一度陷入停产、半停产状态。为扭转企业亏损，1992 年，在省、市两级政府的扶持下，企业对合成氨生产系统进行了扩大产能，以及生产工艺流程节能、降耗改造，并新增年产 4 万吨尿素生产线；是年 10 月，生产线试产成功；在省、市政府的帮助下，再进行了企业内部管理深化改革。至 1995 年，企业一举摘掉了连续 3 年亏损的"帽子"，创下企业自建厂以来最高纪录，年产合成氨 28 247 吨，实现企业利税 8.15 万元。工业总产值达到 3 375.94 万元，比 1990 年增长 42.51%。其中，碳酸氢铵产量 96 426 吨，比 1990 年增加 15.37%。

韶关日用化工厂："八五"时期韶关市化工行业传统产业骨干企业之一。依靠科技进步，企业在步入"八五"期间，不断研发新产品，提升企业产能与产品质量。到 1992 年，企业先后研制开发出蛋白珍斑霜、丝素防皱膏等新产品，其中丝素防皱膏荣获广东省一轻工业厅优秀新产品称号。1995 年，企业新增年产万吨洗衣粉生产线，使企业产能得到进一步的提升。到 1995 年，企业实现年工业总产值 1 227 万元（按 1990 年不变价计），实现销售收入 1 215 万元，利税达 38.52 万元。企业年产能实现：肥皂产量 9 000 吨，合成洗涤剂产量 7 000 吨，其中洗衣粉产量达 6 000 吨。企业固定资产原值 485 万元，净值 289 万元。至"八五"末期，企业累计完成工业总产值 3 944 万元，销售收入达 3 878 万元，实现利税总额 263.42 万元。

图 4 – 3　20 世纪 90 年代韶关日用化工厂的各种洗涤产品

　　韶关电化厂：“八五”时期韶关市化工行业骨干企业之一，也是粤北地区基本化工原料生产供应企业。时企业拥有固定资产原值 1 887 万元，净值 1 185 万元。产品生产包括烧碱、液氯、食品盐酸、副产盐酸、氯化石蜡 – 42、发泡剂 ADC、锑酸钠、氯化钙、次氯酸钠 9 个氯碱产品系列。企业拥有年产万吨烧碱、年产 8 000 吨食品盐酸、年产 25 吨氯化石蜡、年产 800 吨 ADC 发泡剂的能力。

　　“八五”初期的企业，为全市化工亏损企业之一。通过实施企业内部管理改革，企业重新焕发出生机。到 1995 年，企业实现工业总产值 2 650.5 万元（按 1990 年不变价计），上缴税金 112.2 万元。生产烧碱 5 544 吨，盐酸 7 383 吨，液氯 1 411 吨，氯化石蜡 14 444 吨，发泡剂 ADC409 吨。“蓓蕾”牌液体烧碱、液氯、盐酸、氯化石蜡 – 42 等 4 个产品获市优质产品称号，锑酸钠获省优质产品称号，液氯通过了国家级检验。

　　韶关钛白粉厂：“八五”时期韶关市化工行业龙头企业。时企业拥有固定资产原值 1 391 万元，净值 869.6 万元。企业拥有专业生产

设备 340 台（套），钛白粉生产能力为 3 500 吨/年，配有先进的检测手段。"八五"期间，企业投资 200 多万元，先后为颜料钛白粉配套设计安装了雷蒙磨、钛薄膜浓缩器、15 万大卡冰机系统以及进口检测仪器等。

1992 年，企业获化工部首批颁发的钛白粉生产许可证。1995 年，国家涂料质量监督检验中心抽检企业 CTA－100 颜料钛白粉，各项性能指标均达标准要求，企业生产的"风采"牌产品包括搪瓷钛白粉、颜料钛白粉、三氧化二钪和工业硫酸亚铁（青矾）等，远销国内外，享誉欧美、东南亚等地。到"八五"末期，企业出口搪瓷钛白粉 1 417 吨，其中 1995 年出口 365 吨。1995 年钛白粉产量 2 800 吨，比 1990 年增长了 28%；产值 2 348 万元，比 1990 年增长了 33.76%；实现利税 165 万元，其中利润 3 万元；全员劳动生产率达 53 213 元，比 1990 年增长了 82.6%。

韶关化工厂："八五"时期广东省主要的化肥生产厂家之一。时企业具有年产 5 万吨工业硫酸、12 万吨普通过磷酸钙、1 万吨复混肥、180 吨氟硅酸钠（各 1 套）的设备能力，另有年产 1 700 吨 CTA－100 颜料钛白粉设备 1 套。"八五"期间，企业坚持依靠科技进步，通过引进外资、与台商合资，新建了钛白粉车间，加快了硫酸、磷肥的技术改造。1995 年，企业进行硫酸生产"技改"且发挥效益，实现当年设计、当年施工、当年投产，硫酸生产能力比原来增加 5 000 吨。企业固定资产原值达 2 127.55 万元，其中净值达 1 174.76 万元。到 1995 年，企业实现产值 3 378.63 万元，比 1990 年增长 47.15%；上缴税金 80.76 万元，比 1990 年增长 229.63%。企业全年生产硫酸 35 044 吨，磷肥 82 558 吨，复混肥 7 838 吨。同年，企业开始全面实行全员劳动合同制，迈开企业管理改革的步伐。

韶关电石厂："八五"时期韶关市属化工行业骨干企业之一，也是韶关工业行业老旧化工企业。企业在步入 20 世纪 80 年代后，通过不断进行"技改"，加快企业产能提升改造。实施"八五"计划后，企业年产能为电石 6 500 吨、溶解乙炔 34 万立方米、工业气态氧（含工业用气态氮）30 万立方米。到 1995 年末，经历改造后的企业，拥有固定资产原值 925.32 万元，净值 622.25 万元。有矿热炉 1 台，其他专业生产设备 169 台；主要产品包括电石、溶解乙炔、工业用气态

氧（含工业用气态氮）等。"八五"期间，企业生产电石达到 1.37 万吨，溶解乙炔 109.4 万立方米，工业用气态氧（氮）25.8 万立方米，工业总产值 3 132 万元，上缴税金 407.4 万元。

韶关橡胶厂："八五"时期韶关市化工行业骨干企业之一。其间，企业自筹资金 265 万元，用于锅炉配套改造，以及布面胶鞋、运输皮带、翻新轮胎等产品的技术改造和扩大再生产。到"八五"末期，企业年产值达到 2 000 万元。固定资产原值达 607 万元，净值 322 万元。企业生产的各种运输皮带、各类胶管、布面胶鞋、翻新轮胎、汽车内胎以及多种橡胶制品，行销广东省及江西、湖南等地。

到 1995 年，企业共有 7 个生产车间，另有橡胶制品供销公司、服务公司、帝豪大酒楼等独立核算单位。是年，企业完成工业总产值 851 万元，其中，生产汽车内胎 3.7 万条，运输皮带 5.91 万平方米，各类胶管 4.5 万标米，布面胶鞋 49 万双。尽管在激烈的市场竞争中，企业获得了一定的发展，然而，由于企业生产技术、经营的滞后，企业生产亏损额亦达 25 万元。

（十一）食品、轻工行业

进入"八五"时期的韶关食品工业行业得到全面发展，尤其以利用地方特产资源开发的新企业、新产品，推动了全市食品行业的拓展。利用地方优质矿泉水和地方特产为原料，生产啤酒、矿泉水、猕猴桃汁、马蹄爽、金银花茶等饮料，以及面食、糖果、饼食等，是"八五"期间食品行业发展最为突出的特征。

韶关啤酒厂（广东活力股份有限公司）："八五"时期韶关市食品行业龙头企业。在"八五"初期，企业拥有固定资产原值 13 384 万元，其中固定资产净值 12 038 万元。到"八五"期间，企业投资 2 538 万元，先后引进德国克朗斯 90 型旋转贴标机 1 台，英国啤酒酵母回收设备 1 台，意大利全自动桶装鲜啤生产线、5 000 吨易拉罐啤酒生产线；在深圳新建 1 间微型啤酒公司。到 1995 年，企业共有设备 136 台（套），年产能力 5 万吨。在实施"八五"计划的五年中，企业累计生产啤酒 134 699 吨，实现工业产值 16 344 万元（按 1990 年不变价计），销售收入 27 139 万元，利税总额 7 392.57 万元。其中 1995 年工业总产值完成 4 594 万元（按 1990 年不变价计），销售收入 9 028 万元，实现利税 2 543.93 万元。

"八五"期间，企业生产啤酒产品，先后荣获多项荣誉与奖项。其中，1991年十二度活力啤酒被轻工部评为优质产品，获广东省食品科技进步奖；1992年韶关啤酒厂被选定为省级放开经营转换机制综合改革试点企业之一；1993年11月成立广东活力股份有限公司；1994年被列入广东省250家企业之一，进行现代企业制度改革。

韶关市火柴厂："八五"时期韶关市传统老工业行业企业之一。行业伴随传统火柴使用率的逐步降低，企业产业发展亦走向了没落。"八五"初期，企业拥有固定资产原值411万元，固定资产净值仅有258万元，并逐年递减。企业年生产火柴8 000件。到1995年，企业实现工业总产值230万元（按1990年不变价计），销售收入271万元，利税总额－43.61万元。"八五"期间，企业累计生产火柴38万件，完成工业总产值1 710万元（按1990年不变价计），销售收入1 833万元，利税总额－15.64万元。

韶关市新华印刷厂："八五"时期韶关市印刷工业行业骨干企业之一。时企业总占地面积4.08万平方米，厂房使用面积2.4万千方米。"八五"期末，拥有固定资产原值1 469万元，固定资产净值1 012万元。生产能力：印刷52 256令纸，796 320色令纸。1995年实现工业总产值3 168万元（按1990年不变价计），销售收入2 725万元，实现利税143.38万元。"八五"期间累计完成工业总产值11 096万元（按1990年不变价计），销售收入9 393万元，利税总额488.5万元。1993、1994、1995年书刊印刷在全国同行业质量评比中连续3年被评为优质产品。

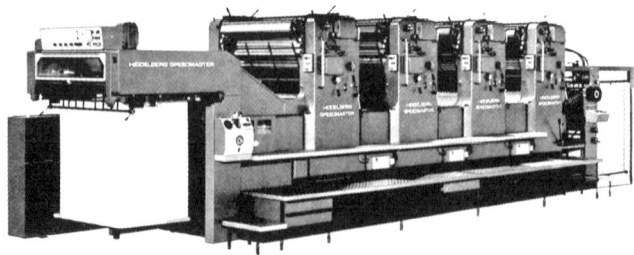

图4-4　粤北印刷厂引进德国海德堡102V对开四色胶印机

韶关市粤北印刷厂："八五"时期韶关市印刷行业骨干企业之一。时企业总占地面积7.5万平方米，厂房占地面积3.2万平方米，生活

区占地面积 4.3 万平方米。"八五"期末，拥有固定资产原值 1 338 万元，固定资产净值 924 万元。主要设备有：双面单色平版胶印机 1 台，四色以上平版胶印机 2 合，双色平版胶印机 2 台，单色平版胶印机 3 台，骑马联动订书机 1 台，激光照版系统一套等 23 台（套）。年生产能力：印刷 89 251 令纸，249 780 色令纸。1995 年实现工业总产值 2 308 万元（按 1990 年不变价计），销售收入 1 796 万元，实现利税 45.02 万元。"八五"期间累计完成工业总产值 10 322 万元（按 1990 年不变价计），销售收入 9 627 万元，利税总额 479.22 万元。1991 年荣获省级先进企业称号。

第二节　"九五"期间韶关工业行业发展

一、工业发展概况

"九五"时期的韶关市工业行业，伴随国际、国内环境的深刻变化，为适应全球化经济发展趋势，抵御和减少因东南亚金融危机造成的直接或间接的影响，改变国内市场发生的通货紧缩与需求不足、供给结构水平低下所造成的企业生存和经营环境更趋于艰难的状态，全市工业战线通过开拓市场，调整结构，推动技术进步，狠抓内部管理和企业改革等措施，求发展、促效益，确保了全市工业经济保持稳步有效的增长势头。

在国有企业改革方面，"九五"期间，韶关市先后出台了《关于进一步搞活国有企业的决定》《关于深化国有企业改革的决定》等多个文件，并连续多年在市属 100 多家国营企业派出工作组，通过一系列举措，推进国有企业的解困与改革。在具体措施上，主要采取了以下七项脱困改革：

（1）进行了重整债务、重建机制的改革探索。全市共有 28 家企业通过重整债务、重建机制的办法，盘活资产 13 亿元，处理好债务 15 亿元，从而获得生机。

（2）积极稳定地推进建立现代企业制度试点。列入省现代企业制度试点的 6 户企业，建立现代企业制度工作取得阶段性成果。

（3）积极培育、扶持、发展大企业集团。成功组织韶能和韶钢松山公司上市，融资总额达 21 亿多元，促进企业的发展壮大，帮助韶铸集团完成债转股 5 000 多万元，使之形成投资多元化的企业集团。广东活力股份有限公司（韶关啤酒厂）和丽珠集团利民制药厂通过引进外资嫁接改造，实力得到较大增强。

（4）全面推进国有中小企业放开搞活。截至目前，全市 410 家独立核算企业采用联合兼并、股份制改造、承包经营等十多种形式进行改革、改组和改造，已完成 77%。

（5）精心组织打好三年改革与脱困的攻坚战，列入省考核的 23 家亏损企业全部实现脱困或减亏的目标。

（6）社会保障体制改革等各项综合配套改革得到推进和深化。

（7）行政性工业总公司转制工作取得进展，新世纪公司与纺织工业总公司先后转制为有限公司。

通过以上各项工作的深入推进，国有及国有控股工业企业呈现出生产稳定增长、效益明显回升的良好势头，各国有企业发生以下四大变化：

第一，国企改革三年脱困的两大目标基本实现。统计数据显示：2000 年前国有及国有控股工业企业实现利润 28 081 万元，比 1999 年减少 6 683 万元，减幅 19.2%；盈利企业盈利额 105 147 万元，比 1999 年减少 4 511 万元，减少 4.1%；亏损企业亏损额 38 865 万元，比 1999 年下降 27.4%。亏损企业 105 家，亏损企业所占的比重已经由 1997 年 49% 降为 31.6%，基本实现目标。

第二，国企走出低谷，效益明显回升。1995 年以前，全市盈亏相抵为净利润。从 1996 年起国企首次出现盈亏相抵净亏损，1997、1998 年利润继续为负数。直到 1999 年，国企经济效益才开始走出低谷，当年实现利税 148 808 万元，2000 年实现利税 143 471 万元，比上年减少 3.6%。国企利润曲线明显回升的同时，亏损企业亏损额直线下降：1999 年比 1998 年减亏 9 155 万元；2000 年亏损额 28 962 万元，比 1999 年减亏 14 216 万元、32.9%。

第三，重点行业脱困成效显著。煤炭、纺织、制糖行业重点脱困，脱困工作取得决定性进展。全市关闭了一批小煤矿，压减矿井 449 处。

2000年煤炭行业比1999年同期减亏258万元；纺织行业抓住国家纺织压锭这一机遇，压减落后棉纺锭5.8万锭，减亏1 038万元；制糖行业对长期亏损的曲江糖厂实施破产，压减生产能力10 000吨/年，使制糖业大幅减亏。

第四，大中型企业扭亏见效，基本脱困。2000年大型企业利润达82 304万元，同比增长12.6%。重点扭亏的中型企业虽然盈亏相抵后为净亏损13 514万元，但与上年相比，减亏近四成，扭亏明显。

到2000年，全市重点考核的市属23家国有大中型工业亏损企业中，有13户通过破产、重组、兼并、转制等各种形式脱困或扭亏为盈，有7户企业得到大幅减亏，脱困或减亏面达87%。列入国家和省重点考核的企业有5家脱困，1家减亏，脱困（减亏）率达100%。2000年，全市工业不变价总产值为214.78亿元，产值平均增10.6%，虽然比"八五"期间回落2.2百分点，但运行相对平稳，没有大起大落。与此同时，工业经济效益下滑的趋势得到有效遏制，并逐步趋向好转，全市综合经济效益的指数为101.92，比1995年提高4.59百分点。

（一）调整工业结构

"九五"期间，韶关市工业结构调整坚持遵循"以改革促调整，以调整求发展"的思路进行。

扶持发展12户重点骨干企业，使之成为韶关市工业经济发展的支撑点、财政收入支柱企业。2000年，12户重点骨干企业实现工业总产值65.9亿元，占全市的38.3%。实现税收占韶关市财政收入七成五以上。

大力发展非公有制经济。"九五"期间，韶关市将大力发展民营经济，作为增加全市经济总量、调整结构的一条重要途径。个体、民营工业经济以年均22.7%的速度增长。

通过利用国家政策，进行优化资本结构调整。1997年，韶关市被国家确定为111个优化资本结构全国试点城市之一。对包括中央，以及省属、市属20家企业实施了破产、兼并，处理债务17.6亿元，其中核销银行呆坏账7.87亿元，盘活国有资产18亿元，使13.8亿元有效资产向支柱产业和优势企业集中。

引进一批高新技术企业，淘汰落后传统产业。"九五"期间，先后引进了松日集团、丽珠得乐集团，以及（乳源）裕东实业公司、（始兴）微型马达公司、风华高科集团等一批高新技术企业和项目，极大地促进了韶关市工业产业结构的升级。到 2000 年，全市技术密集型工业企业所占比重接近 30%。与此同时，全市加快淘汰落后的传统产业，配合广东省政府关闭了省属三大煤炭企业，以及芙蓉山煤矿等一批市属企业，封闭小煤窑 180 个，关闭、淘汰了一批水泥（立窑）企业，并对亏损严重的纺织业先后压锭 5.8 万锭调整。到 2000 年，全市工业产业结构性矛盾得到了缓解。

（二）依靠技术进步

"九五"期间，韶关市工业认真贯彻中央以及广东省产业政策，坚持"科技兴工""三改一加强"的发展战略与原则，立足于原有工业基础，走内涵式发展"技改"道路，从而增强地方工业发展活力与后劲。

加大"技改"投资，促进工业稳定增长。"九五"期间，韶关市工业"技改"投资 70.7 亿元，比"八五"时期增加 71.6%，比"九五"时期基建投资增长高出 14.9 百分点，占全市固定资产 30% 以上。

进一步促进骨干企业上档次、上规模。"九五"期间，市属经委口下达的"技改"项目达 143 项，韶钢集团、中金岭南（有色金属）、韶关烟厂、活力公司（啤酒）、韶铸集团、轴承厂、新宇建筑机械有限公司、新三联公司（纺织工业）等一批骨干企业，加大了"技改"投资力度，骨干企业"技改"投资占全市工业"技改"投资八成以上。企业通过引进先进生产工艺及设备，提高产品档次，扩大生产规模，市场竞争力明显提高，发展后劲得到增强。

企业技术创新工作取得了较大的突破。"九五"期间，韶钢集团、中金岭南、韶铸集团等企业，先后建成工程技术中心。轴承厂、宏大齿轮厂、新三联公司，以及工程建筑行业，亦开始筹建工程技术研究中心。全市工业科技贡献率由 1995 年的 32.5%，上升到 1998 年的 36.5%。企业完成省以上新产品开发达 80 项，新增产品产值达 17.6 亿元，实现利税 4.58 亿元。

全市工业产品档次得到进一步的稳定提高。"九五"期间，韶关市工业产品的抽检合格率稳定保持在 85% 左右，高于全国及全省的平均水平，一大批质量优良的产品入列省级名牌、优质产品行列，其中

有 5 个获评省名牌产品，有 6 个获评省优质产品；产品优等品率由"八五"时期的 20% 提高到 30% 以上。

（三）开拓国内外市场

"九五"期间，韶关市工业企业从深化企业改革、调整产品结构入手，努力克服亚洲金融危机带来的困难，通过强化组织生产调度，进一步努力开拓国内外市场。

各企业主动出击，通过"政府搭台，企业唱戏"方式，开拓国内外市场。"九五"期间，韶关市成功地组织了各工业企业参加广州春、秋交易会，广州珠交会，成都、昆明、沈阳、西安、北京等地和德国的汉诺威等展示会和经贸洽谈会，此举极大地拓展了企业在国内外的市场空间，促进了产品销售。其中，全市机械产品成功销往欧美、东南亚。韶关市生产的轴承产品，90% 出口到海外。到 1998 年，韶关市的工业产品销售率保持在 90% 以上，高于全国、全省的水平。

坚持以市场为导向，不断调整产品结构。"九五"期间，韶关市工业企业努力改变单一、传统的产品结构，以发展品种齐全的系列产品为主，积极满足市场不同层次的需求。其中，建筑行业的新宇建设机械有限公司调整转型产品的产值，其占全部产品、产值的 90% 以上，有效地提高了生产产品的销售率。

二、工业行业改革发展

（一）机械行业

"九五"期间的韶关机械工业，全行业有企业 16 家，其中国有及国有控股企业 13 家。到 2000 年末，全行业拥有固定资产原值 51 163.6 万元，净值达 30 253.5 万元；完成工业总产值（不变价）43 444 万元。其中，农业机械 7 636 万元，占 17.6%；工程建筑机械 11 323 万元，占 26.1%；电工电器 4 315 万元，占 9.9%；工具 2 029 万元，占 4.7%；汽车、摩托车配件 15 330 万元，占 35.3%；基础件及民用机械 2 811 万元，占 6.5%。

"九五"期间，全市机械行业按照市委、市政府关于加快国有工业企业改革的工作部署，制定出总公司国有大中型工业企业三年改革与脱困的方案并积极组织实施。至 2000 年，国有及国有控股企业由19 家降为 13 家，其中齿轮厂、机床厂被兼并，省矿机通用机械厂及康立电气集团公司破产，工具厂及油泵厂改制为股份合作制。在建立现代企业制度试点工作中，东南轴承有限公司、变压器厂、新宇建设机械有限公司作为市的试点单位，按照"产权清晰、权责明确、政企分开、管理科学"的方法逐步建立和完善现代企业制度；依靠科技进步，行业进一步调整了产品结构，加强技术改造，开发新产品 83 个，采用新工艺 6 项，有六个企业取得 ISO9000 质量体系认证，全系统质量稳定提高率 94%，新产品产值率 23.6%，企业的技术能力和市场适应能力不断增强。

1. 汽车制造业

"九五"期间，韶关汽车制造业达至高潮。韶关起重机厂、广东韶关工程机械厂合并改制组建广东力士通机械股份有限公司；1992 年省矿山通用机械厂改制组建省微型汽车生产骨干企业，成立广东广通汽车厂；1995 年 6 月，韶关挖掘机厂改制组建韶关新宇建设机械有限公司，生产"韶挖"牌混凝土搅拌运输车。1999 年 10 月，珠海广通收购广东广通汽车厂。至此，全市汽车工业行业有广东省韶关市广通汽车有限公司、韶关新宇建设机械有限公司、广东力士通机械股份有限公司和韶关起重机厂等 4 家汽车生产企业。

至 2000 年，全市共有 53 种车型，列入全国生产目录。其中，广东省韶关市广通汽车有限公司生产"广通"牌货车、越野车、客车、专用车等，入列 1994—1999 年目录车型数 23 种；韶关新宇建设机械有限公司生产"韶挖"牌混凝土搅拌运输车，入列 1986—1999 年目录车型数 2 种；广东力士通机械股份有限公司生产"粤工"牌液压起重汽车等，入列 1996—2000 年目录车型数 25 种；韶关起重机厂生产"韶液"牌液压起重汽车等，入列 1988—2000 年目录车型数 3 种。（表 4-1）

表 4-1　2000 年入选全国生产车型目录一览表

企业名称	生产品牌	生产型号
韶关工程机械厂	"韶工"牌	SGG5060JQZ 型液压起重汽车
		SGG5090JQZ 型液压起重汽车
		SGG5091JGK 型高空作业车

（续上表）

企业名称	生产品牌	生产型号
韶关工程机械厂	"韶工"牌	SGG5101JGK 型高空作业车
		SGG5130JQZ 型液压起重汽车
		SGG5180JQZ 型液压起重汽车
		SGG5030 型垂直升降高空作业车
		SGG5131JQZ 型液压起重汽车
		SGG5181JQZ 型液压起重汽车
		SGG5280JQZ 型液压起重汽车
韶关新宇建设机械有限公司	"韶液"牌	专用车
	"韶工"牌	专用车
	"韶挖"牌	SGW5260GJB 型混凝土搅拌运输车
韶关起重机厂	"韶液"牌	SGQ5081JQZ 型液压起重汽车
		SGQ5090JQZ 型液压起重汽车
广东省韶关市广通汽车有限公司	"广通"牌	GTQ1010S 型双排座客货车
		GTQ1020S 型双排座客货车
		GTQ1030S 型双排座载货汽车
		GTQ1040 型双排座客货车
		GTQ2030 型双排座载货车
		GTQ5010X 型厢式专用车
		GTQ5020XJC 型油田低压试井车
		GTQ5020XKC 型刑事勘察车
		GTQ5020XLZ 型交通路政车
		GTQ5020XYZ 型交通路政车
		GTQ5020XZH 型防汛指挥车
		GTQ5040XKH 型厢式客货车
		GTQ5040XZH 型工程作业车
		GTQ6440 型厢式越野车
		GTQ6590 型旅行车
		GTQ6490 型厢式旅行车

注：本表引自《广东省·机械工业志》。

广东力士通机械股份有限公司："九五"期间韶关机械工业汽车生产核心企业。企业除生产工程机械、液压油缸外，还经营金属材料、机电、家电产品，以及机床设备供应、机电产品进出口等业务。主体

企业工程机械厂成为中国起重机行业九大重点骨干企业之一。主要产品"粤工"牌液压起重汽车机、高空作业车、多功能交通救援车以及"山鹰"牌切筋机远销全国各省市自治区。企业于 1996 年荣获韶关市技术监督局颁发的产品质量可靠企业证书，并通过 ISO9001 国际质量体系认证。

韶关新宇建设机械有限公司："九五"时期，企业规模列入中国中型二档企业，中国 500 家最大机械工业企业，入列国家统计局重点跟踪调查企业。"九五"期间，企业根据市场的需要，进行产业结构调整，从原来生产单一的混凝土搅拌机发展为工程建筑机械成套设备。其中 EMG（HZD）混凝土搅拌站获 1998 年广东省优秀新产品、广东省科技进步三等奖及韶关市科技进步一等奖。该企业是"九五"期间韶关市建立现代企业制度试点单位之一，并在 1999 年通过了 ISO9000 国际质量体系认证。

韶关工程机械厂："九五"期间韶关汽车行业重点生产特种车企业之一。到 2000 年，企业共开发特种工程改装车 15 个产品，其中 JYD10 多功能交通救援车被列为国家重点新产品，获得广东省科技进步三等奖、广东省优秀新产品奖及第七届国家发明展览会铜奖。

2. 工程机械制造业

"九五"期间的韶关工程机械制造行业，通过对产品结构进行调整，收到了一定的效果。汽车、摩托车零部件制造业是全市工程机械行业最大的产业，由原属农机及机械基础件制造业的韶关配件厂、韶关东南轴承厂（有限公司），以及粉末冶金厂三家企业构成。"九五"期间，行业依靠技术进步，开发了技术含量高，附加值大的汽车、摩托车零部件产品，至年末汽车、摩托车零部件的产值已占企业总产值的 85% 以上。到 2000 年全市汽车、摩托车零部件制造业总产值达15 330 万元，利润 –215.3 万元。

韶关配件厂："九五"时期，企业入列广东省高新技术企业。企业 1998 年通过 ISO9000 国际质量体系认证。"九五"期间，企业引进奥地利美巴公司具有国际先进水平的轴瓦生产线和三元电镀生产线，进行进一步的消化、吸收，扩大了加工范围，增加了产品的品种。根据用户的要求，开发了 YC 系列轴瓦，其中康明斯连杆瓦获 1995 年广东省优秀新产品奖，大型内燃机三元电镀层轴瓦 1996 年被列入国家级

韶关东南轴承有限公司："九五"时期国家电子机械部轴承行业百家重点企业之一，也是广东省高新技术、轴承行业骨干企业。1996年，企业通过 ISO9000 国际质量体系认证，1997、1998 年连续两年被评为广东省质量效益型企业。"九五"期间，企业投入 1 450 万元进行技术改造，目前已具有年产 75 万套汽车离合器轴承、125 万套第一代轿车轮载轴承、5 万套第二代轿车轮毂轴承的生产能力。产品 98% 出口，其中 90% 出口欧洲。IB 牌双列角接触球轴承 D50 – 85 及外球面球轴承分别在 1998、1999 年获广东省优质产品称号。

3. 农业机械制造业

"九五"期间的韶关农业机械制造业，主要有内燃机厂、油泵油咀厂、第二拖拉机厂、拖拉机总厂。行业在 2000 年工业总产值达 7 636 万元，利润 –574.6 万元。"九五"期间农机制造业受市场、产品等条件的制约增长较为缓慢。在市场疲软的形势下，企业积极地开发新产品，努力地开拓国内外市场。如第二拖拉机厂成功地开发了适应山区收割条件的多功能水稻联合收割机，取得了国家实用型专利及国家外观设计专利证书，2000 年被评为广东省优秀新产品，获得 2000 年广东省农业部农业机械推广许可证，入列全省水稻收割机械化建设示范项目。"九五"期间内燃机厂、拖拉机总厂、第二拖拉机厂产品出口量比"八五"期间增长了 4%，其中内燃机厂产品 90% 出口。

韶关拖拉机总厂："九五"时期韶关农业机械制造业的重点企业之一。企业在经历 90 年代初期的改革后，已发展成为具有先进设备、技术、工艺及计量管理机构的企业，企业生产严格按照 ISO9000 国际质量体系进行管理。企业主要产品有以"飞鹰"牌为主的工农—12K、12KA 型手扶拖拉机，旋耕机，液压挂车等。

"九五"期间，企业相继开发出塑料粉碎机、木线机、酸奶机，以及"飞鹰"牌工农 14K、15K、16K、18K 手扶拖拉机，12KB、14KB、16KB 型方向盘式拖拉机，高压清洗机，水稻联合收割机等产品，拥有专利号 99236884.7 水稻联合收割机，能与工农 – 12K 型手扶拖拉机配套使用，适合山区水田作业，集收割、脱粒于一体，轻巧灵活、脱粒干净、工作效率高。手扶拖拉机年产量达万台以上。企业产品先后荣获国家工业产品生产许可证、农机推广许可证、出口许可证，

并获省优、部优产品证书，产品远销欧美、东南亚、非洲，以及澳大利亚。

韶关油泵油咀厂："九五"时期广东省唯一一家油泵油嘴专业生产企业，也是韶关农用机械制造业重点企业之一。企业在经历20世纪90年代初期的持续改革后，成为韶关股份合作制企业之一。企业生产油泵油嘴产品达200多种，品种年产量达300多万套，并形成了以农机为主，车用、船用、发电机组用以及工程机械用油泵油嘴多头并举的产品结构。

"九五"期间，企业坚持"生产一代、试制一代、设计一代"的企业生产发展方针。在做好老产品改造的同时，先后开发了190A、190B、190C喷油泵总成，并研发了TY1100、6BB1、85等长型多孔喷油嘴偶件及喷油器总成，为直喷式发动机配套。同时，开发了A系列、P系列车用柱塞偶件，并在此基础上，从英国MB430柱塞偶件、SULZER喷油嘴偶件入手，开发了柴油发电机组用大泵大嘴，具备了多种规格发电机组用大型柱塞偶件和喷油嘴偶件的维修与制造能力。企业于90年代初开发的YYM预应力锚固件系列产品，填补了广东省的空白，产品荣获广东省优秀新产品奖。

韶关内燃机厂：企业由原韶关柴油机厂改组新建而成。"九五"时期，企业成为国家二级计量合格企业、广东省质量管理优秀企业。90年代企业主要生产以"山茶"牌为主导的2105型柴油机，GF型柴油发电机组，水泵机组，50千瓦、75千瓦发电机组等产品。其中，主导产品年生产能力达到5 000台，另开发生产有376Q汽油机及配件、颗粒机等多个品种，为农用排灌、农副产品加工、发电、船舶，以及各种机械提供动力。产品外销东南亚、非洲等地区。"九五"期间，企业由于决策错误，国内市场几乎全部丢失，财务状况、经济效益日渐衰退。到2000年下半年，经上级审计，企业亏损达－445.4万元，潜亏达1 080万元。2000年8月，企业开始进入全面调整、整顿时期。

（二）纺织行业

"九五"期间，在国企改革与脱困过程中，纺织工业总公司先后对韶关第二纺织总厂、韶关袜厂实施了破产。破产后的韶关第二纺织总厂，由韶关第一棉纺织厂收购进行资产重组，并由纺织工业总公司、第一棉纺织厂、第二纺织总厂三家企业组建韶关新三联纺织企业有限

公司，成为韶关市纺织工业的龙头企业。另将停产、半停产的韶关印染厂、韶关帆布厂、韶关景发针织制衣厂、韶关明华纺织厂合并，由韶关纺织印染总厂统一管理，隶属韶关市纺织工业总公司管辖。到2000年末，全行业共有国企7家，其中市属企业4家（属集体企业1家），县属企业3家。纺织印染总厂拥有固定资产原值91 379.3万元，净值达65 146.9万。依靠来料加工，企业生产产品包括各类纱线、棉布、色织布、印染布、毛纱（线）、毛巾、服装等，产品90%以上直接出口。

"九五"期间，纺织行业依靠科技进步，加大了企业的技术革新，全市共完成"技改"项目11项，总投资人民币达到14 179万元。先后完成：韶关第一棉纺织厂引进日本喷气织机100台；韶关织布厂引进意大利剑杆织布机10台，引进日本剑杆配置六色电脑选纬织布机30台；韶关织布厂建立了漂染污水处理站；乐昌芒麻纺织厂增加针织经编机2台；乐昌棉纺织厂新增气流纺机6台及利用压锭补贴购进倍捻机3台，引进意大利空气捻接机30台，等等。通过技术改造，行业开发完成了12个系列共130个新产品。其中，韶关织布厂的弹力色织全棉格布获广东省轻纺行业新产品二等奖；韶关第一棉纺织厂的纯棉坯布荣获广东省名牌产品；乐昌竺麻纺织厂的亚格力毛毯获广东省轻纺"四新"产品奖。乐昌棉纺厂成为广东省国有棉纺行业中唯一盈利的企业。至2000年，全市棉纺行业工业总产值达21 722.7万元，实现利润123.3万元。

韶关新三联纺织企业有限公司："九五"期间由原韶关第一棉纺织厂、韶关第二纺织总厂以及韶关市纺织工业总公司（行业主管部门）组建的国有独资企业。2000年1月，企业正式挂牌运营。总有资产总值4.2亿元，净资产达6 145.5万元。企业拥有棉纺纱锭8.4万锭，从瑞士、德国引进的精纺生产设备3.4万锭，另有当时国产最新的FA系列纺纱设备1万锭。有瑞士立达公司气流纺2 056头，具有当时世界最先进的电脑全程质量控制的R20高速气流纺纱机1 120头；有5万锭捻线设备。可生产纯涤缝纫线和纯棉股线。又有从欧洲引进的毛纺设备5 792锭，其中精纺4 896锭、粗纺896锭。织布生产线全程引进国外先进设备，有瑞士贝宁整经机2台、日本丰田喷气织机170台、意大利剑杆织机10台以及制衣设备230台（套）。企业生产能力：棉纱13 800吨，其中精梳纱2 400吨，普梳纱6 400吨，纯涤纶线5 000吨；毛精纺针织绒线1 200吨，毛粗纺绒线250吨，纯棉坯布2 000万米，服装20万件（套）。产品90%以上通过港澳客户加工或直接出口，企业生产的纯棉坯布被评为广东省名牌产品。

经过技术改造后的企业，产品质量、花色品种、技术装备都上了一个档次，技术水平处于国内同行前列。秉持"务实、进取"的企业精神，立足于市场为导向，企业不断调整产品结构，狠抓管理，2000年，企业产值达1.3亿元，销售收入3.5亿元，上缴税金1 600万元，产品在全省及港澳地区享有一定的声誉。

（三）轻工与二轻工业

"九五"时期的韶关轻工与二轻工业，隶属于韶关市政府经济委员会所辖韶关市轻工业总公司管辖。总公司辖有轻工企业：韶关市粤北印刷厂、韶关市新华印刷厂、广东活力股份有限公司、韶关日用化工厂、韶关市火柴厂、韶关冷饮食品厂、广东洗涤用品厂、广东白洋实业有限公司等。

"九五"时期的韶关轻工与二轻工业，按照韶关市政府关于《全民所有制工业企业转换经营机制条例》，以行业改革与发展为突破口，全面、积极地转换国有企业经营机制。1994年，广东洗涤用品厂首先尝试全资转让给广州宝洁浪奇有限公司。1995年广东活力股份有限公司把51%的股份转让给香港鹰连投资有限公司。1996年韶关冷饮食品厂与私营的韶关天利食品厂合并，组建成立韶关意利食品有限公司，为全市国有企业的改革转制提供了成功的经验；同年，广东活力股份有限公司投资2.4亿元人民币从德国引进成套年产10万吨生产设备，于1998年9月竣工投产，将原来5万吨生产能力扩大为15万吨，跨进大中型啤酒生产企业行列。1997年，韶关日用化工厂自筹资金1 000万元扩建了一条年产3万吨洗衣粉生产线，将原来的年产6 000吨洗衣粉提高到年产3万吨以上。截至2000年，全行业系统有95%企业实现改制与"技改"，为国有企业走出困境探索了一条道路。

在印刷行业，粤北、新华两家印刷企业在技术改造中投入主资金1 000多万元，引进日本产电脑纸票据印制生产线，以及德国产双面四色胶印轮转机，并购置了国产高速卷筒纸880轮转机和程控切纸机、装订圆盘包本机、电脑照排系统、中高档塑料复合包装生产线等先进

印刷设备，使两厂印刷年产量从原来的年生产能力20万令增加到40万令，优质产品不断增多。在新闻出版系统组织的书刊质量评比中，两厂国（署）优产品有68种，省优产品有80种。迄至2000年，两厂完成工业总产值（按不变价计）24 336万元，销售收入达21 987万元，实现税收1 061.64万元。

韶关市新华印刷厂："九五"时期，企业已发展成为一家工贸相结合的综合性印刷生产企业，被国家新闻出版署定为国家级书刊印刷定点厂。企业生产经营涵盖：图书报刊、电脑照排、商标彩招、零件表格、彩盒包装、纸面裱胶、吹塑印塑、铸字电版、印刷胶辊等业务。企业拥有双面四色胶印轮转机一台，对开、四开四色胶印机各一台，胶印轮转机三台，对开双色胶印机一台，另有中高档塑料复合包装生产线及装订生产线，年用纸量近3 000吨，年生产能力达20万令以上。

韶关市粤北印刷厂："九五"时期企业拥有固定资产原值1 388万元，固定资产净值859万元。企业先后引进国内外先进印刷设备20台（套）。计有：双面双色胶轮机3台，四色对开高速胶印机2台，电脑票证机生产线一套，马天尼胶订自动生产线一套等，具有20世纪90年代中期先进水平的印装设备。韶关市粤北印刷厂是国家书刊印刷、商标印刷、有价证券印刷和国家秘密载体印刷定点厂。"九五"期间，企业共有32种产品被国家新闻出版署评为国（署）优质品，有62种产品被评为广东省优质品。企业荣获广东省全面质量管理合格证，被评为广东省轻纺厅思想政治工作先进单位、省级先进单位、市级文明先进单位。迄至2000年，企业累计完成工业总产值12 332万元，销售收入11 758万元，上缴税金540万元。

在日用、食品行业方面，"九五"期间，支撑韶关轻工业主要企业包括广东活力股份有限公司、韶关日用化工厂等。

广东活力股份有限公司：企业在1993年实施全资改造组建国有控股企业后，于1996年嫁接外资，将总股份10 680万股的51%转让给香港鹰连投资有限公司，企业成为外商控股公司。企业先后投资了2.4亿元人民币，从德国引进成套年产10万吨啤酒生产线，并于1998年9月正式投产，将年产能力从5万吨扩大到15万吨，企业跨入大型啤酒生产企业行列，成为粤北、湘南、赣南一带规模最大的啤酒企业。

　　"创优质产品，让消费者满意"是企业遵循的发展宗旨，为此，企业不断调整产品结构，努力提高产品质量。在增加花色品种方面，企业在原有十一度、十二度啤酒的基础上，先后成功研制和开发出八度、十度淡爽型啤酒，十三度"金活力"全麦芽啤酒，形成了高、中、低档产品系列，满足了不同消费群体的需求。此外，企业还运用 CI（企业识别）系统，全面设计改进了产品外观，增加 350 毫升、500毫升瓶装规格，严格按 ISO9002 国际质量体系组织生产，出厂合格率保持在 100%，在历年广东省市场抽样调查中均被评为合格产品。1999 年 8 月，企业通过中国方圆标志认证委员会和深圳质量体系认证中心 ISO9002 国际质量体系认证。到 2000 年，企业累计啤酒产销量达到 224 762 吨，实现工业总产值 55 582 万元（按现行价计），销售收入达 54 897 万元，实现利税总额 9 839 万元，分别比"八五"时期增长67%、154%、95% 和 24%。1998 年企业被韶关市税务局评为"两税"模范纳税户。

　　韶关日用化工厂："九五"时期，企业重新组建成立广东白洋实业有限公司，自筹资金 1 000 万元，于 1997 年筹建了一条年产 3 万吨洗衣粉生产线，使企业洗衣粉生产能力从原来的 6 000 吨，提高到年产 3 万吨以上，为企业今后的发展奠定了坚实的基础。迄至 2000 年，企业累计完成产值（按不变价计）12 930 万元，销售收入达 20 804 万元。企业在两年多的时间里，由于市场竞争激烈、产品销售困难，经济效益不尽如人意，但通过理顺产权关系，调整产品结构，企业仍朝向良性发展。

　　与上述两家规模企业改制、改造同步，"九五"期间，面对亚洲爆发的金融危机以及国内外市场萎缩给企业发展所造成的困难，韶关市面粉厂、火柴厂等轻工企业，以改制、改组与改造相结合，通过推行减员增效、划小核算单位以及实行"一厂多制"等举措，增强了企业生产的活力。

　　韶关市面粉厂："九五"时期粤北地区规模最大的面粉、面制品专业生产企业，也是拥有 20 世纪 90 年代世界先进制粉技术设备及生产工艺的国家级中型一档企业。企业产品包括面粉、面条、包点三大类，共有 80 多个品种。年生产能力达 2 万吨以上，产值有 5 000 多万元。其中面粉类产品——面包粉、面条粉、糕点粉、包子馒头粉等各

种专用粉，称雄市场。面条类产品，形成挂面、波纹面、手排面三大系列，适应不同的消费者群。产品使用"粤北"牌和"美穗"牌注册商标，荣获广东省优质产品称号，部分产品被广东省贸易委员会授予最受欢迎产品奖，远销新西兰。

韶关市火柴厂："九五"时期，面对市场日益萎缩、同行纷纷停产的情况下，企业采取许多灵活的营销和优质保价措施，以优良的服务赢得了客户的信赖，保证了企业在极端困难的情况下仍能正常运作。

在市场经济改革探索中，韶关市冷饮食品厂由于市场、经营、资产等问题，在"九五"期间停产。

与轻工行业相比较，"九五"期间的韶关二轻工业行业仍保持了稳定、缓慢发展态势。在经济大环境欠佳的影响下，家具、五金、电器等行业（服装企业除外），通过企业"技改"，均得到了一定的发展，迄至2000年，全市二轻工业行业企业由16个减为13个（其中转制为有限责任公司一家，申请破产一家，合并企业一家），全行业拥有固定资产净值3 822万元，完成二轻工业产值4.3亿元，总销售3.5亿元，上缴税金2 300万元，各项指标均比"八五"期间有所下降。

服装行业原是韶关市二轻工业的支柱产业，然而，在"九五"期间，服装加工大幅下滑，年产值由"八五"时期的2 000多万元下降到300万元以下，服装企业由优势企业转为劣势企业，代之以木器家具、五金电器行业。

"九五"期间，木器家具行业上升为二轻工业的支柱企业，韶关市家具厂和新艺家具厂产品出口仍保持旺盛的势头，五年中，木家具增加新花色品种130多个。然而，企业虽得到市财政局和金融部门的重点扶持，但由于流动资金仍有较大的缺口，难以得到充分发展，产值、销售一直分别保持在1 500万元和2 500万元的水平。

在五金电器行业方面，韶关市开关设备厂原是一间以生产镀锌铁桶为主产品的日用五金制品企业，"九五"期间，企业转产科技含量较高的开关设备产品后，企业生产规模和效益节节上升，企业产值从"八五"末期的1 300万元上升至2000年末的1 600万元。企业研发、生产的GCK（IA）型低压抽出式成套开关设备和插装式仓储货架，荣获广东省科委、省机械厅认证的新产品证书；插装式仓储货架还获得国家专利局颁发的实用新型专利证书，产品在国家商标局办理了商标注册，荣获广东省科委重点新产品及广东省专利实施优秀奖、韶关市政府科技进步二等奖。

（四）化学工业行业

"九五"时期的韶关化学工业，隶属于市经委所辖韶关市石油化学工业总公司。总公司下辖企业包括：韶关电化厂、韶关化工厂、韶关电石厂、韶关长乐化工厂（含韶关长钛化工有限责任公司）、韶关钛白粉厂、韶关市永辉橡胶制品有限责任公司、韶关合成氨厂、韶关市化工建材总厂，以及合资企业韶关昌山水泥厂有限公司等企业。

"九五"期间，韶关化工行业，普遍存在生产经营机制不能适应市场经济发展的状况，债务的繁重、技术的落后，加上企业资金的极度紧缺，导致了行业发展缓慢。为此，1996年，全市化工企业开展学习邯郸钢铁厂"模拟市场核算，实行成本否决"的经验，对全市化工企业实施改革。1996年11月，利用韶关市委、市政府关于"固化债务重建机制"试点的机遇，韶关长乐化工厂从企业中分离出韶关市长钛化工有限责任公司，按公司制模式运作。1997年韶关橡胶厂被韶关市北江房地产公司兼并，组建韶关市永辉橡胶制品有限责任公司。韶关电石厂于1998年启动产权制度改革，制定股份合作制改革方案，企业依法选举产生董事会和监事会。韶关合成氨厂于1999年9月经韶关市政府批准，依法实施破产。到2001年，韶关化工厂、电化厂、钛白粉厂等全市化工行业七家国有企业全部完成转制改革。

在实施化工企业转制改革的同时，市委、市政府还对各化工企业实施了以抓质量、工艺、设备、资金、安全为目标的企业现代管理改革，通过企业管理的制度化、规范化、标准化，从而培育出企业新的经济增长点，初步实现了企业经济增长方式的转变。在企业"技改"方面，市直属5家预算内企业加大了"技改"力度，先后共投入3 425万元，进行了18项企业"技改"，新增工业总产值1.2亿元，使化工行业实现三年解困目标，到2000年，全市直属预算内5家企业完成工业总产值13 401万元，比1995年增长42.5%。

韶关化工厂："九五"时期，企业在资金紧缺、原材料涨价、市场疲软的重重困难中，坚持"发展才是硬道理"的企业发展观，量力而行，依靠科技、分步挖潜、滚动扩产、精心管理，从而使企业生产得到了较快的发展。在企业"技改"方面，企业通过不断引进先进技

术，对传统工艺、设备进行改造，研发新产品，从而使企业钛白粉产量由1995年的1 385吨，增长至2000年的3 764吨，增长率为171.77%；硫酸产量亦由1995年的35 043吨，增长至2000年的52 555吨。迄至2000年，企业实现产值5 631万元，比1995年增长了66.7%；实现销售收入5 275万元，比1995年增长了10.19%；上缴税金352万元，比1995年增长了177.17%。在企业管理改制方面，2000年12月，企业实施股份制转制改革，企业成为由职工持股的股份合作企业。（图4-5）

图4-5　韶关化工厂钛白粉车间转窑生产线

韶关电化厂："九五"时期以生产烧碱为主的氯碱化工企业。"九五"期间，企业推行多种形式的经济责任制，通过将后勤福利机构与企业脱钩，打破生产车间档案工资制，使企业按照市场经济规律进行运作，使企业生产由原来的年产1 000吨ADC发泡剂扩大为年产1 800吨，并通过技术改造，使产品质量有了明显的提高。与此同时，企业还对旧的烧碱蒸发工艺进行改造，通过采用三效顺流工艺，提高生产能力。企业生产的品种亦由原来的四种，发展为拥有烧碱、液氯、食品盐酸、ADC发泡剂、氯化石蜡52、氯化石蜡42、工业盐酸、次氯酸钠、氯化钙等九个系列化工产品。其中，烧碱年产增至13 000吨；食品盐酸年产增至12 000吨；ADC发泡剂年产增至1 800吨；氯化石蜡年产增至2 500吨。产品质量亦在通过健全质量、质监机构后，达到国家计量二级企业标准，产品连续多年被评为韶关市优质产品，企业亦连续多年被韶关市政府授予"重合同、守信用"单位称号。企业全员劳动生产率达到65 000元。2001年1月，企业实施股份制转制改革，成为股份合作企业。

韶关钛白粉厂："九五"期间，企业作为韶关矿产加工化工国营企业，坚持以市场为导向，按照现代企业制度要求，不断完善企业管理，通过深化人事、分配和劳动用工制度等方面的改革，强化现场管理，把握市场信息，并投入 400 万元进行技术改造，开发新产品，进行环保配套工程建设，提高企业驾驭市场竞争的能力，使企业的生产经营管理迈上新台阶。1999 年 8 月，通过转换企业经营机制，企业从国有化工企业转变为股份合作制企业，

"九五"期间企业产能比"八五"期间增长一倍，其中，钛白粉总产量达 19 167.7 吨，企业所生产的"风采"牌搪瓷、陶瓷、焊条，颜料系列钛白粉，质量可靠，深受用户的信赖。搪瓷、钛白粉等产品，先后荣获广东省优质产品称号；1996 年，企业被韶关市质协用户委员会授予用户满意企业称号；2000 年，被中共广东省委、省政府授予先进集体称号。

韶关浪奇有限公司：企业是"八五"时期由美国宝洁公司与广州浪奇实业股份有限公司共同投资兴办。"九五"期间，由于经营上的原因，美国宝洁公司从企业撤资。企业更名为韶关浪奇有限公司，隶属于广州轻工集团属下广州浪奇实业股份有限公司。企业主要生产以"浪奇"为品牌的七个系列共 18 种规格的洗衣粉，年生产能力达五万吨以上。

韶关综合化工厂："九五"时期，企业划归韶关市冶金工业总公司所辖。利用企业自身的积累，以及当时国家的退税政策，企业逐年对老旧设备进行"技改"，从而使企业生产规模和产值逐年上升。至 1998 年底，企业拥有固定资产净值 142 万元，年产油漆 1 500 吨，年产值（按 1990 年不变价计）1 314 万元，年上缴税金达 68.23 万元，利润 2.97 万元。迄至 2000 年，企业总资产上升至 673 万元，然而企业总负债亦达 188 万元。至"九五"末，企业仍在维持运作。

（五）电力工业行业

"九五"初期的韶关电力工业，企业新装机容量达 71.23 万千瓦，年平增量 14.25 万千瓦。到 2000 年末，全市主要电厂有：韶关发电厂、坪石发电厂、南水水电厂、泉水水电站、锦江水电站、孟洲坝水电站、杨溪水电站等。当时另有在建的大潭水电站 2 万千瓦、韶关电厂 11 号机 30 万千瓦、坪石发电厂 3 号机 12.5 万千瓦等。全市总装机容量达 261.87 万千瓦。

韶关发电厂："九五"时期韶关地区最大的燃煤发电厂。时企业

根据国家能源政策规定，相继有 2 台 1.2 万千瓦机组和 1 台 5 万千瓦机组退役，并经国家批准，1 台 30 万千瓦以大代小新建的机组于 2001 年 3 月投产发电。迄至 2000 年，企业在运机组 6 台，总装机容量达 85 万千瓦。"九五"期间，企业共完成发电量 161.89 亿千瓦时，实现工业总产值（按 1990 年不变价计）115 666 万元。

1996 年，企业承续"八五"时期的改革，建立起了现代企业制度，并实现两个根本性转变。至 1998 年 4 月，企业成为国家电力公司认可的"双达标"企业。为适应电力市场的发展，根据上级的要求，先后将 3 台共 30 万千瓦机组改制成由中外合资企业（即韶关发电 D 厂有限公司）经营，将 1 台 30 万千瓦机组改为股份制经营。2000 年 4 月，企业在实施内部"减人增效"机构调整基础上，开始实施 ISO9000 国际质量体系认证改革。迄至 2000 年，企业先后被评为广东省文明单位、广东省先进企业、省市优秀政工企业、全国电力系统后勤工作先进单位、全国电力系统优秀 QC 企业。

孟洲坝水电站：企业是"八五"时期韶关在北江干流上建立的一级电站，工程于 1992 年 12 月正式动工，1996 年 12 月电站第一台机组正式并网发电。1998 年 12 月，电站正式建成投产。电站拦河坝为重力坝和土坝，最大坝高 33/23 米（闸坝/副坝），坝顶长度 491/351.65

图 4-6　韶关孟洲坝水电站

米（闸坝/副坝）。电站厂房为河床式，安装 4 台 1.2 万千瓦水轮发电机组，总装机容量 4.8 万千瓦。船闸采用一级船闸形式，最大过船吨位为 100 吨。工程总投资原概算为 3.16 亿元，后调整为 4.93 亿元。建设资金来源：自省电力发展基金中贷款 50%，其余 50% 由韶关市自筹。

从 1988 年兴起的小水电建设，发展到 2000 年，韶关市及各县（区）建设的小水电站达到鼎盛，仅单机容量 2 000 千瓦及以上规模的就有近 60 家。（表 4-2）

表 4-2　1988—2000 年兴建的单机容量 2 000 千瓦及以上小水电站一览表

所在地	水电站名称	装机容量		投产年份	所在地	水电站名称	装机容量		投产年份
		台	千瓦				台	千瓦	
市郊	孟洲坝水电站	4	48 000	1993	翁源县	黄竹坪水电站	2	6 000	1994
曲江县	罗坑三级水电站	2	2 500	1989	乳源县	溪水二级水电站	2	2 500	1989
	江湾实习水电站	3	2 400	1997		桂坑口综合水电站	10	2 520	1989
	台板水电站	2	4 000	1997		合江口水电站	4	2 520	1991
	柴桑水电站	3	2 400	2000		龙溪四级水电站	4	3 200	1993
始兴县	山口一级水电站	2	4 000	1991		深洞水电站	2	5 000	1994
	山口二级水电站	3	6 000	1997		龙溪一级水电站	2	2 000	1995
	黄石坑三级水电站	4	3 200	2000		合江口一级水电站	2	6 400	1995

（续上表）

所在地	水电站名称	装机容量		投产年份	所在地	水电站名称	装机容量		投产年份
		台	千瓦				台	千瓦	
仁化县	锦江水电站	2	25 000	1993	乳源县	水源宫二级水电站	3	3 000	1995
	西岸水电站	9	3 150	1993		龙泉一级水电站	2	3 200	1995
	丹霞水电站	2	6 000	1996		鸭麻湖水电站	3	2 400	1995
	黄屋水电站	2	3 350	1997		黄连水电站	2	3 200	1997
	瑶山水电站	2	6 000	1998		六角滩水电站	2	2 000	1998
新丰县	大席水电站	3	3 000	1996		铜桥水电站	2	3 200	1998
	金马水电站	5	5 000	1996		桥甫水电站	2	10 000	1999
	银潭水电站	4	2 000	1996		龙谷水电站	2	4 000	1999
乐昌市	夷岭水电站	3	4 800	1991		双江水电站	3	2 400	1999
	红马桥水电站	5	3 750	1995		杨溪水三级水电站	2	25 000	2000
	东洛水电站	4	9 000	1997		英明水电站	2	2 000	2000
	水头溪水电站	4	2 000	1997		温汤水电站	2	4 000	2000
	甲水水电站	3	3 000	2000		水源宫三级水电站	5	3 150	2000

注：本表摘自《韶关市志》（1989—2000）。

广东韶能集团股份有限公司：“九五”时期韶关市电力行业股份制企业，也是全市唯一一家上市企业。“九五”期间，企业水电装机容量达到15万~18万千瓦，积极稳妥地参与全市高科技项目的投资

开发，先后在生物化工、资本运营（风险投资、证券投资等）以及环保产业等领域，参与投资建设、经营，从而成为一家以电力为主导，兼有建材、机械加工于一体的综合性企业集团。到 2000 年，企业总资产近 26 亿元，净资产达 18.6 亿元。实现利润总额 1.6 亿元，净利润达 1.28 亿元，每股收益 0.33 元，净资产收益率达 7.46%。在"九五"末期，企业总股本达 390 380 520 股，其中国有股 70 938 414 股，占企业总股本的 18.17%。

在电工电器、仪表制造业方面，其所属企业有变压厂、电焊条厂等。2000 年工业总产值 4 315 万元，利润 - 878.7 万元，年末职工人数 638 人。变压器厂 1998 年通过 ISO9000 国际质量体系认证。"九五"期间，企业结合城网、农网改造，开发了新 S9 系列配电变压器、SCB8 系列及 SC 系列干式变压器，其中 1995 年 SV - 200/10 树脂绝缘干式电力变压器获韶关市科技进步二等奖，另有五个产品分别在"九五"期间获韶关市科技进步三等奖。电焊条厂由于前期投入过大，负债过重，企业的运作较为困难，"九五"期间主要是以来料加工为主。康力公司 1999 年宣布破产，破产后，企业重组众力发电设备有限公司，公司通过抓管理、抓质量，积极开拓市场。2000 年工业总产值 4 693 万元，是当时华南地区最大的水电设备制造企业。

广东亿能电力设备股份有限公司："八五"期间（1992 年）首批进行股份制改造企业之一。原企业系韶关变压器厂。改组后的企业成为国家生产 110 千伏及以下电压级节能电力变压器的定点厂、广东省变压器行业骨干企业，1998 年企业通过 ISO9001 国际质量体系认证。企业年生产能力达 200 万千伏以上。企业生产的主要产品有 S9、SFS9、SF9 系列大、中、小型低损耗节能油浸变压器，SC9、SCB9 系列环氧树脂浇注干式变压器，S10 - M 系列全密封变压器，电炉变压器，ZGS9 系列组合式变压器，同时企业可根据用户要求设计制造各种特殊变压器产品。

（六）冶金工业行业

"九五"时期的韶关冶金工业行业的企业分别隶属韶关市冶金矿产总公司、东南钨冶金企业有限公司等。部分冶金工业企业由中央与广东省直属管理。

"九五"期间，韶关冶金工业行业企业积极利用和发挥资源与地

理优势，重点发展铅、锌和稀土产品，创造条件发展铜、铝；进行深度加工，重视废旧金属的再生利用，进一步发展外向型经济；因地制宜，搞好企业转产和人员分流，开展多种经营，发展经济，提高效益。至2000年底，直属企业工业总产值50亿元，10种常用有色金属产量达至20万吨，利税总额3亿元，全员劳动生产率14万元。2000年，全市规模以上黑色和有色金属矿采选企业有23家，工业产值达46 323万元；黑色和有色金属冶炼及压延加工企业16家，工业产值591 467万元。

在1996年到2000年五年时间里，韶关冶金工业生铁产量由64.3万吨猛增至126.45万吨，钢产量亦由94.8万吨增加到140.93万吨，其中成品钢产量由78.5万吨增加到145.68万吨，10种有色金属由11.41万吨增加到25.79万吨。2000年黑色、有色金属矿采选企业固定资产原值达76 451万元，净值39 668万元；黑色、有色金属冶炼及压延加工企业固定资产原值86.83亿元，净值59.67亿元。

韶关市冶金矿产总公司：作为地方冶金行业管理职能公司，其经营的冶金行业范围包括：有色金属、黑色金属、矿产、金属制品，以及稀土金属产品、建筑材料等。主要产品有：钨、锡、铅、锌精矿，铅、铋、锡、锑锭，硅铁、铬铁等各类铁合金，硫化锑粉，仲钨酸铵、钨酸钠、三氧化钨、蓝色氧化钨，以及钢材（含各类特殊钢材），黄金、白银等。"九五"期间，总公司实际完成工业总产值1.18亿元。其中：仲钨酸铵2 139万元，铜精矿（金属量）73万元，铅锌精矿（金属量）269万元。产品产量：仲钨酸铵563吨，铜精矿（金属量）91.25吨，铅锌精矿（金属量）960吨，钨酸钠615吨。公司旗下有工业企业6家，其中，国有企业2家：韶关市华泰蓄电池厂、韶关市恒利精细冶金化工厂；集体所有制企业2家：韶关综合化工厂、韶关市通利工贸实业总公司；中外合资（合作）企业2家：东南钨冶金企业有限公司、韶源冶金化工实业公司。

韶关市恒利精细冶金化工厂：企业是1984年12月组建的一家有色金属产品加工企业，至1993年，企业钨精矿加工车间停产。进入"九五"时期的1996年，企业的废合金回收车间和铁红车间亦先后停产，从此只有6个留守人员。现全厂36名职工中有30名下岗，固定资产净值98.5万元，总资产185万元，总负债364万元，负债率

196.76%，年亏损 29.66 万元。

韶关市华泰蓄电池厂：1991 年筹建成立的专业生产汽车蓄电池企业。拥有固定资产净值 41.6 万元，实现产值（按 1990 年不变价计）402 万元。利润 2.69 万元。在册职工 9 名，雇用临时工 50 名，无退休人员。总资产 307 万元，总负债 275 万元，负债率 89.58%，企业勉强维持运作。

韶关市通利工贸实业总公司：企业是 1989 年从综合化工厂分出，1993 年兼并南洋塑料厂，从事汽车修理业务和塑料制品生产。1997 年全部停产，只留 7 名职工留守。最近几年将车间出租，汽修车间及所属场地已出卖以偿还债务，到 1998 年底，固定资产净值 90.47 万元，年亏损 51.8 万元。1999 年经评估，总资产 500.5 万元，总负债约 1 600 万元，负债率超过 300%。

东南钨冶金企业有限公司：企业筹建于 1986 年，1990 年投产，湿法冶金，主要产品是仲钨酸铵，1992 年中开始停产。韶关市冶金矿产总公司占 50% 股份，广东省基地占 25% 股份，广韶、粤海各占 12.5% 股份。近几年场地分别出租给私人老板经营，分别生产仲钨酸铵和钨酸钠。仲钨酸铵车间 2000 年初开始停产，钨酸钠仍继续生产。2000 年上半年出让了部分空地以偿还债务。企业只留 7 人留守，其余 62 名下岗，离退休 13 人。至 2000 年为止，欠中国银行本金 725 万元，利息约 600 万元。

石人嶂钨矿："八五"时期，企业隶属中国有色金属工业总公司广州公司，20 世纪 90 年代初宣布为转产企业后，企业利用自身优势大力发展转产产业。到 1995 年 7 月，矿区全面停止正规生产（保留民采和深部开拓），此后不久，企业再度恢复正常生产。

在进入"九五"时期的第一年，1996 年，企业遭遇 30 年来罕见的冰冻灾害，直接经济损失约 200 万元，经过半个多月的连续奋战后，企业恢复了生活、生产秩序。是年，企业实行全员劳动合同制。1997 年，企业面临的困难形势更为严峻，为克服困难，企业从上至下，减发在职职工工资和退休人员养老金，严格控制办公费用，开源节流，动员全矿上下共渡难关。1998 年 2 月，中国有色金属工业总公司会同广州公司领导对矿区进行"三年摆脱困境情况"调研后，于 7 月，对企业三年脱困重点工程——已停产多年的直属选厂（日处理合格矿石

125 吨粗选系统），进行复产工程竣工投产。1999 年初，企业被国家有色金属工业局列为等待关闭破产末期矿山，挂靠在新成立的中国有色金属工业集团之一的中国铜铅锌集团公司旗下。是年，企业提出"生产自救、控制亏损、共渡难关、保持稳定"工作目标要求，同年，企业钨精矿产量恢复至 783 吨，为企业自 1993 年以来矿产最高水平。2000 年 2 月，中央出台了《关于下达部分资源枯竭矿山破产项目的通知》，正式将石人嶂钨矿列入破产项目计划；3 月份，国家经贸委发出通知，有色金属资源枯竭矿山的关闭破产工作暂停，亏损补贴不变；5 月份，国务院发出《关于调整中央所属有色金属企事业单位管理体制有关问题的通知》，决定撤销中国有色金属企事业三大集团公司和国家有色金属工业局，并将大部分原所属企业单位下放给各省管理；6 月份，中共中央办公厅、国务院办公厅联合发出《关于进一步做好资源枯竭矿山关闭破产工作的通知》（中办发〔2000〕11 号），为下放各省管理的煤炭、有色金属和核工业矿山的关闭破产工作制定了具体的政策规定，并提出了明确要求。至此，石人嶂钨矿进入企业破产程序。是年，企业实现年度生产经营目标，钨精矿产量达到 831 吨，再创矿区自 1993 年以来最高水平纪录。2001 年，企业进入实质性关闭破产前的准备工作。

韶关粉末冶金厂："九五"时期，企业承续"八五"发展，企业产品被广泛应用在摩托车和汽车行业、工程机械行业、农机和工矿行业。企业先后研发出一系列以汽车、摩托车粉末冶金零件为主的新产品近百种，经广东省科技情报研究所查新，以及广东省电子机械工业厅鉴定，其系列产品属高新技术产品，全部可代替进口件，填补了广东省空白，所有此类产品占企业产销量的75%。1998 年，企业被评定为国家计量二级单位。到"九五"期末，企业在省内同行业中位居第二。

韶关模具厂："九五"时期，企业延续20 世纪80 年代确立的专业化生产铝合金型材挤压模具模式，成为中国专业化铝合金型材挤压模具大型厂家之一。企业产品遍及全国各省市，部分产品出口到中东、非洲等地，产品质量达到英国 BS1474 标准。

"九五"期间，企业启动 CAD 计算机辅助设计和 CAM 先进加工技术改造，企业产品质量有了大幅度的提高，新开发的产品与品种不断增多。然而，迫于激烈的市场竞争，企业于 1997 年始入列全国 80家实行增值税返还 70% 优惠政策企业之一，属受国家重点扶持、保护企业。

（七）国家、省属冶金工业

"九五"时期韶关的国家、省属冶金工业，全面实施集团化管理、集约化经营的企业改革模式。凡口铅锌矿、大宝山矿业、韶钢集团、韶铸集团等企业，全部推行现代企业制度经营。

图 4-7　凡口选矿厂大型浮选机

图 4-8　韶关冶炼厂第二铅锌生产系统外景

岭南铅锌集团有限公司（中金岭南韶关铅锌分公司）：企业是"九五"期间韶关有色金属行业改革重要项目。1996年7月，按照广东省关于建立现代企业制度，实施集团化管理、集约化经营的改革思路，将凡口铅锌矿和韶关冶炼厂两家国有大一型企业合并，组建广东韶关岭南铅锌集团有限公司，公司下属主要厂矿企业包括：凡口铅锌矿、韶关冶炼厂、凡口水泥厂、马坝冶炼厂、金狮冶化厂，是集采、选、冶、科、工、贸为一体的特大型铅锌有色工业骨干企业。

企业组建后，按照建立现代企业制度的目标，不断深化企业内部的改革、管理。通过加快企业技术进步与环境治理，企业入列国家512家重点骨干企业行列之一。

1999年1月，企业借壳上市，与深圳市中金实业股份公司实行资产重组，成立深圳中金岭南有色金属股份有限公司，企业实现了历史性的跨越。自此，企业立足于发展，加大了企业科技进步的步伐。在科技研发方面，企业取得了一大批新成果。包括"真空法回收锗、铟、锌工艺及设备研究"项目，先后荣获韶关市科技进步特殊贡献奖、广东省科技进步一等奖，以及广东省科技创新百强项目；"硫化矿电位调控浮选理论与实践"荣获国家科技进步一等奖；"铅始极片自动生产线""精锌锭垛生产线"荣获广东省科技进步三等奖。

在实施"九五"计划期间，企业生产主要产品包括铅精矿、锌精矿、铅锌混合精矿、硫精矿、电铅、精锌、白银、精镉等20多种。实现工业总产值71.5亿元（按1990年不变价计），销售收入达94亿元，利润收入2.6亿元，出口创汇达2.04亿元。

在实施"九五"计划的五年中，企业生产的铅、锌精矿产品产量累计达到58.5万吨；铅、锌冶炼产品产量累计达到94万吨。企业先后被授予韶关市文明单位称号、广东省思想政治工作优秀企业。2000年，企业通过中国进出口商品质量认证中心组织的ISO9002国际质量认证体系的验收评审，并获得证书。

广东省大宝山矿业有限公司：作为国家级大二型企业，是韶关冶金工矿行业的龙头企业之一。企业支柱产业包括铁矿石、铜硫矿石采选等。主要产品有成品铁矿石、铜精矿、硫精矿和电解铜。矿山保有铁矿石2 600万吨、铜金属60万吨。

"九五"期间，企业面对复杂的市场形势，提出了树立信心，稳

定铁矿石生产、经营的发展方针，在加快铜硫资源开发和技术改造的同时，采取有力措施，深化企业管理改革，使企业在日趋激烈的市场竞争中立于不败之地。其间，企业的铁矿石年均产量达到 103 万吨，年均销量 98 万吨，销售收入从 1995 年的 13 711 万元增加到 2000 年的 18 800 万元。

为加强企业抵御市场风险的能力，并达至可持续发展的战略目标，企业还先后对铜矿开采实施技术改造，经过三期的"技改"，企业采铜日处理量达到 2 800 吨以上，初步实现了"铁铜并举"的发展目标。企业的工业总产值亦由 7 689 万元增加至 14 970 万元，总资产亦从 40 389 万元增至 66 900 万元，年平均上缴利税 2 000 万元。

在推进企业深化改革方面，企业积极稳妥地推进了管理体制、分配制度的改革，努力探索企业内部股份制改造。在管理体制上，企业提出"同是宝山人，不再吃一锅饭"的改革发展思路，将企业所属的15 个生产经营单位，按分公司或子公司的建制，实行改组，承包经营，逐步建立起适应市场经济要求的内部运行机制。其间，企业还深入开展"学邯钢、转机制、降成本、增效益"的活动，并引入"模拟市场核算，实行成本否决"的企业内部运行机制。2000 年，企业的铁矿石制造成本从 1995 年的 76.21 元/吨下降至 54.4 元/吨；铜精矿金属量成本亦控制在 8 400 元/吨以下。在分配体制改革上，企业自 2000 年 7 月起，开始实行岗位工资制，一岗一薪，岗变薪变，改革有效地提高了广大职工的工作积极性。

广东省韶关钢铁集团有限公司：广东省属冶金钢铁企业，亦是全国 500 家最大的工业企业、国家 512 家重点企业之一，是广东省 20 家国有资产授权经营企业集团之一。企业是具有年产钢 158 万吨以上规模的大型钢铁联合企业。

"九五"期间，韶钢集团经历了其建厂以来，技术改造规模最大、改革力度最强、生产发展速度最快、两个文明建设取得成果最多的五年。五年中，企业在困境中奋起，在困境中前进，在竞争中发展，在韶钢集团的发展史上写下了辉煌的篇章。

1995 年 8 月，韶钢集团被广东省政府列入建立现代企业制度、组建大企业集团、国有资产授权经营"三大试点企业"后，企业改革力度加大，取得明显成效。1997 年 5 月，韶钢成功地完成了股份制改

造、松山股份有限公司的设立和 A 股的发行，为企业发展创造了新契机。为此，企业按照大企业集团模式和"集中统一、规范运作、精干高效"的原则，重组了以集团有限公司为核心，以"股份有限公司""钢铁有限公司""建设有限公司""华欣有限公司"，以及"香港置业有限公司"等五大子公司为支柱，其他子公司相配套的集团组织架构；建立了与现代企业相适应的法人治理结构，与资产经营相适应的管理体系；优化资产结构，对不良资产进行清理和整顿，形成了优用劣汰的机制；优化劳动组织，形成了竞争上岗的机制；对非经营性资产进行界定和重组，分离企业办社会职能。

五年来，企业立足于坚持内涵挖潜，技术进步，自我积累，滚动发展，坚定不移地实施低成本战略、品牌战略和差异化战略，1996 年韶钢集团自筹资金完成了小型连轧、中板、4 号高炉三大工程建设，2000 年又建设了三总降、5 号高炉、大电炉、大制氧四大工程。这些重点"技改"工程的建成投产，使韶钢集团的生产能力、技术装备、产品质量提高到新的水平，也为韶钢集团的发展奠定了坚实的基础。1996 年至 1999 年，钢产量每年以 15 万吨以上的幅度递增。1997 年产钢 112 万吨，实现历史性突破，迈入百万吨级大型钢铁企业行列；1999 年产钢、销售钢材双双实现 150 万吨目标，提前一年实现省政府提出的目标；2000 年在没有新的增钢能力投入的情况下，韶钢集团仍然取得产钢 158 万吨、钢材 153 万吨，完成工业总产值 23.78 亿元，实现利税 4.2 亿元的良好业绩。韶钢集团正确运用授权经营企业的产权和行使出资者权利，确保了国有资产的保值增值。1996 年至 2000 年，韶钢集团总资产从 39.2 亿元增加到 71.17 亿元，净资产从 19.40 亿元增加到 36.50 亿元；累计实现销售收入 162 亿元、利税总额 15.68 亿元、利润总额 8.43 亿元，上缴国家税金 10.80 亿元。1996 年企业获得完善计量检测体系合格证书，1997 年通过 ISO9002 国际质量体系认证。韶钢集团船板钢先后通过了美国、德国、英国、日本、法国、挪威等国船级社的工厂认可。"韶钢"牌线材、中板、圆钢、螺纹钢等先后获得冶金部优质产品、全国冶金博览会金杯奖、广东省名牌产品等荣誉。

广东铝厂：作为省属唯一一家生产电解铝和碳素制品的全民所有制大型企业，经省有关部门批准，企业于 1998 年 7 月起，全面进入停产。1999年，企业根据省企业改革的精神，以碳素分厂为基础，通过整体改制，把碳素分厂从广东铝厂分离出来，组建了广东仁化大岭碳素有限责任公司。时公司拥有固定资产1.1亿元，具有较高的生产管理水平和优良的工艺技术装备，配备有国内最先进的3 500吨立捣卧挤油压机，34室带盖环式焙烧炉等主体的完整的石墨电极，预焙阳极及其他碳素制品生产装备线。公司主要产品有：$\varphi150 \sim \varphi500mm$普通功率、高功率石墨电极及接头；预焙阳极、阳极糊、阴极炭块、半石墨阴极炭块；电极糊及其他糊类制品；各种石墨块，炭块及焙烧电极；石墨非标制品；碳化硅、硼化钛及炼钢脱氧剂等。

另，企业的铝型材分厂，于"九五"期间先后引进具有90年代先进水平的铝型材生产线，主要设备有年产能力5 000吨的氧化着色生产线，1 250吨和800吨挤压机各一台，并配套有拉丝锭熔铸等，以生产各种型号的建筑、工业用铝合金塑材。产品具有尺寸精确、色泽均匀、重量轻、强度高、美观耐蚀、装配方便等优点。产品质量和性能均达到国家标准。到"九五"末期，企业再次实行改制，以租赁方式，进行资产重组，从而使铝型材分厂走出困境并不断发展。

广东省韶铸集团有限公司：我国最大的铸锻件专业生产企业，也是韶关冶金钢铁行业重要的省属企业。企业立足于依靠"质量可靠、价格优惠、交货及时"的发展方针，不断提升市场竞争力。到2000年，企业先后从瑞士、英国、奥地利、德国等地，引进树脂砂造型生产线、静压造型生产线等7条自动生产线，AMP30和AMP50高速热精锻机，辊底式氮气保护气氛连续退火炉，3150t压力机，以及自由锻锤、Lt－3t模锻锤、3t－20t电炉、$\varphi6.3m$立车、数控机床、数控铣床、线切割机床和电火花机床，还有光谱直读仪等大量的检测设备。

"九五"时期，企业生产达到年产3.5万吨铸钢件（单重42吨以下）、集装箱角20万套、铸铁件（单重5吨以下）6 000吨、5 000吨锻件（单重800千克以下和0.5～100吨吊钩）、精锻轴承毛坯3 500万套。此外，还生产圆锥破碎机、搅拌机、起道机，以及各种金属模具和云母等产品。其中，集装箱角、轴承毛坯、"宇航"牌吊钩、基板、转盘等产品，先后荣获国家以及省、市优质产品称号。1997年开始，企业先后通过德国TUV质量认证公司、中国方圆质量认证委员会认证中心的ISO9002国际质量体系认证。

核工业七四一矿：企业经历1994年初的"保军转民"转制改革后，为寻求在转制改革中的创新发展，先后组建了铀矿业公司、韶关丰华实业发展公司、韶关粤源不锈钢有限公司、韶关粤源建筑装饰工程公司，以及大坑口经济发展公司，并在曲江县大坑口镇设立物资转运站，利用企业1.6公里专用铁路线，发展企业生产经营。主要产品有铀产品"111"和"131"；民用产品有锑白、MBS树脂、摩托车钢质活塞环、复合不锈钢管和泡沫塑料包装材料。1997年3月时任中共中央政治局委员、国务院副总理邹家华为矿题词"开发民品、多种经营、艰苦奋斗、再创辉煌"。同年9月，企业将办公机关搬迁至韶关市区韶南大道。

核工业七四三矿："九五"时期，企业贯彻中国核工业总公司"停军转民"的工作方针，提出了"三年打基础，五年走出困境"的口号，进行了第二次创业。企业逐步从采矿冶炼的军工型向民品生产经营型转变。1996年，企业从南雄市澜河镇搬迁至韶关城区，开始从计划经济向市场经济过渡。在做好矿山关闭的同时，充分发挥自身技术、设备的优势，重视引进国内外先进技术并注重消化吸收先进技术的精华，成立了韶关南方生化公司、韶关核源机械化工程公司、韶关物资供销公司、矿区管委会等四大生产经营单位，还先后创办了骨伤科医院、莲花商场、莲花酒家、就业中心等服务性单位。其间，国家每年拨予一定的维持费，企业盈亏相抵，基本持平。五年间，共分流职工近千人。

（八）电子工业行业

"九五"时期的韶关电子工业，又称电子信息产品制造业。时韶关市电子行业没有统一的归口管理机构。据1998年调查，全市共有从事电子产品制造企业25家，其中，全民所有制企业有9家，占36%；"三资"企业12家，占48%；集体企业2家，占8%；私营企业2家，占8%。在这些企业中，属电子工业总公司系统的有7家全民所有制企业，3家"三资"企业。多数为小型企业，唯计算机厂为中型企业；松日国际集团、三协公司、裕东实业有限公司等有较大的规模，但均未进行过企业规模定级。这些企业主要分布在韶关市区和乳源开发区。

1997年，继企业实行生产经营自主权和承包制改革后，韶关的电子信息产品制造业开始转入以改革产权制度为突破口，建立现代企业制度为目标的优化资本结构和转制的企业改革。是年，韶关无线电四厂因负债超过两千万元，负债率超过100%，资不抵债，而停工停产。同年，由于银行起诉，经有关部门批准，企业实行破产处理，并于当年完成破产工作。

从1998年开始，根据韶关市《关于深化国有中小企业改革的决定》，韶关计算机厂，无线电二、三、五、六厂，实行改制工作。计算机厂按精兵简政、分块搞活、职工分流、规范合资的思路，只留10人看守，负责处理日常工作，其余200多名职工分别选择内退、停薪留职，或到再就业服务中心和合资企业就业等形式分流；企业铝电解电容、无线电分部、门市部等实行租赁经营。无线电二厂按"规范合资"的思路，企业仅留几个人，其余职工全部移交给耀驹公司（合资企业）。无线电三厂、五厂，确定了租赁经营的形式，并进行了初步的资产评估、改制方案的制订工作，但由于改制工作中问题较多，难度较大，改制工作持续至2000年后。无线电六厂于2000年将生产软磁芯、电子变压器的设备卖给肇庆的一家公司，企业只留少数人员，靠出租厂房维持留守人员的经济开支。

"九五"时期，三资电子信息制造企业得到了迅速的发展。1993年落户于粤北工业开发区的松日国际集团，在1994年正式投产后，企业生产规模得到快速扩张。到1999年，企业工业总产值（按不变价计）达到18.2亿元，销售收入实现8.3亿元，实现利润7 485万元，企业被评为韶关市十大优秀企业之一。工业总产值、销售收入，在省电子产品制造业的企业中，分别排第17名、20名。松日国际集团的工业总产值（按不变价计）、销售收入，分别占电子工业总公司统计企业的90%，96%。

另有裕东实业有限公司、三协公司、全通公司、上尹公司、信德磁铁公司等先后落户乳源开发区，促进了乳源开发区电子信息产业的迅速崛起。其中裕东实业有限公司于2000年建成5条全自动腐蚀箔生产线，10条高、中、低压化成箔生产线，新增高比容化成箔生产能力216万平方米，是全国最大的化成箔生产企业。

松日国际集团：松日国际集团海外（控股）有限公司控股子公司。其由广东松日电器有限公司、广东松日通讯科技股份有限公司两家企业组成。主要生产产品包括：各种型号模拟、数码彩电，音响，

VCD、DVD 影碟机，显示器，监视器，家用电器及数字可视电话、数字机顶盒等通信产品。产品质量通过 ISO9001 国际质量体系认证、电工产品（长城标记）认证。

"九五"期间，落户于韶关的松日国际集团主要从以下几个方面展开工作，并取得显著成绩。

（1）重商标，创品牌。自松日国际集团 1993 年创立起，便致力于创名牌工作，将创品牌提高到企业发展战略高度。在全球近百个国家和地区注册松日商标，在全国媒体中宣传松日产品，在多年的广东名优产品展览会上尽显风采。优质的产品和完善的服务，使松日成为家喻户晓的知名品牌。1994 年 1 月，"松日"商标被广东省工商局、广东省名牌认定委员会认定为广东省著名商标，商标价值超过 10 亿元人民币。

（2）抓规模，上产量。为提高产量，形成规模经济效益，集团启动二期工程，扩大生产规模，使产量超过 100 万台/年，并运用资本运营，低成品扩张，成功收购吉林电视机厂，成立吉林松日电子有限公司，形成南北两点辐射全国之势。

（3）严抓产品质量，创优质产品。从产品开发、设计、原材料采购到生产、销售、售后服务的每一个环节，严格遵循 ISO9001 国际质量认证体系运行，确保产品质量可靠，并进口大量先进检验设备，使产品不合格率降低到国家及行业标准之下，使开箱合格率、产品直通率达 99.9％。1999 年底，松日彩电被广东省经委、广东省技术监督局认定为广东省优质产品。

（4）不断开发新产品，提高产品科技含量，增加高科技附加值。先后开发出近 30 个品种模拟、数码彩电，并在美国、深圳设立开发中心，开发高清晰彩电等产品。2000 年成功地开发出 MN2000 系列三代数字可视电话、数字机顶盒可视电话，并进行基于 3G 的数字可视移动电话开发工作。该可视电话利用普通公众电话网 PSTN 网，直接接驳普通公众电话线路，便可以实现双方视频通话，传输每秒可达 22 帧，图像生动逼真。该系列可视电视产品在国际、国内属领先技术水平。

（5）重人才，以人为本。松日国际集团以人为本、唯才是用，"你给我信心，我给你机会"是松日集团对人才的承诺。其每年从全国各高等院校招聘许多本、专科毕业生，作为人才梯队储备，并进行严格培训。经过几年锻炼，造就了一大批优秀的技术开发和管理人才，为企业的发展壮大打下了坚实的基础。

（九）医药工业行业

"九五"期间的韶关医药工业，主要企业有：丽珠集团利民制药厂、桂林集琦广东韶关制药厂、广东省医疗器械厂、粤北黄岐药业有限公司和翁源县青云山中药厂等。在经历90年代初期的低谷后，韶关医药行业进一步加大了企业改革的力度，尤其是对一些亏损严重的企业，经省政府同意，由韶关市政府依法对其进行或破产拍卖，或兼并转制及股份合作等形式的改革。

在行业实施转制改革过程中，为提高企业在市场经济中的竞争力，各企业均将"技改"作为企业发展的主攻方向，通过提升产品质量，研发新产品，增强企业的发展后劲。在1995年至2000年的五年时间内，全市主要医药企业先后累计投入了6 000多万元，对企业进行药品生产质量管理规范的GMP改造，努力提高产品质量，开发新产品。

"九五"期间，韶关市医药全行业步入新的稳定发展时期，至2000年底，医药工业年产值达1.3亿元，实现利税631万元。

丽珠集团利民制药厂：原广东省利民制药厂多年来生产徘徊不前，1997年1月，经韶关市人民政府批准，企业实施改制，以净资折股形式，正式加入丽珠医药集团，成为其属下全资子公司。转制重组后的企业，更名为"丽珠集团利民制药厂"，依托丽珠集团的优势，吸引大量资金投入整体改造。是年，企业投入1 200万元，按GMP标准新建1 000万瓶生产能力的大输液车间，投资68万元完成中草药车间的扩产改造，使年生产能力达到300吨。其间，企业以市场为导向，大力调整品种结构，加快新产品开发，淘汰一大批老化品种，重点发展以血栓通针、利脉胶囊为代表的防治心脑血病药物及氨基酸输液系列产品，这些主导产品的质量、技术指标均居国内先进水平。1997年又研制开发出丽珠快乐片、田参氨基酸胶囊等新产品，这些新产品由于技术含量高、疗效好，市场销售兴旺，至此，企业产品覆盖国内22个省、市和自治区。

通过一系列的技术改造，调整产品结构，企业开始走向良性发展

阶段，到2000年，企业实现产值达9 000万元，销售收入7 000万元，利税800万元，各项主要经济指标均创历史最好水平。改制后，主要生产医药品种包括：输液、针剂、片剂、胶囊剂、冲剂、医药原料等40多个品种。其中，输液产品中的大输液是依靠中草药提取，是医药行业生产的主要原料，企业成为该类产品的生产基地，是韶关市政府重点扶持的优势企业。另有企业1985年与相关单位共同研制的"参芪扶正注射液"，历经15年努力，改变了传统中药的给药途径，1999年11月，经国家药品监督管理局正式批准为中药二类新药，获评1999年广东省优秀新产品二等奖；企业生产的脑益嗪合成生产新工艺，荣获2000年广东省科技进步奖三等奖。

桂林集琦广东韶关制药厂：原韶关制药厂由于连续多年亏损，资不抵债，1997年10月进行破产拍卖，被桂林集琦集团收购，转为股份制企业，企业亦更名桂林集琦广东韶关制药厂。改革转制后的桂林集琦广东韶关制药厂先后投入1 000多万元资金，通过对企业实施GMP改造，以及新产品的研发，使企业逐步形成以生产抗生素原料为主，原料药和制剂并重的综合性制药企业。企业主要产品有：抗生素原料药——土霉素碱、红霉素碱；粉针剂——先锋Ⅴ、Ⅵ，氨苄，青霉素钾、钠；片剂——土霉素片、红霉素片、依托红霉素片、麦迪霉素片等。

广东省医疗器械厂：又称广东环境保护仪器设备厂。"九五"期间，企业完成了股份制改造工作，企业生产经营更具生机和活力，到2000年，企业成为全省生产医疗器械和环保仪器的综合性企业。主要产品有：培养箱，气候箱，花卉、蔬菜保鲜产品，环保仪器等系列，共13个品种、32种规格，其中生化培养箱系列品种生产手段先进，检测设备精良，质量保证体系健全。企业管理规范，产品质量居国内先列，多种产品荣获国家、部和省的优质产品称号，畅销全国各省、市、自治区，并出口东南亚和拉美等地区。"九五"期间，企业进行了ISO9002国际质量体系认证工作，产品质量进一步提高。企业不仅成为国内培养箱系列产品的主要生产基地和龙头企业，也是农业部定点生产光照培养箱（种子发芽箱）设备的骨干单位、中国科学院器材产销联合会理事单位。

粤北黄岐药业有限公司：原韶关中药厂由于经营管理不善，生产陷入困境，1996年企业被南海黄岐企业集团兼并，开始转制改革，企业更名为粤北黄岐药业有限公司。转制改革后，企业先后投入1 500多万元资金，按GMP标准进行企业整体改造，更新厂房、设备，并对原有甘木通、虎杖片等产品进行改良，增加技术含量，提升产品质量。通过GMP改造，使厂区、厂房、设备焕然一新。企业生产的中成药系列产品，主要利用本地资源虎杖、甘木通，以其为主要原种自行研制开发的冠心康、解毒降脂片等品种，质量好、疗效高、市场销售势头强劲，已成为企业的拳头产品，市场前景可观。

翁源县青云山中药厂：韶关一家以生产中药保健产品为主的企业。"九五"时期，企业进行了股份制改造，生产、经营稳步上升。企业主要生产的中草药溪黄草冲剂等系列产品，是预防和治疗肝病的良药，产品销往全国各地及出口国外，以产品质量优、疗效好享誉国内外。

（十）煤炭工业行业

"九五"时期的韶关煤炭工业行业，承续"八五"时期的改革整顿发展，经历了整顿关闭与转制改革。

1994年，国务院颁布了《煤炭生产许可证管理办法》和《乡镇煤矿管理条例》；1996年8月，《中华人民共和国煤炭法》通过。由此，煤炭行业掀起了企业整顿工作。韶关市委、市政府亦按照中央以及广东省政府的要求，颁发了《关于加强全市煤炭行业管理的通知》，要求全市煤矿企业必须具备"采矿许可证"和"煤炭生产许可证"才能生产。韶关市煤炭总公司作为行业管理部门，承担起全市煤炭生产企业的整顿责任。

1996年，受东南亚金融风暴影响，国内实行调整压缩政策，各行业对煤炭需求开始下降，加上国内煤炭产能过剩，而煤炭生产势头失控，产量仍在增长，竞争日益紧张，造成了生产、经营秩序混乱。尤其是乡镇煤矿办矿势头失控，随意乱挖的现象十分严重，与国有大矿及相邻矿井争抢资源，严重威胁大矿的安全，干扰煤炭总体规划。这些矛盾日益尖锐、扩大，为此，国家颁发了一系列政策法规，提出依法办矿的要求，以遏制过热的办矿势头。按照中央和省政府整顿煤矿的工作要求，韶关市委、市政府提出了分期、分阶段进行煤炭企业生产整顿的工作任务，并将任务下达给各县（市、区），由各县（市、

区）煤炭主管部门组织机构，制订计划，集中人力、物力开展对矿区的全面调查，对煤矿进行测量制图，划清矿界。对于一些办矿手续齐全，生产又有一定规模，安全符合要求的企业，给予发证。对无办矿手续，矿界不清，安全条件不好，影响大矿安全的小企业，下令停产关闭。对资源好，又有一定规模的矿井则实行联合办矿，促其发展。这次整顿，全市对乡镇煤矿均采取"扶持、整顿、联合、提高"的"八字方针"，促其发展，提高办矿水平。从 1995 年到 1997 年，全市共关闭矿井 500 多个，到 1997 年底，全市仅保留矿井 615 个，年产量稳定在 193 万吨。

1998 年 11 月，国务院召开全国煤炭行业"关闭非法和布局不合理煤矿"工作会议，提出全国煤炭行业关井压产和总量控制的目标，对煤炭产业实行"下放、关井、监管"的措施，以解决全国煤炭过剩的问题，保持持续发展，即在整顿的基础上，加大力度，关闭非法和布局不合理煤矿，解决当时煤炭生产无序竞争的混乱局面。国家将关井压产的指标下达给各地方政府，由各级人民政府组织实施，并要求今后办煤矿必须具备两证一照，即煤炭生产许可证、采矿许可证、工商营业执照，无"两证一照"的矿必须关闭。韶关市的煤炭企业数量多，所有制不同，关井压产工作任务十分繁重。韶关市政府组成了由主管市长为组长的领导小组，包括公安、监察、地矿、工商、环保、煤炭等部门负责人。本次整顿，是韶关市历来参加部门最多、法制宣传最为深入、工作力度最大的一次联合活动。整顿先由各县（市、区）对矿区进行全面调查摸底，并审核各种办矿手续和证件，再严肃认真地审查其生产、安全系统是否完好，矿界是否清楚。对于符合条件的矿井，可发出煤炭生产许可证，凡达不到条件的无证矿井，全部关闭（取缔）。到 1999 年底，全市关闭非法和布局不合理矿井 204 个，压减煤炭产量 30.34 万吨。全市保留骨干矿井 327 对，产量保持在 175 万吨。

韶关市的三家省属国有煤矿企业曲仁、坪石、梅田矿务局，企业开采历史时间长，资源渐告枯竭，加之投入严重不足，负担又过于沉重，造成企业连年亏损。在全国煤炭产能过剩、外省煤炭资源质量好、价格便宜的情况下，再投资维持老矿生产已没有必要。早在 1997 年广东省政府八届 112 次常务会议上，作出了用 5～6 年时间对省属煤矿实

施关闭、转制的决定和煤炭从国有经济退出的战略决策。这次会议明确了省属煤炭改革脱困的思路和方向。1998 年，在省政府九届四次常务会议上，通过了省属煤矿关闭转制的原则意见，以及《曲仁矿务局茶山矿职工分流安置方案》，并将曲仁茶山矿作为全省煤矿企业实施关闭的试点，从而拉开了广东煤矿关闭转制的序幕。

1999 年底，曲仁矿务局实施企业关闭转制政策，其下属各矿，除格顶、田螺冲矿 2 个矿维持正常生产外，茶山、花坪、云顶、丝茅坪等 4 个矿，全面实施关闭，分别转让给曲江、仁化两县分流安置。时局党委、矿务局积极带领全局广大干群以邓小平理论和十五大精神为指导，以企业转制为重点，以效益为中心，加大改革转制力度，在转制、脱困上做了大量的工作，并取得一定的成效。其间，全局完成原煤产量 42.31 万吨，完成掘进进尺 9 791 米，水泥产量 1.72 万吨，发电上网 2 410.69 万千瓦时。全局计划减亏 365 万元。在职工分流安置方面，全局领取一次性安置费，终止劳动关系的有 571 人，进再就业中心的下岗人员有 2 578 人，实现再就业的 806 人。2000 年初，坪石矿务局开始实施停产、转制，其中原属企业的两家水泥厂，先后脱离矿务局行政隶属关系，成为独立的经济实体。6 月，局属所有公司均通过关停并转，脱离企业母体，矿务局由乐昌市政府接收，其煤炭资源由属地的主管部门接收、管理。同年，梅田矿务局亦全部停产。至 2000 年底，企业拥有职工人数 5 830 人；离退休人员达 3 400 余人，总有户籍 7 560 户，总人口达 2 万多人。

2000 年，全市煤炭行业继续加大工作力度，在实施企业规划和改造的同时，以县域（市、区）为单位的煤炭企业，全部重新进行全面规划，合理布局矿点，矿井边界上图，并进行技术改造，添置了新设备，做到生产安全系统完善，通风良好，各项制度健全，管理到位，建设万吨级标准化矿井。凡达不到要求的，全部关闭。到 2000 年 10 月，全市保留 168 对矿井，其全部办理煤炭生产许可证，实现了全部矿井持"两证一照"的要求，年产量保持在 175 万吨。韶关市的关井压产工作基本完成，实现了国家提出的关井压产和煤炭产量总量控制的目标。

到"九五"末期，韶关市煤炭行业通过向外引资、贷款、自筹等方式，各县向煤矿企业投资 1.194 亿元。其中新建万吨矿井 11 对，修

建煤区公路138公里，架高压供电线路68公里，并完成勘探新矿区面积23平方公里，煤矿行业购置新设备达1 000多万元，使现有矿井机械设备大大改善，井下全部使用防爆设备，基本达到"五消灭"的要求。迄至2000年，全市生产原煤产量累计达967.34万吨；煤炭工业产值实现10.6亿元，纯煤生产利润达到1 487.2万元。

（十一）皮塑工业行业

"九五"时期的韶关皮塑工业行业，隶属于韶关市塑料皮革工业总公司管辖。时总公司所辖工业企业有九家，其中，全民所有制企业三家：韶关第一塑料厂、韶关市皮鞋厂、粤北制革厂；集体企业六家：广东综合塑料厂、韶关市华新塑料公司、韶关第二塑料厂、韶关第三塑料厂、韶关市大华塑料厂、韶关市锗厂。全行业拥有固定资产原值3 418.1万元，固定资产净值达2 403万元。企业拥有塑料生产设备253台（套），其中，引进德国三螺杆挤出机、双色云彩注塑机，以及双模头吹膜机等。

到"九五"末期，行业累计完成塑料制品8 408吨，皮革制品7 200万张，皮鞋9 400双，生产二氧化锗8 925千克，粗锗11 101千克，出口交货值达4 790万元。累计完成工业总产值11 553万元，上缴税金267万元。

（十二）森林工业行业改革

"九五"时期的韶关森林工业行业，先后经历了两段不同的发展时期。在"九五"初期，林木加工得益于国际市场兴旺，包括家具厂、单板厂、细木板厂、竹席厂等企业，得到了快速发展。尤其是竹子加工业，异军突起。时林产行业先后建立起竹筷、竹席、竹家具及竹笋加工企业376家，年竹子加工能力达319万根，食用笋加工达2.5万吨。然而，到了"九五"中后期，由于木材市场的疲软，全市森林工业逐步走入了低谷。企业经济效益普遍不高。1998年，浈江区与三江实业有限公司合作，投资1 200万元兴建林创记食品加工厂，年食用笋加工能力1.5万吨。

到"九五"末期，全市木材总产量为240万立方米，人造板28万立方米，松香3.5万吨，到2000年全市林业总产值达51.82亿元。

（十三）建材工业行业

"九五"时期的韶关建材行业，先期隶属韶关市建材局管辖，1998年，建材局撤销建制后，由韶关市建设委员会（以下简称"建委"）承担建材行业行政管理职能。"九五"期间，全市建材工业行业遭遇了市场经济环境下前所未有的困难，激烈的市场竞争，一度使行业陷入十分困难的境地。在1996—1998年，由于企业产能严重过剩，全市许多企业被迫停产，半数企业处于半停产状态，效益低下，企业亏损严重，大批工人下岗。直到1998年下半年起，伴随着国家加强基础设施建设，增大固定资产投资力度，全市建材工业行业开始深化企业体制改革。

图4-9　东山县昌山水泥厂

1998年，针对建材行业存在的：企业规模小、产值低、效益差；产品科技含量低，附加值小，许多产品是市场即将淘汰的；布局和结构不合理，如水泥企业遍布全市；生产能力相对过剩，而高新材料的生产企业基本为空白这四大问题，建委先后对韶关市建材化工厂等亏损严重的企业，实施企业破产，对韶关市第一建材厂实行股份合作制改革。1999年，在对全市水泥工业结构进行充分调查研究的基础上，全市先后关闭了10家规模小、效益差的水泥厂，与此同时，各县（市、区）根据各自的实际，对所属建材企业进行了多种形式的改革，由此，全市建材工业开始出现好的发展势头。至2000年底，经改革调

整后的全市县以上建材企业有 53 家，其中市属企业 7 家。

"九五"期间，全市归口管理的国有建材工业企业，实现工业总产值 23.56 亿元，比"八五"期间增长 25.7%；销售产值达 23.7 亿元，比"八五"期间增长 25.4%；主要产品水泥完成 13.6 万吨，比"八五"时期增长 40%；销售收入达 24 亿元，比"八五"时期增长 8.8%。

广东北江实业股份有限公司："八五"期间由国有企业韶关水泥厂转制组建的股份制企业。转制后，企业利用募股资金，扩建具有 80 年代先进水平的配五级旋风预热器回转窑生产线，生产能力从 25 万吨/年跃升到 38 万吨/年，经济实力大大增强。1993 年、1994 年企业进入中国百家最大建材企业和广东省工业企业经济效益 200 强名单。"九五"期间，企业秉持"团结、拼搏、开拓、创新"的企业精神，贯彻"质量第一，用户至上"的企业宗旨。"北江"牌水泥续以其性能稳定、品质优良而著称，在粤北地区和珠江三角洲享有较好声誉，并相继出口香港以及东南亚地区，一直是韶关市建筑施工的首选品牌。

广东省黄岗水泥厂：1996 年实施股份合作制改造，进行清产核资，是年，企业工业总产值达 5 245 万元，创利税 − 33 万元。同年，企业被评为广东省清产核资先进单位和广东省质量管理小组活动优秀企业。1997 和 1998 年，企业年工业总产值分别为 5 318 万、5 192 万元，实现利税 200 万元和 428 万元。企业先后两度获广东省质量效益先进企业称号。1996—1998 年，企业水泥产销量居韶关地区首位。

（十四）烟草工业行业

"九五"时期的韶关烟草工业企业，隶属于广东省烟草公司所辖韶关分公司、韶关市烟草专卖局（公司）。行业生产企业有：韶关卷烟厂、南雄卷烟厂等。

"九五"期间，韶关烟草工业行业各项经济指标均创历史最高水平纪录。其间，韶关卷烟厂与韶关市烟草专卖局合作，共同开发新产品和开拓市场。韶关卷烟厂进行了"技改"，狠抓管理，提高了技术开发能力和卷烟产品的科技含量，根据市场需要和变化，相继开发了硬盒精品"红玫"、软包珍品"红玫"、硬盒珍品"红玫"、硬盒白"红玫"和"红玫王"等不同档次"红玫"牌卷烟系列产品，实现了一、二类烟零的突破。

韶关卷烟厂：韶关市烟草工业行业的龙头企业。"九五"期间，企业为应对日趋激烈的市场竞争，继续加大企业"技改"的力度，在完善第一期技改配套工程后，再进行了第二、三期技术改造工程，投资总额近3亿元人民币，重点引进目前国际上最先进卷接包机组。同时，完成了除尘、储柜、风送、条送、自动装箱等配套工程。"技改"后，企业装备精良，工艺布局合理，产品质量稳定，具备生产中、高档卷烟条件，提高了产品在市场的竞争能力。同时企业也加大了高档次卷烟新产品研制开发力度，开发出"红玫"牌系列产品4个，2000年"红玫"牌系列占总产量91.13%，其中一、二类烟占总产量28%，新产品翻盖精品"红玫"牌卷烟被广东省烟草公司评为1997年产品开发贡献二等奖。2000年9月，新开发的高档次品牌"红玫王"香烟投放市场，销售走势良好。

到2000年，韶关卷烟厂的卷烟产量，由1995年181 186万箱，提高到20.5万箱，共完成939 705箱；产值由1995年的4.8亿元，提高到5.9亿元，共完成26.5亿元；销售收入由1995年3.7亿元，提高到6.3亿元，增长率为70%，共完成24.8亿元；利税亦由1995年的1.75亿元，提高到3.54亿元，增长率为102%，共完成12.09亿元。

（十五）外资工业企业

"九五"时期的韶关外资（合作）工业企业有镇泰（广东）工业有限公司、乳源裕东实业有限公司等。

镇泰（广东）工业有限公司：其前身为镇泰、镇达韶关分公司，是镇泰（广州）有限公司与广州镇达玩具有限公司合作经营的分支机构。

1997年10月20日，企业迁入韶关曲江奠基，1998年5月开始试产，企业规模发展较快，到2000年，企业员工人数达7 123人，厂房面积2.6万平方米；另建有先进的仓库、员工宿舍楼和职员楼等，设施完善。在生产方面，企业拥有制衣车间、手缝车间、培训车间等。设备有衣车、注塑机、裁床啤机等现代生产设备。企业主要产品出口欧美国家，以美国为主。

乳源裕东实业有限公司：由深圳市东阳光实业发展有限公司于1998年发起成立，总投资5.6亿元人民币。企业是以铝电解电容器用高、中、低压化成箔，空调器用亲水箔，电子专用设备，真空镀铝包

装膜为主导产品，集科研、生产、销售为一体的高新技术企业。化成箔投改项目获国家信息产业部"九五"优秀技术改造项目奖，是全国最大的化成箔生产基地。

1999 年 1 月份投产以来，企业一直产销两旺，产品供不应求。迄至 2000 年，企业产品销售额达 5 亿元人民币。

第三节 "十五"期间韶关工业产业调整

2000 年，韶关工业发展步入新世纪，推进工业结构调整和产业升级、扩大内需、开拓市场为核心的工业管理体制改革，步入社会主义市场经济的新阶段，打好国有企业改革、招商引资、发展民营经济攻坚战，确保工业经济快速、有效、健康发展。

一、工业结构优化举措

1. 推进国企改革向纵深发展

"十五"期间，根据上级有关部署，韶关市继续推进国有企业管理体制改革、授权经营、资产重组、建立现代企业制度、做强做大龙头企业等，从整体上盘活国有企业，国企改革和"两个退出"工作取得了显著成效。2005 年，全市国有及国有控股工业实现规模以上增加值 79.52 亿元，比 2000 年的 34.99 亿元增长了 1.27 倍；国有及国有控股工业企业从 2000 年的 297 家减至 2004 年的 114 家，劣势企业退出工作取得进展。到 2005 年底，全市共批准市直国有企业实施退出的企业户数为 247 户，已完成或基本完成退出的企业约 160 家，完成职工分流安置约 2.3 万人。

2. 进一步优化工业产业结构

"十五"期间，韶关市通过深化改革加大工业改组力度，积极推进国有企业的战略性重组，鼓励企业实行优势互补的强强联合和重组并购。重点发展一批拥有品牌和自主知识产权、主业突出、核心能力强并具有一定竞争力的大公司和企业集团。目前，韶关市已基本形成了以采掘、有色金属冶炼、钢铁工业、煤炭、铸锻件、建筑材料等资源型行业组成的重点产业，以机械制造、轻工、纺织、石油化工、电力等五大行业为主的加工工业，以电子信息技术、机电一体化、新材料等行业为主体的高新技术产业；已形成了以资源优势、技术优势、产品优势等多块具有相当规模的特色经济。三次产业的比例关系由2000年的24.1∶43.7∶32.2调整为16.6∶44.0∶39.4。

3. 推进产业转移工业园建设

2005年，韶关市积极落实广东省政府《关于我省山区及东西两翼与珠江三角洲联手推进产业转移的意见（试行）》，在各县（市、区）分别兴办不同规模的产业转移工业园，为工业大发展提供了良好载体。7月8日，省政府在韶关市召开了全省推进产业转移园区建设工作现场会，推广韶关产业转移园区建设的经验。至年底，韶关市已有始兴（东莞石龙）、仁化（佛山里水）、翁源（广州横沥）、乐昌（东莞东坑）、南雄（东莞大岭山）、浈江（中山三角）、武江（广州大岗）等7个县（市、区）与珠三角地区签订了推进产业转移合作协议。产业转移工业园规划总面积达40 000亩，首期开发总面积11 118亩。在实施第十个五年计划期间，全市的工业增加值完成了136.62亿元，同比增加14.3%；规模以上工业增加值114.68亿元，同比增长14.6%。其中，国有及国有控股工业增加值为79.52亿元，增长17%；股份制工业增加值为58.26亿元，增长20.4%。工业对经济增长的直接贡献率达到45%，拉动经济增长5.5个百分点，工业占生产总值的比重提高到39%。

二、工业结构行业调整

1. 钢铁工业

"十五"期间，韶关钢铁工业生产持续增长，经济效益大幅提高。2001年规模以上黑色金属冶炼及压延加工业企业4家，从业人员平均人数14 397人，完成工业总产值393 600万元，实现工业增加值131 414万元。受投资、房地产、汽车消费升级的拉动，钢铁工业产品需求增大，价格上涨，生产增速加快，行业经济呈快速增长势头，至2004年，全年全市规模以上黑色金属冶炼及压延加工企业增加至6家，完成工业总产值1 067 476万元。

主要产品产量由 2001 年的生铁 162.11 万吨、钢 146.42 万吨、成品钢材 185.65 万吨增长至 2004 年的生铁 284.08 万吨、钢 357.97 万吨、成品钢材 290.72 万吨。重点钢铁企业广东省韶关钢铁集团有限公司取得较好生产业绩，2002 年其全年生产钢 222 万吨、生铁 178 万吨、成品钢材 211 万吨。

冶金企业加强管理，降低成本，改进营销策略，经济效益大幅度提高。重点大型钢铁企业表现出色，广东省韶关钢铁集团有限公司 2002 年全年实现利润 5.46 亿元，比上年增长 1.1 倍，占全行业利润总额的 58.46%。其他中小型钢铁企业也有较好表现。特别是生产市场短缺产品如镀锡板、镀锌板、镀铬板和彩涂钢板的企业，经济效益有较大提高。

2. 有色金属工业

"十五"期间，据 2004 年经济普查统计，韶关有色金属矿采选业企业有 9 家，2004 年完成工业总产值 79 485 万元，完成工业增加值 42 193 万元。其中国有及国有控股企业有 7 家，完成工业总产值 76 731 万元，完成工业增加值 40 869 万元。有色金属冶炼及压延加工企业有 21 家，2004 年完成工业总产值 436 483 万元，完成工业增加值 95 654 万元，其中国有及国有控股企业有 3 家，完成工业总产值 245 128 万元，完成工业增加值 40 645 万元。生产 10 种有色金属合计 249 472 吨，其中精炼铜 2 991 吨、铅 72 164 吨、锌 172 114 吨、锑 2 203 吨。

在有色金属矿采选业方面，"十五"时期，石人嶂等钨矿业入列国家资源枯竭矿山，实施企业关闭破产，但钨矿生产仍没有退出市场。2001 年，企业钨精矿产量达到 841 吨，销售量达到 884 吨，销售收入（含附产）达到 2 160 多万元，达到近十年来的最高水平。2002 年 8 月，企业实施政策性关闭破产后，原企业改制并按政策重组韶关石人嶂矿业有限责任公司，以承购石人嶂钨矿关闭破产后的部分有效资产，安置部分职工再就业。由此，企业在探索社会主义市场经济中，积极优化产业结构，并通过"借鸡生蛋"方式吸引资金，参与企业建设。到"十五"计划末期，企业形成两个采矿企业分公司、一个选矿企业公司、一个机械企业分公司、一个炸药加工企业分公司。2005 年，企业累计生产 65 度钨精矿 1 948 吨，实现净利润 2 100 万元。

2002 年，韶关有色金属工业精心组织生产，消除铅、锌市场价格

跌至 15 年来最低价位的影响，多项指标达到或创历史最高水平。韶关冶炼厂铅冶炼金属实际回收率为 96.92%，提高了 2.72 百分点；精馏锌总回收率为 96.72%、提高了 2.35 百分点。凡口铅锌矿铅选矿金属回收率 85.4%，提高了 0.66 百分点；锌选矿金属实际回收率 94.68%，提高了 0.47 百分点。2005 年，由于高品位，再加上设备、技术和工艺先进，凡口铅锌矿的采选回收率、资源利用率等指标国内领先，最终体现在盈利能力上。根据 2005 年 1 季度情况分析，铅锌矿的毛利率高达 69.50%。是年 12 月，韶关冶炼厂在检修期间，因相关工作人员违反操作规程致使废水含锡排放超标。按照广东省政府的要求，韶关冶炼厂于 2005 年 12 月 21 日停产整改，直到 2006 年 2 月 21 日，韶关冶炼厂的整改顺利通过省、市两级政府及环保部门的检查审核，并恢复生产。

3. 电力工业

"十五"期间，全市电力事业发展较快，到 2005 年末，全市装机容量共 272.66 万千瓦，其中水电 126.82 万千瓦，火电 145.84 万千瓦。2005 年全市年发电量 99.82 亿千瓦时，年用电量 58.7 亿千瓦时；全社会用电最高电力负荷 118 万千瓦。当年韶关电网有 500 千伏变电站 1 个，750 兆伏安主变压器 2 台，500 千伏曲江至北郊 2 回路线路，总长度 352 千米。220 千伏变电站 6 个，主变压器 10 台，主变压器容量 1 530 兆伏安，220 千伏用户专用变电站 2 个，主压器 5 台，总容量 410 兆伏安；220 千伏线路 16 条，线路长 373 千米。110 千伏电厂升压变电站主变 29 台，总容量 746.9 兆伏安；110 千伏公用变电站 40 个，主变压器 71 台，容量 2 018 兆伏安，110 千伏用户专用变电站 13 个，主变压器 20 台，总容量 500.5 兆千伏，110 千伏线路 81 条，线路长 1 253 千米。35 千伏升压变电站主变 162 台，总容量 283 兆伏安。"十五"期间，尽管全国电力供应一度非常紧张，然而，韶关市的电力供应情况良好。

4. 机械工业

"十五"期间，经过半个多世纪发展的韶关机械工业，基本形成以新型材料产品、电工电器、农业机械、基础部件、仪器仪表、工程机械、矿山机械、汽车配件等产品为主，且具有一定规模和技术基础的重要产业。到 2004 年止，机械工业拥有电气机械及器材制造业企业

12 家，完成工业增加值 20 941 万元；交通运输设备制造业 10 家，完成工业总产值 25 440 万元，完成工业增加值 6 014 万元；通用设备制造业企业 33 家，完成工业总产值 96 645 万元，完成工业增加值 19 243 万元。机械工业经济运行整体实现了稳中有升。

5. 卷烟工业

"十五"期间，韶关烟草行业经济运行保持良好态势，在卷烟产量、销量方面都有较大幅度增长。2001 年，全市共有烟草加工业企业 3 家，完成工业总产值 113 029 万元，实现工业增加值 66 057 万元，完成复烤烟叶 18 709 吨，卷烟总产量 28.40 万箱。至 2004 年，韶关市烟草制品业企业有 2 家，完成工业总产值 257 379 万元，比 2001 年增长 127.7%，实现工业增加值 182 825 万元，比 2001 年增长 176.8%，全年卷烟总产量 1 340 469 万支。企业先后推出低焦油产品——硬盒混合型"红玫"（8 毫克）、精品"红玫"、珍品"红玫"等产品。

2005 年 1 月，韶关卷烟厂与广州卷烟二厂、梅州卷烟厂、湛江卷烟厂联合重组为一家法人企业——广东卷烟总厂，生产规模达到 180 万箱。广东卷烟总厂的诞生，标志着广东卷烟工业改革与发展进入一个新的阶段，取得了初步成效，为跨省联合重组打下坚实的基础。

6. 食品工业

"十五"期间，韶关市食品工业充分发挥山区绿色资源优势，大力发展农副产品加工业及食品工业，加强对省、市重点农副产品深加工企业的引导和扶持，鼓励企业加快技术进步，争创自主品牌。通过落实政策、加强服务、加大扶持，广东联益马坝米业（曲江）有限公司、广东曲江绿怡果园有限公司等省重点农业龙头企业以及翁源茂源糖业、韶关市绿鲜冠天然食品有限公司和广东青珍保健品有限公司等一批食品工业生产企业逐步发展壮大。2004 年，全市农副食品加工业及食品制造业企业共 13 家，完成工业总产值 40 653 万元。

为进一步提高韶关市食品生产加工业质量卫生水平，切实从生产加工源头做好食品安全隐患的防范工作，保障食品安全，根据《国务院关于进一步加强食品安全工作的决定》（国发〔2004〕23 号）和《广东省食品生产加工业整顿工作实施方案》（粤府办〔2005〕82 号）等文件精神，全市开展了食品生产加工业整顿工作。按照"集中整顿与制度建设、严格执法与科学管理、打假治劣与扶优扶强、失信惩戒

与正面引导相结合"的工作原则,坚持"政府统一领导、部门依法监管、各方联合行动、社会广泛支持"的工作机制,韶关市通过全面排查,根据企业的生产条件、质量管理水平、检验能力、诚信记录和产品质量安全状况等进行综合评价,将企业划分为一般企业、重点规范企业、重点监管企业、打击取缔企业四种类型,进行动态监管,分类管理;着力整顿没有质量卫生控制措施,使用非食用原料和滥用添加剂生产加工食品,以假充真、以次充好、篡改生产日期和保质期,在食品中掺杂掺假以及产品质量卫生低劣等问题,提高食品生产加工业的质量卫生水平,促进食品产业持续健康发展,保障广大群众的健康安全。

通过对食品生产加工业的整顿,生产假冒伪劣和有毒有害食品的违法犯罪活动得到有效遏制,大案要案得到及时查处,市场经营秩序有所好转,监管水平有所提高,人民群众食品消费安全感增强。加快完成食品生产加工企业市场准入工作,职工人数达到 50 人以上的大中型食品生产加工企业获生产许可证率达到 95%,50 人以下小型企业获证率达到 70% 以上,培育和提升了一批食品生产加工龙头企业。

7. 医药工业

"十五"期间,韶关市医药制造业通过一系列改革及改造得到了较大的发展。2001 年,全市有医药制造业 5 家,完成工业总产值15 410 万元,完成工业增加值 10 971 万元,至 2004 年,医药制造业完成工业总产值 28 041 万元。

丽珠集团利民制药厂:自 2000 年以来,先后投入 4 500 多万元资金进行了全厂性的 GMP 改造。至 2003 年底,全厂所有车间、剂型全部通过了 GMP 认证。同时,还改造了纯水站、锅炉房、废水处理站、冷冻房等。2004—2005 年,又实施了废水二期工程、动物房改造、中药二车间建设及研发中心大楼改造等工程。由于厂房新颖、整齐,厂区环境优美、整洁,多次被评为园林式企业、卫生标兵,并被韶关市政府列为重点扶持的优势企业,被广东省科技厅认定为高新技术企业。

广东省韶关市集琦药业有限公司(桂林集琦广东韶关制药厂):由于产品单一,缺乏市场竞争力,于 2002 年 9 月由自然人参股,转为广东省韶关市集琦药业有限公司。通过一系列的技术改造,大力开发红霉素系列产品,企业发展较快,公司主要产品有抗生素原料药——

红霉素、依托红霉素、琥乙红霉素；片剂——土霉素片、红霉素肠溶片、依托红霉素片、麦迪霉素片、盐酸林可霉素片等，主要经济指标均创历史最好水平。

广东佰易药业有限公司：广东省血液制品所于2001年12月经省政府、省卫生厅批准，整体产权转让给广东医药保健品有限公司、广州市有成实业有限公司，在进行资产重组后，2002年4月在韶关市工商局注册成立，正式更名为：广东佰易药业有限公司。主要产品有人血白蛋白、静脉注射人免疫球蛋白、人免疫球蛋白、乙型肝炎免疫球蛋白等5个品种、20个规格的血液制品。近几年来，公司通过引进高科技人才和具有国际水平的生产设备与质量检测仪器，依靠科技创新，促进企业发展。拥有一批长期合作、资信良好、遍布全国的医院客户，主打产品静脉注射人免疫球蛋白销量全国排名第二。

广东省医疗器械厂：自2001年1月由国有企业改制为股份合作制企业以来，加快了产品的结构调整和升级换代，在国内率先全面采用无氟环保微电脑控制新技术、新工艺、新材料，赢得了同行的青睐和用户的好评。2001年率先开发新环保仪器热解吸装置。2003年开发高精度培养箱新产品，2004年获国家知识产权局批准的"高精度控制温度和湿度的培养箱"实用型技术专利。在国内同类产品中，无论是技术能力、产品质量、产销量、售后服务，还是企业知名度都名列前茅，一直占据着技术和市场的主导地位。

广东雷霆国药有限公司：自2001年3月通过拍卖受让广东粤北黄岐药业有限公司以来，投入大量资金进行GMP改造，厂区、厂房、设备焕然一新。主要产品剂型有：片剂、颗粒剂、胶囊、丸剂、糖浆剂、煎膏剂、茶剂、散剂、口服液9种剂型，有50个获国药批准文号的中药系列产品，其中六味地黄丸、补中益气丸、香砂六君丸、防风通圣丸等40多个品种入列国家非处方药品目录。2005年产值达到3 000多万元，利税为230多万元，为今后发展创造了良好条件。

8. 化学工业

"十五"期间，韶关市化学工业有所发展，企业经济效益有一定的增长。2001年，规模以上化学原料及化学制品制造业企业29家，从业人员4 200人；全年完成工业总产值53 024万元，占全市规模以上工业总产值的3.24％；完成工业增加值8 366万元。至2004年，韶关市

有规模以上化学原料及化学制品制造业企业比 2001 年减少了 4 家，从业人员增加至 5 306 人，全年完成工业总产值（按当年价计）125 774 万元，占全市规模以上工业总产值的 3.65%，比 2001 年增长 137.2%；实现工业增加值（按当年价计）53 016 万元，比 2001 年增长 533.7%。

"十五"期间，化学工业总体生产经营水平保持稳步增长，主要行业产品结构继续优化，硫酸、焦炭等产品产量的增幅超过了全省平均水平。2001 年，硫铁矿生产量（折含硫 35%）58.76 万吨、焦炭 32.11 万吨、硫酸（折 100%）4.38 万吨、盐酸（含量 31% 以上）1.22 万吨、氢氧化钠（烧碱）6 318 吨、轻质碳酸钙 26 556 吨、硅酸钠（包括扁硅酸钠）19 848 吨、农用化肥（折 100%）1.57 万吨、纯苯 1 204 吨、油漆 1 182 吨、颜料 15 422 吨、松香 3 090 吨、化学原料药 11 吨。至 2004 年，各项产量都有较大的增幅。

9. 建材工业

"十五"期间，韶关市建材工业充分利用市场经济的手段，取得了进一步的发展。全市 38 家水泥企业顺利通过了水泥生产许可证的换证工作，抓住 2003 年以来水泥市场好转的机遇，加快了企业的技术改造和加大了环保投入，在"十五"期间，接近 60% 的水泥企业投入大量资金更换立窑的收尘设备，取得了可喜的成效。其中韶关市三江水泥厂有限公司成为首家通过 ISO14000 国际环保体系认证企业。2003 年韶关市北江实业股份有限公司实施了破产。2004 年昌山水泥厂有限公司扩建了一条 2 500 吨/天新型干法窑生产线，填补了韶关市水泥生产新技术新装备的空白，使韶关市水泥年产量达到 550 万吨以上。

"十五"期间，全市建材工业经过深化改革，截至 2005 年，除黄岗水泥厂仍属国有经营体制外，全市水泥企业全部已改制为私有、民营、租借、股份的经营模式。投产 1 条 2 500 吨/天的生产线，立项 2 条 5 000 吨/天、2 条 4 000 吨/天的生产线。

10. 电子信息制造业

"十五"期间的韶关电子信息制造业规模以上企业有 9 家，至 2004 年减少至 5 家。至 2004 年，企业工业增加值达到 43 020 万元，增长 68.55%，经济效益综合指数达到 192.55%。按 2004 年经济普查统计，韶关市主要电子工业产品有彩色电视机 2.05 万台，半导体分立器件 3 638 万只，电子元件 5 506 万只，电话单机 58 326 部。

11. 木材加工业

"十五"期间，机制纸及纸板产量由 2001 年的 1.54 万吨增加到 2004 年的 3.83 万吨。人造板产量由 2001 年的 2.15 万立方米发展到 2004 年的 11.25 万立方米，其中纤维板 8.58 万立方米、刨花板 2.67 万立方米。造纸及人造板制造业在规模、效益、装备、技术、质量、管理等方面都有所发展。

木材加工生产规模扩大，技术水平提高。2004 年全市造纸产能比 2001 年增加 2.29 万吨，增长 247%。"十五"期末人造板产量比"十五"初期增加 9.1 万立方米，增长 523%。南雄珠玑纸业 2002 年新建万吨纸生产线，在新建、改建、改造生产线时均以技术先进与设备先进，起点高，产品向中、高档发展为特点。至 2005 年，先后有南雄珠玑纸业、广东南雄金马纤维板制品有限公司、广东省曲江县五联人造板有限公司等多个造纸及人造板企业和单位引进世界先进水平的生产线、生产技术、单机和成套设备。

木材加工经济效益显著，产品质量上升。造纸及纸制品业 2001 年完成工业总产值 7 064 万元，完成工业增加值 1 790 万元。2004 年，完成工业总产值 29 453 万元，完成工业增加值 7 133 万元。重点企业加强管理，产品质量有新的提升。南雄珠玑纸业在广东乃至全国都有知名度，占有一定市场份额，且发展前景广阔，其生产的优质胶版纸、静电复印纸等文化用纸，畅销珠三角及江西、湖南、福建、广西等地区。

2005 年，广东南雄金马纤维板制品有限公司和广东省曲江县五联人造板有限公司 2 家企业入列中国纤维板行业百强企业名单。中密度纤维板作为家具制造、强化木地板基材、室内装修及其他产品制作的理想材料，被市场广泛接受，需求直线上升，行业发展迅猛。"十五"期间，纤维板由 2001 年的 0.02 万立方米跃升到 2004 年的 8.58 万立方米，刨花板由 2001 年的 1.72 万立方米增长至 2004 年的 2.67 万立方米。

广东南雄金马纤维板制品有限公司是由马来西亚客商刘作怡先生投资兴建的年产中密度纤维板 3.6 万立方米的纤维板制品有限公司，主要生产经营各类纤维板、夹板等。广东省曲江县五联人造板有限公司于 2003 年建立在韶关白土工业园区，年产 5 万立方米中密度纤维板，主要经营各类人造板及木材。

12. 采矿工业

"十五"期间，韶关市铁矿石原矿量每年完成量变化不大，一直在145万吨上下浮动。2004年全市完成原煤产量101.2万吨，比2001年的34.26万吨增长195.39%。2001年，全市采矿业企业共有32家，完成工业总产值49 312万元，到2004年企业数减少到28家，其中煤炭开采和洗选业企业12家，黑色金属采选业企业2家，有色金属矿采选业企业9家，非金属矿采选业企业5家。2004年采矿业共完成工业总产值149 039万元，工业增加值77 108万元。"十五"期间，市、县、乡镇各级政府加强监控，强化了安全专项整治工作。2002年，查处了煤矿、非煤矿山安全隐患16处和取缔无证非法小煤矿共540条（次），关闭了一批存在安全隐患的石场和大宝山周边的越界矿山。

三、韶关煤矿行业退市整顿

韶关境内的煤矿数量和产量占广东省近一半，但大部分为高瓦斯煤矿，全省共有51对高瓦斯煤矿，韶关就占46对。几乎所有煤矿都存在证照不齐或水患、高瓦斯、煤与瓦斯突出等重大安全隐患，这些煤矿均属于省政府明令要求关闭的行列。在省政府督查组的直接指导下，韶关市打响整治关闭煤矿的攻坚战，依法关闭煤矿，促进产业结构调整。

2005年8月10日，根据省有关部门的通知精神，全市煤矿全部停业整顿。8月17日，首批炸封18个非法煤矿。8月19日省督查组进驻韶关。市委、市政府主要领导靠前指挥并到煤矿现场监督检查，努力推动全市煤矿整治关闭工作，全市111家煤矿全部实施停产。全市共发出了三批关闭煤矿公告和决定，共关闭煤矿47对、井口186个，炸封煤矿12个，封闭井口55个。同时，依照广东省安监局的紧急通知要求，韶关市安监局收回了全市13个不符合条件煤矿的安全生产许可证并把撤销决定书送达各煤矿，停止了安全生产许可证的材料补证工作。市经贸局也收回了81家煤矿的煤炭生产许可证。在停产整顿关闭期间，没有发生明停暗产、昼停夜产等偷产行为。2005年10月，韶关市111对煤矿共473个矿井已全部关闭，韶关煤矿整治工作进入最后阶段。

在实施退出煤矿生产行业过程中，为安置煤矿企业职工，2005 年 10 月 8 日，韶关市出台了《韶关市扶持煤矿企业转产的若干意见》，明确降低原煤矿投资者转向其他产业投资的市场门槛，并在用地、用水、用电和职工再就业等方面给予优惠，从多方面扶持原煤矿企业转产和职工再就业，保持经济的持续发展。按照扶持煤矿企业转产的意见，韶关市放宽了注册资金条件，允许注册资本在 50 万元以下的小型公司的注册资金在两年内到位。母子公司注册资本总额在 4 000 万元以上（科技型、外向型企业为 2 000 万元以上），且具有 3 个以上控股公司的可申办企业集团。煤矿下岗职工合伙或组织起来申办民营企业的，经工商部门认定，开业一年内免收地方规定的所有管理类、登记类和证照类的行政事业性收费。同时，有条件将旧厂房、工矿废弃地等整理复垦为农用地或耕地的，可申请土地开发整理专项资金进行复垦；建设用地整理为农用地或耕地的，经国土资源部门验收的，要与原有建设用地转换使用，不纳入年度农转用计划管理，并可有偿转让。而原煤矿重新办企业用电，在执行省目录电价的基础上免收 3 年韶关市附加部分费用。

2005 年，曲仁矿属地的浈江区，结合本区实际推进煤矿企业主转向种养、饮食服务等行业，或投资兴办沙石场，或发展与驻韶大企业相配套的产业，该区还制定一系列优惠政策，帮助煤矿企业主转产。在仁化，包括格顶寨等 8 家煤矿企业主主动上交转产报告，根据该县旅游、水电等自然资源丰富的特点，将资金投向水电站建设、旅游业、房地产业和煤炭营销等领域。

第四节　传统制造业改造 与高新技术产业建设

一、传统制造业改造

从 20 世纪 90 年代中后期开始，韶关传统工业开始全面实施高新技术改造，到 2000 年底，CAD/CAM 技术在全市 30 家企业得到推广应用，制造业信息化走在全省前列。其中，韶关宏大齿轮有限公司被列为国家和广东省的 CIMS 技术示范企业，2000 年 10 月通过国家专家组验收。韶关新宇建设机械有限公司等 7 家企业被科学技术部授予全国 CAD 应用工业示范企业称号。

2001 年，国家"电子计算机辅助设计与制造（CAD/CAM）和电子计算机集成制造系统（CIMS）技术"在企业中得到积极应用。韶关市大部分机械企业已实施 CAD 技术，80% 的工程技术人员掌握了计算机绘图，机械主导产品 90% 已采用计算机设计。全市建立了 CAD 应用示范企业 18 个，培养了一批掌握 CAD 技术的中层技术人员，带动了一批骨干企业利用高新技术改造提升传统制造业。

韶关市工业门类较齐全，制造业尤其冶金、机电行业基础雄厚。韶关市持续多年通过用高新技术改造传统产业，CAD/CAM 技术在大部分机电企业得到应用，90% 的工程技术人员掌握了 CAD 的应用技术。为了推进全市制造业信息化工程，市科技信息局制定全市信息化实施方案，成立全市制造业信息化领导小组，确立 18 个制造业信息化示范企业，借助高校、科研机构及专业公司的技术力量建立起本市的技术服务体系和人才培养基地，通过组织制造业信息化报告会、演示会等一系列举措，有效地推动了韶关市的行业信息化工程。2002 年，韶关市被省科技厅列为广东省制造业信息化示范市，是全省 9 个示范市中唯一入选的山区市。

2003 年全市在机械、冶金、电子、纺织等传统产业中大力推广信息技术、先进制造技术改造生产工艺设备，提高产品技术水平及附加值。重点实施制造业信息化示范工程，通过制定《韶关市制造业信息化的实施方案》，引导企业坚持"总体规划、阶段实施、循序渐进、逐步升级"的策略，帮助 14 个示范企业研究制定出科学有效的企业信息化建设方案，提高企业掌握先进实用信息技术的能力。通过加大政府投入，引导企业增加配套资金。通过建立制造业信息化技术服务平台和人才培训基地，为企业和社会提供急需的信息化建设各类人才。2003 年韶关市重点支持的 10 家企业年新增产值达到 9 310 万元，新增利税 2 250 万元。是年，全市企业被省科技厅列入国家制造业信息化指数统计范围。全市组织了多家企业参加统计，完成制造业信息化指数共 11 个表格内容的统计。这是当时我国关于企业信息化规模最大的

一次调查统计，为国家形成《2001—2020 年中国制造业信息化指数报告》提供资料。

2004 年 3 月 17 日，广东省韶关钢铁集团有限公司、韶关新宇建设机械有限公司、韶关宏大齿轮有限公司，被省科技厅认定为 2004 年第一批广东省制造业信息化工程重点示范企业。

韶关实施制造业信息化工程近十年来，取得了一些技术应用成果。"混凝土搅拌站自动控制系统""韶关市机电网络平台建设"等一批项目列入省级科技计划项目。"机械管理设计系统"获 2004 年度韶关市科技进步二等奖；"混凝土搅拌站自动控制系统"获 2003 年度省、市科技进步奖。数年间，共有四项技术应用成果获科技进步奖。"机械设计信息管理系统"等两项报批软件产品登记。一大批示范企业成为行业发展的龙头，对相关企业亦起到很好的辐射带动作用，促进全市产品的结构调整、行业竞争力的提高，对全市经济起到了积极的推动作用。

从 2001 年到 2005 年，全市共安排财政资金 425 万元，省科技厅安排资金 45 万元，实行分步实施的策略，支持示范企业建设，几年间带动企业投入 2 亿元用于建设信息化。2004 年支持的 6 个企业通过实施制造业信息化建设，预计年产值达到 16.4 亿元，年税利 4 亿元。

经过 3 年多的实施，到 2005 年，韶关市分别确定了 23 家示范企业，其中 3 家为省级示范企业；60 家信息化推广应用企业。示范企业将传统制造技术与现代信息技术、管理技术、自动化技术、系统工程技术等有机结合起来，推动了企业的研发、生产、经营管理的信息化，并对带动其他企业的信息化工作起到了很好的辐射作用，使全市以工业带动经济发展的成效日趋显现。同时建立了制造业信息化技术服务平台和人才培训基地，培养了一大批制造业信息化人才。

2005 年，凡口铅锌矿启动 18 万吨扩产改造，投资 2.63 亿元，共有 19 项工程。2008 年 9 月，18 万吨扩产"技改"完成，凡口铅锌矿日处理矿量能力由 4 500 吨提升到 5 500 吨，年产铅锌金属量达到 18 万吨。

在"技改"的同时，凡口铅锌矿坚持开展科研攻关活动，累计完成 300 多项生产、安全、环保和管理中的重大研究课题，有 8 项获得国家级科技进步奖（其中一等奖 2 项、二等奖 4 项），有 80 多项获得省部级科技进步奖。其中，具有世界先进水平的"硫化矿电位调控浮选理论与实践"获得国家科技进步一等奖。在矿山经济增长中，科技成分所占的比重高达80%以上。经过大规模的技术改造，凡口铅锌矿成为当时我国，乃至亚洲最大的铅锌矿产基地，产品销往全国各地近百个厂家，并出口到日本、朝鲜、俄罗斯等10多个国家，综合效益在全国有色金属行业中名列榜首。2007年3月，凡口铅锌矿被国土资源部授予"全国矿产资源合理开发利用先进矿山企业"称号。同年12月，凡口铅锌矿成为全省唯一通过ISO14000国际环境管理体系认证的矿山。

二、发展民营高新科技工（企）业

"十五"时期，伴随韶关市传统制造业高新技术改造，以民营（私营）经济为主体的高新科技工业企业亦同步兴起。至2005年，全市有省级民营科技企业71家，企业技工贸创产值收入达45亿元，民营科技企业成为拉动韶关地方经济发展的重要增长点。

"十五"期间，为培育本市的地方民营高新科技企业，韶关市委、市政府先后在光彩工业园（乳源）、沐溪工业园（韶关西河）设立韶关民营科技园，并规划出727公顷土地用于培育以电子信息、生物技术、新材料、光机电一体化等为重点的高新技术产业。

为配合民营科技园的建设，韶关市委、市政府采取积极措施不断增强和完善韶关民营科技园的服务功能，在园区组建服务中心信息系统，完善园区创新体系建设，建立知识产权示范工程和开展现代企业制度试点等，使园区获得较大发展。韶关市通过帮助扶持凯迪技术、雷霆国药等企业建立现代企业制度试点，帮助扶持东阳光铝业、松日通讯等民营科技企业建立知识产权制度试点，并组织这些企业定期参加培训，提高了民营科技企业管理者们对现代企业的公司治理、制度创新、科学管理的认识，增强了他们走技术创新、科技兴业之路的信心，为实现现代企业制度建设打下了良好基础。

步入21世纪的韶关工业，通过抓民营科技园科技创新能力、科技服务平台建设，以及民营科技中介服务，使韶关民营科技企业在韶关传统工业改造中发挥积极作用，并使其自身不断走向发展壮大。自此，步入21世纪的韶关工业迈向了"新型工业化"发展新道路。以智能为主体的绿色、循环工业，成为韶关传统老旧工业改造、发展的新方向。

参考文献

1. 梁家勉：《中国农业科学技术史稿》，农业出版社 1989 年版。

2. 杨式挺：《岭南文物考古论集》，广东省地图出版社 1998 年版。

3. 李公明：《广东美术史》（特选本），广东人民出版社 2008 年版。

4. 广东省文物管理委员会办公室、广东省博物馆编：《广东文物普查成果图录》（出土文物部分），广东科技出版社 1990 年版。

5. 广东省地方史志编纂委员会编：《广东省志·工业志》，广东人民出版社 2004 年版。

6. 广东省地方史志办公室编：《广东历代方志集成》（韶州府部），岭南美术出版社 2009 年版。

7. 叶显恩主编：《广东航运史》（古代部分），人民交通出版社 1989 年版。

8. 蒋祖缘主编：《广东航运史》（近代部分），人民交通出版社 1989 年版。

9. 颜泽贤、黄世瑞：《岭南科学技术史》，广东人民出版社 2008 年版。

10. 朱培建主编：《佛山明清治铸》，广州出版社 2009 年版。

11. （唐）陆羽、（清）陆廷灿著，张峰书整理：《茶经 续茶经》（上），万卷出版公司 2009 年版。

12. 国家文物局主编：《中国文物地图集》（广东分册），广东省地图出版社 1989 年版。

13. 彭泽益编：《中国近代手工业史资料：1940—1949》（第 4 卷），生活·读书·新知三联书店 1957 年版。

14. 曾国富编：《广东地方史·古代部分》，广东高等教育出版社

2013 年版。

15. 广东省地方史志编纂委员会编：《广东省志·二轻（手）工业志》，广东人民出版社 1995 年版。

16. 张中华：《岭南风云：新中国成立前后广东档案秘闻》，华南理工大学出版社 2009 年版。

17. 广东省地方史志编纂委员会编：《广东省志·经济综述》，广东人民出版社 2004 年版。

18. 中共四川省委党史研究室、四川省中共党史学会编：《三线建设纵横谈》，四川人民出版社 2015 年版。

19. 徐有威、陈东林主编：《小三线建设研究论丛》（第 1 辑），上海大学出版社 2015 年版。

20. 《广东省志》编纂委员会编：《广东省志：1979—2000》（总述卷·大事记卷），方志出版社 2014 年版。

21. 广东省地方史志编纂委员会编：《广东省志·建材工业志》，广东人民出版社 2004 年版。

22. 广东省地方史志编纂委员会编：《广东省志·机械工业志》，广东人民出版社 1995 年版。

23. 《韶关年鉴》编辑部编：《韶关年鉴》，1986 年。

24. 中共广东省委党史研究室编：《20 世纪 60 年代国民经济的调整与发展》，广东人民出版社 2006 年版。

25. 梁桂全编：《思想解放在广东：1978—2008》，广东经济出版社 2009 年版。

26. 广东省地方史志编纂委员会编：《广东省志·电力工业志》，广东人民出版社 1998 年版。

27. 谭扬波、庄容开主编：《广东工交四十年》，中国展望出版社 1991 年版。

28. 广东省人民政府办公厅、广东省统计局合编：《广东五十年》（1949—1999），中国统计出版社 1999 年版。

29. 《广东省志》编纂委员会编：《广东省志：1979—2000》（工业卷），方志出版社 2014 年版。

30. 韶关年鉴编纂委员会编：《韶关年鉴：1996—2000》，2001 年。

31. 杨禾生主编：《韶关年鉴：1986—1990》，1991 年。

32.《韶关市机械工业志》编纂委员会编：《韶关市机械工业志》，1992 年。

33. 广东省地方史志编纂委员会编：《广东省志·一轻工业志》，广东人民出版社 2006 年版。

34. 广东省地方史志编纂委员会编：《广东省志·电子工业志》，广东人民出版社 2000 年版。

35. 广东省制药工业公司、广东医药工业志编辑委员会编：《广东医药工业志：1949—1985》，1986 年。

36. 石忠主编：《韶关烟草志》，广东人民出版社 1993 年版。

37. 韶关电力工业志编辑委员会编：《韶关电力工业志》（第 1 册），1985 年。

38. 广东省韶关钢铁厂志编辑委员会编：《韶关钢铁厂志：1966—1985》，1989 年。

39. 广东省地方史志编纂委员会编：《广东省志·冶金工业志》，广东人民出版社 1996 年版。

40. 广东省大宝山矿志编辑办公室编：《大宝山矿志》（第 1 卷），1986 年。

41. 龚天培等编：《凡口铅锌矿志：1958—1985》，1986 年。

42. 韶关冶炼厂厂志编纂委员会编：《韶关冶炼厂志》（第 1 卷），2005 年。

43.《中国矿床发现史·广东卷》编委会编：《中国矿床发现史·广东卷》，地质出版社 1996 年。

44. 韶关市医药志编纂委员会编：《韶关市医药志》，1991 年。

45. 广东省地方史志编纂委员会编：《广东省志·军事工业志》，广东人民出版社 1995 年。

46. 韶关市林业志编纂领导小组编：《韶关市林业志》，1993 年。

47.《广东省志》编纂委员会编：《广东省志：1979—2000》（军事卷），方志出版社 2014 年版。

48. 韶关年鉴编纂委员会编：《韶关年鉴：2001—2005》，2006 年。

49. 当代广东研究会编：《岭南纪事》，广东人民出版社 2004 年版。

50. 韶关市地方志编纂委员会编：《韶关市志》（全三卷），中华书局 2001 年版。

51. 《中国煤炭志·广东卷》编纂委员会编：《中国煤炭志·广东卷》，煤炭工业出版社 1999 年版。

52. 广东省地方史志编纂委员会编：《广东省志·煤炭工业志》，广东人民出版社 2002 年版。

岭南文化书系

韶关工矿发展简史